上海市档案馆藏近代中国金融变迁档案史料汇编

机构卷

上海证券业

刘志英 编选

上海远东出版社

图书在版编目(CIP)数据

上海证券业/刘志英编选. —上海：上海远东出版社，
2016
(上海市档案馆藏近代中国金融变迁档案史料汇编)
ISBN 978-7-5476-1185-2

Ⅰ. ①上… Ⅱ. ①刘… Ⅲ. ①证券业—史料—
上海市—近代 Ⅳ. ①F832.95

中国版本图书馆 CIP 数据核字(2016)第 238037 号

本书入选“十二五”国家重点图书出版规划项目
本书由国家出版基金资助出版

上海证券业·机构卷
刘志英 编选
策划/陈占宏 责任编辑/陈占宏 装帧设计/张晶灵

出版：上海世纪出版股份有限公司远东出版社
地址：中国上海市钦州南路 81 号
邮编：200235
网址：www.ydbook.com
发行：新华书店 上海远东出版社
上海世纪出版股份有限公司发行中心
制版：南京前锦排版服务有限公司
印刷：上海文艺大一印刷有限公司
装订：上海文艺大一印刷有限公司

开本：787×1092 1/16 印张：76.25 插页：8 字数：1756 千字
2016 年 9 月第 1 版 2016 年 9 月第 1 次印刷

ISBN 978-7-5476-1185-2/F·590
定价：268.00 元(全两册)

上海市档案馆藏近代中国金融变迁档案史料汇编

编辑委员会

总序

吴景平　邢建榕

目前付梓的《上海市档案馆藏近代中国金融变迁档案史料汇编》，作为国家社科基金重点项目的结项成果，是在充分借鉴了多种国内已刊行的金融史资料集的基础上，经过上海市档案馆与复旦大学中国金融史研究中心十余年通力合作而完成的。

中国金融领域的变迁有着悠久的历史和丰富的内容。尤其是近代以来，金融对于促进社会经济诸领域的发展、维系财税体制的正常运作，起着不可替代的重要作用；与社会的方方面面乃至每个社会成员，有着越来越密切的联系。对于金融史的学习和研究，不仅成为历史学、经济学和金融学等学科的组成部分，还成为诸多工商实业界人士和政府公务人员的必需。正因为如此，整理编辑近代中国金融变迁的史料，历来受到有关研究者的重视。在金融系统供职的前辈与国家级档案机构共同合作，很早便开始了对于近代金融史料的整理选编工作。如20世纪60年代初问世的《中国近代货币史资料·第一辑·清政府统治时期》（中国人民银行总行参事室编选，中华书局1964年版），主要来源为中国第一历史档案馆藏清代币制档案文献，以及部分晚清官修文献及报刊资料，涉及晚清币制领域主要的演变、初创阶段的官办新式银行业和银行法规的基本内容。20世纪80年代以来，关于民国时期的金融史料的整理研究成果陆续问世。列为"中华民国史资料丛稿"之一的《中国农民银行》（中国财政经济出版社1980年版），由中国人民银行总行金融研究所编，选自中国第二历史档案馆部分藏档、有关口述回忆资料和其他资料。由中国人民银行总行参事室编的《中华民国货币史资料》（第一、二辑，上海人民出版社1986、1991年版），收录了中国第二历史档案馆藏1912～1949年间币制档案文献和其他资料。此后陆续问世的以中国第二历史档案馆藏档为主要来源的金融史专题资料有：中国第二历史档案馆、中国人民银行江苏分行等合编的《中华民国金融法规档案资料选编》（上下卷，档案出版社1990年版）；中国银行总行、中国第二历史档案馆合编的《中国银行行史资料汇编（1912～1949）》（档案出版社1991年版）；交通银行总行、中国第二历史档案馆合编的《交通银行史料（1907～1949）》（中国金融出版社1995年版），以及洪葭管主编的《中央银行史料（1928.11～1949.5）》（中国金融出版社2005年版）。

上述以中国第一、第二历史档案馆所藏档案为主体的史料整理成果，是研究近代中国中央政府的金融方针政策及其实施、政府官办银行的组织机构及其运作等问题的基础性资料书。而有关民营金融机构、金融市场的史料集，最早问世的当数由中国人民银行上海市分行编的《上海钱庄史料》(上海人民出版社1960年版)。该书以档案史料为主,兼及口述史料、报刊史料,是嗣后数十年时间里近代上海钱业研究者最主要的资料书。有关民营商业银行的史料集,较早的有中国人民银行上海市分行金融研究所编的《金城银行史料》(上海人民出版社1983年版)和《上海商业储蓄银行史料(1915～1937)》(上海人民出版社1990 年版),这两种行史资料都选入了上海市档案馆所藏这两家银行的部分档案。此外,上海市档案馆编的《一九二七年的上海商业联合会》(上海人民出版社 1983 年版)选入了少量该馆所藏上海银行公会、钱业公会档案。至于谢俊美编的《盛宣怀档案资料选辑之五·中国通商银行》(上海人民出版社 2000 年版)则选自上海图书馆藏盛宣怀档案而非上海市档案馆藏中国通商银行档案。2010 年起,天津市档案馆与天津财经大学等单位合作推出了"近代天津金融档案系列丛书",迄今已出版的有《大陆银行档案史料选编》(天津人民出版社 2010 年版)、《金城银行档案史料选编》(天津人民出版社 2010 年版)和《盐业银行档案史料选编》(天津人民出版社 2012 年版)等。

上海曾汇聚数以百计的中外大商业银行、钱庄,以及诸多的证券公司、保险公司、信托公司、交易所、票据交换所、储蓄会等非银钱业金融机构,十来个金融业同业组织和中介机构,留存下来数量浩繁、内容丰富、极有价值的金融史档案史料,其中绝大部分较完好地保存在上海市档案馆。这些档案史料既是关于近代上海金融,也是关于整个近代中国金融业、金融市场变迁的最主要的与代表性的史料文献;既直接反映了金融业和工商经济的兴衰,也从特殊视角体现了上海城区布局演变以及城市功能发展的进程。上海无疑是近代中国最重要且国际化程度最高的金融中心,然而这一中心地位有着形成、发展、演变的过程,其功能的发挥也颇多曲折,其中的历史经验有待全面客观地总结。多年以来,上海市档案馆典藏的金融档案史料或被选入若干专题史料集,或选登于上海市档案馆所办之《档案与历史》《档案与史学》和《上海档案史料研究》等刊物,对于金融史的研究起到了十分重要的作用。

复旦大学中国金融史研究中心致力于中国金融历史变迁的研究、相应专业人才的培养和学术交流,多年来以金融档案史料的收集整理为各项工作的基础,尤其与上海市档案馆合作开展馆藏金融档案史料的全面而系统的整理研究,已经持续十余年。目前面世的这套资料集是在"近代中国金融变迁"的主题之下,按专题分卷册选编上海市档案馆典藏金融档案史料。其中有独立经营的各著名银行(包括政府银行和商业银行),也有整个行业状况的反映(钱庄业);有上海银行公会这样重要的同业组织,也有证券、信托、保险等非银钱业金融行业组织机构,以及票据交换所、联合准备委员会、征信所等专门性机构;同时也有若干著名金融家的专卷。除了专题卷册之外,另按照时序围绕近代中国金融演变的基本历程和重大事件设综合卷。无论专题类还是综合类档案的选编过程中,在具体案卷和文本的比较、取舍、考订、校注、编目等环节，都将努力体现与吸收多年来中国近现代史、金融史、上海史、城市史研究和相应史料整理的前沿成果，通过不同金融档案史料之间的联系，揭示近代中国金融变迁的历史进程中，各代表性金融实体的经营管理、金融人物的作为和金融市场的运作。

鉴于近代中国金融档案数量繁多、内容繁杂的特点，无论综合类还是专题类，都先确立章节结构，作为选择案卷的主要依据；在各案卷内容的取舍时，努力兼顾全局性、整体性，既有体制机制、组织人事等较常态的部分，也有业务经营管理、市场运作、客户往来等较动态的部分。鉴于专业知识和能力的局限，目前的选编和校注难免存在不当和差错，我们诚恳地期待着专家学者和读者同仁的批评指正。

2014 年 10 月

凡例

一、上海市档案馆保存的金融业历史档案卷帙浩繁、内容丰富，是其馆藏的一大特色。为了全面反映近代中国金融变迁的历史全貌，为现今中国金融业的改革发展提供有益的借鉴，现分辑汇编出版《上海市档案馆藏近代中国金融变迁档案史料汇编》，所选档案史料均系上海市档案馆馆藏。

二、所选档案，根据内容、形式、数量，按单位、专题、事件等分辑汇编，每辑档案史料，一般按文件形成的时间顺次编排。无具文时间者，则以收文、拟稿、阅批等时间为序；无收文、拟稿、阅批等时间者，则推定大致时间，加注说明。

三、所选档案，一个文件或一组文件拟写一个标题。原标题一般仍予保留，原文无标题者，根据内容拟写标题；原文标题不妥者，另拟标题。

四、所选档案，为保持原貌，一般原文照录。原文无标点、不分段者，均分段、加标点；原文用外文书写者，则在编注时译成中文。

五、所选档案，凡需更正原文中的显著错、别、衍字，以〔〕标明；增补显著漏字，以【 】标明；字迹模糊难以辨认或有漏缺者，以□代之；保留原文中删改、批注的字句或标记者，以[ ]标明；删节内容重复或与选题无关的段落字句，以〈略〉标明；对原文中需要说明的问题，以注释①②……标明；难以查考者存疑，以〔?〕标明。对于档案中时人特定行文不同于当今规范的字词，并不属于错别字，均不作改动。

上海证券物品交易所

目录

一、上海的证券交易所

二、企业股票、债券的发行与上市

三、政府债券的发行与上市

四、证券市场交易制度、行情演变情况

五、证券经纪人、证券经纪人公会及其活动

六、政府的证券监管

编选说明

近代上海证券业简况

由于近代中国处于半殖民地半封建社会，近代中国的证券市场也包括两个部分，一是由外商在中国建立的外商证券市场，一是华商自己建立的华商证券市场。近代中国的外商证券业和华商证券业，都是从上海开始发端，并且主要交易市场都集中在上海。近代上海的外商证券交易场所有两个，即西商众业公所与日商上海取引所。而近代中国华商证券业虽然在不同时期全国很多地方如上海、北京、天津、重庆、汉口、宁波、青岛等地都曾先后建立过证券交易所，但却并没有形成一个全国统一的证券市场。除上海之外的其他各地，外商与华商证券市场建立的时间都不长，且规模不大，交易量甚微，不足以反映近代中国证券市场的全貌。上海的证券市场从晚清开始出现以来，一直延续不断，直到 1949 年国民政府在大陆统治的结束，因此是近代中国历时最长、规模最大、最为典型的证券市场。

1843 年上海开埠后，伴随着外商在华股份制企业的创办而产生外商证券市场。到 19 世纪 60 年代，外股的交易在上海渐次发展起来。而上海开办的第一家初具规模的西商证券交易所是 1891 年的“上海股票公所”(Shanghai Sharebrokers Association)，它是一个证券掮客公会，但已具有交易所的雏形。1904 年，在香港注册，定名为“上海众业公所”(The Shanghai Stock Exchange)，其组织采取会员制。以经营公司股票与债券为主。直到 1941 年 12 月 8 日日本军占领租界，孤岛变成沦陷区，众业公所被迫停业，此后再也没有恢复。

1918 年 6 月 1 日，日本人成立上海取引所股份有限公司，12 月 2 日，正式营业。与众业公所不同的是，日商取引所为股份有限公司组织，主要做棉纱与有价证券两项。由于日商取引所有企图垄断上海证券市场的野心，从一开始成立即遭到中国人的强烈反对和抵制，因此，到 1927 年不得不宣告停业清理。

近代上海华商证券是从 1873 年中国自己发行第一只股票——轮船招商局股票开始，到 1949 年结束。其历史演进，大致分为三个时期：第一个时期，1873～1922 年，近代上海华商证券市场的萌芽与创立；第二个时期，1922～1937 年，以政府公债为主的华商证券市场的兴盛；第三个时期，1937～1949 年，以企业股票为主的华商证券市场的繁荣。其间先后建立的证券交易所有：1920 年 7 月 1 日建立的上海证券物品交易所；1920 年 5 月 20 日宣告成立，1921 年正式开业的上海华商证券交易所。1933 年 6 月 1 日，上海物品交易所证券部合并于上海华商证券交易所，宣告上海华商证券市场的统一，直到抗战全面爆发后，1937年8月11日，上海华商证券交易所奉令停业。1941年12月8日，西商众业公所被封闭。从此以后，上海以华股为主的股票交易活动异常活跃。1943年7月24日，根据汪伪政府实业部与财政部的命令，伪上海华商证券交易所宣告"复业"，11月8日，正式开拍华股，直到日本宣布投降后的1945年8月18日，该所解散。1946年6月，国民政府财政、经济两部决定筹建上海证券交易所，经过三个月的筹备，上海证券交易所于9月9日成立，16日正式开拍营业。其存续时间为1946年9月～1948年8月；1949年2～5月两个交易阶段。

上海市档案馆有关证券业卷宗的简况

档案是历史研究的第一手资料，它具有史料的原始性、真实性与可靠性等特点。上海市档案馆馆藏的金融档案卷帙浩繁，内容丰富，但有关近代上海证券业的资料，主要集中于华商证券业部分，关于在上海的外商证券业的档案资料，并没有专题的卷宗，仅在极个别的银行等机构档案中存有少数市场行情等资料。因此，本书所收上海证券业档案资料是不完整的，仅限于华商证券业部分。就华商证券业的档案全宗情况而言，直接以证券交易所命名的卷宗有两个：上海市证券物品交易所（1919～1939年）（全宗号S444，共有34卷）及上海证券交易所（1946～1949年）（全宗号Q327，共828卷），主要内容涉及交易所成立、章程、法规以及业务、组织人事、财务等各类文件。还有一个专门经营公司债的银团机构全宗——经募通泰盐垦五公司债票银团（1913～1936年）（全宗号S442，共102卷），主要内容为银团会议记录，银团与五盐垦公司的联系会议，银团对发行债票五公司的业务调查、监管等相关文件。其他证券业的资料分散在相关政府、金融机构、公司企业等卷宗里，其中，政府机构档案中与证券业相关的全宗主要有：上海市社会局（全宗号Q6）、上海市商会（全宗号Q201）、日伪上海特别市政府（1937～1945）（全宗号R1）、日伪上海特别市经济局（全宗号R13）、日伪上海特别市社会局（全宗号R14）、日伪上海特别市经济警察第一大队（R27）等；金融机构、公司企业与证券业相关的全宗有：中国银行上海分行（全宗号Q54）、交通银行上海分行（全宗号Q55）、中国农民银行上海分行（全宗号Q56）、上海市银行总部信托部（全宗号Q73）、金城银行（全宗号Q264）、盐业银行（全宗号Q277）、上海银行商业同业公会（全宗号S173）、上海市钱商业同业公会（S174）、中国纺织建设公司（全宗号Q192）、永安纺织总管理处（永安一厂、永安印染厂）（全宗号Q197）等。

本卷所选部分的基本内容和价值

上海档案馆曾经编辑出版了《旧上海的证券交易所》（上海古籍出版社1992年版）及《旧中国的股份制》（中国档案馆出版社1996年版），因此，为避免重复，且更充分地收录以往没有公布的档案史料，凡是这两本书中已有的资料均未收录。本书所选档案均出自上海市档案馆馆藏，根据内容，按照专题进行编排，分为：上海的证券交易所，企业股票、债券的发行与上市，政府债券的发行与上市，证券市场交易制度、行情演变情况，证券经纪人、证券经纪人公会及其活动，政府的证券监管等六个部分。

上海的证券交易所专题，上海证券物品交易所全宗并不多（仅 34 卷），而主体资料在《旧上海的证券交易所》一书中业已呈现，故在本书中未列入，而抗战之前的上海华商证券交易所，在档案中缺少核心资料也未单独列出，战后的上海华商证券交易所虽然在已出档案资料中已有，但由于馆藏资料十分丰富而补充了以往没有公布的资料，且将上海证券交易所自己整理的大事记（1946 年 9 月～1949 年 5 月）完整公布。汪伪上海华商证券交易所以及中华人民共和国建立后对上海证券交易所的结束部分是第一次公布，使我们对近代上海证券市场的产生、发展以及演变历程有更清楚的认识。

完整的证券市场应该包括发行市场与交易市场两部分，尽管从严格意义上来说，上海的华商证券市场，仅是一个交易市场，其发行市场并没有真正的建立，但由于证券的发行与交易密切相关，笔者对上海市档案馆保存的有关发行市场的内容仍进行了梳理。分企业股票、债券的发行与上市，政府债券的发行与上市等两个专题。这样，不仅加深了对企业股票、债券以及政府债券的发行与上市、交易全过程的理解，更是对证券发行、交易与上海金融业的关系有了全面的展现。

与近代上海华商证券市场的发展演变息息相关的市场管理，可以从不同角度进行多种类型的划分，本书对近代上海华商证券市场的管理主要分证券经纪人、证券经纪人公会及其活动，政府的证券监管等两个专题，以充分展示不同时期上海各华商证券交易所的自律管理以及近代中国的证券立法与政府监管。

一、上海的证券交易所①

(一) 汪伪上海华商证券交易所

汪伪上海华商证券交易所重行登记申请书(1942 年 11 月 25 日)

为组设上海华商证券交易所股份有限公司，申请重行登记事。窃商公司设于上海九江路四二九号，以经营各项有价证券之买卖为业务，于民国二十二年七月二日正式成立，额定资本国币壹百贰拾万元，曾经呈奉前国民政府实业部核准登记，颁给股份有限公司设字第六九三号执照在案。兹已将资本总额改为中储币陆拾万元，遵照修正公司补行登记及重行登记暂行办法规定，缮具申请书、登记事项表、检同章程等件，暨登记执照费五十元、贴照印花税四元，呈请钧部鉴核、俯准登记给照。再商公司，现因理监人数不齐，无法共同署名盖章，具呈人愿负全部签署责任，合并声明，谨呈实业部。

具呈人：上海华商证券交易所股份有限公司

理事长：张文焕

常务理事：沈长赓

中华民国三十一年十一月二十五日

附件

一　公司章程二份

二　股东名录二份

三　理事监察人名单二份

四　原领执照相片二张

五　民国卅年度决算报告二份

六　换照费五十元印花费四元

汪伪国民政府行政院实业部训令商字第 1467 号(1943 年 6 月 30 日)

令上海特别市经济局

案据上海华商证券交易所股份有限公司理事长张文焕等呈称：窃商公司曾经呈准登记领

① 由于上海证券物品交易所的资料已经搜集在《旧上海的证券交易所》一书中，而上海华商证券交易所在档案中没有单独的卷宗，故缺。这里主要搜录的是战时汪伪上海华商证券交易所及战后上海证券交易所的资料。

有登记执照，为特遵照公司补行登记及重行登记暂行办法规定，缮具应备文件暨费款，申请公司重行登记等情，附呈件款到部，查该公司理事监察人之任期均已逾期，业经批饬重行改选，并呈报本部备案在案，其余章程等件，经核大致尚合，准予重行登记，除换发股份有限公司重字第二三七号登记执照外，合行检发申请文件各一份，令仰该局即便遵照备案。

此令

计发申请书、登记事项表、公司章程、股东名簿、理事监察人名单、决算报告、原领执照影本各一份。

中华民国三十二年六月三十日

监印：吴树棠

校对：杨镜清

上海华商证券交易所股东临时会决议录

日期：民国三十二年七月二十四日下午二时

地址：香港路银行公会俱乐部

出席股东人数三百六十三人，共计四九七七八股四四三七二权

主席：理事长张文焕

实业部驻沪办事处章处长莅会指导

开会如仪

主席致开会词：

今日到会股东人数股数均足法定数额，可以开议。查本所自事变后营业停顿迄今已达六年，兹奉财政、实业两部商字一四四八号会令，令饬早日筹备复业，以调整证券流通及稳定金融基础，自不得不遵令复业。又本所在上海交易证券、调剂金融、具有悠久历史，为维持已往声誉于不坠，亦不能不从事复业，且本所为各种证券之公开市场，对于工商界新旧企业之复兴与及发展无不息息相关。本所复业，使游资集中投入证券，免除囤积抑平物价其利弥薄，非特证券同业希望本所复业，得有公开市场可以合法交易，即买卖证券之顾客亦渴望本所复业正轨可循而不致盲目投资。是揆诸实际情形，更不容不早日复业。故本席自奉令后，即依法进行，先开理事会，决定召集本会之日期、地点及议题，分别登报通告暨发信通知。今日本会所应决议之议题，即增加资本、修改章程及补选缺额理事，现实业部代表驻沪办事处章处长莅会指导，先请致词俾资遵循。

实业部代表驻沪办事处章处长致词：

略述关于政府希望交易所复业之主要原因及所负使命：(一)调剂证券流通，(二)稳定金融基础。最后复述应行注意之点有三：(一)复业后专营各种合法企业公司之股票，以现货为主，种类繁复，如何稳定其价格责任重大。(二)现系战争时期，交易时更应公正慎重，取缔操纵。(三)各股东应了解政府意旨，认清时代环境，努力合作，勿负期望。

监察人王本滋报告账略：

主席起称：本所六年来营业停顿，故监察人报告慢略均属简单，只收支两项，如各股东有不明了处，请随时咨问可也。

各股东均无异议通过。

主席续称　现先商议增加资本，本所原来资本总额为旧法币一百二十万元，折作中储券六十万元，目前本所财产估计约值国币六七千万元，理事会决定折衷办法，增资为国币二千万元，原股份每一股赠与新股份十一股，增资之后，在各股东名下为国币一千四百四十万元，其余国币五百六十万元，分配本所职员及所员，作为酬报及酬劳。

朱股东允中提议：本席以为因升资所得利益发给各股东，可以现金不必改为股票，更不可折作股份分配职员及所员。

孙股东国钧附议。

主席起称：目前各公司增资通常情形劳资双方四六分派，现在理事会所拟办法因股份增加凑成整数，便于计算起见，资方所得数额已略越本所章程规定，劳资双方三七分派纯益之成数，劳方所得实不过钜。本席以为劳资合作对于本所前途进展利益至钜，理事会所拟办法实称平允。

朱股东允中提议：折作股份分配本所职员及所员是否合法，请实业部代表章处长发表意见。

章处长起称：交易所自事变后停业以来，所中职员及所员保管财产惨淡维持直至今日可以复业，按诸情理不无劳绩，且实业部为交易所监督机关，理事会所拟办法尚须经部核定，现在不妨详细讨论，总以全体股东之意见为解决本议题之枢纽。

吴股东麟坤提议：本席对于理事会所拟增资并不反对，但对于分配职员及所员之部份实不赞同，本席认为可由各股东提出三成认股金额分配职员及所员，不必折作股份。

张股东长春提议：本席以为讨论已久，双方争持理由不能不有解决，请将理事会所拟办法及吴股东所提意见，均以投票表决。

主席起称：先以理事会所拟办法投票表决，皆表同意。

主席指定朱允中、孙国钧、冯坤甫、张长春四股东为检票员。

开票结果：可决权数二六五〇一，否决权数七〇四九，到会总权数四四三七二，理事会所拟办法通过。

主席起称：本所章程略加修正，现将原文及修正文逐条宣读二次，如各股东并无异议，即行通过。

宣读本所章程。

议决修正案通过。

主席起称：此次奉令复业，各理事监察人均照旧蝉联，惟内有理事尹韵笙、杨介眉二人因病故出缺，又理事俞寰澄辞职，应共补选理事三人及候补理事二人，即请投票公决。

徐蓉记股东提议：原来理事监察人任期已满，不如重选。

主席起称：原来理事监察人经股东常会选定后，即因事变营业停顿，未曾行使职权，其任期亦即停止，此次复业，自不妨赓续其原有任期，故本所奉令筹备复业，召集股东临时会之议题，列为补选理事并呈报实业部在案。

主席指定监察人王本滋、彭杏生及股东胡柏年、龚礼逵四人为检票员。

开票结果：

李思浩得三三〇六六权，邵树华得三二三七四权，陈子培得三〇三七八权，当选为理事。

朱如堂得二一九四六权，张长春得二〇三三七权，当选为候补理事。

六时散会。

主席：张文焕印

上海华商证券交易所股份有限公司章程民国三十二年七月廿四日股东临时会通过（1943年7月24日）

第一章　总则

第一条　本所遵照交易所法及公司法股份有限公司之规定组织之，定名曰上海华商证券交易所股份有限公司，简称上海华商证券交易所。

第二条　本所设于上海汉口路四二二号，即以上海市区域为营业区域。

第三条　本所存立年限定为十年，限满得经股东会之决议呈请实业部核准续展之。

第四条　本所公告方法登载于上海新闻纸。

第二章　营业

第五条　本所营业范围如左：

（甲）各项证券之现期买卖；

（乙）各项证券之定期买卖。

第六条　本所禁止事项如左：

（一）非营业所需收买或受押不动产；

（二）收买或受押本所股票，但因清偿债务而收受之本所股票应于四个月内处分之；

（三）以本所名义为人担保。

第三章　股份

第七条　本所资本总额定为国币二千万圆，分为一百万股，每股国币二十圆，一次收足。

第八条　本所股票分为一股、五股、十股、五十股、一百股、五百股、一千股七种，由理事长、常务理事及理事二人签名盖章编号填发股东，以有中华民国国籍者为限。

第九条　本所股票概用记名式；股东以本人名义或以堂记团体名义为户名者，应将其本人或代表人之姓名、住址及印鉴送交本所存查，遇有变更时亦同。

第十条　股份转让时应照本所所立书式，由授受双方连署通知本所过户，其因继承关系取得股份所有权时，应提出相当证件方得过户。

第十一条　股票污损时得向本所请求掉换，但污损程度至不易辨识时，本所得拒绝掉换或令觅具妥保。

第十二条　股票遗失或毁灭时应即觅具妥保二人以上，向本所声明理由，经本所公告后满六十日，如无第三者提出异议，方可补给新股票，其公告费须由失票人担任，股东存有印鉴之图章遗失或毁灭时亦同。

第十三条　股票过户掉换或补给，每张应征收印纸费及应贴用之印花税费。

第十四条　股东常会开会前一个月内，临时会开会前十五日内，均停止股票过户。

第四章　股东会

第十五条　股东会分常会、临时会两种，常会于每营业年度总决算后三个月内由理事会召集之，临时会于必要时由理事会或监察人或有股份总数二十分之一以上之股东声明理由、请求时，由理事会召集之。

第十六条　股东常会之日期、地点及议题，应于一个月前通知各股东，临时会应于十五日前通知之。

第十七条　股东每一股有一表决权，但一股东而有十一股以上者，其十一股以上之股份概以九折计权，零数不计。

第十八条　股东因事不克到会时，得具委托书委托其他股东代理之。

第十九条　股东会会议以理事长为主席，理事长缺席时，由出席股东公推理事一人代之。

第二十条　股东会之决议，除公司法有特别规定者外，应有股东人数三分之一代表股份总数三分之一者之出席，以出席股东表决权过半数之同意行之可否，同数时取决于主席。

第二十一条　股东会议决事项应记入决议录，由主席签名盖章连同出席股东签名簿，代表出席委托书一并保存之。

第五章　职员

第二十二条　本所设理事十五人、监察人三人，均由股东会选任之，凡有本所股份一千五百股者得被选为理事，有五百股者得被选为监察人。

第二十三条　选举理事依照名额选出后，就权数次多者二人为理事候补人，选举监察人亦就权数次多者一人为监察人候补人，以备各该职员缺额时之补充。

第二十四条　理事、监察人任期均为三年，连选均得连任，凡补充缺额之理事或监察人均以补足本届未满之任期为止。

第二十五条　理事组织理事会，由理事中推选理事长一人、常务理事二人，常驻本所办理各种事务。

第二十六条　理事会每月举行常会一次，遇有重要事项得召集临时会。

第二十七条　理事会职权如左：

（一）议定及修正各规则。

（二）议决营业方针及买卖证券之种类。

（三）议决本所物业之购置及财款之处理，但以不抵触本章程第六条为限。

（四）议决证据金、经手费、转让费及其他款项征收之数额。

（五）议决经纪人之承充及转让。

（六）议定本所预算、决算及营业报告。

（七）处理本所财产物业及经纪人交存之证据款项或证券。

（八）股东会之召集及提出于股东之议案报告表册。

（九）议定本所重要所员之任免员额薪给。

（十）本所对外行为。

第二十八条　理事会会议以理事长为主席，理事长缺席时就常务理事中公推一人代之，其决议以全体理事过半数出席，出席理事过半数同意行之可否，同数时取决于主席，凡所议事项涉于理事个人者，该理事无表决权。

第二十九条　理事会决议事项应记入决议录，由主席签名盖章保存之。

第三十条　监察人监察理事会及所员所执行之事务，得随时检查各项财产、账册文件，如有不合应纠正之。认为必要时，并得要求理事会召集股东会或自行召集之，但不得兼任本所理事会及所员。

第三十一条　监察人得列席于理事会陈述意见，但无表决权。

第六章　评议会

第三十二条　本所设评议会，其评议员应以商业上具有经验及资望且非为本所经纪人者，由理事会议决敦聘之。

前项评议员，除以本所理事长及理事会中公推之理事一人为当然评议员外，其余评议员之名额，由理事会另定之。

第三十三条　评议会之职权及议事细则，由理事会另定之。

第七章　会计

第三十四条　本所营业账目于每年六月终为上半年结算期，十二月终为下半年结算期，并以年终为总决算期。

第三十五条　每届总结算，应由理事会造具各项法定书表交监察人查核，提出股东会请求承认。

第三十六条　本所每年总决算所得纯益，应先提出十分之二为法定公积金，次提应缴之所得税及股息周年一分，并得酌提特别公积金，其余依照左列各款分配之：

（一）股东红利百分之六十；

（二）职员酬报百分之二十；

（三）所员酬劳百分之二十，由理事会议决分配之，但所员因故而被开除者，不得享受此项利益。

第八章　附则

第三十七条　关于经纪人交易证据金、经手费、市场开闭日期、公定市价暨关于交易上一切事项，另以业务细则详定之。

第三十八条　本章程未尽事宜悉照交易所法、公司法及关系各法令办理，如有修改，应经股东会议决呈请实业部核准。

上海华商证券交易所股份有限公司理事张文焕等为增加资本变更章程准予登记并换发新照的呈文(1943 年 8 月 9 日)

呈为增加资本、变更章程、仰祈、鉴核事。窃商公司原定资本总额旧法币壹百二十万元，折合中储币陆拾万元，于本年六月三十日呈准重行登记，领有股份有限公司重字第二三七号执照在案。兹因奉令筹备复业，为适应现时环境，及强化业务机构计，自非增加资本，不足以资运用，爰经股东临时会议决，资本总额增为中储币贰千万元，分为壹百万股，每股仍为贰拾元，并修正章程及补选理事，除将股东会议决事项另文呈报外，理合检具登记事项表及修正章程等件，随缴增资登记执照费壹万伍千元，印花税费四元，呈销旧照，备文呈请为增资之登记。欲冀早日完成登记手续，便于进行起见，为特径行呈请鉴核，仰祈迅赐登记，换给新照，实为德便。谨呈实业部。

具呈人　上海华商证券交易所股份有限公司

理事　张文焕、沈长赓、杜镛、钱永铭、吴震修、袁崧藩、周守良、吴蕴斋、邹驾白、郑筱舟、叶扶霄、翟季刚、李思浩、邵树华、陈子培

监察人　孔颂馨、王本滋、彭杏生

上海华商证券交易所股份有限公司登记事项表(1943 年 8 月 9 日)

公司名称　上海华商证券交易所股份有限公司

本店所在地　上海汉口路四二二号

所营事业　甲、各项证券之现期买卖　乙、各项证券之定期买卖

资本总额　中储币贰千万元

股份总数及每股银数　分为壹百万股，每股中储币贰拾元

已缴股银　缴足

公告方法　登载于上海之新闻纸

解散之事由　章程订定之存立年限届满未得股东会续展之决议时

理事姓名住址：张文焕、沈长赓、杜镛、钱永铭、吴震修、袁崧藩、周守良、吴蕴斋、邹驾白、郑筱舟、叶扶霄、翟季刚、李思浩、邵树华、陈子培　均住汉口路四二二号本所

监察人姓名住址：孔颂馨、王本滋、彭杏生　均住汉口路四二二号本所

备考

中华民国三十二年八月九日

汪伪政府行政院实业部咨伪上海特别市政府(1943 年 9 月 8 日)

国民政府行政院实业部咨，商字第 943 号

案查上海华商证券交易所复业一案，前经本部会同财政部令饬该所遵照去后，本部据该所

呈复略称："本年七月二十日下午二时，假座香港路银行公会俱乐部开会，出席股东共计三六三人，股数合计四九七七八股，权数并计四四三七二权，曾蒙钧部驻沪办事处章处长蒞会指导，仰见钧长重视证券流通暨扶植工商企业之至意，当日开会决议事项计分三点如下：(一)本所原有资本总额为旧法币壹百弍拾万元，分为六万股，每股二十元，一次收足，自币制变更后，折为国币陆十万元，核与原有资本总额已不相符，又本所资产比因经济变动，价值激增，估计约值六七千万元，此次复业，为适应战时经济及强化业务机构起见，自非增加资本不足以资运用，理事会拟定增资办法，本所资本升为国币二千万元，分为壹百万股，每股二十元，原股份每一股赠与新股份十一股，照此办法增资，以后各股东名下总计股份七十二万股，即国币一千四百四十万元，其余国币五百六十万元，折作股份二十八万股，分配与本所职员及所员，作为酬报及酬劳，到会各股东对于上述增资数额均无异议，惟对于分配与本所职员及所员之部分，有少数股东未表同意，嗣经投票表决，理事会所拟办法全部通过。(二)本所章程，自民国二十二年七月二日以后迄未修订，经济情形今昔迥异，倘仍率由旧章，遇势必多枘凿，且此次复业资本增加，章程内容显有变动，不如全部修订较合时宜，爰由理事会预先拟具章程，修正案提经股东临时会讨论通过。(三)本所原有理事尹韵笙、杨介眉、叶均病故，理事俞寰澄函请辞职，依照交易所法暨本所章程各规定，应补选理事三人，并附选候补理事二人，以符定额，当经股东临时会，依法补选，结果李思浩得三三〇六六权，邵树华得二二三七四权，陈子培得三〇三七八权，当选为理事，朱如堂得二一九四六权，张长春得二〇三三七权，当选为候补理事。所有以上议决各点，均记明股东临时会决议录，除当选理事及候补理事之履历书另行添具，呈请核准注册外，理合先将此次召集股东临时会决议，经过撮要陈明检同决议录、原有章程及修正章程各一份，一并备文呈报，仰祈鉴核示遵，实为公便"等情，并缮具股东临时会议决议录一份，请予备案前来，经即以准予备案，仍仰速将筹备计划具报核夺等语批复各在案。惟查证券交易所营业，关系金融至巨，监督稍有未周，易兹流弊，兹依据修正交易所监理员暂行规程第一条第二项之规定，会同财政部于上海设置交易所监理委员会，负责专司其事，并拟具交易所监理委员会组织规则十七条，以利推行，除会衔公布暨呈咨函令外，相应检同前项组织规则一份，咨请查照，为荷，此咨

上海特别市政府

部长：梅思平

汪伪行政院实业部训令(1943年9月16日)

国民政府行政院实业部训令。商字2073号

令上海特别市经济局

案据上海华商证券交易所股份有限公司理事张文焕等呈称：兹因奉令筹备复业，为适应现时环境，及强化业务机构计，爰经股东临时会决议，增加资本为国币弍千万元，检具□款，申请变更登记等情，附呈□款到部。查本部前为调整证券流通，稳定金融基础起见，经会同财政部令饬该交易所筹备复业，并经核准重行登记。令仰该所筹备在案，兹据呈报增加资本申请变更登记前来，经核当无不合，除准予复更登记并换发股份有限公司业字第五十六号登记执照

外，合行检发申请文件备一份，暨增资办公费五十元，令仰该局即便遵照备案。

此令。

部长：梅思平

（二）上海证券交易所

财政部、经济部训令(1946年6月1日)发文京财字第三七六号

事由：案奉行政院训令，为设立上海市证券交易市场，以徐寄庼等九人为筹备委员案，仰遵照办理，并将办理情形随时呈核由。

令上海市证券交易市场筹备委员会

案奉行政院本年五月二十四日节京伍字第九二九号训令，为设立上海市证券交易市场，以徐寄庼等九人为筹备委员案，令仰遵照办理具报，当经拟具上海市证券交易市场筹备委员会规程及该会应行办理事项呈核，兹复奉五月三十一日节京伍字第一二六五号训令，略开上项规程等，业经酌予修正，除报请国防最高委员会备案外，合行抄发原件令仰遵照办理，具报为要，此令等因，奉此合行抄发原件并开列该会委员名单，仰即遵照办理，并将办理情形随时呈核为要，此令。

抄发上海市证券交易市场筹备委员会规程，该会应行办理事项及该会委员名单各一份。

部长：王云五　俞鸿钧

国民政府财政部、经济部聘书(1946年6月1日)

兹聘钱新之先生为上海证券市场复业筹备委员会委员。此聘。

部长：王云五　部长：俞鸿钧

上海市证券交易市场筹备委员会致钱新之函(1946年6月3日)

迳启者，兹定于本月四日上午十时，在上海华商证券交易所会议室召集上海市证券交易市场筹备委员会首次会议，届时务希台端准时出席与议为荷，此致

钱委员新之

上海市证券交易市场筹备委员会主任委员　杜镛谨启

上海市证券交易市场筹备委员会致钱新之函(1946年6月4日)

迳启者，本会经于本月四日首次会议，议决另设“规定上市证券标准并审定上市证券小组委员会”，推定钱新之、徐维明、瞿季刚为该小组委员会委员，并由钱新之为召集人，相应函达，即希查照为荷，此致

钱委员新之

上海市证券交易市场筹备委员会

中华民国三十五年六月四日

上海证券交易市场筹备委员会致电行政院宋院长(1946年6月5日)

呈报遵令组织上海证券交易市场筹备委员会成立

南京行政院院长宋勋鉴,属会业于六月四日组织成立,并已积极进行一切有关事项,敬此电陈。上海市证券交易市场筹备委员会主任委员杜镛、副主任委员王志莘仝叩微

地址:上海汉口路四二二号

上海市证券交易市场筹备委员会致钱新之函(1946年6月6日)

迳启者,兹定于六月七日星期五下午准二时假座汉口路交通银行三楼,召集规定上市证券标准并审定上市证券小组委员会会议,商讨一切有关事项,届时务希台端准时出席与议为荷,此致

钱委员新之

上海市证券交易市场筹备委员会

中华民国三十五年六月六日

上海市证券交易市场筹备委员会委员名单

主任委员:杜镛

副主任委员:王志莘

委员:徐寄庼、俞寰澄、夏屏芳、徐维明、顾善昌、瞿季刚、钱新之

上海市证券市场筹备委员会呈文(1946年6月22日)

事由:为不及遵限筹备竣事,声请展期检附有关证券交易各种章则草案,仰祈迅赐批示,并请即予颁发交易税率以便遵行由。

呈为呈请鉴核示遵事,窃属会自奉令成立以后,当即分组研讨计设拟订经纪人资格、拟订上市证券标准暨起草章则,筹备复业,各小组凡有关证券交易应行兴革之处,均经缜密考量,并酌采各国先例兼顾我国情况,因地制宜,统筹并重,以期组成健全之资本市场,藉副政府发展工商之至意,因交易市场以经纪人与买卖标的为其要素,故于筹备开始,首先拟订经纪人资格、上市证券标准、营业细则等草案,以资运用。惟沪市收复未久,一切尚难适合理想,为顾全事实,期速推进起见,拟于合法原则之下,量于变通草案,内有下列数项应请特予核定,兹并将筹备复

业有关事项一并分陈于左：

甲：关于暂行章则方面者：

（一）规定上市证券通则第二条第二项“合于前项规定之中国公司，因调整资本，依收复区各种公司登记处理办法，呈请变更登记尚未确定者，其已依变更章程而发行之股票，以及合于前项规定而呈请认许尚未确定之外国公司股票，其上市买卖认为转让之预约，由卖方保证于该公司登记或认许确定时，实行过户，此项预约转让之买卖，除于前项上市买卖之股票同样交割外，并应依本会定式附加卖契载明移转利益及危险之意旨，及保证过户之方法，前项预约转让之买卖自交易所开业之日起，以六个月为施行期间，非经主管官署核准不得延长。”按上海各大商厂股份在抗战时期，多数均已增加资本，虽正依收复区各种公司登记处理办法变更登记，而登记多未确定，此种股份如许即时转让，于法似有未合，若待至数月之久，则交易筹码实感缺乏，既未能畅吸游资，亦无补于国家税政，为通筹并顾计，拟暂行为预约转让之买卖，关于外国公司，凡已呈请认许而未确定之股票，拟亦一例办理。

（二）规定经纪人通则第四条丙项“凡向营证券业务之外商，曾在本区域内营业五年以上，依法登记取得中国法人资格者，得申请为经纪人，其在交易所开业以前，尚未取得法人资格者，申请为经纪人，如审查合格，应认为临时经纪人，限于六个月内依法取得中国法人资格，逾期即撤销之。”

按欲谋鼓励外资输入，使国际资金交流，则合法外国公司股票在国内市场必须许其流通，因此，凡外商如呈请登记取得中国法人资格者，自可许其以法人资格承充经纪人，用作沟通媒介，在未经取得法人资格前，拟准其先充临时经纪人。

（三）营业细则第四十四条“经纪人于委托人开户时，必须订立开户契约载明委托人之真实姓名、住址，不得用堂名记号替代，前项开户契约并须载明经纪人与委托人之权利、义务、关系认定，以本所章程、本规则及其他各种规定，并经纪人公会规约与诸规定为其契约之一部。”

按交易所法施行细则第二十九条之规定，经纪人在交易所买进卖出，其通知书非由交易所盖章，证明不生效力。惟证交开业伊始，只做现货买卖，次日即行交割清楚，为手续简捷计，故拟暂不规定，如经纪人需要交易所证明时，应予随时照办。

乙、关于筹备复业事项者

（一）市场设计：按经纪人名额比照原额增加数倍，因此，原有市场及设备均不敷应用，现准备分设股票、债券二市场，交涉租户，迁让颇费周章，且敷设电话、电气以及各项装修设备，工程尤需时日。

（二）人事训练：预计今后交易所必将较前扩大，故此次规划交易方式与前迥异，因此，关于内部所员暨经纪人及代理人等必须俟市场布置完竣，必须先行训导以资熟练。

（三）审查经纪人资格暨审核上市证券：按上开二者申请填表手续綦繁，属会调查公司内容，严择经纪人人选，必要慎重审核以期品格提高，内容详确。

基于上列各点，一为管理上应须缜密研讨者，一为筹备上不能草率从事者，均属关系证券交易所业务前途至为重大，决难于极短期间完全竣事，拟请酌予展缓，希望能于七月中开业，除视工作进行情形，随时呈报外，谨举筹备经过并检同拟订之规定上市证券通则、规定经纪人通则暨营业细则各一件，专文呈请钧核，是否有当，仰祈迅赐批示，俾得次第实施以期从速推进，实深公便，再交易所既已迅筹复业，交易税率应请即予颁发，以便遵行合并陈明，谨呈。

上海市证券交易市场筹备委员会主任委员　杜镛

上海市证券交易市场筹备委员会规程(1946年6月22日)5条

第一条，行政院为提倡企业投资，促进经济复员及恢复证券市场之正常交易起见，特设上海市证券交易市场筹备委员会。

第二条，本会设主任委员、副主任委员各一人，委员七人，均为名誉职，由行政院核定，财政、经济两部会同聘任之。

第三条，本会职掌如左：

（一）规定及审查经纪人之资格；

（二）规定上市证券之标准并审定上市证券；

（三）厘订有关证券交易之各项章则；

（四）筹备证券交易所复业之一切有关事项；

（五）处理主管官署交办事项。

第四条，本会决议事项分呈财政部及经济部核准，但关于公司登记事项应依法专呈经济部核办。

第五条，本会于证券交易所理事会成立时裁撤之。

上海市证券交易市场筹备委员会应行办理事项(7条)

（一）经纪人人数不得超过三百人，筹备委员会审查合格后仍应呈报财政、经济两部核准注册。

（二）证券交易所之资本额不得低于拾亿元。

（三）资本之分认办法参照上海华商证券交易所理事会二十六年之决议，于增资后由原股东合认百分之六十，其余百分之四十由国家银行分认，但两年后国家银行所认之部分可酌量转让于外界。

（四）营业范围：

一、公债及公司债

二、本国公司股票

三、外国公司股票

暂时均以现期交易为限。

（五）上市证券应组织审核委员会，严加审核后，呈经财政、经济两部核准。

（六）交易所应设置经理人负责办理一切事务，经理人由理事会选任之。

（七）证券交易所应于筹备委员会成立后三星期内筹备就绪复业。

上海证券交易所发起人会议(1946年9月3日)

日期：中华民国三十五年九月三日下午三时

地点：上海汉口路四二二号

出席发起人四十三人

计一千万股合一千万权

公推杜发起人镛为主席

行礼如仪

一、主席报告出席发起人(股东)人数及其所代表之股数权数，均已足法定数，宣告开会。

二、主席报告筹备经过情形　本年六月间奉财、经两部训令，派王志莘、顾善昌、徐维明、钱永铭、瞿季刚、徐季庼、夏屏方、俞寰澄诸君及本人共九人为筹备上海市证券市场委员会委员，随颁发筹备委员会规程及应行办理事项，当即遵令着手筹设上海证券交易所股份有限公司，并依照委员会规程办理各项事务，现在等备已告就绪，所定资本总额国币拾万万元，分为一千万股，每股一百元，业已全数由发起人认缴足额，讬由新华、国信两银行代收，取具证明书及清单，特于今日召开发起人会议并报告筹备会奉令办理之经过概略如上。

众无异议。

三、订立公司章程草案　主席提出本公司章程草案，分为八章共计三十一条，并将印本分发于各股东，当众逐条宣读毕，共商公决。

议决　修改通过。

四、选举理事监察人　主席请各股东推定庄叔豪、徐维明二君为监票员，华文煜、张积三、沈稔三三君为检票员，旋经各股东投票选举毕，检票结果

顾善昌　得九百八十九万权

杨荫溥　得九百八十九万权

徐季庼　得九百七十四万五千权

王志莘　得九百七十二万权

李道南　得九百七十二万权

李馥荪　得九百七十万零五千权

郑筱舟　得九百七十万权

邹驾白　得九百七十万权

俞寰澄　得九百六十九万权

徐维明　得九百六十八万权

钱新之　得九百六十五万权

袁松藩　得九百六十四万权

陈光甫　得九百六十三万五千权

王伯天　得九百六十万权

庄叔豪　得九百五十八万权

李叔明　得九百五十八万权

杜镛　　得九百五十七万五千权

骆清华　得九百五十七万五千权

沈镜　　得九百四十八万权

瞿季刚　得九百四十六万权

刘建华　得九百三十八万权

以上二十一人当选为本届理事

傅沐波　得一百六十三万权

杜维藩　得一百四十三万五千权

吴麟坤　得一百十九万五千权

沈熙瑞　得一百十九万五千权

以上四人当选为候补理事

顾克民　得九百六十三万权

孙祖瑞　得九百八十四万权

周守良　得九百七十三万权

王本滋　得九百七十二万五千权

赵棣华　得九百七十万权

胡惠春　得九百六十八万权

彭杏生　得九百六十二万五千权

以上七人当选为本届监察人

张秉三　得八十九万五千权

宋美扬　得七十四万五千权

吴礼门　得六十二万权

以上三人当选为候补监察人

五、散会

主席　杜月笙

上海证券交易所股份有限公司暂行组织大纲(卅五年九月十四日第一届第二次理监会议决通过)共16条

第一条,本组织大纲依照本所章程订定之。

第二条,本所设理事会以理事二十一人组织之,理事互推一人为理事长,六人为常务理事,以理事长为公司对外代表。

第三条,本所设监察人七人,除各依法执行职务外,并互推常驻监察人一人。

第四条,本所设总经理一人,秉承理事长综理本所所务,协理一人至三人,辅助总经理处理所务。

第五条，本所设秘书室办理本所人事与文书事宜，并秉承总经理办理机要及指定事项。

第六条，秘书室设主任秘书一人，主持本室事务，设秘书及助理秘书若干人，助理本室一切事务。

第七条，本所设左列四处：

业务处、财务处、调查研究处、事务处。

第八条，各处设经理一人，秉承总经理办理各该处职务，必要时得设副经理襄理助理之。

第九条，业务处设左列三科：

场务科、计算科、稽核科。

第十条，财务处设左列三科：

出纳科、会计科、保管科。

第十一条，调查研究处设左列三科：

统计科、征信科、编辑科。

第十二条，事务处设左列三科：

庶务科、购置科、股务科。

第十三条，各科均设主任一人分掌各科职务，必要时得设副主任助理之。

第十四条，各科设办事员、练习生若干人分司各项职务，其名额视工作繁简酌定之。

第十五条，本所得设稽核专员若干人，秉承总经理办理指定事项。

第十六条，本组织大纲经理事会议决施行，修改时亦同。

上海市证券交易市场筹备委员会首次会议记录(1946年6月8日)

一、开会如仪

二、全体就职，杜主任委员为主席

三、报告事项：

(一) 主席报告遵奉财、经两部训令，组织上海市证券交易市场筹备委员会，即日宣告成立。

四、讨论事项：

(一) 筹备证券交易所事项应如何进行案

议决：

甲、名称：定名为“上海证券交易所股份有限公司”，依照《公司法》暨《交易所法》之规定进行筹组。

乙、资本：总额定为国币拾亿元，由前华商证券交易所原股东合认百分之六十，其余百分之四十由国家银行分认。

丙、地址：设于上海汉口路四二二号，租用前华商证券交易所原址，其租赁办法另由双方洽商定之。

丁、营业范围：遵照《交易所法》及部令附件规定办理。

戊、所有草拟章程及准备一切有关事项，设立小组委员会统筹进行。

（二）本会为规定及审查经纪人资格，另设小组委员会请讨论案。

议决：

推定徐寄庼、俞寰澄、夏屏芳为小组委员会委员，由徐寄庼召集之。

（三）本会为规定上市证券标准，并审定上市证券，另设小组委员会请讨论案。

议决：

推定钱新之、徐维明、瞿季刚为小组委员会委员，由钱新之召集之。

（四）本会为厘订有关证券交易各项章则，另设小组委员会请讨论案。

议决：

推定俞寰澄、夏屏芳、顾善昌为小组委员会委员，由俞寰澄召集之。

（五）本会为筹备证券交易所复业一切有关事项，另设小组委员会请讨论案。

议决：

推定杜镛、王志莘、顾善昌为小组委员会委员，由杜镛召集之。

（六）聘请各小组委员会顾问案

议决：

由各小组委员拟定人选，请由本会聘请之，其人选如左：

1. 规定及审查经纪人资格小组委员会，聘请秦联奎、徐士浩为顾问。

2. 规定上市证券标准并审定上市证券小组委员会，聘请骆清华、秦联奎为顾问。

3. 厘订有关证券交易各项章则小组委员会，聘请华文煜、杨荫溥、徐永、秦联奎为顾问。

4. 筹备证券交易所复业一切有关事项小组委员会，聘请郑筱舟、王叔和、陈绩孙、缪子中为顾问。

（七）关于证券交易所复业后之交割事项，拟委托银行代理案。

议决：

俟请市政府当局再行决定。

（八）本会为处理会务拟聘请秘书案。

议决：

聘请陈绩孙为本会秘书。

五、散会。

国民政府经济部颁发上海证券交易所营业执照（1947年6月7日）

经济部执照

兹因杜镛等设立上海证券交易所股份有限公司呈请登记，本部查核相符合行发给执照以资凭证。

摘录登记事项如左：

公司名称：上海证券交易所股份有限公司

所营事业：以买卖各种证券(一)公债(二)公司债(三)股票之现货及期货为营业

资本总额及股份总数：国币拾万万元分为壹仟万股。

每股金额：国币壹佰元

每股已缴金额：缴足

本公司所在地：上海汉口路四二二号

部长：陈启天

商业司司长：邓翰良

中华民国三十六年六月七日

右给上海证券交易所股份有限公司收执

股份有限公司设字第三九二一号

上海证券交易所1946年工作概况

一、筹备经过

三十五年五月，行政院为引导社会游资，促进经济复原，提倡企业投资，建立现代资本市场，训令筹设上海证券交易市场，组织筹备委员会，指定杜镛为主任委员，王志莘为副主任委员，徐寄庼、俞寰澄、夏屏芳、徐维明、顾善昌、瞿季刚、钱新之等七人为委员，租用汉口路四二二号前上海华商证券交易所原址，积极进行筹备工作。拟定各项章则。审核经纪人资格及审核上市证券。一切秉承财政、经济两部之指示办理，呈部核准后公告执行，他如装修市场，布置人事等先后就绪，于同年九月九日正式开幕，定名为"上海证券交易所(The Shanghai Securities Exchange. Ltd.)"

二、组织

该所遵照《交易所法》之规定，采用股份有限公司组织，资本额定为国币十万万元，由前上海华商证券交易所股东，认百分之六十，其余百分之四十，由中国银行、交通银行、中国农民银行、中央信托局及邮政储金汇业局等五国家行局分认。

九月三日，该所依法召开公司创立会，通过章程，选举理事二十一人，组织理事会，其职权为决定该所业务方针及一切重要事项，设理事长一人，常务理事六人，由理事互推之，理事长对外代表该所，又选举监察人七人，由监察人互推常驻监察人一人，第一届理监人选如左：

理事长　杜镛

常务理事　徐寄庼　王志莘　徐维明　庄叔豪　瞿季刚　郑筱舟

理事　顾善昌　杨荫溥　李道南　李馥荪　邹驾白　俞寰澄　钱新之、袁崧藩　陈光甫　王伯天　李叔明　骆清华　沈镜　刘建华

常驻监察人　赵棣华

监察人　顾克民　孙祖瑞　周守良　王本滋　胡惠春　彭杏生

该所为政府特许设立之机构，政府为便利监理起见，由财政部派监理员吴宗焘，经济部派监理员王鳌堂合组财政、经济部上海交易所监理员办公处办事。

该所内部编制，设总经理一人，秉承理事长总理全所所务。设协理一人至三人，辅助总经理处理所务，下设秘书室及业务、财务、事务、调查研究等四处。秘书室办理人事与文书及机要事宜，设主任秘书及秘书。各处设经理，必要时得增设副经理、襄理。处下设科：业务处分设场务、计算、稽核三科，财务处分设会计、出纳、保管三科，事务处分设庶务、购置、股务三科，调查研究处分设统计、征信、编辑三科，科得视需要设主任，亦得增设副主任，此外并得酌设稽核专员等，办理查账及其他指定事项。现任重要职员如左：

总经理　常务理事王志莘兼代

协理　杨荫溥　顾善昌

主任秘书　华文煜

秘书　薛福田

业务处经理　杨荫溥兼

　　副经理　张积三　沈稔三　汪治

财务处经理　顾善昌兼

　　副经理　吕澹代

事务处经理　陈绩孙

调查研究处经理　杨荫溥兼

三、经纪人

在该所市场交易者，限于经该所审查后呈部核准注册之经纪人，分个人及法人两种，除法律另有规定外，应具左列资格：

甲、个人经纪人：

（一）中华民国人民，年龄在二十岁以上；

（二）高中毕业或有同等学历；

（三）品行端正、信誉优良；

（四）曾经经营或管理证券投资业务；

（五）须有银行、钱庄、信托公司或大公司厂商二家之推荐；

（六）具有财产五千万元以上，但个人经纪人之证券字号如系合伙组织者，其资本须在五千万元以上。

乙、法人经纪人：

（一）银行、钱庄、信托公司投资或企业公司证券公司曾经合法注册取得中华民国法人资格，并在沪埠经营五年以上；

（二）投资或企业公司、证券公司，如属股份有限公司或有限公司，其资本须在一万万元以上，如属无限公司、两合公司或股份两合公司，其资本须在五千万元以上。

丙、外商法人经纪人：

（一）凡向营证券业务之外商，曾在本区域内营业五年以上，依法登记取得中国法人资格者，得申请为经纪人；

（二）其在本所开业以前，尚未取得法人资格者，申请为经纪人时，如审查合格，应认为临时经纪人，限六个月内，依法取得中国法人资格，逾期即撤销之。

该所经纪人名额，规定至多不得超过三百名。在该所开业前，经呈部核准注册发给营业执照者，共计二百三十四名，均照章办妥入所手续，在年度终，因营业清淡，或其他原因，申请废业，经呈部核准撤销注册原案缴销执照者十五名，续奉部令核准注册并照章办妥入所手续者一名。（附卅五年底该所经纪人名单）

经纪人得买卖该所上市之债券或股票，并得就两项中选择一项专营或兼营之。每项营业，应缴纳保证金五千万元，其中百分之四十，即二千万元，须缴纳现款，其余百分之六十，得以有价证券或房地产充之。此项代用品之种类，经该所拟定，呈部核准，暂以上市证券为限。其代用价格，按市价七折计算，在该所开业之初，曾奉部批准变通办理，由中央银行指定沪市会员银行，由各经纪人自行接洽银行书面保证，以充抵代用品。经中央银行业务局指定沪市银行业同业公会理监事银行浙江实业、中国企业、中汇、国华、浙江兴业、中国通商、上海、新华、中国基业、中国工矿、四明、中南、中国实业、中国国货、大陆、江海、中国农工、上海绸业、金城、中华、浙江建业、广东、中贸、盐业、聚兴诚及国信二十六家承办书面保证事宜。

协助经纪人在市场处理业务之职员，有代表人、代理人、电话生，代表人为法人经纪人之代表，代理人为协助经纪人在市场从事买卖者，俱须经该所核定呈部备案。外商法人经纪人之外籍代表人，照章不得上市场者，得另派代理人一人。电话生须预向该所登记，专司各经纪人向外直接通话之责，按照经纪人之编号，在指定座位供职，此外，经纪人得就业务上之需要，雇用营业员，承接业务，但不得入场交易。

经纪人为增进其营业上共同利益，及矫正一切弊害起见，组织经纪人公会，于三十五年十月十九日，召开成立大会。凡该所经纪人，均为公会会员，由全体会员通过章程，选举理事及监事。现任理事长陈静民，常务理事俞明时、林宗靖、吴礼门、史久莪、裘良圭、沈光衍、胡静秋、杨锡卿，理事杨元恺、朱鼎彝、俞明岳、苏佩昭、董莱荪、袁虬初、曹懋德、徐振清、郑学诰、吴国英、朱传汉、龚礼逵、金诵甘、卢德绥、周汉卿、穆壮武，常驻监事阮公纯，监事杨长和、吴志廉、俞子毅、韩继湘、王仕丹、汪一鹗。

四、证券上市

在市场交易之证券，非经严格选择流弊滋多。故该所对上市证券之审核，甚为严格。由该所理事会组织上市证券审查委员会主持其事，除政府发行之公债，经政府指定，即得开拍外，普通企业公司所发行之股票或债券，其上市资格必须合于左列各款规定：

（一）依中国公司法完成登记之中国股份有限公司、股份两合公司，或依外国法完成登记，并依中国《公司法》取得认许之外国公司，其营业在中国境内者；

（二）该公司有殷实之资产及获利之能力，其事业与中国国民经济有密切之关系；

（三）该公司内容有充分翔实之公开报告；

（四）该公司股票及债券之过户手续，依合法之规定；

（五）所发债券经经济部登记有案，具有可靠之担保品，确实之基金，及健全之保管机关。

公司股票及债券之上市，须经上市申请手续，申请时应具左列各项文件，并均须经公司监察人及律师或会计师审查，出具证明书：

（一）上市申请书及登记事项表；

（二）公司核准登记或公司债核准发行之证明文件或其摄影本；

（三）关于申请上市之董事会决议录；

（四）公司章程及组织系统表或组织规程；

（五）最近五年来依《公司法》第二二六条规定之各项表册及目前情形之报告；

（六）公司债依《公司法》第二三八条规定各款之报告书，暨担保品基金之说明书及与保管机关所订之契约或其摄影本。

该所接到公司上市申请书后，先多方调查该公司之实际内容，提供上市证券审查委员会，作初步审查。如认为合于上市标准者，提出理事会核定之，最后转呈财政、经济两部复查，如经核准，方得试行上市。在试行上市期间，公司必须以事实证明其上市资格，并能切实履行交易所营业细则第四十条之条款，然后再经审查，呈部核准正式上市。

公司股票及公司债之上市，应纳上市费于交易所，分“初次上市费”、“常年上市费”及“变更上市登记费”三种，该所呈部核定之计算方法如左：

甲、初次上市费：发行公司于接得该所呈准上市通知后三日内缴纳之。

（一）股票初次上市费，每股金额面值国币十元至二十元者，定为国币一角；二十元以上至一百元者，二角；一百元以上至一千元者，五角；一千元以上者，一元。但每种股票之初次上市费，至少为国币五十万元。

（二）公司债初次上市费，每面值国币一百元，定为国币五分。但每种公司债之初次上市费，至少为国币五十万元。

乙、常年上市费：股票定为国币五分，公司债每面值国币一百元定为国币二分五厘。以总股数或总面值为计算根据。每年六月及十二月，分二次缴纳。其第一次常年上市费，依照实际上市月数计算。

丙、变更上市登记费：上市证券如发行额有增减或变更权利时，发行公司应另行缴纳变更上市登记费。

（一）增加发行额时，其增加部份照上市费之定率加收；

（二）减低发行额时，其减少部分，照上市费之定率减半收费；

（三）变更权利时，股票每股面值十元至二十元者，国币七分半分；二十元以上至一百元者，一角五分；一百元以上至一千元者，三角五分；1 000 元以上者七角五分。公司债每面值国币一百元收费国币三分七厘半。

该所股票市场于三十五年九月十六日开拍，债券尚未上市。在开业前，呈准试行上市之股票，计二十种，续奉部令核准试行上市者，计六种。各上市股票公司、名称、设立年月、地址，现任董事长、总经理、资本额、发行股数、每股票面金额、申请上市股数、成交单位及开始试行上市日期详附表。

五、业务

（一）交易种类：

现分“现期交易”、“递延交割交易”及套利交易三种。

甲、现期交易：当日成交各买卖，应于次日交割清楚，买方至迟应于次日上午十二时前，将价款缴所。卖方至迟应于次日下午三时前，将现货缴所。买方则凭证于缴款次日上午，向所方取货。

乙、递延交割交易：交易所为活泼股市，特拟订递延交割办法，交易成交后，其交割最长有一星期之递延。每期交易，自每星期四前市起至下星期三前市止，期内成交各买卖，均于星期五办理交割，开做递交之股票，暂定永纱、信和、勤兴、新光、景福、美亚、永公及华丰等八种。成交单位与现期交易同。每笔成交交易，买卖双方，均应按照成交金额，缴纳百分之三十本证据金，其中百分之十，以现金缴纳，其余百分之二十，得以上市证券代用之，或以指定之银钱业之书面保证抵充之。每日存账，如因市价涨跌，依据当日记账价格计算之金额与原成交总金额，发生损差时，即照损额征收追加证据金，卖方如以现品提交者，得免缴各项证据金，于卅五年十一月后市起，已公告试行开做。

丙、套利交易：此为利用现期与递交价格之差额套取利息之交易，一方便利握有剩余资金者买进现货，同时卖出递交，以套取利息，而不负市价涨落之风险，此为顺套。另一方面，便利证券投资人有所缓急时，得以放出现货，同时买进递交，以吸收流动资金，除负担额定之利息外，亦不负市价涨落之风险，此为倒套。卅五年十二月十二日前市起，公告试办。套利交易之股票种类，初定永纱、信和两种，十八日起增加新光、华丰两种。成交单位，永纱、信和与新光，定为五万股，华丰定为十万股。交易时，只须叫明贴进或贴出现货价格与递交价格相比之差额，成交价格以当时现期买进价格为根据，即以现期买进价格加套利差额，为递交价格。成交后，分别为现期交易与递交交易处理之。

（二）价格升降单位及限度：

价格升降单位，又名“叫价单位”，即交易讨价还价时，最小增减之单位，现定股票市价不满一百元者，升降单位一角；一百元以上不满二百元者五角；二百元以上不满一千元者一元；一千元以上者五元。

又为防止短时间内价格有过度涨落起见，对于每种股票每日有价格升降限度之规定，悬牌公布。倘价格“涨达限度”或“低达限度”时，即不能以高过或低于所规定之限价，继续买卖。其规定标准，乃依前一日之收盘价为据，其限度订定如下：

1. 股票市价在一百元以下者，升降限度为百分之二十；

2. 一百元以上至五千元以下者，为百分之十五；

3. 五千元以上者，为百分之十。

（三）交易费用：

甲、佣金：经纪人代客买卖成交后，须向委托人收取一定之佣金，其数额由经纪人公会拟定，报由交易所转报核定。现定佣金为货价千分之三。

乙、经手费：为交易所向买卖双方经纪人所征收，现定各收货价 0.75‰。如交易买卖双方为同一经纪人时，只收一方千分之〇．七五。

丙、交易税：为政府向卖方行为当事人所征收。现定现期与递交均为万分之五，由所方代征。

（四）交易过程：

甲、相对买卖：股票市场设证券大厦底层，市场中部设“交易柜”九座，每座为两半圆形木柜所构成。各种股票，分配于指定之交易柜前开拍，柜内有派定之场务员，主持交易事宜，欲买卖某种股票之经纪人，集合指定交易柜前，相对叫价，如双方数量及价格相合时，交易即可成立。由卖方经纪人填制“小场账”一式四份，经买方经纪人签字承认后，买卖双方，各执副张一份存查，由卖方将正张及副张各一份，投入特设木箱内，成交手续即告完成。如此相对成交继续行之。有一次成交，即可有一价格。场务员即用电话通知纪录员，将每一种价格，讨价或还价，照录于市场行市板上，市场两旁经纪人所派电话生，再藉对讲电话，转知其营业所，使市况得以迅速广播。

市场每日集会，分前后两市。前市自上午九时半起至十二时止。后市自下午二时起至三时半止。星期六只开前市。

乙、集体对账：经纪人在市场内每日现期买卖之证券，或递延交割交易之成交，应于次日向交易所办理交割手续，或缴纳证据金。各经纪人每日交割时授受之证券与金额，以及相互间成交数量、种类与金额之记载，是否相符，均须于买卖当日核对清楚，以免因记载不符而发生纠纷。以今日证券种类之繁，经纪人数之多，及每日成交之错综复杂，对于对账办法，如管理不科学化，势将无法于买卖当日，处理清楚。该所现采用经纪人集体对账办法，在节省人力与时间上，成效卓著。

丙、计算：经纪人每日成交之买卖，应计算其每种证券之收解额、存账额、价款之应收应付额、以及应缴本证据金、追加证据金、经手费与代征交易税之金额。此项计算工作，均由交易所负责处理。即根据经纪人集体对账之纪录及存账纪录，分别计算。照现行规定，前日后市与本日前市为一计算区域，即将前日后市交易，与本日前市交易，合并计算。每一经纪人次日应收应解之证券与金额，均须于当日计算清楚，并分别填制通知单，于次日上午九时以前，通知各经纪人办理。

丁、交割：交割即为交易之了结，依照暂行营业细则规定，买卖之交割双方，应将交割证券及货价备齐，在中央银行或其委托银行行之，经中央银行委托中国银行上海分行及交通银行信托部，联合办理，两行组织联合办事处于交易所，办理证券交割及其有关事宜，现期交易次日交割，递延交割交易，于每星期五交割。

（五）三十五年度市况概述：

股票市场自九月十六日开业至年度终之市况动态大体言之，始终在平疲状态中，成交不旺，价格盘低，推原其故，约有下列数端，(一)初创之际，各方存心观望，经纪人对新颁规章尚未习惯；(二)场外黑市猖獗；(三)适值工商业凋敝之际，倒闭或搁浅频传；(四)市面拆息甚高，股市无厚利可图；(五)游资活动于金钞、纱市，不入股市；(六)政局悲观，直至岁末，政府核放生产贷款并公布运输工矿事业重估固定资产价值，增加资本办法以及大票发行，物价波动等因素之刺激，股市渐有转机(附卅五年九月十六日至十二月卅一日之营业统计表)。

六、结论

上海证券交易所设立之目的，既为提倡企业投资，建立现代资本市场，今该所营业范围，即以企业发行之股票或公司债为中心，以活泼企业之资金。与过去证券市场之偏重于政府公债或外商股票，迥异其趣，实为建立现代资本市场之发轫。其特点一；该所基于前华商证券交易所之组织扩大范围，由国家五行局投资经营，成为上海唯一之合法证券市场，组织统一，基础健全。其特点二；该所经纪人包括前华商证券交易所之经纪人，外商众业公所之会员，经营或管理证券投资业务富有经验之个人，以及银钱信托各业之法人，兼收并蓄，阵容整齐。其特点三；该所营业方针与管理技术，均参证学理，适合国情，力求有利经纪人之发展，及资本市场之建立，不墨守成规，谋不断改进。其特点四。

该所开幕，甫经四月，业务虽未开展，初基业已奠定，各项措施，均在引导投资者以稳妥途径，以鼓励人民投资兴趣，纳游资于正轨，减物价之压力，从而扶助企业，促进复员。假以时日必能成为现代化之资本市场，以协助政府推行工业化之国策，无疑。展望前途，任务綦重。但愿政局安定，建设开始，该所必可负起其应有之使命也。

主席　杜月笙

上海证券交易所复业办法(11条)

第一条，政府为疏导游资稳定经济特准上海证券交易所复业。

第二条，上海证券交易所上市之证券暂定左列各种：

（一）政府债券；

（二）国营事业股票；

（三）民营公司股票。

前项第一、二两种证券之上市由财政部、工商部另以命令定之。

第三条，上海证券交易所开拍证券，除政府债券得酌做一天期货外，均以现货为限。

第四条，各种证券之交易办法，由上海证券交易所拟定呈报财政部、工商部核定之。

第五条，上海证券交易所现有之经纪人，其资本应重行调整并不得少于五十万金圆。

第六条，经纪人保证金分债券、股票两种，各为卅万金圆，其百分之四十为现金，其余百分之六十得以上市之政府债券或国营事业股票抵充。

第七条，前经呈准上市之民营公司股票，未依营利事业资本额折算金圆变更登记办法，呈准变更登记或经呈请登记尚未确定者其上市买卖认为转让之预约，依照上海证券交易所营业细则第卅七条办理买卖手续，并于该所复业之日起，于三个月内完成变更登记程序。

第八条，经纪人接受客户买卖，应填明客户真实姓名及住址，不得隐匿，并不得接公务员或交易所职员所委托之买卖。

第九条，经纪人经营场外交易经查实后，除移法院依法究办外，并应由财政部、工商部撤销其营业执照。

第十条，上海证券交易所暂行营业细则与本办法抵触者无效。

第十一条，本办法自公布日施行。

上海证券交易所股份有限公司资本总额为法币十亿元，于三十五年七月收齐，股东共法人六户，计(甲)上海华商企业股份有限公司(即前上海华商证券交易所股份有限公司改组)投资六亿元，(乙)中国银行一亿元，(丙)交通银行一亿元，(丁)中国农民银行八千万元，(戊)中央信托局八千万元，(己)邮政储金汇业局四千万元。

上海证券交易所股份有限公司股东名册

股东	户名	代表人姓名	地址	发行时每股伪法币票面(元)	股数(万股)	金额(万元)	备注
中国银行	中上记	徐维明	外滩二十三号	100	30	3 000	乙
仝	中海记	孙祖瑞	仝	100	16	1 600	乙
仝	中中记	宋美扬	仝	100	16	1 600	乙
仝	中国记	蒋承恕	仝	100	16	1 600	乙
仝	中银记	朱学豫	仝	100	11	1 100	乙
仝	中行记	顾善昌	仝	100	11	1 100	乙
交通银行	天记	钱新之	外滩十四号	100 元	16	1 600	乙
仝	地记	赵棣华	仝	100	16	1 600	乙
仝	元记	汤筱齋	仝	100	14	1 400	乙
仝	黄记	庄叔豪	仝	100	10	1 000	乙
仝	宇记	杨兆熊	仝	100	10	1 000	乙
仝	宙记	李道南	仝	100	10	1 000	乙
仝	洪记	潘启章	仝	100	8	800	乙
仝	荒记	屈用中	仝	100	8	800	乙
仝	日记	陈静民	仝	100	8	800	乙
中国农民银行	甲户	李叔明	外滩十六号二楼	100	20	2 000	乙
仝	乙户	薛迪锦	仝	100	20	2 000	乙
仝	丙户	王伯天	仝	100	20	2 000	乙
仝	丁户	凤存德	仝	100	20	2 000	乙
中央信托局		沈恕瑞	圆明园路八号	100	20	2 000	乙
仝		何墨林	仝	100	20	2 000	乙
仝		沈祖同	仝	100	10	1000	乙
仝		罗吟圃	仝	100	10	1 000	乙
仝		钱祖龄	仝	100	10	1 000	乙
仝		杨荫溥	仝	100	10	1 000	乙
邮政储金汇业局		谷春藩	九江路三六六号	100	10	1 000	乙
仝		董希锦	仝	100	10	1 000	乙
仝		何纵炎	仝	100	10	1 000	乙

（续表）

股东	户名	代表人姓名	地址	发行时每股伪法币票面(元)	股数（万股）	金额（万元）	备注
仝		方根生	仝	100	10	1 000	乙
上海华商企业公司	上记	杜镛	汉口路四二二号	100	42.5	4 250	丙
仝	海记	钱新之	仝	100	35	3 500	丙
仝	华记	瞿季刚	仝	100	34	3 400	丙
仝	商记	袁松潘	仝	100	36	3 600	丙
仝	证记	邹驾白	仝	100	28	2 800	丙
仝	券记	俞寰澄	仝	100	29	2 900	丙
仝	交记	郑筱舟	仝	100	30	3 000	丙
仝	易记	陈光甫	仝	100	34.5	3 450	丙
仝	所记	李馥荪	仝	100	29.5	2 950	丙
仝	股记	骆清华	仝	100	40.5	4 050	丙
仝	份记	徐寄廎	仝	100	23.5	2 350	丙
仝	有记	王志莘	仝	100	28	2 800	丙
仝	限记	彭杏生	仝	100	36.5	3 650	丙
仝	公记	王本滋	仝	100	27.5	2 750	丙
仝	司记	周守良	仝	100	27	2 700	丙
仝	投记	傅沐波	仝	100	11	1 100	丙
仝	资记	杜维藩	仝	100	13.5	1 350	丙
仝	理记	吴麟坤	仝	100	10.5	1 050	丙
仝	监记	颜克民	仝	100	37	3 700	丙
仝	事记	胡惠春	仝	100	32	3 200	丙
仝	代记	张秉三	仝	100	6.5	650	丙
仝	表记	吴礼门	仝	100	8	800	丙
共计	五十一户				一千万股	十亿元	

上海证券交易所理事监察人暨高级职员名册

职别	姓名	地址
理事长	杜镛	华商企业公司转
常务理事	徐寄廎	华商企业公司转
	王志莘	华商企业公司转
	徐维民	中国银行转
	庄叔豪	交通银行转

（续表）

职别	姓名	地址
	瞿季刚	华商企业公司转
	郑筱舟	华商企业公司转
理事	顾善昌	中国银行转
	杨荫溥	中央信托局转
	李道南	交通银行转
	李馥荪	华商企业公司转
	邹驾白	华商企业公司转
	傅沐波	华商企业公司转
	钱新之	华商企业公司转
	王伯天	中国农民银行转
	陈光甫	华商企业公司转
	骆清华	华商企业公司转
	李叔明	中国农民银行转
	钱祖龄	中央信托局转
	方根生	邮政储金汇业局转
	俞寰澄	华商企业公司转
常驻监察人	赵棣华	交通银行转
监察人	孙祖瑞	中国银行转
	胡惠春	华商企业公司转
	彭杏生	华商企业公司转
	张秉三	华商企业公司转
	王本滋	华商企业公司转
	宋美扬	中国银行转
总经理	顾善昌	中国银行转
协理	杨荫溥	山阴路兴业坊五二号
协理	陈绩孙	华商企业公司转
秘书室主任秘书	王鳌堂	中州路六四弄二二号
业务处经理	杨荫溥兼	
财务处经理	顾善昌兼	
事务处经理	陈绩孙兼	
业务处副理兼场务科主任	张积三	武定路一九〇弄五三号
业务处副理兼计算科主任	沈稔三	泰兴路五〇七弄二〇号

（续表）

职别	姓名	地址
业务处副理兼稽核科主任	汪治	林森中路大德里一号
财务处副理	阮葭仙	中国银行转
财务处代副理兼出纳科主任	王玉麟	复兴中路一六〇弄三三号
秘书室秘书	薛福田	南昌路二七二弄二一号
	郭蘭馨	山阴路大陆新村五号
	唐世昌	中正东路一四六二弄二七号
秘书室助理秘书	孙杏生	十六铺大达码头积庆里三号
	张志民	江苏路七五四弄八号
	张用宝	大南门糖坊北弄九四弄五号
	张光治	梵王渡路中行别业新六号
财务处保管科主任	缪斡廷	中华新路二一五弄自力新村二一号
财务处会计科主任	蒋正毅	中正北一路新华里六号
事务处庶务科主任	姚菊如	成都南路贝禘坊二号
事务处购置科主任	未承祖	凤阳路永年里九号
事务处股务科主任	恽艺超	岳阳路七九弄九号
事务处股务科副主任	章怡棠	武定路二三七弄一五号
业务处场务科副主任	李廷琛	中正东路宝裕里八八号
业务处计算科副主任	陈绍元	山阴路兴业坊六〇号

（三）上海证券交易所的结束

上海市军事管制委员会财经接管委员会金融处训令上海证券交易所（1949年5月30日）

自即日起上海证券交易所暂行停止营业。此令。

处长：陈穆，副处长：谢寿夫

一九四九年五月三十日

上海证券交易所致上海市军事管制委员会财经接管委员会金融处函（1949年5月30日）

奉钧处一九四九年五月三十日金字第一号训令开：自即日起上海证券交易所暂行停止营业，此令等因。查本所前以市场交易失常，业经第一届第十四次理监事联席会议议决，自本年五月五日起暂停市场集会，本会前因，除遵照公告暂行停止营业外，理合具文呈复。敬祈鉴核，谨呈：上海市军事管制委员会财经接管委员会金融处。

上海证券交易所理事会

上海证券交易所公告第689号(1949年5月30日)

奉上海市军事管制委员会财经接管委员会金融处一九四九年五月三十日金字第一号训令开,自即日起上海证券交易所暂行停止营业,此令等因,自应遵照,特此公告。

上海市军事管制委员会财经接管委员会金融处训令上海证券交易所(1949年5月30日)

令上海证券交易所:

(一)本处为明了证券交易所情形,希即按以下规定据实报所内股东、董监事、高级职员名册。一、所内之股东、董监事、高级职员,必须填明真实姓名、详细地址;二、上列各种股东户名应分别为下列三点:甲、属于为伪党政军特务机关、四大家族及其以各种化名出现者;乙、属于伪党政军特务机关重要人物及与甲项有关但一时不能判明,确属于甲项或其他可疑者。丙、不属于上述二项者。

(二)必须切实保证不得故意将属于甲乙两项列入丙项,企图蒙蔽,并具切结。倘以后发现有故意蒙蔽致使官僚资本逃避者,除令负责赔偿责任外,并按情节轻重论处。

(三)上述各项报告,限五日内填送到本处以凭核办,不得延缓,在未经本处批复前,不得擅自移动及过户。

以上各点仰即遵照为要!

附具结书式样壹份。

处长:陈穆,副处长:谢寿夫

具结书　　一九四九年　　月　　日

具结人　　　　代表人　　　　前奉上海市军事管制委员会财经接管委员会金融处字第　号　训令内开各节,兹已全部照实造报计

××　　　××

××　　　××

××　　　××

以上各种表册内容如有故意蒙蔽伪国民党党政军特务机关及四大家族之官僚资本,致使其资财逃避,愿受法律处分并负赔偿责任。

特具切结如上　此呈

上海市军事管制委员会财经接管委员会金融处

上海证券交易所

代表人

住址

上海证券交易所呈上海市军事管制委员会财经接管委员会金融处函(1949年5月31日)

奉钧处金字第二号训令,饬列报本所股东、董监事、高级职员名册,并指示三点,附发具结书式样一份,自应遵办。查本所资本总额伪法币十亿元,于三十五年七月收齐,股东共法人六户,计(一)上海华商企业股份有限公司(原称上海华商证券交易所股份有限公司)投资六亿元,(二)中国银行投资一亿元,(三)交通银行投资一亿元,(四)中国农民银行投资八千万元,(五)中央信托局投资八千万元,(六)邮政储金汇业局投资四千万元。原附股东名册所列代表人姓名,均系分别代表各投资法人者,谨通令列具本所股东名册一份,理事监察人暨高级职员名册一份,并依式出具具结书一纸,一并俱文呈报,敬祈鉴核,谨呈

上海市军事管制委员会财经接管委员会金融处

拟呈股东名册一份理事监察人暨高级职员名册一份,具结书一纸

具结书　　一九四九年六月一日

具结人上海证券交易所代表人顾OO,前奉上海市军事管制委员会财经接管委员会金融处金字第二号训令内开各节,兹已全部照实造报计

上海证券交易所股份有限公司股东名册　　一份

上海证券交易所理事监察人暨高级职员名册　一份

以上各种表册内容如有故意蒙蔽伪国民党党政军特务机关及四大家族之官僚资本,致使其资财逃避,愿受法律处分并负赔偿责任。

特具切结如上　此呈

上海市军事管制委员会财经接管委员会金融处

上海证券交易所

代表人　顾OO

住址　上海中国银行信托部

上海证券交易所呈上海市人民政府公安局为证券大楼被封请求发还房屋(1949年6月13日)

查本所系属股份有限公司组织,以买卖有价证券为业务,所用营业及办公处所(坐落证券大楼底层大市场二楼一部分及三楼全部)均系向业主华商企业公司租赁,至该大楼四楼起,由业主另行出租。沪市解放前本所理监会因鉴于市场交易失常,决议自五月五日起暂停市场集会,原有员工一百八十六人,除酌留主管及保管人员廿六人留所办公外,其余全部疏散,办公室除三楼开放五间外,亦全部封闭,迨沪市解放后,本所遵奉上海市军事管制委员会财经接管委员会金融处金字第一号训令,饬暂行停止营业,当经分别公告市场,通知经纪人遵照并呈复有案,本月十日,上海市军事管制委员会在证券大楼查禁金钞银元投机,误将本所底层及二、三楼办公室房屋一并封闭,当经留所人员陈明实情,奉准由各人交出所执管之办公室及库房锁匙后先行离所,惟办公室迄今尚未开放,致本所留守人员无法入内工作,深为焦虑,窃本所系属公司

组织，所有组织内容、股东及高级职员名册均经遵奉上海市军事管制委员会财经接管委员会金融处金字第二号训令呈报在案。本所绝未经营金钞银元等违法投机买卖，所使用之办公室及营业处所亦无闲杂人等在内进行违法交易，当日上海市军事管制委员会所派工作同志业将各室逐一开启视察时，确实无人在内可为证明，至四楼以上各租户所经营各种违法交易绝对与本所无涉，本所亦无权加以干涉，兹敬陈明实情，仰恳钧局准将本所使用办公室部分解除封闭，准本所留守人员进入办公，并准予发还前交之锁匙及文件，实感公便，除陈报上海市军事管制委员会财经接管委员会金融处外，理合呈请鉴核示遵。谨呈上海市人民政府公安局。

上海证券交易所总经理：顾善昌谨呈。

中华民国三十八年六月十三日

上海市军管会财经接管委员会金融处训令上海证券交易所结束遣散员工(1950年2月8日)

令上海证券交易所：

查该所停业已久，应即结束员工并予遣散，其遣散办法迭经本处召集该所职工代表来处洽商，兹将洽商结果核示如后：

一、该所职员遣散费按一九四九年二、三、四三个月所发薪津折成米数，以平均每人一个月所得为遣散费数额，工友计算办法亦同，计职员遣散费每人一律米五石九斗三升，工友遣散费每人一律米二石四斗七升，上项米数概依发给第一日解放日报所载南北市场中白粳之平均价折发人民币。

二、该所停业后辞职员工一律不发遣散费。

三、该所主任以上重要职员及留所办理结束员工之遣散费，须俟移交清楚后方得领取。

四、遣散费定于一九五〇年二月十日至廿八日为领取日期，员工应于规定限期内向该所具领，逾期即作自愿放弃论，不得再有任何要求。

五、员工自领取遣散费之日起即与该所解除雇用关系，自愿放弃遣散费人员亦同。

六、驻卫警察遣散费按照上海市公安局所定办法办理。

以上发给遣散费办法，仰即遵照通告并依限办理，至上项遣散费所需款项，除该所持有之港币应即如数向中国银行依法兑换人民币转发外，其不足部分姑准由新华银行以放款方式暂为借执，该所并应将持有之洋股委托新华银行运港代售，得其售得之款即以偿还该行借垫款项，统仰遵办，具报为要。此令。

处长：陈穆；副处长：项克方、谢寿夫。

一九五〇年二月八日

上海市军事管制委员会财经接管委员会金融处致上海证券交易所函(1950 年 2 月 28 日)京会字第〇六七六号

查本处接管各单位交来公司企业股票等件，业经本处指定交通银行汇总整理，内中有贵处股票(据)，兹将原交机关名称、户名、票面金额及号码等项，缮附清单一份，即希查明，迅将该项股票(据)予以冻结，在未经洽准本处同意以前，任何人不得向贵处申请挂失补发，又贵处资本如有增减或发给股东股息红利赠品或其他权益时，以及召开股东会或有关股东之一切通知书、决议纪录等，概请通知交通银行代表本处办理，特函洽照登记，并希见复为荷，此致

上海证券交易所

一九五〇年二月二十八日

上海市军管会金融处令饬上海证券交易所清理的有关文件(1950 年 7 月～10 月)

前上海市证券交易所清理委员会组织草案

一、兹为清理前上海证券交易所债权债务起见，特由上海市军事管制委员会金融处会同前上海证券交易所理监事会推派代表组织前上海证券交易所清理委员会，全权负责办理有关各项清理事宜，经双方代表同意，议定组织清理委员会规程如左：

二、前上海证券交易所清理委员会之组织由上海市军事管制委员会金融处指派代表四人，前上海证券交易所理监事推派代表四人，组织清理委员会，负责清理事宜，清理细则另行规定之。

三、清理委员会中得选召集人一人，经常召集各委员讨论各项有关清理事宜项。

四、该所总经理协理应协同本会办理清理工作，直至清理结束为止。

五、前证券交易所各部门负责人员及该所留所员工，应将经管之资料档案以及有关各项之未了事务，克日办理移交。

六、清理委员会应于本规程签订后，登报公告，开始办理清理之工作并限于月内清理完毕，清理结束时，清理委员会应登报公告五天，如一个月后，各方无何异议，得正式公告结束，并报请法院备案。

七、本章程如有未尽事宜得随时修正之。

上海市军事管制委员会财经接管委员会金融处训令上海证券交易所(1950 年 10 月 25 日)(银钱字第四十七号)

令上海证券交易所：

查该所停业已久，亟应清理，兹经呈奉上海市军管会财经接管委员会核准，由本处委派王

伟才、沈家騠、顾善昌、王正安、陈望歧等五员为代表，并着由该所理监事会推选代表五人，会同组织清理委员会，进行清理工作，合亟令仰遵办，并将成立日期具报本处凭核，为要。

此令。

处长：陈穆

副处长：项克方　谢寿夫

一九五〇年十月二十五日

上海证券交易所分致各清理委员(1950年10月27日)

迳启者，案奉上海市军管会财经接管委员会金融处银钱字第47号训令内开："查该所停业已久，亟应清理，兹经呈奉上海市军管会财经接管委员会核准，由本处委派王伟才、沈家騠、顾善昌、王正安、陈望歧等五员为代表，并着由该所理监事会推选代表五人，会同组织清理委员会，进行清理工作，合亟令仰遵办，并将成立日期具报本处凭核为要，此令。"等因，奉此兹定于十月卅日(星期一)上午十时在汉口路四一六号三楼，本所会议室召开第一次清理会议，讨论组织清理委员会事宜，相应函达，即希查照，准时莅临为荷，此致

王伟才、沈家騠、顾善昌、王正安、陈望歧、王志莘、郑筱舟、邹驾白、彭杏生、张秉三等代表

上海证券交易所呈上海市军事管制委员会财经接管委员会金融处(1950年10月30日)

奉钧处银钱字第四十七号训令：

以本所停业已久，亟应清理，饬由本所理监事会推选代表五人，会同组织清理委员会，进行清理工作。仰遵办具报凭核等因。当经本所理监事会推选王志莘、张秉三、郑筱舟、彭杏生、邹驾白等五人为代表，于本年十月三十日会同均处指派之王伟才、陈望歧、王正安、沈家騠、顾善昌等五员，组织成立清理委员会，着手进行清理工作。理合具文呈后，敬祈鉴核，谨呈上海市军事管制委员会财经接管委员会金融处。

关于前证券交易所奉命清理、清理结束的公告，前证券交易所清理委员会与上海市军管会金融处等单位的往来函件(1950年11月～1951年3月)

前上海证券交易所清理委员会致上海市军事管制委员会财经接管委员会金融处函(1950年11月3日)

事由：为呈报前上海证券交易所清理委员会业经组织成立并已编订组织规程及清理细则拟身自十一日五日登报公告，开始办理清理请予鉴核并遵由。

谨呈者，前奉均处银钱字第47号令，组织前上海证券交易所清理委员会，负责办理清理前上海证券交易所债权及债务事宜，本委员会业于十月卅日由均处指派王伟才、陈望歧、王正安、

沈家騢、顾善昌等五员，与前上海证券交易所理监事会指派之王志莘、张秉三、郑筱舟、彭杏生、邹驾白等五员，组织成立，公推王伟才委员为主任委员，并已编订《前上海证券交易所清理委员会组织规程》及《前上海证券交易所清理细则》，拟于十一月五日登报公告，开始办理清理，理合呈请鉴核示遵，谨呈上海市军事管制委员会财经接管委员会金融处。

前上海证券交易所清理委员会组织规程(1950年11月3日)

兹为清理前上海证券交易所债权债务起见，特由上海市军事管制委员会金融处会同前上海证券交易所理监事会推派代表组织前上海证券交易所清理委员会，全权负责办理有关各项清理事宜，经双方代表同意，议定组织清理委员会规程如左：

（一）前上海证券交易所清理委员会之组织，由上海市军事管制委员会金融处指派代表五人，前上海证券交易所理监事会推派代表五人，组织清理委员会，负责清理事宜，清理细则另行规定之。

（二）清理委员会委员中得推选主任委员一人，经常召集各委员讨论各项有关清理事项。

（三）清理委员会之重要议案应呈报金融处核准施行。

（四）前证券交易所总经理、协理应负责办理清理工作，直至清理结束为止。

（五）前证券交易所各部门负责人员及该所留所员工应将经管之资料档案以及有关各项未了事务克日办理移交。

（六）清理委员会应于成立后登报公告开始办理清理工作，限于二个月内清理完毕，正式公告清理结束并报请法院备案。

（七）本规定呈报金融处核准施行，修改时亦同。

前上海证券交易所清理细则(1950年11月3日)

一、本细则依照《前上海证券交易所清理委员会组织规程》第一条之规定制定之。

二、前上海证券交易所之截至一九五〇年十月卅一日止支付状况，应造具资产负债表及财产目录提交清理委员会。

三、前上海证券交易所所有对外债权债务应即公告登记清理。

四、前上海证券交易所所有生财器具车辆物资及有价证券等资财，应点交清理委员会接收处理。

五、前上海证券交易所所有文卷档案书籍资料等应移交清理委员会接收保管。

六、前上海证券交易所原在证券大楼租用之办公处所内及其所添置之一切装修设备，由清理委员会接管处理之。

七、自一九五〇年十一月一日起，前上海证券交易所所存现金及行庄存款，应由清理委员会接收，向银行立户存储，所有一应收入及开支均由该户统一收付。

八、清理委员会于清理工作结束后，应即将清理经过呈报金融处。

九、本细则经清理委员会通过后施行，并呈报上海市军事管制委员会财经接管委员会金融处备案。

前上海证券交易所奉令清理公告(1950 年 11 月 11 日)

奉上海市军管会财经接管委员会金融处银钱字第四十七号指令略开:“查该所停业已久,亟应清理”等因,奉此,自应遵办,兹已组织清理委员会,自即日起所有本所一切资财、债权债务等,全部交移清理委员会办理清理,除呈报外,特此公告。前上海证券交易所理事会。

一九五〇年十一月十一日

前上海证券交易所清理委员会公告(1950 年 11 月 11 日)

查本会已奉令组织就绪,开始办理清理工作,希各债权债务人持同凭证,自即日起至十二月十日止,向本会登记(汉口路四一六号前证交原址),以凭清理,除呈报处,特此会告。

一九五〇年十一月十一日

伪邮政储金汇业局清理处致前上海证券交易清理委员会函(1950 年 11 月 13 日)

顷阅报载前上海证券交易所已由金融处指派公股代表五人,会同私股理监事五人,组织清理委员会,进行清理。查前邮政储金汇业局对于该所投资计伪法币四千万元,占总资本额4%,将来贵会对于公股如何清理,拟请查示,如有应办手续,并希随时通知为荷。

邮政储金汇业局清理处

前上海证券交易清理委员会复伪邮政储金汇业局清理处(1950 年 11 月 15 日)

接准贵处储清字第二三一号公函:见询前上海证券交易所之公股如何清理。查该所于解放前早经停业,解放后奉上海市军管会命令停业,目前军管会金融处鉴于该所停业已久,命令办理清理,由金融处指派王伟才、沈家骔、王正安、顾善昌、陈望歧等五人为代表,会同商股推定之代表王志莘、郑筱舟、彭杏生、张秉三、邹驾白等五人,组织清理委员会,业经成立,开始工作。承询将来对公股如何清理一节,拟请迳与金融处接洽,相应检同本会组织规程及清理细则各一份,湲请查照为荷。此致。

邮电部邮政总局伪邮汇局清理处

上海市军管会财政经济接管委员会金融处训令前上海证券交易清理委员会(1951 年 3 月 27 日)

令前上海证券交易所清理委员会:

查该所清理工作,现已结束,该会应自文到日起,着予解散,合行令仰遵照办理为要,此令。

处长:陈穆;副处长:项克方、谢寿夫。

一九五一年三月二十七日

前上海证券交易清理委员会工作报告(1951年)

前证交清理委员会系奉军管会金融处命令，由金融处派代表王伟才、沈家騠、顾善昌、王正安、陈望歧五同志为公股代表，另嘱由前证交理监事推选郑筱舟、彭杏生、张秉三、王志莘、邹驾白五人为私股代表组织之。并在一九五〇年十月三十日正式成立，并由是日举行第一次会议，在会议中由临时主席王志莘先生宣读了，军管会金融处清理证券交易所的指示。(附件一)同时，通过了(一)前上海证券交易所清理委员会组织规程。(附件二)(二)前上海证券交易清理细则。(附件三)推选了王伟才同志为主任委员，沈家騠同志为驻所委员，负责进行清理工作。并由王伟才委员建议通过的组织了稽核、清点、总务三小组，以利清理工作之推行。

在上项通过的办法与细则中，清楚的说明了以下的数点：

1. 委员会的组织系呈奉军管会金融处的指令而由公私股代表共同组织的；

2. 委员会的重要决议应呈报金融处审核施行；

3. 委员会负责该所全部清理工作；

4. 自委员会成立之日起，应切实进行清理中的具体工作，并指定前证交行政负责人员负责的清点一切物资、器材、账目等事务。

自十月三十日成立清理委员会后，即由沈家騠同志会同齐绍楹、张复初等十一位工作同志，和前证交工作人员十八人，在清理委员会领导下，组成稽核、清点、总务三小组，自十一月二日起开始工作。

前上海证券交易所于一九四九年五月五日自动暂停市场集会后，事实上已入停业状态，解放前中国银行曾向证交借地办公处，中国银行迁移营业未曾实行，而该所家具物件因匆忙迁移以致一度紊乱，以后亦未加整理，沪市解放后，该所奉军管会金融处训令，暂停营业。六月十日，当局因取缔投机场所，封闭证券大楼，事前因未明了该所性质，当时亦将该所一并封锁，经了解情况后，发还三楼南部各室。所有移往北部及原存北部之家具、物件，仅搬出一部分至南部以供办公之用，目前北部驻有公安总队司令部同志，同时该所房东上海华商企业公司，亦因房屋被封，暂借三楼南部一〇八室办公。

目前该所留用南部房屋有十室共十五间，又库房三间，在证交负责保管器材人员共计十六人。

清理工作主要分三方面进行：

1. 在总务小组方面：在一九五〇年十月三十日清委会指示前证交清理对外债权债务应予登报公告，当于十一月十、十一两天，登解放、新闻二报公告，宣布清理委员会奉命成立，和宣布对外债权债务清理事宜。至十二月九日止，共来所登记者有经纪人八一家，及电话公司一家。

同时在十二月十八日再行登报公告，限定十二月二十五日为债权债务之最后截止日期，来所办理之经纪人计七十七家，其未了部分呈请金融处代为保管，已由稽核小组处理。

2. 关于房租问题的处理：根据第二、三次清委会决议中指示：

一、房租与华商协商处理并以前付押租抵租若干月；

二、北部房屋可代华商企业转函部队；

三、房屋之装修设备待将来房屋处理确定时再议；

四、房租当以一角九分为基数，按照〇.八单位核计十一个月押租暂抵六个月，已由华商协议后付给，并函致南部房屋至一九五一年一月底全部退租，其款项已由稽核小组付给执行。

3. 人事处理问题：

一、根据第二次清委会决议，兹为照顾职工生活起见，自一九五〇年二月起至清理结束为止，逐月发给生活津贴一百个单位，工友以八折付给，计八十个单位，在清理工作期间加发津贴百分之五十，于清理结束后，员工均发给遣散费。

二、行政部门人员不发给生活津贴及遣散费，主任以上遣散时，仍发给遣散费。

三、自一九五〇年十二月卅一日和一九五一年先后两次遣散员工，并照规定办法拨给遣散费用。

兹因前证交物资器材大部在北部，当由本会函呈请金融处转知公安总队司令部协助清理工作之展开，当与司令部王参谋长、杨处长、王、吴二科长取得联系，同时指定由杨田参谋负责协助，此次清理工作完成，很多得力部队同志之帮助。

清点小组工作：

清点工作之目的，是查点前上海证交所留存之全部物资，进行清查核对后，对官僚资本之财产归人民所有，私股部分则分配给私股。

为了对工作负责，使全部物资不论整杂零星，新物旧货，均予分别处理，务使涓滴归公，些微入账，为达到这个要求，在工作上共分五个步骤推行。

一、清点与协助编造清册：自十一月二日起至十二月三日止，协助前证交人员编造各种清册，清点了南部及北部之全部物资。

二、查核：主要方法系将前证交行政编造之移交清册，与会计部门之年终决算财产目录核对，并将留在南部的北部移来之物资清查，并清点复核，发现如下的情况：

甲、前证交开办迄今，从未报核损耗，其间，所有业已破坏之家具，仍在财产目录内未打除，以致短缺数较多。

乙、发现少数物资未编入清册。

丙、编造清册名称不同，方法不同，因此产生了差数，有增多和缺少现象。

三、整理工作：对前证交之器材物资名称，将同样同类的使之划一，并将所有物资进行整理分类，做好分配准备工作。

四、物资之估价：兹经本会前往上海信托商行了解拍卖工作情况后，经该公司介绍，由张复初、张积三两同志为公私股代表接洽，委托大华公证拍卖行，将全部物资作价估值，全部点见之器材、家具估值达七亿四千〇八十八万七千五百元，其估值之价格，业经第三次清委会决议，即以大华公证拍卖行之估价为作价之依据。

五、物资之分配：在第三次清委会决议中指示，所有缺少之物资，由于历年未办报损手续，实存实物与账册不符等情，所有缺少之物资列作报耗约值六千余万元。

甲、部队须用物资划归金融处核结，共值三〇、九二九、〇〇〇元。

乙、公私股对需用之物资先提请分配。

丙、余存物资则可依估值之价格由其他机关团体认购，在一月二十二日以前第一期之物资分配业已完成，尚存有物资达三亿余元，发现有如下情况：

1. 经本会先后向公营机构，如贸易信托公司、日用品公司、交通器材公司等十余家接洽，均对本会所存物资全部无兴趣，不拟购置。

2. 近因年底将届，本会所存物资颇多系电扇、冷气机、冰箱之类，在拍卖时，恐不能以适当价格出售。

3. 留存物资似可再行分配。

鉴于以上三点情况，为对工作负责起见，特再呈请第四次清委会讨论，并作出决议，凡留存之物资，统由公私股全部协商分配，不再拍卖。于是，全部物资都经公私双方协商，于一九五一年一月卅一日，分配完毕。计公股分配物资值四〇七、一九五、三〇〇元。私股分配物资（此处原文即是这样）

1. 前证交之资负科目，继续沿用，以凭清理。

2. 清理期间之损益，则设立“清理费用”，“其他清理损益”两科目。下设子目，对于清理前尚未了结之费用及损益，则于此两科目下设立“清理前费用”，“清理前损益”，两子目。

3. 关于账面未清之内部科目，分别转入损益。

四、关于纳税：经与税局洽妥：

1. 因前证交所系于解放前即行停业，故清理税免缴。

2. 变卖未经使用之财产，应缴纳货物税，及临时营业税。税局同意于物资处理完毕后，一次付缴。计共付出十一万八千八百四十元。

五、关于估价分配：

1. 所有物资由上海信托商行介绍大华公证拍卖行估价。

2. 前证交之图书杂志资料，及未用印刷品等，因书商无意承购，无法估价，即以称斤拨交公股。

3. 证券则按四六比例分配，惟新闻报馆股票，则暂不能过户，已委托人民银行上海分行信托部，代办过户手续。已出托管证交公私股收执，待办妥过户手续后通知双方掉换股票，分割费用。公私股各自负担。

4. 全部物资、现金、股票分配详细数字另列附表。

（四）上海证券交易所大事记（1946年9月～1949年5月）

民国三十五年份（1946年9月～12月）

九月

九月三日

上海市证券交易市场筹备委员会在上海汉口路四二二号本公司召开本公司发起人会议，由筹备委员会主任委员杜镛主席报告筹备经过情形，关于资本总额定为国币拾万万元，分为壹千万股，每股壹百元，已全数由发起人认缴足额。主席提出公司章程草案，经修正通过，分八章共计三十一条。嗣依法选举理事及监察人，推定庄叔豪、徐维明二君为监票员，华文煜、张积三、沈稔三三君为检票员。选举结果：顾善昌、杨荫溥、徐寄庼、王志莘、李道南、李馥荪、郑筱舟、邹驾白、俞寰澄、徐维明、钱新之、袁崧藩、陈光甫、王伯天、庄叔豪、李叔明、杜镛、骆清华、沈镜、瞿季刚、刘建华等二十一人当选为第一届理事；顾克民、孙祖瑞、周守良、王本滋、赵棣华、胡惠春、彭杏生等七人当选为第一届监察人；傅沐波、杜维藩、吴麟坤、沈熙瑞等四人为候补理事；张秉三、宋美扬、吴礼门等三人为候补监察人。公司正式成立，委托徐永祚会计师办理登记手续。

第一届第一次董监联席会议开会，公推杜理事镛为临时主席，经依照公司章程，由理事互推杜镛为理事长，徐寄庼、王志莘、徐维明、庄叔豪、瞿季刚、郑筱舟为常务理事，由监察人互推赵棣华为常驻监察人，决议要案如次：

（一）聘请王常务理事志莘兼代总经理

（二）聘请杨理事荫溥、顾理事善昌为协理

（三）聘任陈绩孙为理事会秘书

（四）聘秦联奎律师为法律顾问，徐永祚会计师为会计顾问

九月八日

奉财政、经济两部批准，试行上市股票二十种，计（一）大通纱厂（二）中国纺织公司（三）永安纱厂（四）信和纱厂（五）统益纱厂（六）荣丰纱厂（七）中国内衣公司（八）新光内衣公司（九）景福衫袜厂（十）景纶衫袜厂（十一）勤兴袜衫厂（十二）五和织造厂（十三）美亚织绸厂（十四）中国丝业公司（十五）新亚药厂（十六）大中华火柴公司（十七）华丰搪瓷厂（十八）中国水泥公司（十九）永安公司（二十）丽安百货公司。

奉财经两部颁到本所营业执照易字第一号

假上海市商会大礼堂开办经纪人会计人员训练班

九月九日

晨举行开幕典礼，经济部王部长云五、上海市吴市长国桢、中央银行贝总裁祖贻等相继莅临，由杜理事长、王兼代总经理亲自招待并召集全体理事及重要职员，请各长官训话。席间，首由杜理事长致欢迎词，王部长、吴市长、贝总裁暨银行公会理事长、本所理事李馥荪先后致辞，最后，王兼代总经理致谢词。散席后，参观市场及各处设备时，来宾熙来攘往、车水马龙，盛况空前。本市各日报均出由本所开幕特刊，本所印有“上海证券交易所概况”及“杜理事长敬告各界同胞书”，分赠来宾，追近午时，宣告礼成。

九月十四日

第一届第二次理监联席会议开会，决议案摘要如次：

（一）通过公司暂行组织大纲

（二）股票市场于九月十六日起试行开拍

（三）经纪人营业员以五名为限

（四）在经纪人公会成立依照规定手续决定佣金率前，暂定经纪人佣金包括经手费在内，公债按实价取千分之二，公司债、股票取千分之三。

开始演习市场交易方式及集体对账制度。

九月十五日

招待本市新闻记者茶会，由王兼代总经理致欢迎词，杨协理报告本所筹备经过及交易对账交割办法。

九月十六日

股票市场各项手续准备就绪，本日正式开拍，暂做前市，集会时间午前十时至十二时，二十种试行上市股票分配于六只交易柜，二号柜为大中华火柴、景福、永安公司，四号柜为丽安、美亚、中国丝业，六号柜为景纶、新光、中纺，七号柜为统益、大通、勤兴、中国内衣，九号柜为五和、永纱、中国水泥，十一号柜为新亚、信和、荣丰、华丰。晨九时五十分，杜理事长亲自到场准备，按铃开业，王兼代总经理暨各重要职员均到场照料，十时正，铃声大作，自二号交易柜大中华火柴起逐种股票开做，红盘，五分钟后，红盘开齐，铃声再起，正式交易开始，二小时内成交四、三五七、四〇〇股，成交金额二、四七四、一七〇、〇〇〇元，收入经手费三、六一八、一五〇元。

公告本所暂行营业细则，分开市、闭市及休假日，经纪人、代理人与营业员，经纪人公会、证券上市受托交易保证金及证据金、经手费及佣金，计算、交割、违约处分及赔偿责任、公断、制裁、附则等十四章，共计条文九十四条。

公告二百三十四名经纪人名单，内：个人经纪人一百八十三名，法人经纪人五十一名。

公告试行上市股票名称、简称及成交单位，并通知各发行公司查照计：

（一）成交单位壹千股者：中国内衣、永纱、华丰、新光、丽安、景福、大通、中国水泥、勤兴、永公、新亚、统益、信和。

（二）成交单位五百股者：荣丰、中纺、五和、大中华、景纶。

（三）成交单位一百股者：美亚、中国丝业。

公告股票买卖经手费之征收率，暂定双方经纪人各收货值千分之〇. 七五，每笔交易买卖经纪人为同一人时，只收一方千分之〇. 七五。

公告股票买卖价格升降限度，暂定价格一百元以下者，升降限度百分之二十，价格一百元及一百元以上至五千元以下者，升降限度百分之十五，价格五千元及五千元以上者，升降限度百分之十。

公告交割时间，收款上午九时至十一时，收货上午十一时半至下午二时，发货次日上午九时半至十一时半，付款次日下午一时至三时。

中央银行指定中国银行上海分行与交通银行信托部代理交割工作，由两行组织驻所联合办事处负责办理证券之交割及过户事宜。

招待记者入场参观交易情形。

经纪人保证金代用品部分奉财经两部批准变通办理，由中央银行指定沪市会员银行若干家，由各经纪人自行接洽，银行书面保证以充抵代用品，但应于本所开业一个月内仍具备代用品掉回之。

九月十七日

召开第一届第三次理监联席会议决议案摘要如次（本次会议日期应为十月八日）

（一）违约经纪人应从严处分，授权总经理办理。

（二）推钱永铭、瞿季刚、徐寄庼、彭杏生、王志莘五理事为上市证券审查委员会委员，由王常务理事召集审查第二批申请上市股票。

（三）十月十六日起开做后市交易，经纪人保证金限十五日缴齐，届时未缴齐者暂停入场。

（四）聘奚玉书为会计顾问。

公告美亚绸厂股票成交单位自九月十八日起改定为五百股。

九月十九日

永安纱厂股票成交单位自本日起改定为五千股。

九月二十一日

中央银行业务局指定下列上海市银行业同业公会各理监事银行26家承办经纪人保证金代用品部份书面保证事宜：

浙江实业银行　中国企业银行　中汇银行　国华银行　浙江兴业银行　中国通商银行　上海银行　新华银行　中国垦业银行　中国工矿银行　四明银行　中南银行　中国实业银行　中国国货银行　大陆银行　江海银行　中国农工银行　上海绸业银行　金城银行　中华银行　浙江建业银行　广东银行　中贸银行　盐业银行　聚兴诚银行　国信银行

九月二十四日

召开第一届第一次常务理事会，决议案摘要如次：

（一）经纪人保证金代用品部份除以现金缴纳外，可缴上市股票，按市价七折计算，呈部备案。

（二）改定交易时间

（三）重订买卖升降单位，呈部备案。

（四）零股经纪人暂定五家，由总经理指定之。

呈财政部，请示开拍公债种类并检发条例样张。

宴沪英商会代表H. H. Lennox于华懋饭店，谈外股申请上市事。

加入中国征信所为基本会员。

九月二十五日

遵照政府最近颁布之证券交易税条例开始代征证券交易税，其税率如左：

（甲）各种有价证券现货交易万分之五，交易期限在七日以内者，万分之十五，逾七日者，万分之二十。

（乙）政府发行之公债现货交易免税，交易期限在七日以内者万分之五，逾七日者万分之十。

公告重订股票买卖价格升降单位，价格不满一百元者，升降单位壹角，一百元以上不满二百元者伍角，二百元以上不满一千元者壹元，一千元以上者伍元。

九月二十六日

缴存中央银行国库局之经纪人保证金，函商该行移存业务局，由本所另立专户洽提，并请优给利息。

九月三十日

上海华商证券交易所推郑筱舟、邹驾白两君来所面洽关于租赁所址应付之建筑物保证金、租金及装修器具估价等事。

十月

十月一日

财政、经济两部上海交易所监理员办公处函知，本日启用两部刊发关防，监理员吴宗焘、王鳌堂同时到职视事，并转来“修正交易所监理员暂行规程”，

十月二日

第一届第二次常务理事会开会，决议案摘要如次：

（一）重订证券上市费暂行办法呈部备案

（二）呈部请政府考虑修改证券交易税条例

（三）暂行营业细则第七条规定经纪人不得兼营同类业务，同类业务一词解释甚难，修正时可呈请删去

（四）推顾理事善昌晋京向部方请示待决事件

顾协理夜车晋京请示要公。

十月四日

通知各室处拟办事细则。

十月八日

召开第一届第三次理监联席会议，决议案摘要见第四页。

十月九日

财政部直接税署署长王抚洲来所参观市场

监理员办公处派稽核徐美熙等调查本所场务、计算、稽核各科之工作情形。

十月十五日

召开第一届第三次常务理事会，决议案摘要如次：

（一）通过开做公债各项规定呈部备案

（二）通过递延交割暂行办法呈部

（三）通过上市证券审查委员会核定试行上市公司股票计：九福制药厂、中法药房、中国国货公司、新华百货公司、联华地产公司、永业地产公司及商务印书馆共七种呈部。

（四）当日后市交易与次日前市交易并为一个计算区域同办交割。

十月十六日

本日起市场集会时间分前后两市，前市自上午九时三十分至十二时，后市自下午二时至三时，星期六只作前市，后市交易与次日前市交易并为一个计算区域，本日两市成交额九、八九四、八〇〇股。

公告下列十六家经纪人因保证金缴纳不足停止入场交易

第六号新丰公司，第二十三号沈调笙，第二十四号蒋毓麟，第三十四号光中商业银行，第三十五号冯仲卿，第六十四号梁畅民，第二十九号王璘生，第一二八号吴正，第一四五号彭云舫，第一

五三号刘亮畴，第一五六号魏足卿，第二〇六号秦鹤龄，第二〇八号符乐贵，第二一二号周伦棣，第二一五号杨启纶，第二二九号陈俶。

嗣第三十五号冯仲卿、第二二九号陈俶当日缴足保证金即行公告恢复入场交易。

十月十七日

呈请财经两部核示三事（一）经初审核定之七家申请上市股票（二）递延交割暂行办法草案（三）开做公债各项规定，呈文均由顾协理携带晋京面呈。

财政部上海直接税局第六科科长桂省吾等来所接洽征收证券交易税事。

第二十三号经纪人沈调笙、第一四五号经纪人彭云舫、第二一五号杨启纶缴足保证金，公告恢复入场交易。

十月十八日

杜理事长、王兼代总经理在本所宴吴、王两监理员、监理员办公处全体稽核、秘书及直接税署王署长抚洲、沪直接税局桂科长省吾。

第二十九号经纪人王璘生、第二一二号经纪人周伦棣缴足保证金，公告恢复入场交易。

十月十九日

经纪人公会本日召开成立大会，本所理事长、总经理、协理暨各室处负责人均被邀出席，杜理事长因事未到，演词由王兼代总经理代读。

十月二十一日

造具经纪人名册呈报上海市社会局

奉财政、经济两部批准证券上市费暂行办法。

奉财政、经济两部令，经纪人保证金代用品有价证券部分应以本所上市股票及政府发行之公债各半充之，其价格按市价七折计算。

十月二十二日

第一届第四次常务理事会开会，决议案摘要如次：

（一）部批经纪人保证金代用品有价证券部分应以上市股票与公债各半代用一节，呈请俟公债市场开市后遵办

（二）经纪人出租出顶营业权，经查有实据者，应呈部请予处分。

（三）修正通过中、交两行联合承办交割事务之合约及实施办法。

（四）通过所员薪津标准案。

下午一时，王兼代总经理召集全体所员训话劝勉三事：（一）应以本所事业为终身职业，应视本所为第二家庭，应爱护本所如爱护自己之家庭，（二）应安守本分，勿歆羡他人之患得患失而涉足市场交易（三）应廉洁奉公，勿凭藉职位而有损害本所名誉之任何行为，语重心长，闻者动容。

十月二十三日

决定编印证券市场刊物，向社会局登记。

十月二十五日

代电财、经两部，请呈行政院转令上海市政府协同取缔证券黑市交易，同时函请监理员办

公处依法取缔。

苏联驻华商务代表一等秘书 A. A. Pante ieimonou 君等一行三人，偕同译员来所参观。

奉财部批所请修正证券交易税条例一节核无必要。

十月二十六日

第六号经纪人新丰公司缴足保证金，公告恢复入场交易。

十月二十八日

奉财、经两部批为据呈改定股票价格升降单位一节，应准备案。

十月二十九日

经纪人公会函送该会暂行章程，请核转财、经两部备案。

召开第一届第五次常务理事会，议决请会计顾问徐永祚审核经纪人公会暂行章程，签具意见等案。

午，王兼代总经理宴 Mr. Ellis Hayim 于国际饭店谈外股上市事。

十一月

十一月五日

第一届第四次理监联席会议开会，议决授权王兼代总经理开做递延交割交易，俟财、经两部公文到后斟酌办理及通过加聘吴麟坤律师为本所法律顾问等案。

十一月六日

奉财、经两部批(一)经纪人保证金现金部份准由中央银行国库局改存业务局，但不给息。(二)保证金代用品跌价时，其差额准以代用品补缴。(三)交易证据金由本所收纳后每月汇解中央银行。(四)为拟修改暂行营业细则第六十六条及六十七条。

函吴国桢市长，详陈取缔黑市紧急处置办法。

十一月七日

公告修正暂行营业细则第六十六条及六十七条修正全文如左：

第六十六条，经纪人应缴纳保证金于本所转存中央银行，本所认为必要时，得令其缴纳交易证据金，由本所汇存中央银行。

第六十七条，经纪人保证金照第四条分债券、股票两种，每种定为五千万元，其百分之四十须缴纳现金，其余百分之六十得以有价证券或房地产充之，但房地产不得超过百分之三十，有价证券或房地产之代用价格由本所拟定呈奉核定公告之。

前项有价证券或房地产跌价满二成时，经纪人接得本所通知后，每次应如限向本所补缴代用品转存中央银行，其涨回原价时，由本所分别通知发还之。

第三十四号经纪人光中商业银行缴足保证金，公告恢复入场交易。

十一月八日

公告第二十八号经纪人韩润卿声请撤销注册，业经呈部批准。

十一月十一日

公告第二〇五号经纪人周孝绥声请撤销注册，业经呈部批准。

十一月十二日

王兼代总经理飞赴华北。

十一月十四日

公告自本日后市起改定下列试行上市股票之成交单位

中纺、景纶改定成交单位一千股

新光、景福、勤兴、新亚、华丰、中国水泥、永公、丽安、信和改定成交单位5千股。

递延交割交易筹议经月，兹奉财、经两部令准试办三个月，行有成效，再行赓续办理，公告自本日后市起试行开做，其暂行办法如左：

一、股票种类：暂以永纱、信和、美亚、景福、新光、永公六种先行试做，其成交单位与交易方式同现期交易。

二、交割期限：暂定每星期五为交割期，每期递延交割交易于星期四后市起开做，至次星期三前市止，星期三后市及星期四前市只做现期交易，与同期递延交割交易同日交割，如遇放假日依次提前行之，所有交割办法同现期交易。

三、本证据金：按照成交金额征收百分之三十，其中百分之十应以现金缴纳，其余百分之二十得以上市证券代用之，代用价格以市价七折为准，在交割清楚后全部发还之，如遇买卖数量轧平时，亦得于翌日发还之。

四、追加证据金：如因市价涨跌，依据当日记账价格计算之，金额与原成交总金额发生损差时，按照损额征收之，如某种交易发生损差，而他种交易有益差时，得依据抵冲后之净损额缴纳之，在交割清楚后或损差回复时发还之。

五、现品提交：卖方以供交割用之证券提前交与本所者，得免缴各项证据金，如遇卖买数量轧平时，得于翌日发还之。惟中途不得换缴证据金。

前项现品提交之收据如作为其他交易之证据金代用品时，该证券作现货论。

六、经手费：同现期交易

七、交易税：暂照现货交易税率征收

八、对账办法：同现期交易，惟须另制“买卖报告单”，每种证券一份，送交本所

本日后市现期交易与递延交割交易之开收盘价格及成交数量列左：

种类	现期		递交		
	开盘价	收盘价	开盘价	收盘价	后市成交数
永纱	613	607	640	623	1 040 000
信和	313	304	322	315	310 000
新光	230	222	240	230	95 000
景福	212	209	221	217	15 000
美亚	3 090	3 060	3 200	3 150	12 000
永公	231	225	240	240	5 000

委托人得要求经纪人出具经本所核对证明之成交单，经纪人应在成交单上载明场账号码，于成交翌日上午九时至十一时向本所稽核科办理，本日公告实行。

十一月十五日

上午十时，本市警察、社会两局奉吴市长手谕，选派干员协同监理员办公处并由本所稽核科派员陪同分头出动，抄查本市经营证券黑市交易之非经纪人字号兴昌、万隆、宏庆永、泰康恒、泰丰、安利、福康、源昌及协兴永等九家，将在场人员一律问话，填明纪录，由被问话人签注并抄明对讲电话号码暨对方户名送请公用局拆除所有账册，由监理员办公处带回检查。

指定第十八号经纪人国华银行信托部、第三十一号经纪人交通银行信托部、第四十五号经纪人新华银行信托部、第九十六号经纪人上海银行信托部、第一八一号经纪人国信银行兼营零股交易，买卖零股之详细办法公告如左：

一、成交手续：经纪人接受客户之委托，买卖零股者可向指定买卖零股之经纪人任何一家接洽成交，成交后仍由卖方填制场账，经买方签章将第一第二两张交与指定买卖零股之经纪人汇送本所计算科。

指定买卖零股之经纪人直接办理客户之零股买卖时，照内转账办法填制场账，将第一第二两张送交本所计算科。

二、交割方法：无论买方或卖方之经纪人概须至指定买卖零股之经纪人营业所内办理交割，股票移转权利之责任由卖方经纪人负担之。

零股交割需要合并或分割时，可托本所财务处代为办理，财务处办理上项手续在必要时，所出之临时收据在有效期间内得供交割之用。指定买卖零股之经纪人，由客户直接买入零股时，于证明该股票之权利，可以移转时付交割款。

三、交易税：依照现货税率向卖方征收万分之五。

四、经手费：向买方或卖方经纪人收千分之〇. 三七五，指定买卖零股经纪人免收。

内转账之零股交易收一方之千分之〇. 三七五，指定买卖零股经纪人免收。

指定买卖零股经纪人间之零股交易向主动者收千分之〇. 三七五。

五、佣金：向委托人收千分之三。

十一月十六日

第二〇六号经纪人秦鹤龄缴足保证金，公告恢复入场交易。

十一月十八日

第一二八号经纪人吴正缴足保证金，公告恢复入场交易。

十一月二十日

特约戴远如医师为医药顾问。

十一月二十一日

自本日前市起递延交割交易加做华丰与勤兴两种股票，全日现期与递交开收盘价格及成交数量如左：

种类	现期		成交数	递交		成交数
	开盘价	收盘价		开盘价	收盘价	
华丰	74	75.2	5 055 000	76.5	77.1	3 615 000
勤兴	135	120	315 000	140	125	405 000

第二批申请股票上市之公司七家，除联华地产公司登记手续未竣外，其余六家奉部批照准。

公告第一九四号经纪人陈翼祖声请撤销注册，业经呈部批准。

订定所员婚丧送礼办法公布施行。

十一月二十三日

第二十四号经纪人蒋毓麟缴足保证金，公告恢复入场交易。

奉财经两部批缮正证券上市费暂行办法，准予备案。

奉财政部批，为据呈请示开拍公债各节，兹奉行政院令暂缓从议。

函中央银行请将经纪人所缴债券市场保证金一律由本所具领转发。

十一月一九日

召开第一届第六次常务理事会议，决议案摘要如次：

(一) 奉部复审核准经纪人中之潘子熊与一六四号经纪人沈锡荣违约案，有关应予呈部撤销注册。

(二) 递延交割交易证据金按月汇解中央银行以前，应半数分存中交，半数分存上次议决金城等12家银行及其他商业银行。

(三) 交易证据金代用品得以银行钱庄保信代用，钱庄暂定十家，由财务处接洽，已缴之保证金与交易证据金性质不同，不得抵用，备文呈部。

(四) 保证金二千万元现金部份得掉换银行保证，至代用品仍以上市证券为准，事关变更章则，须呈部核示。

(五) 证券业小学校校董会函请派员接办该校，由总经理与经纪人公会商酌办理。

十一月二十六日

召开第一届第七次常务理事会议，决议案摘要如次：

(一) 经纪人办理入所手续暂不限期。

(二) 授权总经理相机酌定核准试行上市股票，手续齐备后开始上市日期。

十二月

十二月三日

第一一九号经纪人王璘生声请废业，呈部批准公告撤销注册。

十二月五日

华丰股票成交单位自本日前市起改定为一万股。

公告第二十六号经纪人孙师方办妥入所手续准予入场交易。

十二月六日

接监理员办公处函，嘱暂停第五十一号经纪人庄崇周入场营业，公告办理。

十二月十二日

本日前市起试办套利交易，公告暂行办法如左：

一、股票种类：暂定永纱、信和两种。

二、交易地位：双方均为套利交易时，在指定交易柜前集中交易（如对方为普通交易时，仍在各交易柜前依原有买卖方式照旧交易）

三、成交单位：暂定五万股

四、叫价单位：暂定一角

五、叫价方法：只叫现货价格与递交价格相比之差额。

六、成交价格：以当时现交买进价格为根据，例如套利叫价八元成交，而当时现交买进价为四五〇元，即现交价为四五〇元，递交价为四五八元。

七、升降限度：以现货价格为标准（限于双方均为套利之交易）

八、买卖手势：以现交之进出为准，例如买进现货卖出递交者，手心向内，卖出现货买进递交者，手心向外。

九、填制场账：即用现在所用之场账分别现交、递交，由卖方依式填制，经买方签章后投入交易柜内。

十、其他各项：本证据金现品提交追加证据金经手费、交易税及交割手续、交割期限，均依照原有现交及递交办法办理，对账表单亦一并计算，毋庸分别填制。

十二月十三日

公告第一三九号经纪人国华工业投资公司办妥入所手续，准予入场交易。

《证券市场》半月刊创刊号出版。

十二月十四日

公告第四〇号经纪人夏孙焕、第一三一号经纪人房承佑、第二〇八号经纪人符荣贵声请撤销注册，业经呈部批准。

奉两部批复本所呈报递延交割交易开做日期、股票名称及更改交割期限、征收交易税率数点暨由监理员办公处转呈递交暂行办法准予备案。

十二月十六日

本日起后市集会时间改为二时至三时三十分，星期六下午照常停止。

奉两部批准发还经纪人所缴债券市场保证金。

十二月十七日

公告第九十五号经纪人周嘉琛办妥入所手续，准予入场交易。

为配合年终结账及新年休假，公告调整递延交割交易起讫及交割日期，规定本年末期递交自二十八日前市开始至三十日前市为止，次年一月六日交割，又现期交易亦做至三十日前市止，即行停市，所有现货交割及递交证金概须于三十一日收解清讫。

十二月十八日

本日前市起，新光内衣及华丰搪瓷两股票开做套利交易，其成交单位新光暂定五万股，华丰暂定十万股。

本日前市起，九福制药厂及永业地产公司两新股票试行上市，九福成交单位暂定五千股，永业暂定一千股。

奉两部批准撤销潘子熊注册。

公告第六十四号经纪人梁畅民、第一五〇号经纪人康登公司、第一五三号经纪人刘良畴、第一五六号经纪人魏足卿声请撤销注册，业经呈部批准。

经纪人股票市场现金保证金接中央银行国库局函，已于本月十四日拨转业务局。

十二月二十日

王兼代总经理自华北及东北考察返沪。

十二月二十三日

第三十七号经纪人蓝维德声请废业，经呈部批准公告撤销注册。

十二月二十四日

奉两部批复递交本证据金代用品部分准予变通，暂缴指定之银行或钱庄书面保证，期限至明年一月底为止。

奉两部批复，所请发还经纪人现金保证金碍难照准，关于代用品部分变通办法准续展至明年一月底为止。

十二月二十六日

公告第二三五号经纪人邵长春办妥入所手续，准予入场交易。

奉部令吊销第一六四号经纪人沈锡荣营业执照，公告办理。

十二月二十九日

第五十八号经纪人胡其超昨日应办交割不清，公告停止入场。

十二月三十日

公告第五号经纪人郑学诰、第一一三号经纪人黄聚龙声请撤销注册，业经呈部批准。

十二月三十一日

召开第一届第五次理监联席会议，议决要案如左：

（一）第二批呈准试行上市之股票尚有新华、中法、商务及中国国货四家上市手续未全，应函限一九四七年二月十五日前上市，否则须重经审查。

（二）第二批核准经纪人二十五家尚未入场交易者，应函限一九四七年一月底办妥入所手续，否则须重经审查。

（三）经纪人保证金代用品暂用银行书面保证通融办法，奉两部批，姑准续展至一九四七年一月底止，应再行呈请续准，仍旧办理。

（四）第五十八号经纪人胡其超交割不清，应依法予以除名处分。

（五）第一三〇号经纪人陆希尧函知暂停营业遂即发还现金保证至书面保证仍存本所，俟交易转机，当再申请复业事，查与章程不合，复函拒绝。

（六）第四十二号经纪人陈安禄为证券号内部改组归其独资经营，函请备案事，呈部备案。

（七）各经纪人之合伙议据经纪人呈报者，应通函合伙人取得证明。

（八）证券业小学董事名额定六名，推定杜月笙、彭杏生、杨荫溥、顾善昌、华文煜、陈绩孙六君担任。

（九）暂定理事监察人伕马费金额，俟股东会议时提请追认。

（十）议定理事长总经协理公费金额。

民国三十六年分(1947 年 1 月～12 月)

一月

一月四日

商务印书馆股份有限公司股票简称“商务”，本日前市起试行上市，成交单位定为十股。

第二三六号经纪人黄起予办妥入场手续，公告准予入场交易。

第一三〇号经纪人陆希尧未依限缴足保证金代用品，公告暂停入场交易。

一月六日

第二三七号经纪人杜维屏办妥入所手续，公告准予入场交易。

一月七日

召开第一届第八次常务理事会，决议案如次：

（一）第二三九号经纪人陈俶出顶牌号，经奉部令吊销执照，自请废业不能照准。

（二）华商证券交易所房租及转让生财案，根据本日交换意见与之洽商。

一月八日

第二二九号经纪人陈俶有转让牌号情事，于一月四日奉两部令，应即吊销营业执照以儆效尤，本日公告执行。

部令续予核准之个人经纪人杨诚恕办妥入所手续，抽定第一五六号，公告准予入场交易。

一月九日

第一号经纪人胡昌元、第一三六号经纪人程泽临声请废业，呈部批准公告撤销注册。

一月十四日

召开第一届第九次常务理事会，决议：

（一）新亚药厂搁浅证实，函经济部商业司及上海工商督导处请示办法并供给资料。

（二）应付华商证券交易所各款照交换意见拨付，除已付款外，不敷之数向中交两行洽商贴借。

接上海市钱商业同业公会函，为参加承办经纪人递延交割交易本证据金代用品部分之书面保证事宜，开示十家会员钱庄名单，计存诚、福源、金源、均泰、福利、安裕、宝丰、顺康、同润及福康。

一月十六日

大通纱厂办理增资，本日后市起暂停交易。

一月十七日

第七号经纪人曹龙昇、第一六一号经纪人龚文凯声请废业，呈部批准公告撤销注册。

一月二十日

本日为旧历小除夕，市场后市及次日前后市均全部停止以清收付，二十二日循例休假，二十三日起至二十五日市场，前市集会时间暂行改为上午十时至十二时，后市交易暂停，自二十七日起，恢复原定时间照常交易。

一月二十七日

中国国货公司股票简称"国货"，本日前市起试行上市，成交单位定为六千股。

一月三十一日

第三十三号经纪人王志霄声请废业，呈部批准公告撤销注册。

二月

二月三日

准监理员办公处函，为第 122 号经纪人董莱荪擅营场外交易，呈奉部令移送法院依法处理函请查照。

二月七日

第五十八号经纪人胡其超、第一六六号经纪人永成银行上海分行申请废业，呈部批准公告撤销注册。

二月十日

本日前市起加做递延交割交易一期，每星期一前市开始，星期六前市为止，下星期二交割，各项办法概与原有递交办法同。

二月十二日

部令续予核准之个人经纪人诸慕真、诸葆忠办妥入所手续，诸慕真抽定第一六四号空号，诸葆忠抽定第一三一号空号，公告准予入场交易。

近日市况动荡，上落颇大，特公告各经纪人经营交易务须特加审慎，并规定递交证据金所有现金及代用品之缴纳提早半小时，均应于翌日十一时一刻以前缴纳清楚。

二月十五日

第二一四号经纪人高大添声请废业，经呈部批准公告撤销注册。

二月十七日

中法药房股份有限公司股票简称"中法"，本日前市起试行上市，成交单位定为一万股。

奉财经两部批复，递交本证据金代用品书面保证办法准予续展至四月底止，又保证金现金部分仍应维持原案，至代用品书面保证姑准续展至四月底止。

第九十二号经纪人魏梅章、第一八二号经纪人永德证券公司、第二三三号经纪人许縠父声请废业，经呈部批准公告撤销注册。

第二一九号经纪人吴文卿来函为客户委托卖出永纱后避不见面，不得已代为买进了结，请予证明备案。

二月十九日

接四联总处秘书处函，为所请准以证券押款或充作贴现之担保品各节歉难照办。

二月二十日

近日股票价格波动较巨，经纪人有于价格到达升降限度时超越限度叫价者，有违营业细则，特公告切实注意。

函永安纱厂为该厂股票交易总额有时与试行上市股数距离颇近，请增加上市股数，得复上市股额毋须变更。

王兼代总经理自华南考察返沪。

二月二十二日

为防止经纪人利用集团套利办法吸收存款起见，订定管理证券套利办法，通函经纪人查照办理办法如下：

一、本所个人经纪人接受客户委托套利之交易，应于场内成交，不得以内转账方式成交，并应于交易成立后持成交单或清单向本所业务处稽核科请求盖章证明。

二、本所个人经纪人之账册对于代客套利有关之科目，应独立表示并注明代客套利字样，不得与其他科目混杂。

三、本所个人经纪人代客集团套利时，应将每期账目公告于各委托人。

四、本所个人经纪人代客套利，对委托人交付之本金，除套利实得利息外，不得有保息或红利之支付。

为保障委托人权益起见，公告成交单证明办法如左：

一、客户要求经纪人取得经本所证明之成交单，经纪人不得拒绝，经纪人拒绝为证明时，客户得迳请本所证明，未邀本所证明之成交单，倘发生纠葛，客户不得向本所为对该经纪人缴所证金主张优先权之请求。

二、经纪人有答复本所每一成交单相当之场账号码及如何扯价之义务。

三、凡确有相当场账之成交单，本所盖具证明图章及经办人私章（印鉴式样可来所索取）。

四、成交单证明事务由本所稽核科办理。

五、证明时间于成交日（包括上一日之后市）之次日上午九时开始。

奉财经两部批复（一）递延交割交易期满准予继续办理三个月（二）递交交易税率候财政部另案核示（三）所请暂缓办理期货一节姑准存案。

二月二十四日

部令续予核准之个人经纪人陈德宗、王绍均办妥入所手续，陈德宗抽定第一五三号空号，王绍均抽定第二〇五号空号，公告准予入场交易。

大通纺织公司办理增资手续，业经完成，本日前市起恢复股票开拍，成交单位改为五千股。

二月二十五日

新华股份有限公司股票简称“新华”，本日前市起试行上市，成交单位定为一万股。

二月二十七日

财经两部批，据二月一日呈经纪人韩继湘、陈安禄合伙组织改为独资一节，准予备案。

第一二九号经纪人谢锦文二十二日函称，据客户函告买进已挂失之永纱五千股，查该股系由交割处发给，请速予解决，经查明后，函嘱挂失前最后一次经手出售之一七六号经纪人杨元恺从速负责理楚，并由本所先行出具收据，函送谢景文。

二月二十八日

第九号经纪人刘辒磻、第二十五号经纪人毛家华、第一三八号经纪人俞子毅声请废业，经呈部批准，公告撤销注册。

三月

三月一日

续奉部令核准之经纪人唐珊等十名，未据依限办理入所手续，二月六日呈请财经两部撤销注册，本日奉批照准。

第一二八号经纪人吴正声请废业，经呈部批准，公告撤销注册。

三月三日

自政府颁行经济紧急措施方案，禁止金钞买卖，以后游资涌入证券市场，加以黑市对敲泛中作祟，造成股票市价扶摇直上，引起当局注意，上午市府调查处长王新衡派代表王仲青会同警察局人员至证券大楼，抄录营业较盛之经纪人交易纪录，被调查者有第二号经纪人周汉卿、八十四号胡静秋、一四五号彭云舫、一九〇号吕濂敬、二〇四号穆壮武、二三一号杨长和等，人心不免惊惶，市价曾急遂下落，午后仍复正常。

三月四日

当局派武装人员进入市场，视察交易情形，本所深恐引起经纪人误会，经解释后即行离去，又奉上海市政府函，为据报证券大楼内有数家经纪人恢复场外黑市对敲，七楼走廊且有公债黑市交易，嘱密切注意，当经复函请市府协助取缔。

召开第一届第十次常务理事会议，议决案摘要如次：

（一）经纪人请求交割当日取货，俟研究妥善办法后再议。

（二）自一九四七年一月份起所有交割处职员薪津由本所负担。

（三）永祥印书馆及鼎新染织厂函催上市，俟调查后定期召集上市审查委员会与其他申请上市之股票同付审查。

分函外商经纪人请依限完成法人登记，否则撤销注册。

三月五日

警备司令部及市政当局继续派员调查证券大楼若干证券字号之账目，查出第十六号经纪人龚懋德、八十四号胡静秋及一九〇号吕濂敬三家有利用对讲电话私营对敲交易情事，当经社会局庄叔贤查封对讲电话，同时七楼走廊之公债交易市场被拘捕掮客一名，曾引起纷扰，旋经释放，惟股票市场因此颇形混乱。

连日取缔黑市工作因事前与本所缺少联系，故取缔步骤与目标不免稍乱，特具呈警备司令宣铁吾有所建议，下午王兼代总经理偕同杨、顾两协理，及华主任秘书，走访市政府调查处王新衡处长有所洽商。

各方对于取缔事甚为关注，不明真相者难免惊惶疑虑，王兼代总经理特发表书面谈话，送刊次晨各报说明三点(一)本所一切业务措施悉照政府核准之规章办理，因严格执行价格升降限度之规定，市价变动幅度不失正常，(二)当局举动在决心消灭非法黑市确为贤明措施，对本所合法市场再三表示不加干涉，(三)本所当与当局及经纪人密切合作，鼓励合法交易及维护投资人之利益。

前颁管理证券套利办法，仅适用于个人经纪人，为使法人经纪人亦同受约束，特公告修正办法如左：

一、本所经纪人接受客户委托套利之交易应于场内成交，不得以内转账方式成交，并应于交易成立后，持成交单或清单向本所业务处稽核科请求盖章证明。

二、本所经纪人之账册对于代客套利有关之科目，应独立表示，并注明代客套利字样，不得与其他科目混杂。

三、本所经纪人代客集团套利时，应将每期账目公告于各委托人。

四、本所经纪人代客套利对委托人交付之本金，除套利实得差额外，不得有保息或红利之支付，但银行钱庄信托公司之法人经纪人不以经纪人名义受托套利者除外。

三月六日

为防止经纪人经营场外交易而以内转账朦报情事，特公告内转账定义，规定凡同一经纪人同时接受两个以上客户之委托，其所做交易之种类及买卖价格均属相同者，始得以内转账报所。

部令续予核准之个人经纪人吕佑生办妥入所手续，抽定第一一九号空号，公告准予入场交易。

三月七日

核定参加巨额交易柜台之经纪人三十九家，用抽签法决定席次。

三月十二日

近日股市不断上涨，常达限度，各方极为关切，深恐引起不良后果，对于过渡激涨现象，舆论力主遏制，甚至对于递延交割方式加以非议，为正社会视听起见，王兼代总经理再度发表书面谈话，送刊次晨各报，列举股市有关问题发表正确意见，可归纳为五点(一)股市之自然上涨有其客观原因，不宜轻加干涉，且股市活泼后，游资集中证券市场，足减轻其对物价之压力，(二)股市过度激涨时，有效遏制办法为征收特别证据金，征收交割准备金，限制过夜存账额及增加股票流通筹码，至于缩小价格升降限度一法，恐少效果，反多流弊，(三)套利交易运用得法有吸收剩余资金调剂短期金融与平抑利率之作用，(四)递延交割不致助长投机，(五)增设巨额交易柜台便利巨额成交以消弭黑市对敲，(六)希望经纪人及客户守法及审慎交易，共同维护资本市场。

接邮政储金汇业局上海分局函，为该局前经理沈镜，业已辞职，所遗本所理事一职，由新经理方根生担任，请查照。

三月十三日

监理员办公处为奉财经两部电令转商本所设法遏制股市涨势，经召开常务理事会临时会议，决定自本日后市起征收递交买方特别证据金现金一成，征得监理员之同意后，即时公告施行，当日后市股价受此限制后即起回风。

监理员办公处函知本所加做周二递交一期，已奉部令核准备案。

三月十四日

首批核准之经纪人秦伟业、海维公司、亿佳公司及好华公司，迄未依限办妥入所手续，二月十九日呈请财经两部撤销注册，本日奉批照准。

三月十五日

每星期二交割之递延交割交易，因每期成交甚少，公告自下期起暂停办理。

警察局第四科传讯第二三一号经纪人杨长和、一九〇号吕濂敬及林乐畊、胡钜卿等。

三月十七日

第十四号经纪人葛吉生为受客户委托买进递交永纱一万，股价三四一〇元，后避不见面，已代了结，价三〇五〇元，函请证明。

召开第一届第十一次常务理事会议，议决案摘要如次：

（一）关于征收买方特别证据金暂维现状，俟市面稳定时取消之，如遇剧烈变动，再有征收之必要时，可向买卖双方征收之。

（二）邮政储金汇业局经理沈镜辞职，所遗本所理事依照新公司法规定可由现任经理方根生担任。

（三）巨额交易柜台开做日期暂定四月一日。

三月十八日

上海市政府调查处处长王新衡为查获一四五号经纪人彭云舫有场外对敲行为，奉宣司令令检同账单函请议处到所，该项账单经与场账核对后，查明确有未经报所之场外交易，除函复王处长查照外，并分别函报监理员办公处及上海直接税局查照议复。

宴经纪人公会全体理监事商谈稳定市价及防止场外黑市事宜。

三月十九日

公告自三月二十日后市起加征递交卖方特别证据金现金一成事，前经监理员会商决定并由杨协理电征各位常务理事同意。

杜理事长前赴港养疴，最近乘轮返沪，本日抵埠。

三月二十日

上午常务理事会为特别证据金事召开临时会议，当经决定征收递交买方特别证据金现金一成及拟征递交卖方特别证据金现金一成之办法，自三月二十日后市起暂行取消，即时公告施行。

自本所开业六个月，经纪人有迄未入场交易者五家，分别函嘱查复理由，又所缴经手费平均每月不满三十万元者十七家，分别函嘱补缴足额。

三月二十一日

第一一六号经纪人孙师方声请废业，经呈部批准公告撤销注册。

奉财经两部通知，为防止股票投机操纵起见，规定办法七项，饬遵照办理具报（一）递交缩短期间至多不得超过五天，（二）价格升降限度照原规定缩小三分之一，（三）巨额交易柜如足助长投机暂缓开做，(四)切实取缔场外交易，(五)从速增加上市股票，(六)以书面担保之二成本证据金改缴现金，(七)开征特别证据金以现金缴纳，成数由监理员会同交易所决定办理，仍呈部备案。

下午 7 时假丽都宴上市股票各公司负责人交换意见。

三月二十二日

证券大楼各字号私装对讲电话者经调查后，造表送请监理员办公处转商当局，依法勒令拆除。

三月二十三日

为财经两部颁防止投机操纵七项办法事，上午十时在杜理事长公馆召开常务理事会临时会议，认为市面已趋稳定，七项办法中之(三)(四)(五)各项已经切实执行或在继续办理中外，其余(一)(二)(六)(七)各项实有暂缓施行之必要，当晚由杜理事长暨王兼代总经理携呈晋京，向两部面陈，种？切请求暂缓施行。

三月二十七日

中国丝业公司因办理增资手续，公告自本日后市起，其股票暂停交易。

奉财经两部电，为前颁防止投机操纵办法七项，以市况缓和，除场外交易仍应严格取缔外，其余应由本所商承监理员斟酌情形，妥为运用，如非必要暂勿全部实行，随时报核。

四月

四月一日

本所暂行营业细则第 37 条但书规定预约转让之买卖施行期间届满，特呈请两部延长六个月，又试行上市股票公司办理增资未确定前，其新股票买卖并请准于援用预约转让办法，呈文由顾协理携京面递。

四月二日

景福衫袜厂办理增资手续，该公司股票自本日后市起，现交递交均暂停交易，所有已做成之交易均以该公司之老股票连权连息交割。

社会局、警察局、公用局、财政局会同派员分组至证券大楼各经纪人字号，剪去私装对讲电话线并出据收去电话机。

四月三日

召开第一届第十二次常务理事会议，议决案摘要如左：

(一) 运用本所资金委托套利

(二) 本所经纪人雇用营业员修正暂行办法征询经纪人意见后再核。

(三) 所员子女教育补助金办法原则通过。

四月四日

奉财经两部通知，为案据监理员办公处呈报第一二二号经纪人董莱荪经营场外交易，应依照本所暂行营业细则第八十九条规定之制裁着令停业两星期，以示薄惩，仰于文到次日切实执行，经公告自四月五日前市起至四月十八日后市止，停止该经纪人营业。

四月七日

景纶衫袜厂办理增资手续，该公司股票自本日后市起，暂停交易。

接监理员办公处函，大通纺织公司增资股票开拍日期及成交单位一节，经转奉部令准予备查，转达查照。

第一三〇号经纪人陆希尧缴足保证金代用品，公告自即日起恢复入场交易。

四月八日

奉财经两部通知，为中国信托公司等十二家临时经纪人仍未办理公司登记，应责令限期办理，逾期吊销执照，其已完成登记者，应饬缴呈原执照以凭换发。

四月九日

监理员办公处呈奉部令核定重订股票价格升降限度，函本所查照遵办，经函复以目前股市平稳暂无改订价格升降限度之必要。

四月十日

中国丝业公司完成增资，新股自本日前市起开做，成交单位改定为五千股。

四月十一日

晨十时半许，经济监查团调查员吴是沂偕武装人员四人欲入市场，据称奉警备司令部令查禁场外交易及非法抬价，经婉告本所市场以内无场外交易，价格升降有政府核准之限度，限度内之交易均系合法，似无入场必要，以免惊扰，吴君等仍欲入场，经电告警备部李主任秘书铮召回。

四月十四日

景福衫袜厂完成增资，新股自本日前市起开做现期交易，并定十七日前市起开做递交交易，成交单位均改为一万股。

第二〇七号经纪人之代理人陆征辉于四月十日紊乱市场秩序，照章饬令退职。

四月十六日

新光内衣公司及勤兴袜衫厂办理增资手续，各该公司股票自本日后市起，现交递交均暂停交易。

接监理员办公处函，为常务理事会决议暂行取消加征递交买卖双方特别证据金现金一成办法，经转奉部令准予备案。

四月十八日

监理员办公处为第一九八号经纪人童仲周变更资本未经呈报，且违法吸收存款，经呈奉部令应予吊销营业执照，函嘱本所执行，经公告自本日起停止该经纪人入场交易，并函知该经纪人缴销执照。

四月二十一日

奉财经两部通知，迳向国库缴纳营业保证金三万三千四百万元，本所拟用美金债券抵缴，呈请两部核示。

四月二十二日

新光内衣公司完成增资，新股自本日前市起开做现期交易，并定二十四日前市起开做递交交易，成交单位均改定为一万股。

四月二十四日

丽安百货公司办理增资手续，该公司股票自本日后市起暂停交易。

奉财政部代电本所及经纪人，除应课营利事业所得税外，并应依法征收特种过分利得税。

本月八日接上海地方法院裁定以第二三一号经纪人杨长和漏缴税款，依法应课本所罚锾四十万元，准本所得转责于该经纪人，嗣据杨长和复函称，系属记账笔误，并非漏税，于十二日具状地院抗告，因逾时限，地院批驳已丧失抗告权，本日已由杨长和缴到罚锾转地院了案。

四月二十五日

景纶衫袜厂完成增资，新股自本日前市起开做，成交单位改定为五千股。

第二十一号经纪人邹庆元声请废业，经呈部批准公告撤销注册。

四月二十八日

勤兴袜衫厂完成增资，新股自本日前市起开做现期交易，并定五月一日前市起开做递交交易，成交单位均改定为一万股。

函监理员办公处为经纪人童仲周吊销执照一案，据经纪人公会议决函请收回成命，并据该经纪人函陈实情，附抄原函请查照办理。

四月二十九日

召开第一届第十三次常务理事会议，议决案摘要如左：

（一）经纪人分设营业所暂行办法草案暨经纪人雇用营业员修正暂行办法草案连同经纪人公会意见，并送秦顾问联奎研究后再付讨论。

（二）上海市钱兑业商业同业公会函请准该会会员加入本所为经纪人一节，婉复本所经纪人名额暂不增加。

（三）递延交割交易即将到期，呈部请续展期。

（四）银行书面保证暂行办法据经纪人公会函请转呈仍准照旧办理，决议据情转呈。

（五）暂准美金债券十足抵用代用品。

（六）奉财部代电本所应缴纳营利事业所得税及过分利得税，送由秦顾问联奎研究后再付讨论。

四月三十日

中国国货公司办理增资手续，该公司股票自本日后市起暂停交易。

前奉上海市政府通知认缴三十三年同盟胜利公债四千万元，经于本日解缴国库。

四月九日

召开第一届第六次理监联席会议，议决(一)追认通过本所房屋租约及(二)监察人周守良病故，遗缺照章由次多数张秉三先生递补。

五月

五月一日

呈请两部递交试办期满后准予继续办理，又经纪人保证金代用品部分及递交本证据金代用品部分以指定行庄书面保证办法限期届满，呈请展延施行。

五月五日

中国内衣公司办理增资手续，该公司股票自本日前市起暂停交易。

中法药房办理增资手续，该公司股票自本日后市起暂停交易。

第十三号经纪人郑则宽未能如期办理交割，特予警告。

五月六日

召开第一届第十四次常务理事会议，决议案摘要如次：

（一）第九十三号经纪人川盐银行上海分行迄未入场交易，亦未照缴经手费，函询愿照缴抑自动放弃。

（二）六个月经手费不足规定最低数额之经纪人计第六号新丰公司、一〇八号董璇笙、二一六号蔡慕真，前往函知补足，迄未照缴再行函催，如仍不补缴，照章办理。

（三）暂停营业中之第三十八号经纪人吴文会改组就绪，准予复业。

（四）撤销第十三次会议决议暂准经纪人得以美金券债十足抵充代用品原案，改照部批按面额七折计算。

五月七日

华丰搪瓷公司办理增资手续，该公司股票自本日后市起现交递交均暂停交易。

五月九日

第一九二号经纪人张鉴生昨日交割未清，公告自本日后市起暂停入场交易。

五月十日

第一九二号经纪人张鉴生交割已清，本日准其恢复入场交易。

五月十三日

召开第一届第十五次常务理事会，议决案摘要如次：

（一）经纪人设置分营业所暂行办法草案及雇用营业员暂行修正办法草案，依照秦顾问函复各点修正通过并通告实行。

（二）函知久未入场之经纪人限期入场，以本年六月底为止，逾期依照营业细则第八十九条第九项之规定处理之。

（三）新上市股票及增资后上市新股之开盘价格改以第一市开盘期间各实际成交行市之平均数为准。

（四）劝募美金债券委员会请本所认购美金库券法币十亿元，照购。

第一〇六号经纪人大陆银行信托部为买进已挂失之美亚股票五百股，函请转向卖出经纪人追查，经查明原始卖出人为第九十一号经纪人经纪人龚礼逵，去函嘱其理楚。

接监理员办公处函，为奉电令饬设法增加上市股票种类，以增税源，请查照办理。

徐恩曾等二十余人应邀参观市场交易，留午餐后，举行座谈会交换意见。

五月十四日

五和织造厂办理增资手续，该公司股票自本日后市起暂停交易。

新上市股票及增资后之新股上市时，其价格之涨限跌限漫无标准，特订定调整开盘办法，公告实行。

一、开盘铃响后，各经纪人开始交易，将场账立即交与本所，第二次铃响后（立即开盘完毕之铃声）暂停交易，同时停收场账。

二、本所将已收到之场账算出平均价格作为开盘行市，依照原订标准公布涨限跌限后，再行继续交易。

前项收到之场账如有极少数价格与其他多数价格相离遇远者，本所不予平均在内，以防止故意虚伪情事。

三、在公布涨跌限度前，所作成之交易，其价格如有高于涨限或低于跌限者，概以涨限跌限计价，应立即向本所更正，双方不得异议。

五月十五日

奉财经两部批复所有经纪人保证金代用品部分及递交本证据金代用品部分均应改用美金债券缴纳，并按票面额以七折计算，至原订书面保证办法应即于文到之日废止，本所以兹事体大，立即会商监理员办公处，该处因尚未奉到部令，未作决定。

丽安百货公司增资完成，该公司新股自本日前市起开做，成交单位改定为一万股。

第一四五号经纪人彭云舫，前经查明有经营场外对敲情事，经监理员办公处呈报两部后，奉令核示如次（一）漏税部分由直接税局查明后送法院依法办理，（二）违反交易所法部分即送法院办理，（三）在法院审理期间暂停营业，候法院判决确定后再行议处，函嘱本所查照第三项，核示遵办，当经公告，彭云舫应自即日起暂停入场交易。

招待本市大学教授及作家二十余人参观市场交易，留午餐后举行座谈会，对于（1）证券市场吸收游资问题及（2）物价与证券行市问题交换意见。

五月十六日

下午监理员办公处通知关于代用品改缴美金债券一案，应遵照部令公告办理，当经通函各经纪人及公会，该会即晚举行常务理事会议，经纪人亦相率集议市场，推举代表杨长和、吴国英、尹东升、龚礼逵、周汉卿、张兴镛等随同公会常务理事九人，午夜进谒王兼代总经理陈述意见，嗣于深夜三时同往杜公馆进谒理事长，经纪人方面提出两点意见，（一）保证金代用品部分之三千万元原订期认购美金债券，（二）递交本证据金代用品部分应请依照现行营业细则之规定得将有价证券（即目前上市之股票）与美金债券（按照票面金额）并行缴纳抵充，理事长允将经纪人困难设法解决，惟盼望交易不能停顿。

五月十七日

接经纪人公会复函将昨晚口头提出之意见用书面正式提出，本所即行召开临时常务理事会议，予以讨论，决定将公会意见函监理员办公处请转呈两部核示，在未奉部令批示前仍照旧办法办理，本日为周六，仅开前市，但经纪人为防止剧跌，并未开拍，十一时三刻，杜理事长亲莅参观厅，向场内经纪人说明本所常理会之决议，表示愿以全力协助解决经纪人之困难，希望照常安心交易，市场即于十二时恢复开拍，特公告延长集会时间至十二时三十分，惟以昨日之收盘价格开盘后，因喊价紊乱未有成交。

经济部商业司函询报载本所举行座谈会消息是否确实及其动机，并嘱检寄座谈会纪录。

五月十九日

市场交易照常开做，市价正常。

五月二十日

召开第一届第十六次常务理事会，议决案摘要如次：

（一）部令经纪人代用品改缴美金债券一案，将经纪人公会拟具之意见迳由本所另行备文呈部核示。

（二）最近交易数额扩大，市价动荡甚巨，为减少本所责任与风险，1. 自五月二十二日起每日只做前市，集会时间暂改自上午九时半起至下午一时止，星期六照旧至上午十二时止，2. 依本所暂行营业细则第二十二条规定，凡经纪人所做递延交易存账额超过国币六十亿元者，自五月二十二日起暂不为超过额之交易，但现品提交不在此限，即公告市场，3. 计划变更计算区域提会候核。

（三）经纪人已入场交易而所付经手费平均每月不满三十万元者，应函嘱多做交易，如自本年三月十六日起六个月内所付经手费平均每月仍不满三十万元者按暂行营业细则第八十九条之规定，予以制裁。

财政经济两部批准联华房地产公司股票试行上市。

奉两部批复本所应缴营业保证金依法应以国币缴存。

五月二十二日

依照理事会决议公告，自今日起限制经纪人所做递延交易存账额不得超过国币六十亿元，现品提交者不在此限，又市场集会时间暂改为上午九时三十分起至下午一时止，星期六照旧至十二时为止。

中法药房增资完成，新股自本日起开做，成交单位仍定为一万股。

中国国货公司增资完成，新股自本日起开做，成交单位改定为一万股。

接监理员办公处函为第四号经纪人吴仕森，有擅营场外交易及漏税嫌疑，呈部后奉令核示如次(一)漏税部分即送法院依法办理(二)有无违反交易所法行为一并请法院审理(三)暂停营业六星期，函嘱本所转知该经纪人暂停营业，经公告自即日起至七月二日止，吴仕森暂停入场交易。

五月二十四日

华丰搪瓷公司函陈普通股与优先股之区别，但上市交割向不分歧办理，仍请视同一律办理交割，当经函知经纪人公会查照。

本所营业保证金国币三万三千四百万元，遵令解缴中央银行国库局。

五月二十六日

华丰搪瓷公司增资完成，新股自本日起开做现交交易，自二十九日起开做递交交易，成交单位均仍为一万股。

第九十四号经纪人刘慧生为收进挂失作废之永纱五千股之股款收据，恳向最初卖出经纪人第二三〇号张裕昆追查。

财政经济两部核准发给南洋企业公司经纪人执照。

经纪人公会为会员苏佩玿接上海市财政局通知前往登记，请领营业牌照，函请本所呈部请示。

五月二十七日

中国内衣公司增资完成，新股自本日起开做，成交单位改定为一万股。

召开第一届第七次理监联席会议，议决案摘要如左：

（一）已挂失上市股票在市流通者，卖方经纪人应负责理楚，其核对挂失号码办法由业务处与交割处商量后，提常理会核示。

（二）王兼代总经理函请辞职，一致挽留，原函退回。

五月二十九日

美亚织绸厂办理增资手续，该公司股票自本日起现交递交均暂停交易。

五月三十日

昨接上海市参议会函，为参议员陈公达提议"呈请中央撤销上海各交易所杜绝投机以安民生而维法纪"案，定今晨召开社会财政两委会联席会议共同讨论，请王兼代总经理届时列席说明，总经理因事不克前往，由杨协理、顾协理及华主任秘书代表列席，对于各参政员有关证券交易之各项问题均经逐条解释后，即行退席。

奉财经两部批示函请续办递交一节，应予照准，其期限暂定为自文到之日起一个月届满后，再行呈报候核。

五月三十一日

奉财政经济两部通知经纪人保证金代用品部分及递交本证据金代用品部分改用美金债券缴纳一节，仍应遵照前令办理，惟举办之初，手续方面或有准备不及情事，特规定关于保证金代用品改缴美金债券部分准如本所所拟，限于本年五月底前一律办理完峻，仍按票面金额七折计算，至递交本证据金代用品在美金债券尚未洽购以前，得暂以现金缴纳抵充，仍限于六月十五日以前洽购完妥，自十六日起概须以美金债券缴纳，绝不再事通融，同时接监理员办公处函，案同前由，并以保证金代用品部分限五月底改缴美金债券，不及办理通知展限至六月四日以前办峻，当经通函经纪人及公会遵办。

六月

六月二日

接经纪人公会来函，关于代用品改缴美金债券事请求（一）保证金代用品部分三千万元改缴美金债券展延至六月十五日为止（二）本证据金代用品部分准以美金债券现金或上市证券并行抵缴（三）美金债券得按票面十足抵用。

召开第一届第十七次常务理事会，议决案摘要如左：

（一）代用品改缴美金债券一案，经纪人公会函陈各点先与监理员洽商，再行晋京据情面陈。

（二）分营业所办法参照监理员意见修正通过，营业员办法暂从缓议。

（三）营业细则第三十七条关于预约转让办法再行呈部请求：1. 已按收复区各种公司处

理办法呈请变更登记，确定之上市公司因换发股票手续不及办齐及外国公司呈请认许尚未确定者，请准仍用预约转让办法卖买，交割展期以六个月为限。2. 上市公司按工矿运输事业重估固定资产价值调整资本办法办理，增资足额者请本奖励生产事业之旨准予援用预约转让办法。3. 上市公司现金增资收缴足额者，以目前上市公司数甚少，新股已准开拍者，请准备案，以后不予通融。

（四）通过上市证券审查委员会审查合格，股票计华新水泥公司、商办闸北水电公司、恒丰纱厂、信谊药厂四种，呈部核示。

函限临时经纪人完成公司登记程序。

每日开始对账，时间改订为星期一、二、三、五下午四时正，星期四下午五时正，星期六下午三时正。

第一八九号经纪人刘拍森五月二十七日买进美亚绸厂股票五百股，向该厂申请过户时，查系逆产，依法不能过户，函请本所更换，经查明为第二十九号经纪人上海市兴业信托社卖出，函嘱负责理楚。

六月三日

上海市参议会撤销交易所一案，六月三十日经社会、财政两委会联席审查，审查结果对于应否撤销问题，认为可暂保留，惟应呈请政府责成交易所注意下列数点：(一)对于工商股票之上市应严格审查其资格，务使陋劣者滥竽其间，(二)上市股票之种类家数宜使普遍，例如纺织、药品、橡胶、五金、印刷、建筑、矿产及航行运输等业之股票宜予兼容并蓄，目前上市之股票仅有二十余家，类别亦欠普遍，自须即予宽放，(三)对于上市股票厂商之资负盈亏及经营情形，应随时为准备详尽之宣布，使投资者知所审择，(四)对于经纪人之作风应严格督察，予以管导，保障客户安全，防止助长投机，(五)对于场外黑市应严加取缔，以免因失管制而逾越轨范，(六)对于套利息率应随时设法使之稳定，(七)对于递交交易，俟试办期满应行停止。本日由大会讨论决议无条件全部保留。

六月四日

市场集会时间依照理事会决议自本日起改为上午九时至十二时三十分止，星期六为上午九时至十二时止，对账时间亦经改订为星期一、二、三、五下午三时三十分，星期四下午四时三十分，星期六下午三时正。

经纪人分设营业所暂行办法呈部请核。

六月五日

天津证券交易所筹备委员会主任委员李钟楚派该所各部主管人员庄恩尧、李家珑、秦复三、苏宝璋等四人来所见习，本日到所，开始参观各处实务。

六月六日

为代用品改缴美金债券问题，顾协理携呈晋京面陈。

六月九日

五和织造厂增资完成，新股自本日起开做，成交单位改为一万股。

九福制药公司办理增资手续，其股票自本日起暂停交易。

呈部请将预约转让办法展延施行一个月及各公司增资新股据得援用预约转让办法上市开拍。

六月十日

招待全国省银行总副经理刘望苏、涂自强、程良能、秦镜夫、赵文桢、楼启钧、童蒙正、吴邦护、谈家栋等参观并留饭。

召开第一届第十八次常务理事会，议决案摘要如左：

（一）请求展延施行暂行营业细则第三十七条一事，请顾协理下次晋京时面商。

（二）第九十一号经济人龚礼逵与大陆银行为美亚绸厂挂失股票纠纷，由业务处通知该经纪人到所责令负责理楚。

六月十一日

徇经纪人公会请求，备函，介绍经纪人代表陈静民、俞明时、林宗靖，赴京晋谒财经两部主管，陈述证据金代用品改缴美债困难。

六月十二日

美亚织绸厂增资完成，新股自本日起开做现交及递交，成交单位均改为一万股。

经纪人已领部颁营业执照，应否再照营业牌照税法向市财政局请领营业牌照案，呈部请示。

六月十三日

中央银行国库局函知代征交易所税手续费一案，准财政部国库署函依千分之三计拨。

六月十四日

接监理员办公处函，为准经济部商业司电，关于递交本证据金代用品部分改用美金债券缴纳一案，在新办法未核定前，准以美债或现金并行缴纳，当经公告市场。

王兼代总经理、杨协理、顾协理及吴王两监理员乘车晋京。

六月十六日

联华地产公司股票简称“联华”，自本日起试行上市，成交单位定为一万股。

六月十七日

接正明会计师事务所转到经济部颁发本所公司登记执照设字第三九二一号一件，填发日期为一九四七年六月七日。

接上海地方法院裁定为经纪人邹庆元违反交易所法一案，裁定本所不罚。

六月十九日

奉财经两部批复预约转让办法准展延至本年九月底为限，各公司增资新股据并准上市买卖认为转让之预约。

六月二十一日

经纪人公会来函为本所责令会员张裕昆、龚礼逵负责理楚，去年经手卖出之挂失股票似欠合理，请予公允解决，又来函拟请引用通知买受人限期过户办法，并将挂失股票号码印发各会员。

接监理员办公处函，为经纪人童仲周违法一案前经转，据经纪人公会函请予从轻处理，兹奉部令核示，不准所缴呈之营业执照亦奉部令注销。

六月二十四日

召开第一届第十九次常务理事会，议决案摘要如左：

（一）公告限龚礼逵、张裕昆在三日内理楚挂失股票纠纷，否则由本所委托他经纪人代为买进价款，仍应由该经纪人偿付。

（二）防止挂失股票流通纠纷办法由业务处缜密修正后提会候核。

（三）经纪人财务状况恶劣，经查有实据者，报请监理员核示。

（四）第一一五号经纪人罗殿臣擅设办事处，据情报请监理员核示。

（五）王兼代总经理函请辞职事，去函慰留，原函退还。

六月二十五日

第一〇六号经纪人大陆银行上海信托部买进挂失美亚股票五百股，迭经函促原卖主第九十一号经纪人龚礼逵负责理楚，延未照办，特公告限三日内理楚，如不依限了结，当由本所委托他经纪人代为买进新股 4 万股，价款应由该经纪人偿付，又第九十四号经纪人刘慧生买进挂失永纱股票 5 千股，亦公告限原卖主第二三〇号经纪人张裕昆依限了结。

王兼代总经理赴台北疗养。

顾协理因公晋京。

六月二十六日

第五十一号经纪人庄崇周应缴保证金代用品部分尚未遵令依限办妥改缴美金债券手续，公告自即日起暂停入场交易。

六月二十八日

奉财经两部批，商办闸北水电公司、华新水泥公司、恒丰纺织公司及信谊药厂四家股票，申请上市，应予照准，惟信谊附件未全，应饬补送。

六月三十日

奉财经两部通知（一）递交准予延期试办三个月，（二）本证据金按交易额缴现金百分之五十，（三）全部证据金以百分之七十缴存中央银行，本办法自本年七月一日起施行，关于证据金缴存银行一节，并按周列表呈报。

召开临时常务理事会议，议决案摘要如左：

（一）本日财经两部通知（一）（二）两项即日公告市场，奉令办理，第（三）项请由中交两行与中央银行接洽后再由本所备文呈部，请予变通办理。

（二）经纪人公会函请援照前华商证券交易所成例，按经手费总数百分之十五提拨经纪人奖励金案，由业务处研究商洽监理员后再核议。

（三）举办奖学基金原则通过，拟具办法提会。

（四）捐助证券业小学校基金一亿元。

七月

七月三日

政府为预防酝酿中之“七月涨风”，近日加紧经济检查工作，所为督率经纪人恪遵法令起见，特公告警诫，切勿私营金钞交易及证券黑市对敲免干惩处。

七月四日

接监理员办公处函，为第一三五号经纪人卢德绶擅设西区办事处，应即勒令该处停业，经函知该经纪人遵办。

七月七日

荣丰纺织公司办理增资手续，其股票自本日起暂停交易，顾协理出席第二次上海市经济检查会报。

七月十日

中纺公司办理增资手续，其股票自本日起暂停交易。

监理员办公处函询第七十六号经纪人协康证券号西区营业分所是否经核准设立，嗣据该经纪人函报系别人冒名私设函复监理员办公处请依法取缔。

七月十一日

召开第一届第二十次常务理事会，议决案摘要如左：

（一）修正通过防止挂失股票流通办法公告，并分函有关各方面。

（二）前奉两部通知关于递交全部证据金百分之七十缴存中央银行一节，以交割有窒碍，呈部请求改存中交两行。

（三）通过上市审查委员会审查合格中兴轮船公司股票，呈部核定。

（四）凡缴纳经手费最多之经纪人自第一名至第十名各赠银鼎一具，第十一名至第二十名各赠银盾一具，以资奖励。

（五）第四十号经纪人刘旦孚迄未交易，限期开始入场营业。

（六）经纪人公会为递延本证据金改缴现金五成后，各会员营业大受打击，函请转呈通融照原办法办理，俟据情转呈。

（七）本所已被邀参加上海市经济检查会报，关于该组织奖励出力执行检查人员决议之奖金原则通过备案。

（八）本所申报本市营业税原则通过，由财务处商酌办理。

（九）修正通过奖学金办法，金额由理事长酌定之。

（十）通过六月底结账各项摊提办法，(1)本所投资各项有价证券均按票面面值作价，(2)提存训育基金二十亿元，(3)自去年开市日起，迄本年六月三十日止，按成交总数提存万分之五为责任准备金，计七六三、九九九、三五五元，(4)营业用器具分三年摊提，本届六分之一计二四四、八七九、二〇八元，(5)提存营业税七一七、九五一、〇〇〇元。

七月十二日

第一二九号经纪人谢锦文买进已挂失永纱股款收据五千股一案，经函促最初卖出人第一七六号经纪人杨元恺负责理处，延未照办，兹以永纱增资在即，遵照常务理事会决议，公告限杨元恺于三日内了结，否则当委托他经纪人代为买进所付价款，仍应由杨元恺偿付。

第五十一号经纪人庄崇周补缴保证金代用品部分美金债券因逾限已久，除暂行退回外，呈部请示办理。

七月十四日

荣丰纺织公司增资完成，新股自本日起开做，成交单位改定为一万股。

奉财经两部批，据呈拟经纪人分设营业所暂行办法请核定施行一节，应从缓议。

七月十六日

第一七六号经纪人杨元恺缴送永纱股据五千股了案。

呈复财经两部关于递交本证据金办理情形所有证据金缴存办法因交割有窒碍，另由中交两行会呈核示。

奉两部批第五十一号经纪人庄崇周保证金代用品部分美金债券延不缴纳，应予撤销注册处分。

七月十七日

永安纺织公司办理增资手续，其股票自本日起现交递交均暂停交易。

接监理员办公处函，为第一九一号经纪人姚昌德擅设分营业所，奉令应予取缔转函经纪人遵办。

七月十八日

上海市证券商业同业公会登报通告办理申请登记事，本所阐明态度与立场，呈部鉴核。

七月二十一日

中纺公司增资完成，新股自本日起开做，成交单位改定为一万股。

七月二十二日

召开第一届第二十一次常务理事会，议决案摘要如左：

（一）永安纱厂增资股款收足取具合法证明文件后，其新股依照惯例公告上市。

（二）永安纱厂新股上市费照章按股十足缴纳，如上市三分之二姑予照办，但应抄报不上市股票号码。

（三）经纪人分设营业所办法奉令缓议，其已经本所核准者呈部请求备案。

（四）第一四五号经纪人彭云舫违反交易所法嫌疑一案，据函称法院检察处业予不起诉处分，申请恢复入场，抄录原函转请监理员核示。

（五）三十六年度奖学金暂以京沪两地学校为限，由训育基金内拨付国币五亿元，指定杜月笙、徐寄庼、徐维明、庄叔豪、王志莘、瞿季刚、郑筱舟、顾善昌、杨荫溥各理事，为本所讲学基金管理委员会委员，并推杜月笙为主任委员，领奖生审核委员会委员除上项奖学基金管理委员会各委员为当然委员外，另延聘方希孔、吴开先、陶百川、顾毓琇、李石曾、潘公展诸君为委员。

第一一五号经纪人罗殿臣擅设分办事处，接监理员办公处函，应即勒令停业，经函知该经纪人遵办后，据函报该分处系冒用晋泰名义，经委托律师警告后，已自动停业。

七月二十三日

部令续予核准之个人经纪人刘旦孚办妥入所手续，抽定第四十号空号，公告自即日起准予入场交易。

七月二十四日

永安纺织公司增资完成，新股自本日起现交递交同时开做，成交单位改定为五万股。

七月二十八日

挂失股票流通纠纷层见叠出，特订定“防止挂失股票流通办法”，公告施行，并分发挂失股票号码表办法如左：

一、发行公司于股票持有人申请核对印鉴及查询有关纠纷挂失情形时应立即受理，并在股票上加盖证明图章注明日期。

二、发行公司对股票挂失应慎重办理，股票一经挂失，应立即通知本所以便据以公告市场，所有因挂失而生之任何责任皆由该公司完全负责。

三、经纪人代理卖出股票，须查明及保证该股票并未挂失，如在交割中之股票发现挂失情事，均须依民法第三五〇条及本所营业细则第七十四条之规定，负完全赔偿理楚之责，倘屡次有类似情形发生时，本所得按照营业细则第八十九条处分之。

四、代办交割之中交两行驻证交联合办事处收入股票，须祥加核对，如发现挂失股票，应立即通知本所业务处及向卖出经纪人催换之本项手续暂由本所财务处办理。

五、财务处收入现品提交之股票须全部核对，如发现挂失股票应立即报告营业处，并向交入经纪人催换之。

七月二十九日

召开第一届第二十二次常务理事会，议决案摘要如左：

（一）递交本证据金中交两行会呈请求分存两行案，奉财经两部通知，仍应依照前通知办理，如实施有困难时，应先洽商中央银行报部核办等因，此案正由中交两行与中央银行洽商中，目前仍暂分存中交两行，并推徐寄庼、瞿季刚两常务理事赴中央银行洽商。

（二）天时炎热，营业时间自本月三十一日起暂改为上午九时至十二时，下午停市。

（三）奚孟起律师代表张成记为去年十一月九日向协泰证券号购进永纱一万股已付款而股票无着，函请本所按现值代为扣款案，查明当日交易经过情形，照复奚律师，如有疑窦，函嘱经纪人庄崇周解释。

监理员办公处函复关于经纪人彭云舫呈请恢复营业一节，应俟接准法院裁定书，转部核示办理。

七月三十日

第六十一号经纪人之代理人陈言于七月二十九日殴击第二二六号经纪人之代理人，紊乱市场秩序，照章予以处分公告，自本日起至八月十二日止，停止入场交易两星期。

奉两部批复经纪人仍应依法向市财政局请领营业牌照并纳税，经复经纪人公会查照转知办理。

七月三十一日

市场集会时间自本日起暂改为上午九时起至十二时止，星期六同对账时间改自下午三时开始，星期四掉期日自下午四时开始，又集体对账办法内规定应制之经纪人相互对账表，现递交亦自本日起暂行取消，俟后市交易恢复时，再行制送。

九福制药公司增资完成，新股自本日起开做，成交单位改定为一万股。

八月

八月四日

经济部特派上海交易所监理员吴宗焘调任他职，改派黎澍到任接事。

王兼代总经理自台北返沪。

八月六日

遵奉部令第一五二号经济人吴国英擅设分营业所，定名润康证券号，除违反《交易所法》部分由监理员办公处移送法院审理外，在审理期内予以暂停营业三星期，公告自本日起至八月二十六日止。

八月七日

呈请展延施行转让预约办法，续奉部示(一)仍应责令各公司积极办理换发正式股票手续，(二)转让预约办法展至九月底为止，十月一日起即应以新股票上市。

信和纱厂办理增资手续，股票本日起暂停递交交易，八日起暂停现货交易。

转本部令饬即拟具个人经纪人普遍增资办法。

八月九日

奉批核准中兴轮船公司股票试行上市。

八月十一日

设宴欢迎监理员黎澍。

部令庄崇周逾期改缴美金债券一事案，仍仰遵照前饬迅将原颁执照呈部核销。

八月十四日

召开第一届第八次理监联席会议，议决案摘要如左：

(一) 股票上市以全部上市为原则，最少不得低于三分之二，其不上市部分股票号码应抄送备查。

(二) 核发经纪人奖励金暂从三十六年一月至六月为限，凡经纪人缴纳经手费总数在五千万元以上者，给予百分之二奖励金，一亿以上百分之四，二亿以上百分之六，三亿以上百分之八，嗣后另定办法。

八月十五日

大中华火柴公司及中国水泥公司办理增资手续，股票均暂停交易。

八月二十一日

信和纱厂增资完成，新股上市，成交单位改定为五万股。

遵奉部令第一一五号经纪人罗殿臣擅以他人借用名义设立分办事处一案，应予申诉。

八月二十六日

召开第一届第二十三次常务理事会，议决案摘要如左：

(一) 经纪人财务状况不稳者，转奉部令提高经纪人资本最低限额不足者，一律责令增加，此举恐足影响市场之稳定，呈请仍就个别处理原则办理。

(二) 第五十一号经纪人庄崇周吊销执照一案，据情函监理员办公处请转呈从宽处分。

（三）划拨训育基金十五亿元，连同前拨五亿元共为二十亿元，运用生息组织训育基金委员会即以奖学金委员会委员为训育委员会委员。

（四）通过修正本所暂行组织大纲第十一条为“调查研究处设左列四科：统计科、征信科、编辑科、资料科。”

（五）九月十六日起恢复后市，集会时间：前市九时三十分至十二时，后市二时至三时三十分。

（六）聘吴公鲁君为本所会计顾问。

八月二十七日

前经核准六家经纪人设立分营业所，呈请备案，奉部批照准。

恒孚证券号私装对讲电话经营黑市对敲，经市警察局勒令停业，函复本所查照。

九月

九月五日

统益纺织公司办理增资手续，股票暂停交易。

九月八日

大中华火柴公司增资完成，新股上市，成交单位暂定为五万股。

九月十日

市场行市广播设备就绪，开始试播。

召开第一届第二十四次常务理事会，议决案摘要如次：

（一）经纪人保证金所缴美金债券因外汇调整，经纪人有申请取回一部分美债者，应俟政府对于各项以美债作保证金之办法确定后再议。

（二）预约转让之买卖月底到期，呈部说明困难原因，请续展期限。

九月十二日

大通纺织公司办理增资手续，股票暂停交易。

商办闸北水电公司股票试行上市，简称“闸北水电”，成交单位定为十万股，其优先股与普通股同样交割。

第一四三号经纪人徐有庠拒绝监理员办公处检查账目，令饬停业两星期，第二一一号经纪人杨智昌经营场外交易，并拒绝检查账目，移送法院审理，在审理期间暂停营业。

九月十四日

为庆祝开业一周纪念，举行同仁联欢会。

九月十五日

上海直接税局通知转饬各经纪人，成交单上应贴用印花。

九月十六日

市场集会时间改定为前市上午九时三十分至十二时，后市下午二时至三时三十分，星期六只做前市，对账时间亦改定星期一、二、三、五下午四时三十分开始，星期四下午五时开始，星期六下午三时开始。

改定股票买卖价格升降单位，价格二百元以下升降单位一角，五百元以下五角，一千元以下一元，一千元以上五元。

九月十七日

永安公司办理增资手续，股票暂停交易。

九月十八日

改定上市股票成交单位，永纱改定十万股，新光、美亚、景福、华丰、中法、荣丰、勤兴均改定为五万股。

中国水泥增资完成，新股上市，成交单位暂定为五万股。

九月二十二日

中兴轮船公司股票试行上市，简称“中兴”，成交单位定为五万股。

华新水泥公司股票试行上市，简称“华新”，成交单位定为五万股。

九月二十三日

恒丰纺织公司股票试行上市，简称“恒丰”，成交单位定为五千股。

九月二十四日

新光内衣公司及景福衫袜厂均办理增资手续，股票暂停交易。

召开第一届第二十五次常务理事会议，临时动议经纪人公会函请转呈两部核减递交证据金案，据情转呈财经两部，请予变更交易证据金办法。

九月二十六日

统益纺织公司增资完成，新股上市，成交单位定为五万股。

九月二十九日

上海直接税局迳函经纪人应征套利所得税，第十八号经纪人等二十六家联名具函本所，请会同公会转呈税局收回成命，旋经公会函复，已得税局允准暂缓办理。

九月三十日

新光内衣公司及景福衫袜厂增资完成，新股本日前市起开做现交交易，十月二日前市起开做递交交易，成交单位均定为五万股。

预约转让办法施行期限呈奉部批展延至本年十二月底。

转奉两部密电，关于递延交割交易试办期满后，请准正式办理一案，在未奉行政院指令核示前，暂仍赓续办理。

十月

十月六日

第一四五号经纪人彭云舫经营对敲嫌疑一案，经法院裁定不起诉，转奉部令准予即日起恢复入场营业。

财经两部通知关于递交证据金，准函开各节，尚未能谓为已与央行洽有成议，仍应以百分之七十向央行存缴。

十月七日

勤兴纺织袜衫厂办理赠资手续，其股票自本日后市起现递交均暂停交易。

召开第一届第二十六次常务理事会，议决案摘要如左：

（一）奉财经两部通知，递交证金百分之七十仍应照缴中央银行，俟中交两行与中央银行再度洽商决定。

（二）经纪人逾六个月不做交易者，应函知声叙理由，并补缴足过怠金或经手费，按月三十万，从速入场交易。

（三）增加补助证券业小学校基金一亿元。

十月八日

信谊化学制药厂股票试行上市，简称“信谊”，成交单位暂定为五千股。

第五十一号经纪人庄崇周逾期改缴保证金代用品差金债券，部令应予撤销注册处分案，本日公告执行。

十月十一日

第一九一号经纪人姚昌德漏报税款 7 七千五百二十元，经监理员办公处查获移送上海直接税局，转送上海地方法院审理，该院裁定本所应处罚锾二百万元，但得转责于该经纪人。

十月十五日

转奉部令关于提高经纪人资本最低限额一案，仍应遵照前令办理。

十月十六日

勤兴纺织衫袜厂增资完成，新股于前市起开做，成交单位定为十万股。

十月十七日

大通纺织公司增资完成，新股于前市起开做，成交单位定为五万股。

财经两部批复递交本证据金缴纳办法仍应维持原案办理。

十月十八日

第五十一号经纪人庄崇周撤销注册后，屡经函催缴还营业执照，据函复已具呈财经两部申述延缴美债经过事实，执照仍未照缴。

十月二十一日

召开第一届第二十七次常务理事会，议决案如左：

（一）再行函催第五十一号经纪人庄崇周缴销执照，并将来函照转监理员办公处。

（二）理事长及总经理办公费嗣后依照同仁公费调整办法比例增加之。

十月二十二日

第一九一号经纪人姚昌德照缴漏税罚锾二百万元，转送上海地方法院了案。

十月二十三日

经纪人公会为会员请求豁免成交单贴用印花税票，函请向直接税局力争免贴，经转函税局核夺。

十月三十日

商务印书馆办理增资手续，股票自前市起暂停交易。

召开第一届第九次理监事联席会议，议决要案如左：

经纪人公会复函陈现行递交本证据金收现金五成办法实施后，会员间营业困难情形请求转呈当局恢复原办法，应根据上次呈文拟具具体办法，再行呈部核示。

十一月

十一月三日

递交业务本年九月底试办期满，呈请正式办理一案，奉财经两部通知，该案经两部会商决定拟仍以上次规定办法准自本年十月一日起再予继续试办三个月，已转奉行政院指令照准，令饬遵办。

十一月四日

新华百货公司办理增资手续，其股票自前市起暂停交易。

永安公司增资完成，新股自前市起开做现期交易，六日前市起开做递交交易，成交单位均定为十万股。

十一月六日

为据经纪人公会续请减低递交本证据金成数，再度转呈财经两部核示。

十一月七日

上海直接税局函复所请豁免成交单贴用印花一节，格于法令未便照准，仍请转饬照办。

十一月十一日

召开第一届第二十八次常务理事会，讨论上市委员会规程草案，并决定添聘委员人选案，议决俟下次会议再行审议。

十一月十三日

恒丰纺织公司办理增资手续，其股票自前市起暂停交易。

十一月十四日

新华百货公司增资完成，新股前市起开做，成交单位定为十万股。

十一月十五日

丽安百货公司办理增资手续，其股票前市起暂停交易。

接上海直接税局函，为奉直接税署指令，饬即抽查交易所及经纪人账目，该局自即日起将派员办理。

十一月十七日

第一七八号经纪人邵程鸿因内部改组，暂停交易。

十一月十八日

呈财政部为开拍公债重申前请祈核示。

呈财经两部胪陈试办递交业务暨各方面情形，再请准予正式办理。

十一月二十五日

召开第一届第二十九次常务理事会，议决案如左：

（一）a. 修正通过上市委员会组织规程，b. 聘秦联奎、徐永祚两顾问为上市委员会顾问，c. 推定王总经纪人为召集人。

（二）交通大学函请认赠该校管理学院讲座名额，移送训育基金管理委员会审核办理。

十一月二十六日

信谊化学制药厂办理增资手续，其股票自前市起暂停交易。

部令续予核准之法人经纪人福源钱庄办妥入所手续，抽定第五号空号，开始入场交易。

十一月二十九日

奉财政部批，所请公债上市开拍一节，现正由部核拟办，注俟决定另行饬遵。

十二月

十二月四日

丽安百货公司增资完成，新股前市起开做，成交单位暂定为十万股。

十二月六日

宴请天津证券交易所理事长李钟楚、经理郑颂先。

十二月八日

第二〇三号经纪人郭午娇擅设西区办事处，通知克日停业，撤销具报。

宴请上海金融管理局局长李立侠、警察局经济科长曹茂良。

十二月十日

召开第一届第三十次常务理事会，议决案摘要如左：

（一）因新年假期关系，第六十期递交做至十二月二十七日前市止，三十日交割以后递交日程再由业务处拟定。

（二）自十二月份起调整理监事公费与车马费，仍提股东会追认。

财政经济部会令，核准经纪人公会章程备案。

十二月十一日

昨日中央银行发行局发行一千元、二千元及五千元之关金大票，政府为遏制因大钞刺激可能引起之物价涨风，派出大批军警监查各处市场，上午有军警十数人进入本所市场，对于市价上落时加干涉，致交易无法进行，收市后，经纪人公会推举代表俞明时、林宗靖及龚礼逵请示监理员办公处允负责保障合法交易，后市延至二时半开盘，市价仍在限度内上升，监查人员不明交易实况，复予干涉并拘询一代理人，旋经解释后释放，市场无形停市。

十二月十二日

监查市场之军警继续进入市场视察交易。

十二月十二日

商务印书馆增资完成，前市起开做新股，成交单位暂定为五万股。

十二月十五日

中国国货公司办理增资手续，其股票前市起暂停交易。

十二月十六日

新亚药厂办理增资手续，其股票后市起暂停交易。

召开第一届第三十一次常务理事会，议决：

（一）上市公司股据预约转让办法瞬将到期，由杨协理、华主任秘书与秦法律顾问协商呈部核示。

（二）第一九一号经纪人姚昌德私设分营业所案，再去函，限文到一星期内撤销并具报转陈。

十二月十七日

晨八时，清洁夫触理事长办公室警铃，警察局出动飞行堡垒到所搜查，经查明后撤退。

十二月十八日

因新年休假关系，调整递交起讫日期，第五十九期自本日（周四）前市开始，二十三日（周二）前市为止，二十五日（周四）交割。第六十期二十四日（周三）前市开始，二十七日（周六）前市为止，三十日（周二）交割。第六一期二十九日（周一）前市开始，次年一月六日（周二）交割。市场交易自二十九日后市起暂行停止。

十二月十九日

具呈财经两部（一）递交业务试办又届期满，请查前案，准予正式办理。（二）前呈减低本证据金成数及以现金与代用品并用一案，迅赐批准。（三）预约转让办法，请续准展延施行至三十七年三月底止。

十二月二十五日

第三十八号经纪人吴文会经监理员办公处查明有私营场外交易情事，呈准移送法院审理，在审理期间，应暂停营业，本日公告执行。

奉令吊销执照之前，五十一号经纪人庄崇周拒缴执照，所悬招牌亦未除去，函报监理员办公处核办。

十二月二十七日

信谊药厂增资完成，前市起开做新股，成交单位暂定为十万股。

十二月二十九日

第一八七号经纪人邵程鸿营业所内部改组就绪，本日恢复营业。

第八十号经纪人方善柜擅设分营业所，大德证券号通知撤销具报，据复称系外人借名擅设，函报监理员办公处核办。

十二月三十日

警察局据报江西路三八六号二楼李哲斌有经营场外交易嫌疑，函请查照。

十二月二十五日

召开第一届第十次理监联席会议。

民国三十七年份（1948 年 1 月～12 月）

一月

一月四日

接监理员办公处转来财政部钱币司、经济部商业司公函，略开“查关于上海证券交易所递延交割交易应否正式办理一案，业经本两部呈奉行政院核准照现行办法正式办理，除另由两部行知外，先行函达”等由，本日公告递延交割交易，仍照现行办法正式办理。

一月六日

中央信托局经理刘建华辞职，所兼本所理事一职，改派经理钱祖龄担任。

一月七日

查实源通行证券部非法经营股票买卖，函报监理员办公处，请依法取缔。

一月九日

景纶衫袜厂办理增资手续，前市起其股票暂停交易。

接监理员办公处函，为奉令核示取缔经纪人对讲电话办法，希查照办理。

源通行李哲斌经营场外交易嫌疑案中，发现第11号经纪人江苏省银行有漏报永纱十万股交易情事，函知该行查复。

一月十三日

奉财经两部通知，为呈奉行政院指令，递交业务准自三十七年一月起照现行办法继续正式办理。

一月十五日

第六十二号经纪人朱达君迁移营业地址，暂停入场营业。

一月十六日

《证券市场》更名《资本市场》，呈奉市社会局核准登记。

一月十七日

第二〇三号经纪人郭午矫十六日未按规定时间办理交割清楚，予以警告。

一月十九日

敦裕钱庄完成公司登记手续，经两部批准为法人经纪人，办妥入所手续，抽定第一五〇号空号，开始入场交易。

李哲斌案，监理员办公处已函市警察局，勒令停业，又第十一号经纪人江苏省银行补缴场账一份，连同税佣到所了案。

一月二十二日

市警察局来函，为转奉警备司令部通知，饬查万祥、永康等证券号，有私装对讲电话，经营场外交易情事，请查照。

召开第一届第三十二次常务理事会，议决要案如左：

(一) 凡经纪人营业所附设在酒楼舞厅者，分别函令设法迁移，在未迁移之前，应自行检肃。

(二) 第二一〇号经纪人叶硕臣虚报营业地址，擅迁南京西路雪园老正兴馆内，又经监理员查明原营业所仍在营业，显属违法，予以暂停营业处分，至该经纪人自行纠正不合各点具报，经本所查实后恢复入场。

(三) 第二〇三号经纪人郭午矫擅设西区办事处，兹经函嘱停业，迄未照办，予以暂停营业处分，至该经纪人将办事处停业撤销具报，经本所查实后恢复入场。

(四) 依约调整本所房租并自五月一日起改为每六个月调整一次。

一月二十六日

奉财经两部通知，经纪人资本额一律责令增加，至少应为国币五亿元，又经纪人保证金应增加国币一亿五千万元，于文到之日公告，并限于一个月内办竣，增加保证金，三个月内办竣，增加资本额逾现不办，即予吊销执照，本日遵令公告并呈复。

一月二十七日

第二〇三号经纪人郭午娇及第二一〇号经纪人叶硕臣遵照理事会决议分别予以暂停入场交易处分。

一月二十九日

奉财政经济两部批示，预约转让办法限期届满后，六项处理办法分函各上市公司查照办理。

一月三十一日

中国国货公司增资完成，新股于前市起暂凭股款收据开做，成交单位定为十万股。

二月

二月二日

恒丰纺织公司增资完成，新股于前市起暂凭股款收据开做，成交单位定为五万股。

华新水泥公司办理续发第二期溢价增资股份，股票于前市起暂停交易。

二月四日

接财政部钱币司与经济部商业司函，为修正管理证券套利办法第四项核与《交易所法》抵触，嘱详为筹议见复。

召开第一届第三十三次常务理事会，议决案如左：

（一）经纪人公会函请转呈两部准予免增缴保证金，并准变通办理增资案，据情转呈。

（二）第二〇三号经纪人郭午娇函报已撤销擅设之分办事处，经查明属实，准予恢复入场。

（三）第二一〇号经纪人叶硕臣函报营业所已改迁新址，符合原案，又原址营业与其无涉，请予取缔，如查无其他违法情形，暂准恢复入场。

二月六日

第二〇三号经纪人郭午娇及第二一〇号经纪人叶硕臣遵照理事会决议，准予恢复入场营业。

二月七日

监理员办公处来函，为奉令据报经纪人有转租牌号坐收巨利情事，希查明见复，再本所除现有经纪人及以前业经声请尚待补正手续者外，目前尚无增加经纪人名额必要。

二月九日

上海市政府第三次经济会报，决议对讲电话仅限经纪人为业务上需要而装置，如有私自装置者，即予拆除没收，并以扰乱金融论处，函知本所洽办。

二月十四日

五和织造厂、信谊制药厂及恒丰纺织公司三家办理增资一案，未于部颁预约转让办法届满后，六项处理办法转达之日起半个月内缴验变更登记声请证件，遵照该办法第三项规定三公司股份自后市起暂停交易。

二月十六日

恒丰纺织公司股票自前市起恢复交易。

汪副理出席上海市警察局会议,讨论关于取缔黑市交易事。

前第五十一号经纪人庄崇周延不缴销执照,并有非法经营场外交易之嫌疑,报请监理员办公处核办。

二月十八日

关于预约转让办法限期届满后处理办法之办理经过情形,备文呈部鉴核。

二月十九日

第六十二号经纪人朱达君营业所迁移竣事,恢复入场营业。

二月二十一日

因票据交换所变更交换办法,规定送票不得逾时。本所交割收款时间改定为上午九时至十一时止。

二月二十五日

景纶衫袜场增资完成,新股自前市起开做,成交单位暂定为十万股。

召开第一届第三十四次常务理事会,议决案摘要如左:

(一) 转奉部令核示,经纪人保证金缴纳办法饬遵照前令限期办理案,即行公告遵行。

(二) 三十六年下半年经纪人缴纳经手费一亿元以上者,给予经手费总额百分之二奖励金,二亿元以上者给予百分之四,四亿元以上者给予百分之六,六亿元以上者给予百分之八。

(三) 定于三十七年三月二十六日下午四时在本所会议室召开第一届股东常会,并照章改选监察人,仍提下次理监联席会议追认。

(四) 改定证券价格升降单位。

二月二十六日

买卖价格升降单位自后市起调整为,二百元以下升降单位一角,二百元至一千元以下五角,一千元至五千元以下一元,五千元以上五元。

下午二时五十分,上海市警察局行政处经济警察队队长程义宽率队员七人武装入市场监视。

二月二十八日

代监理员办公处召集一部分经纪人举行谈话会,由监理员晓谕政府取缔场外黑市对敲之决心。

经纪人公会开第二届会员大会,改选穆壮武、杨长和、沈光衔、林宗靖、杨锡卿、龚懋德、龚礼逵、吴礼门、裘良圭、周汉卿、史久栽、曹懋德、胡静秋、王乃徐、董莱荪、施子敏、朱开颐、郑止伟、朱玉龙、黄国栋、徐懋棠、罗殿臣、胡铭绅、俞明时、陈永霖等二十五人为理事,陈静民、吴仕森、葛庆祺、张裕昆、朱鼎彝、周卜愚、尹东升等 7 人为监事。

三月

三月一日

第二十九号经纪人上海市兴业信托社更名为上海市银行总行信托部。

三月三日

新光内衣公司与景福衫袜厂股份成交单位自后市起改定为十万股。

三月四日

第八号经纪人忆中企业银公司更名忆中商业银行。

奉两部批复经纪人保证金2亿元仍应依照营业细则第六十七条之规定以百分之四十缴纳现金，其余百分之六十为有价证券，关于证券部分仍以美金债券抵充，应照二月一日指定银行外汇牌价五折折合国币计算，至提高经纪人资本最低限额为5亿元，并应依照原案办理，未便变更通函各经纪人遵限办理，并公告市场。

三月五日

经纪人公会推定王乃徐为理事长，杨长和、裘良圭、林宗靖、龚懋德、周汉卿、朱玉龙、朱开颐、施子敏为常务理事，朱鼎彝为常驻监察。

三月六日

华新水泥公司第一期溢价增资后之新股，前市起上市开做，除权交易成交单位改定为十万股，凭股票交割。

三月八日

信谊化学制药厂股份前市起恢复交易。

三月十日

召开第一届第三十五次常务理事会，议决要案如左：

（一）每一经纪人递延交易存账限额暂放宽至二百亿元。

（二）通过更改现货计算区域，呈部备案。

三月十一日

公告自即日起递延交易之存账限额改定为国币二百亿元。

三月十二日

晚宴经纪人公会第二届理监事。

顾协理赴京向财经两部面递更改现货计算区域呈文。

三月十六日

中纺纱厂之股份未照预约转让办法届满后处理办法之规定依限换发，股票暂停交易。

依部颁预约转让办法届满后处理办法规定，本日起限以股票交割，经纪人公会函请变通办理，商定在过渡时期，凡当日现货交割不及掉换股票者及现品提交部分得以书面委托本所代为换股，暂由本所制给临时收据，替代交割，限十四日内凭收据换回股票，函报监理员办公处查照。

三月十七日

华丰搪瓷公司办理增资手续，其股票后市起现递均暂停交易。

三月十八日

美亚绸厂办理增资手续，其股票前市起暂停递交交易。

三月十九日

召开第一届第十一次理监联席会议，议决(一)通过上年营业报告及盈余分配草案提付股东会；(二)追认通过第三十四次常理会议决于三月二十六日召开第一届股东常会。

监理员办公处密函以接准财部钱币司密函关于本所呈请更改现货交易计算区域请备案一案，尚须从详研讨，应转知本所，俟奉部令再行定夺，勿先办理。

三月二十日

奉财经两部通知，重申经纪人依法不得受公务员之委托为买空卖空之交易，如有违反情事处以罚锾，其涉及刑事者依刑法处断，遵令公告市场。

法人经纪人南洋企业公司办妥入所手续，抽定第六十四号空号，开始入场交易。

三月二十三日

为缩短公司办理增资期间停止股票交易之期限计，对于预约转让办法届满后处理办法第六项拟具补充办法三点，呈部核示(一)办理增资手续时，股票暂停交易，(二)增资股款收足后，得将股票附带增资股款收据为连权买卖，(三)自奉准变更登记之日起一个月内换发新股票上市。

三月二十六日

下午四时举行第一届股东常会，杜理事长主席，王总经理报告营业概况，顾监察人报告账略，经股东议决：(一)盈余分配方案(二)定期四月一日发给股利，改选监察人，结果赵棣华、孙祖瑞、张秉三、王本滋、胡惠春、顾克民、彭杏生均当选连任，为本届监察人宋美扬、吴礼门为候补监察人，公推赵棣华为常驻监察人。

三月三十日

恒丰纺织公司股份成交单位前市起改定为十万股。

上市证券审查委员会举行第五次会议。

三月三十一日

上海市警察局函知证券大楼三六〇室郑思浩、龚礼逵有擅营场外交易情事，检附账册账单，经核对场账，确有缺少场账之交易达一千余亿，除将查核情形函复警局外，并报请监理员核办。

四月

四月一日

中国内衣与景福衫袜办理增资手续，其股票于前市起均暂停交易。

四月二日

接市警察局来函，为据报第二十七号经纪人及徐鹤令有经营场外交易情事，检同附件嘱查复。

四月四日

星期日下午八时，准监理员办公处通知，以奉财政经济部电转奉行政院卅七年四月三日(37)六财字第一五八四八号训令开“查上海证券交易所证券递延交割业务系属期货交易，买进卖出常同为一人，殊背提倡投资协助生产事业之本旨，值兹动员戡乱期内，此项投机性质之交易对于国家经济政策及社会金融尤多妨害，自应予以取缔(一)上海证券交易所递延交割业务统自卅七年四月五日起停做，其已做未结之账户准照原约定日期清结，不得再行延展，(二)以后证券交易所业务应以现货交易为限，不得以任何方式举办期货交易(三)场外交易应严格禁止，经纪人如有违法经营场外交易者，应即吊销其执照，并依法究办。(四)财政经济二部派驻证券交易所之监理员应负责切实执行前项各规定，毋稍宽纵，除电知上海市政府外，合行令仰克即遵照办理具报”等因，合行电仰遵照，并转行交易所遵办具复为要等因，转知遵办到所，即挂南京长途电话，拟请示出席国大代表杜理事长，但未接通，同时与监理员会商如何遵行院令之办法，直至午夜始散。

四月五日

今晨各报刊有南京专电，发表行政院训令，上午八时与杜理事长通长途电话，得指示应决定办法，公告遵行，九时一刻约请留沪常务理事庄叔豪、郑筱舟等举行临时会议，决定遵令办理，所有递延交割交易，自卅七年四月五日前市起停止新交易，如有了结交易，做至四月九日(星期三)前市为止，其未结存账仍照原约定日期四月九日(星期五)办理交割，经面商监理员同意后，赶在市场开市前公告实行，开市后各股价格狂泻，跌达限度者，现递共有十八种，下午经纪人公会开会派代表持函到所，请求体恤经纪人之困难，在遵行办法内拟请将本期递交交易列入买卖两存账，轧过存账，仍照原办法缴纳证据金，下午三时三十分，再召开临时常务理事会，决定各经纪人代客户了结本期递交，原有相互轧抵部分之交易，致存账发生差额时，仍照原办法征收本证据金现金五成，每一经纪人存账额仍以国币二百亿元为限，经面商监理员同意后，在当日下午四时前贴出公告。

四月六日

开市后，市价尚称稳定，外汇牌价挂高，市价回升，涨达限度者多种。

四月七日

准财政部钱币司、经济部商业司会函，嘱从速核复，关于修正管理证券套利办法案，经函复检讨意见。

四月八日

新光内衣办理增资手续，前市起暂停递交交易，九日前市起暂停现货交易。

四月九日

最后一期递延交割交易，办理交割手续全部清楚。

第三十八号经纪人吴文会经营场外交易嫌疑案，经法院裁定不起诉，准监理员办公处函，转奉部令准予复业，经公告该经纪人准予恢复入场营业。

四月十日

下午二时举行记者招待会，到各报记者二十余人，王兼代总经理报告遵令停办递交感想：(一)说明套利交易并不足助长投机，惟有要求安全保障之健全者及愿将资金投入生产事业者，始愿套买套卖，决非投机家理想中之交易方式。(二)同意递交有集中游资之作用，转令工商业得到通融资金之便利，但不信套利资金悉用诸囤积，更不信递交引导物价上涨。停办后，即可引起物价普遍下落。(三)指出市场利率之高低决定于资金之供求，套利利率亦不能逃此定律，故不敢苟同套利足以提高市场利率之说，根据统计，套利利率通常低于市场暗息。最后申述我国今日通货高度膨胀，物价涨无止境，人民生计困苦，实业多濒末路，投机囤积风行，种种不正常现象，其症结别有所在，决非由于证券市场之存在，更非由于递交之开做。递交停办后，游资可能转向物资市场，证券价格因无套买套卖之调节，其感应性可能更见敏锐，亦值得注意，报告后，印发办理递交业务经过之书面报告。

接上海直接税局通知，为转奉署令，洽筹依法开征交易所税，抄发条例，嘱自本年三月二十三日起，按月办理报缴。

四月十二日

奉财经两部通知，为对于预约转让办法届满后处理办法第六项批示，补充规定"凡各上市公司召开股东会决议增资及经依法收足增资股款，可检具股东会决议录，收足新股股款证件（董事、监察人出具收足新股股款之证明书）及声叙新股上市缘由，迳行呈报本经济部核准后，其增加之新股可准其以下列方式之一上市买卖：（一）将原股票附带增资股款收据为买卖，（二）在股票上加注载明增资事项，仍以原股票为买卖，（三）增资股款收据载明暂无股权与原股票分开为除权买卖，至依《公司法》第二五四条召开第二次股东会，完成增资程序，须于十五日内向地方主管官署声请核转变更登记，俟奉准变更登记，领得新照后，于领照之日起二十日内换发新股票上市"，除转知各上市公司查照外，并抄送秦法律顾问与徐会计顾问研究。

接市警察局函，为据报第四十四号经纪人中国信托公司证券部有经营场外交易嫌疑，嘱查复，经转报监理员办公处核办。

四月十四日

第六号经纪人新丰公司逾限，未遵增缴保证金，遵照财经两部批示，予以吊销执照处分。

呈财经两部为提高经纪人资本额一案，法人经纪人是否可用增拨基金方式，个人经纪人是否可将保证金项下之美金债券或其他资产估价升值转作资本，请核示。

四月十七日

遵行股份预约转让办法届满后处理办法之规定，在过渡时期，现货交割之通融办法准监理员办公处函，转奉部令准予备查。

四月二十一日

奉经济部通知，为新光内衣公司增资后，新股据准照部颁补充规定第三种方式先行上市。

杜理事长在京应召晋见，蒋主席顺便谈及行政院突然命令停办递交业务之经过及其影响。

准监理员办公处函，以第二一一号经纪人杨智昌违反《交易所法》罪嫌，经法院裁定不予起诉，转奉财经两部指令，准予复业，惟其逃税部分仍应依法税送法院裁处，经公告，该经纪人准予恢复入场营业。

四月二十二日

接新光内衣公司函，为增资完成，已奉部令准予上市申请，准于四月二十六日上市，并改定成交单位为五十万股，经函复应俟呈奉部分样示后，再行核办。

四月二十三日

准监理员办公处函，转奉部令批示经纪人申请对讲电话审核标准应行修正各点，嘱核议见复。

函经济部商业司请解释预约转让办法届满后第六项补充规定第三点条文，并函电财经两部，呈请核示疑义。

四月二十四日

接徐会计师顾问复函，认为补充规定第三种方式，增资股款收据暂无股权与股票分开为除权买卖，似系指此项增资股份在未经登记前不能过户，亦不能参加股东会行使股权，但可与老股票分开，而另除权买卖仍属有背《公司法》第二五七条第二项"未经登记前不得为新股份之转让之规定，且既准许其上市买卖，而又限制其不能过户，不能参加股东会行使股权，亦非理事之平，而在召开股东会时势必发生种种困难，甚或为人操纵转兹流弊，与其如此牵强规定，诚不若回复当初所定预约买卖之为愈。"

四月二十六日

奉财经两部批，为更改现货计算区域案，仍应暂照现行办法办理。

四月二十七日

勤兴袜衫厂办理增资手续，其股票自后市起暂停交易。

接徐会计顾问第二次复函，评释"股权"二字，认为系指股东权利之略语。依照《公司法》之规定，股东对于公司之权利极为繁琐，若依权利之标的分类则有"自益权"，亦称"私益权"与"共益权"，亦呈"公益权"，二类部批所谓暂无股权者如系暂无全部股权而言，则增资股款收据等于废纸，如系指暂无股票更换名义之请求权及出席股东会行使表决权等，则部批又未明言，况股东对于公司之权利为《公司法》明文所赋予，何可使执有股份者剥夺其股权，使无复有股权者仍有股权，实为情理所难通，又部批所谓除权买卖就上文以为观察，则为除去股权之买卖，与通俗所谓除去认股权利之买卖及除去股息红利之买卖亦大不相同。

四月二十八日

准监理员办公处函，转奉部令准予撤销第五十一号经纪人庄崇周原撤销注册之处分。

四月三十日

准监理员办公处函，转奉部令第九十一号经纪人龚礼逵经营场外交易一案，在移请上海地方法院审理期间，应暂停营业，经公告该经纪人自即日起暂停入场交易。

准财政部钱币司、经济部商业司会函，释明增资股款收据仅足以表明款已收缴，并非股票其持有人即暂无股权，补充规定第三点所谓除权即在增资程序完成以前暂无股权之谓，又补充规定第一点附在原股票后之新股款收据及第二点在原股票上注明之增资事项，仅可视为新股股款业已收缴之计算，记载均暂无股权可言，要点亦同属于除权买卖，仍嘱应即遵照原案办理。

五月

卅七年短期国库券上市：

五月二十九日中午，奉中央银行负责人面示"卅七年短期国库券经财部决定于卅七年五月三十一日上市开拍，着即拟具详细办法呈部核示"，即于下午四时召开临时常务理事会议，决定上市办法，呈财政部俞部长，奉五月三十日沪字第一号批令修正办理，遵即公告两月期国库券于5月三十一日前市开做，办法如左：

（一）计算方式分下列三种，甲种今天成交明天交割，乙种今天成交后天交割，丙种每星期四开做，下星期五交割，暂先试办甲乙两种。

（二）计算区域以一天之上午及下午为一计算区域（股票交易照旧办理）。

（三）应用场账甲种用原有现货场账，乙种用印有红色双圈之场账，甲种交易与乙种交易对做，用原有现货场账，在年月日市一项之上用铅笔写明“对做”两字，并在成交价格一项内写明两个月价格，例如八十元—八〇．八〇元，藉以表明甲经纪人卖与乙经纪人，价为八十元，相反表明，乙经纪人卖与甲经纪人价为八〇．八〇元。

（四）成交单位暂定为票面壹亿元。

（五）叫价单位票面壹百元。

（六）价格升降单位暂定为五分。

（七）涨跌限度暂定为百分之十。

（八）经手费甲乙丙三种计算方式之交易应征经手费照千分之〇．五计算，甲乙两种对做及内转账交易减半征收。

（九）佣金征收率另行公告规定之。

（十）交易税在试办期间暂缓征收。

（十一）本证据金乙种计算方式之交易征交易额现金百分之十，丙种加征代用品百分之十，以公债抵充之。

本证据金必要时得由本所随时增加之。

（十二）追加证据金由损方照损额缴纳之。

（十三）现品提交如卖方不缴证据金，准许以现品提交。

（十四）保证金照本所暂行营业细则第六十七条原规定数额，每一经纪人缴国币五千万元，其中百分之四十须缴现金，其余百分之六十得以代用品充之。

各经纪人向买卖两方委托人征收之佣金率亦经同时公告，暂照经纪人公会拟具标准以千分之一征收，仍由本所报部核定。

第一日成交数：甲种五〇七亿元，乙种一九〇亿元，行市甲种开盘七三元，收盘七二．八〇元，乙种开盘七五．五〇元，收盘七五．三〇元。

增资新股上市问题解决：

四月三十日，财政部钱币司、经济部商业司之复函，经抄送秦法律顾问与徐会计顾问研究，关于本所遵行□之责任问题，嗣接徐顾问五月三日复函认为“若在增资程序完成以前，暂无股权，且并无认股权利（盖增资登记尚未完成而股款已经收足者，亦得增加资本也），则增资股款收据所代表之权利为何甚难索解，此项增资股款收据上市买卖，万一买方因出卖物显有瑕疵而要求减少价金，或甚至解除契约而致交易所发生赔偿责任问题，实堪注意也”。五日，奉财经两部代电，为第三种方式已饬司函复解释，仰速遵照办理。六日，常务理事会议对于遵行问题有所讨论，决议关于第三种方式呈请两部准许分开计价，合并交割，关于三种方式买卖之性质均仍应认为预约转让正拟派员携呈晋京请示，因经济部邓司长来沪，八日，又接钱币司、商业司会函，略开“关于收据暂无股权”一点，经研究，结果绝无变通余地，对于预约转让办法之恢复与否，亦拟不予考虑，至第三种方式所谓分开买卖可解释为股份分开而非收据与股票分开，上市公司之依照第三种方式申请上市，倘股票系与收据分开为买卖。(即不连作一张)而交割有困难时，可由所方着其以票据连同买卖，俾归简便，此事部中已研虑至再，始作如此决定，盼所方能切实遵照，不必再以公文往返徒耽时日，又新股上市对于厂商营运及股东利益均有关系，上市厂商已获准以新股上市而因细节致生阻碍，其可能发生之后果，亦盼考虑及之。经研究后，当即公告遵办，同时为使出卖人履行《民法》上出卖人之义务起见，按照补充规定所列三种方式，分别制就定式买卖约据印发各经纪人，备由出卖人依式签用，随同股票交割，第三种方式买卖约据，十日随同新光、景福新股之上市公告使用；第一种方式买卖约据，十四日随同勤兴新股之上市公告使用；第二种方式买卖约据，二十八日随同中国内衣新股之上市公告使用。均经呈部备案。十五日，又奉财经两部批示"呈件均悉，本案前据该所电同前情，请予核示到部，经代电饬遵在案，兹核附呈新光标准内衣染织整理厂股份有限公司之股票，附带增资股款收据样张，其股据既与原股票并非分开为买卖，则认为属于补充规定之第一种或第三种方式均无不可。至注明暂无股权一节，在公司增资登记未呈经本经济部核准据发新照以前，收据既非正式股票，在收据本身自无股权可言(在收足新股款后，所召开之增资第二次股东会已缴足新股之新股东，自可出席会议，盖此时之新股东已取得股份也)，故不论为补充规定之任何一种方式，均属于暂无股权，上市公司原应于呈准变更登记后，以正式股票上市始为正办，亦不致发生收据有无股权问题补充规定，系本两部据该所请求所核定之一种临时变通办法案，经核定并饬由该所公告遵行有案，上市公司依照补充规定呈准上市，该所自应遵照办理，毋庸多渎"。

公告经纪人增资方式：

提高经纪人资本最低限额为国币五亿元一案，关于增资方式 4 日续奉两部批示核定(一)法人经纪人应划拨经营证券业务之基金至少国币五亿元，(二)个人经纪人资本五亿元一律以现金增足，五日公告办理，规定各法人经纪人，其因证券业务资金并不划分无法单独增资者，应遵(一)项办法办理，检具证件报所，个人经纪人对本案增资未以现金增足者，应即以现金增足，编送增资后之资产负债表暨行庄收款证件一并报所备核，其已以现金增足而未送增资后之资产负债表暨行庄收款证件者，应即补送，同时函知经纪人公会查照转知。

参观台发现炮弹：

五月二十一日晨，参观台发现炮弹一枚，急电警局派员移去，并侦查来历，迄无结果，为谨慎起见，即日停止开放参观台，并加严出入门禁。

上市公司动态：

(一) 美亚、新光、景福、勤兴及中国内衣增资已认缴足额，均经呈奉经济部批准，依照补充规定所定方式发行上市，美亚于三日起照第二种方式以原股票载明增资事项，上市买卖，成交单位仍为五万股，新光与景福于十日起照第三种方式以股票连同增资股款收据上市买卖，成交单位，新光改定为五十万股，景福改定为壹百万股，勤兴于十四日起照第一种方式以原股票附带增资股款收据上市，买卖成交单位仍为一万股。中国内衣于二十八日起，照第二种方式，以原股票上市买卖成交，单位仍为 1 万股。

(二) 中国国货与丽安百货办理增资手续，国货股票自三日后市起，丽安股票自十日前市起暂停交易，所有停市前已做之交易概以老股票连权交割。

(三) 华丰搪瓷公司完成增资，一日前市起凭新股票上市开做，成交单位改定为十万股。

经纪人动态：

第五十一号经纪人庄崇周办妥复业手续，二十八日起恢复入场交易。

常务理事会召开例会：

常务理事会五月六日召开第一届第三十六次会议，议决各案如下：(一)试行上市公司股份嗣后应全部上市，通函现行上市各公司厂商知照。(二)通过上海市轮渡、浦东电器公司、上海水泥公司、振华油漆公司、梅林罐头食品公司及富安纱厂六家股票上市，申请书呈部核定。(三)关于部颁股份预约转让办法届满后，处理办法第六项之补充规定第三种方式应请两部准许分开计价，合并交割，关于补充规定三种方式买卖之性质，均应认为预约转让即备文呈部。

二十八日召开第一届第三十七次会议，议决各案如下：(一)经济部商业司为奉谕查询"现有承揽买卖之经纪人名额是否足以应付，如不敷应付应如何补足现有经纪人缺额或增加名额"，函嘱详拟办法呈核案，议决函复现有经纪人无增加需要。(二)公告市场自六月一日起，当日票据不准抵用后，各经纪人于交割时交付之行庄本票应由各经纪人用存所印鉴背书并注明缴入日期。

六月

公告更正增资股份"连权买卖"：

美亚织绸厂与中国内衣公司增资后，股份上市前经先后公告，以原股票为连权买卖，并函报监理员办公处，嗣准该处复函转奉部令，以公司未呈准变更登记前，股款收据本身自无股权可言，不论属于补充规定之任何一种方式，除原股票属于有权外，其第一、三两种所附收据及第二种在原股票上所附注之增资事项，均不能认为有权，美亚织绸厂增资上市所称连权买卖，当为市场上之一种术语，不同于两部关于"权"之解释，为免混淆起见，应由本所将"连权"字样改正后报核，又准监理员办公处函，中国内衣公司以原股票为连权买卖一节，亦应依照前次部令办理，均经于一日公告更正，删去连权字样。

个人经纪人应办理商业登记：

六月七日奉上海市社会局通知，为奉经济部训令本所经纪人除法人经纪人业经核明已为公司之登记外，其自然人经纪人而为商号之组织者，亦应依法为商业之登记，本所除转知各个人经纪人遵办外，函复社会局重申前请，对于个人经纪人申请商业之登记时，应以"上海证券交易所第某号经纪人某某某"之名称登记，以杜私自转让牌号。

中交添设联合收付处：

中国银行上海分行、交通银行信托部以金融管理局规定，自六月一日起，当日支票不得抵用，两行为便利交割款项收支起见，于六月三日添设"中国、交通银行驻证所交割处联合收付处"，专办经纪人及客户之款项收支事务，函请本所查照，经提请常务理事会核议备案。

更换经纪人入场证章：

各经纪人及其代理人所佩入场证章迭经遗失，特另制双面新证章，自六月十六日至十九日办理换发手续，二十一日起所有旧证章停止使用。

六底停市：

六底决算期市场于二十九日下午及三十日停止交易，惟国库券甲乙两种交易于三十日上午仍照常开做。

上市公司动态：

（一）中国丝业公司办理增资手续，其股票自六月十日起暂停交易，所有已做之交易概以老股票连权交割。

（二）中国国货与丽安百货两公司增资认缴足额，均呈奉经济部批准，依照补充规定第三种方式发行上市，国货自六月十六日起，丽安自二十八日起凭股票及股款收据连同买卖交割加具第三种买卖约据，成交单位均定为一百万股。

（三）五和织造厂完成增资新股，自六月二十四日起开做，成交单位定为十万股，限以新股票交割。

（四）美亚织绸厂增资案已奉经济部核准变更登记，并领到新照，定期换发新股票，自六月二十八日起改做新股交易，成交单位改定为五十万股，如所做交易以新股票交割者，依五十比一折合老股额计算。

（五）大中华火柴公司增资案，已奉部批核准变更登记，领到新照，自六月二十五日起办理换发新股票手续，并定七月六日限以新股票交割。

经纪人动态：

（一）第四十四号经纪人中国信托公司经营场外交易嫌疑一案，十一日准监理员办公处函，转奉部令应依照向例移送法院审理，在审理期间暂停入场营业，经公告该经纪人自十二日起暂停入场交易。

（二）接上海市警察局函，为据报吴兴路二七五号凯成证券号有经营场外交易嫌疑，检附账单请核办，经派员查明该证券号为第一五五号经纪人吴凯民所设，审核账单确有经营场外交易情事，并有擅设分营业所之嫌疑，六月十四日转报监理员办公处核办。

常务理事会召开例会：

常务理事会六月十二日召开第一届第三十八次会议，议决要案如左：

（一）华新水泥公司增资三十五亿元，部分拟换发加注股票，恐滋纠纷，应俟股款收据调换股票后上市，旧股票并应一律掉换新股票，即函复该公司照办。

（二）短期国库券成交渐增，准予添设对做柜，由总经理斟酌办理报会备案。

（三）试行办理三十七年暑期流轮休假办法。

（四）加送理监事及员工一个月车马费、公费及薪津、供应费，提前发给。

六月二十九日召开第一届第三十九次会议，议决要案如左：

（一）通过经纪人申请对讲电话审核标准修正草案，函复监理员办公处。

（二）华丰搪瓷公司建议防止挂失股票办法第二项如发现挂失股票或股据，由交割处加盖挂失图章，通过照搬。

（三）开拍八月底到期甲乙种短期国库券，俟中央银行来函后，照常继续开做呈部备案。

（四）调整员工待遇加发米贴案如拟通过。

七月

电请两部增加资本市场筹码：

七月初，股市随外围环境连日激涨。五日，特召集临时常务理事会议，商讨决议电呈财政、工商两部，请早日以发行股票方式出售国营事业，增加资本市场筹码，以疏导游资。十二日，又函经纪人公会，请转知各经纪人应令进场人员佩带证章及股价涨达限度后，不得私做暗盘交易。

警备司令部剪拆经纪人对讲电话：

淞沪警备司令部为彻底消减证券场外黑市交易，对于经纪人之对讲电话，不论本所核准装置者，抑属私装者，悉予剪拆，此举影响经纪人业务匪浅，纷纷函报本所。七月七日，经纪人公会来函，请本所转呈警备司令部对于合法对讲电话早日恢复，经函报监理员办公处，请转洽保障。

防止经纪人逾期交割：

七月十四日上午交割，经纪人未能依时办理清楚者有六家，经宽限后，始陆续理楚，惟第二十七号经纪人冯寿康延至下午五时，其应解货款从未缴清，经公告自十五日起暂停入场交易，至十六日始补行交割清楚，而连日复继续发生交割逾期情事。十六日，召开临时常务理事会议，商讨对策，议决：

（一）通过修正暂行营业细则第八十六条条文报部备案。

（二）经纪人办理交割如在下午二时尚未清楚，口头通知当日后市停止入场，尚延至下午五时尚未办楚，应予公告处分。

（三）第二十七号经纪人交割逾期，依据营业细则第八十九条规定课以交割违约数百分之二过怠金，并严加警告后，准恢复入场交易，函报监理员办公处备案。

依照上项决议，对于第二十七号经纪人课以过怠金并予告诫后，准自十九日起恢复入场交易。

经营场外交易案移送监理员核办：

第八十八号经纪人邱钰麟所设上海馀记证券号，经上海市警察局查报有场外交易嫌疑，函送草账三纸到所，经查核确有漏报内转账交易及逃税情事，又第一九〇号经纪人吕濂敬及第一九二号经纪人张鉴生均经淞沪警备司令部查明确有经营场外交易嫌疑，以上三案分别移送监理员办公处核办。

呈请修正营业细则条文：

暂行营业细则第八十六条之规定，对经纪人发生违约事件仅限制其不得入场，其因违约事件而发生之损失，如经纪人所缴证据金不足抵偿时，则本所负担之责任过重，实有加重违约处分之必要。七月二十二日，具呈财、工两部，拟请修正营业细则第八十六条条文为“经纪人发生违约事件时，除令违约者遵照第八十一条规定负担各款外，得按情节轻重处以一个月以上六个月以下之停业处分或吊销其执照。”

工商部监理员沈云龙就职：

工商部派驻上海交易所监理员黎澍另有任用，经部方改派沈云龙接任，七月二十四日，就职视事。

减征国库券经手费率：

七月十六日，奉财政部训令，为准中央银行代电以短期国库券买卖经手费数额过高，拟请改为千分之〇.二五计算一节，已电复照办，仰即遵照办理，当经公告所有国库券甲乙丙三种计算方式之交易，其经手费自十九日起一律改照千分之〇.二五计算征收。二十一日，接中国、交通两行信托部会函，请将内转账交易经手费仍减半征收，已征收经手费并请保留退还之权，本案经第四十一次常务理事会否决。

"上海水泥"与"梅林食品"试行上市：

七月三日，奉财经两部批准，上海水泥公司与梅林罐头食品公司股票试行上市，经各该公司办妥上市手续后，上海水泥公司股票简称"上海水泥"，于十二日起试行上市，成交单位暂定为十万股，梅林罐头食品公司简称"梅林食品"，于十九日起试行上市，成交单位暂定为五万股。

九月底到期国库券上市：

七月底发行九月底到期之三十七年短期国库券自七月三十一日起上市开作甲乙两种方式之交易，简称"九甲"与"九乙"，又七月底到期之"七甲"与"七乙"均做至二十九日后市为止。

上市公司动态：

中国丝业公司增资案，呈奉经济部批准依照部颁预约转让办法届满及处理办法第六项补充规定第三种方式上市买卖，核定该公司新股自七月五日起上市，成交单位暂定为二十万股，交割时应加具第三种买卖约据。

大通纺织公司增资变更登记，呈奉经济部核准，并颁给新照后开始换发新股票，核定自七月十九日起该公司股份交易限以新股票交割。

景福衫袜厂增资变更登记，呈奉经济部核准并颁给新照，定于七月二十八日起开始换发新股票，核定自八月四日后市起，该公司股份交易限以新股票交割。

常务理事会召开例会：

常务理事会七月十三日召开第一届第四十次会议，议决(一)通过核定世界书局股票试行上市，呈部核准。(二)拟具本年上届结账各项提付提存方案提下次会议决定。

二十二日，召开第一届第四十一次会议，议决各案如左：

(一) 修改七月十六日临时会议关于经纪人交割不清之议决案，"凡经纪人不按时交割清楚者，应即予警告或通知暂停交易，其情节严重者，应即公告予以处分"公告市场。

(二) 中交两行信托部函请减征国库券内转账交易经手费案，函复两行说明经纪人向委托人收取佣金可依照定率收取。

(三) 决定三十七年上期结账方案，在盈余项下除(一)(甲)提付经纪人奖励金(乙)提付救济特捐五十亿元(丙)提训育基金一百亿元(丁)提责任准备六百八十四亿三千六百七十三万一千零廿八元(戊)提所员恤养金一百亿元外，(二)垫付股东预支股利一百五十亿元，定本月二十六日开始发给垫付预支同仁红利一百七十三亿七千九百十六万零五十元，垫付预支监理红利三十八亿元，均于本月二十六日发给其垫付股利部分一并由预付款项出账，俟年终决算时调整之。

(四) 三十七年一月至六月，经纪人缴纳经手费满下列规定者，分别给予奖励金，其标准如下：(甲)股票部分满三亿元者，按百分之一，五亿为百分之二，十亿为百分之四，二十亿为百分之六，(乙)库券部分，五亿元者百分之〇.七五，十亿为百分之一.五，二十亿为百分之二，四十亿为百分之二.五。

八月

政府改革币值奉令暂停营业：

八月十九日下午六时，接中央银行代电“准财政部巧电开，‘兹定于本年八月二十、二十一日为全国银钱业临时休假日期，即希转上海、天津两地证券交易所遵照同时休假’等由，特电查照办理”，本所遵于二十、二十一日临时休假两日，暂停市场交易。二十日，政府颁布财政经济紧急处分令，其整理财政及加强经济管理办法第三十一条规定，上海、天津证券交易所应即暂停营业，非俟呈经行政院核准后不得复业。二十二日，接监理员办公处函，转奉财工两部电令本所除依照通案，临时休业两天外，自八月二十三日起应即遵照政府命令暂停营业，其以前所做之交易，统限于二十三日起妥为了结，所有了结办法由监理员督饬本所妥拟办理，仍将停业及了结情形呈报备查，又接中央银行业务局函，所有本月十八、十九两日上市短期国库券成交未交割者，均照往例假日递延办理，甲乙两种均按成交行市每日照加七角计算，当日下午五时召开第一届第四十二次常务理事会，讨论各经纪人已做成交易之交割办法，公告办理，其办法如左：

(一) 股票：八月十八日下午及十九日上午之交易，于同月二十三日交割，八月十九日下午之交易于同月二十四日交割。

库券：八月十八日乙种交易及八月十九日甲种交易于同月二十三日交割，八月十九日乙种交易于同月二十四日交割。

(二) 前项交割价银概依法币三百万元折合金圆1元收付。

(三) 股票交割价银收付双方均加递延利息三天，按月息二角一分计算，库券交割价银甲乙两种交易均按日加递延利息法币七角，三天共加法币二元一角，折合金圆一并交割清楚。

二十三日起遵令暂停营业，办理停业前已做成交易之交割手续，至二十四日全部交割清楚，函报监理员办公处备案。

通函经纪人勿作违法交易：

八月二十四日，通函各经纪人在本所暂停营业期间，勿作违法交易，以免影响复业前途。

改定市场夏季集会时间：

市场集会时间自八月十一日起至三十一日止，暂定上午九时三十分至十一时三十分，下午二时三十分至三时三十分。

奉批修正暂行营业细则第八十六条：

八月二十一日，奉财工两部批复修正本所暂行营业细则第八十六条，条文为“经纪人发生违约事件时，除令违约者应遵照第八十一条规定负担各款外，得按情节轻重呈请予以三个月以上六个月以下之停业处分或吊销营业执照，在呈请处分期间并得由本所先行停止其入场交易”。

新股票三种核准试行上市：

八月十三日，奉财工两部批复，浦东电气公司与世界书局股票准予试行上市，分函各该公司派员洽办上市手续。三十日，上海市轮渡公司股票奉批核准上市，函知该公司，俟本所复业时办理上市手续。

上市公司动态：

五和织造厂与梅林罐头食品厂办理增资手续，五和股票自八月十一日起、梅林股票自十二日起暂停交易，所有已做之交易概以该公司之老股票连权交割。

新光内衣厂办妥增资变更登记手续，自八月十六日起开始换发以染字编号之新股票，其股份交易核定自二十五日后市起限以新股票交割。

召开第十二次理监联席会议：

八月十日，召开第一届第十二次理监联席会议，议决：

（一）经纪人公会函请停做后市案，议决自八月十一日起至三十一日止，市场集会时间更改为上午九时三十分至十一时三十分，下午二时三十分至三时三十分。

（二）袁理事菘藩因病故出缺，由候补理事傅沐波君照章递补。

（三）通过三十七年上届决算及支配案，垫发股东股利并予追认。

九月至十二月

振华股票核准上市：

振华油漆公司股票申请上市案，经补正手续呈奉财工两部批，应予照准九月一日转知该公司，俟本所复业时办理上市手续。

严催叶鼎三理楚挂失股票案：

第八十五号经纪人叶鼎三于本年七月十七日将已挂失之景福厂股票一百万股送所交割，经本所发交第六十五号经纪人吴金章，旋经发觉，退还本所。经迭函八十五号经纪人负责掉换，迄不置理。十一月二十日，召开常务理事会临时会议，讨论决议先与六十五号经纪人接洽办理，并严催八十五号经纪人从速理楚，旋据叶君送到景福百万股换回挂失股票，经本所转发六十五号经纪人。

市商会呈请政府恢复证交业务：

上海市商会依据十一月二十日第十一届会员大会之决议，建议政府恢复证券交易所业务，以代电呈请财政部采纳，奉财部批复应暂从缓。十二月二十三日，该会函咨本所查照。

监理员人事更调：

财政部派驻上海交易所监理员王鳌堂呈准辞职，部令遗缺由监理员办公处秘书王传福暂行兼代，十月二十三日，该处函咨本所查照。

工商部派准上海交易所监理员沈云龙呈准辞职，部令遗缺由杜俊东继任，十二月六日杜监理员就职视事。

经纪人动态：

第一九〇号经纪人吕濂敬，前经淞沪警备司令部查获擅营场外交易嫌疑一案，移送到所，经报准监理员办公处转奉部令应予吊销执照，并移送法院究办，该经纪人营业执照经缴回转呈财经两部注销，旋该案经上海地方法院判决无罪。十一月二十六日，该经纪人函请本所转呈两部，撤销原处分发还经纪人营业执照，附来地院刑事判决书抄本。十二月六日，本所抄同该项判决书函请监理员办公处查照核办。

第二三七号经纪人杜维屏为八月十九日洩露机密，抛空证券一案，经有关机关查明有违法经营场外交易情事，移送法院审理。九月二十八日，奉财工两部通知，应即吊销该经纪人营业执照，经遵照办理，已奉令注销。

第九十一号经纪人龚礼逵，经营场外交易嫌疑一案，经上海地方法院裁定不起诉处分，报准监理员办公处转奉部令应准恢复营业。九月四日，公告该经纪人于本所复业时准予恢复入场交易。

第四十四号经纪人中国信托公司经营场外交易嫌疑一案，经上海地方法院裁定不起诉处分，报准监理员办公处转奉部令俟本所复业时准予恢复营业，十月一日，遵令公告。

常务理事会召开例会：

常务理事会于九月三十日召开第一届第四十三次会议，决议各案如左：

（一）经纪人保证金代用品部分缴存美金债券，通函各经纪人说明届期由本所遵令集中代掉金圆公债，并咨复经纪人公会。

（二）经纪人公会电恳本所早日复业，并开拍国营事业股票案暂缓复。

（三）理监事公费夫马自十月起暂停各项开支，注意节省，同仁待遇暂照旧维持。

十二月十日，召开第一届第四十四次会议，讨论本所复业无期，维持甚感拮据，应如何处理案，决议员工分资遣及留职，其原则如下：

（甲）凡员工愿意资遣者，所员支资遣费最低金圆券三千元，最高四千五百元，工役最低二千元，最高三千元。

（乙）员工一律照十一月份待遇支给，不必到所。

以上办法授权总经理办理。

办理员工资遣：

十二月二十七日，遵照常务理事会决议，员工资遣及留职原则规定施行办法，通告办理，办法如下：

（一）所员自愿资遣者，其资遣费按照下列标准支给：

底薪一百元以下者，一次支给金圆券三千元；

底薪一百元至四百元以下者，一次支给金圆券三千八百元；

底薪四百元以上者，一次支给金圆券四千五百元。

（二）工役自愿资遣者，其资遣费按照下列标准支给：

底薪二十九元者，一次支给金圆券二千元；

底薪三十二元至三十五元者，一次支给金圆券二千五百元；

底薪四十一元至五十元者，一次支给金圆券三千元。

（三）所员自愿资遣者，限卅七年十二月三十日前向本所服务室处主管员登记，并领取自愿资遣交卸接收书一式三纸，填妥后以其中一纸连同证章送交秘书室人事部分，卅七年十二月三十一日领取资遣费。

（四）工役自愿资遣者，限卅七年十二月三十日向事务处主管员登记，卅七年十二月三十一日领取资遣费。

（五）员工倘不如期登记资遣者，即照十一月份待遇支给，不必到所。

通告公布后，员工推举代表 7 人晋见总经理，陈明员工生活艰苦情况，请求改变资遣及留职办法，经王兼代总经理转陈杜理事长蒙体察员工困难，指示将常理会决议原则予以修正，(甲)项修正为"凡员工愿意资遣者，所员一律资遣费金圆券八千元，工役一律支资遣费金圆券五千元"，(乙)项仍为"员工一律照十一月份待遇支给，不必到所"。三十日，经通告修正办法后，员工以当时物价正起波动，请将资遣办法再予变通，经杜理事长指示，凡自愿资遣者，另行发给车旅费，其金额以十一月份待遇为限，员工即遵照办理。三十一日起分别办理手续，计自愿资遣交卸者所员七十一人，工役三十五人，留职不必到所者，所员一百零七人，工役六十二人，经就留职人员中指定所员三十二人，工役四十一人照常到所办理日常所务及保管事宜。

民国三十八年份(1949 年 1 月～5 月)

一月

一月八日

接监理员办公处函，为该处派员查获第一三九号经纪人国华工业投资公司客户往来存折均有结息之记载，对于客户预交之交割金并结付存息，违反银行法及暂行营业细则之规定，已呈奉部令就中关于违反营业细则部分应予吊销营业执照，嘱转饬该经纪人迅将原领执照缴还送处转呈核销，经遵照办。

一月二十二日

主任秘书华文煜请辞职照准。

召开第一届第四十五次常务理事会，议决要案如下：

（一）留职员工下学期子女教育补助金照旧办理。

（二）经纪人保证金代用品仍托中国银行信托部暂行保管。

（三）王兼代总经理筹备本所以迄成立，综理三年，备著劳绩，前以体弱迭函请辞，正值时艰，难容高蹈，兹再恳切函辞，挽留无术，准予辞去兼职，所遗总经理一职，聘请顾理事善昌担任，提理监会追认。

（四）杨协理荫溥函请辞职案，议决挽留。

二月

二月五日

奉财政部训令开“查上海证券交易所复业办法业经行政院第四十一次会议，决议通过除咨工商部外，兹检发原办法一份，令仰遵照办理具报。”复业办法原文如下：

第一条，政府为疏导游资稳定经济，特准上海证券交易所复业。

第二条，上海证券交易所上市之证券暂定左列各种：

（一）政府债券

（二）国营事业股票

（三）民营公司股票

前项第一、二两种证券之上市，由财政部、工商部另以命令定之。

第三条，上海证券交易所开拍证券，除政府债券得酌做一天期货外，均以现货为限。

第四条，各种证券之交易办法，由上海证券交易所拟定呈报财政部、工商部核定之。

第五条，上海证券交易所现有之经纪人，其资本应重行调整，并不得少于五十万金圆。

第六条，经纪人保证金分债券、股票两种，各为三十万元金圆，其百分之四十为现金，其余百分之六十得以上市之政府债券或国营事业股票抵充。

第七条，前经呈准上市之民营公司股票未依营利事业资本额折算金圆，变更登记办法呈准变更登记或经呈请登记尚未确定者，其上市买卖认为转让之预约，依照上海证券交易所营业细则第 37 条办理买卖手续，并于该所复业之日起，于三个月内完成变更登记程序。

第八条，经纪人接收客户买卖应填明客户真实姓名及住址，不得隐匿并不得接公务员或交易所职员所委托之买卖。

第九条，经纪人经营场外交易，经查实后除移法院依法就办外，并应由财政部、工商部撤销其营业执照。

第十条，上海证券交易所暂行营业细则与本办法抵触者无效。

第十一条，本办法自公布日施行。

二月七日

接监理员办公处函开“案奉工商部二月四日沪临字第二十三号代电开‘查上海证券交易所复业办法业经提奉行政院会议通过，除办法全文及指定黄金公债上市暨关于保证金之缴纳日期由财政部迳电该所外，仰即知照，并转行遵照’后，奉同日沪临字第二十四号代电开‘兹依据上海证券交易所复业办法第二条规定，指定国营招商局、中国纺织建设公司、台湾糖业公司、台湾造纸公司股票上市买卖，除函达中央银行外，仰即转行遵照’各等因，奉此相应函达查照。”

召开第一届第四十六次常务理事会，议决要案如下：

（一）三十七年下届决算照章办理，俟决算表册造具后提理监会。

（二）员工子女教育补助金标准甲、大学一万五千元，乙、高中一万二千，丙、初中一万，丁、小学八千。

（三）遵照部令筹备复业：甲、复业日期暂定为二月二十一日，乙、股票市场集会时间暂做前市，自上午九时半至十二时半，丙、黄金公债上市办法，俟财政部令到达后，依照前定短期库券交易办法办理，丁、国营事业股票依照民营事业股票上市向例办理手续，分别通知各公司。戊、已核准尚未上市各公司，股票上市费以上市开盘价格合该公司发行之总股数，由总经理酌量征收上市费报会备案。己、股票成交及升降单位由业务处拟具意见提会核定。庚、经纪人增资及增缴保证金日期定为二月十六日。辛、留职不必到所，员工由主管室处依事务之需要陆续通知到所办事。

二月十日

奉财政部训令规定（一）根据复业办法第二条第一款规定三十八年黄金短期公债应予上市，其上市办法由本所依照复业办法及营业细则之规定拟具报核。（二）经纪人应缴之身份保证金应于本所复业前三日一律缴足报核，逾期不缴者以自愿放弃营业论，撤销其执照及登记原案，经公告并函知经纪人公会。

二月十一日

经纪人公会函商关于应缴之保证金及代用品均应酌予延期缴纳，经商定现金部分仍应依照常理会之决议，于二月十六日前一律缴齐，代用品部分如各经纪人承购不及，得遵照部令复业前三日缴足之规定，最迟应于二月十九日前缴清，函复公会查照。

分别通知，留职不必到所，所员于指定日期报到，并开始工作。

二月十二日

函各经纪人，为每一经纪人之代理人，如不兼营债券者，暂定以二人为限，其超过人数请即到所注销。

函各试行上市公司，为复业后股票买卖概以正式股票交割。

二月十五日

试行上市公司三十七年度常年上市费函知缴纳。

二月十六日

经纪人来所缴清现金保证金者共计二〇四家，其中经营股票者五五家，经营债券者一家，两家兼营者一四八家。

二月十七日

第二〇九号经纪人中国建设银公司为改定业务范围结束信托业务，来函缴销经纪人执照，自请停业，已为报部注销执照并发还保证金。

二月十八日

召开第一届第四十七次常务理事会，议决要案如左：

（一）新股票上市费暂照开盘价千分之〇．二，合该公司发行总股数收取，并以十万金圆为最低额。

（二）通过黄金公债上市办法。

（三）黄金公债交易时间定为上午九时半至十二时半，下午二时至三时。

（四）经纪人办理对账如有延误，酌予处分，第一次警告，第二次罚款，第三次停业一天。

（五）通过复业交易办法。

（六）通过所员待遇标准。

（七）顾监察人克民病故，遗缺由次多数宋美扬先生递补。

（八）提存员工准备费用，授权总经理办理。

（九）理监公费夫马费比照现定所员实支最高待遇十分之一为标准支送，理事长、常务理事、常驻监察按向例倍数支送之。

二月十九日

上午十时，招待经纪人公会理监事交换复业意见，下午二时，招待本市新闻记者，报告本所奉令复业经过。

下午四时，召开第一届第十三次理监联席会议，议决各案如左：

（一）第四十五次常务理事会，议决王兼代总经理准予辞去兼职，所遗总经理一职聘请顾理事善昌担任案，追认通过。

（二）理事长提准总经理函请提名本所事务处经理陈绩孙聘任为本所协理，仍兼事务处经理案通过。

（三）追认通过理监事公费夫马费调整标准案。

（四）追认通过宋美扬先生递补为监察人案。

（五）追认通过有关本所复业各项办法案。

（六）追认本所复业日期案。

前任王兼代总经理与新任顾总经理办理交接手续竣事。

二月二十一日

遵令复业，重行规定交易办法，原订办法，其不相抵触者仍予适用。

一、开盘办法：开盘价格之决定依照已往新上市股票之开盘办法办理，鸣铃开市时，尚未公布涨跌限度，先依各交易柜证券排列之地位逐一开始交易，迨第二次鸣铃，全部交易暂时停止，将已成交之场账交与场务科，按种类计算平均价格作为开盘行市，再依规定公布涨跌限度，继续交易前项场账之成交价格，如有特大或特小不合市情者，得不予平均在内。

开盘时无成交之证券将开盘后成交之场账送交场务科参照前二项之规定办理。

涨跌限度公布前成立之交易，其价格如有越出涨限或跌限者，应依限度更正，双方不得异议。

二、叫价单位：公债部分另行公告，股票仍以一股之价值叫价，左列各股因目前市值较小暂行订定如下：

景纶衫袜、美亚绸厂、新光内衣、景福衫袜、华丰搪瓷、新华百货均按十股之价值叫价。

三、成交单位：公债部分另行公告，股票除左列各种调整如下外，其余暂照原定单位办理：

中国水泥　十万股　景纶衫袜　五十万股　华新水泥　五十万股　上海水泥　五十万股　新华百货　五十万股　中法药房　十万股　新光内衣　一百万股。

四、升降单位：一元以下一厘，十元以下一分，一百元以下一角，一千元以下五角，五千元以下一元，五千元及五千元以上五元（公债部分另行公告）。

五、涨跌限度：百元以下百分之二十五，五千元以下百分之十五，五千元及五千元以上百分之十。

六、计算区域：以每日之交易作为一个计算区域。

七、对账时间：暂定每日下午三时半。

台湾糖业公司股票上市开做，简称“台糖”，成交单位定为十股，叫价单位定为一股。

振华油漆公司办妥上市手续，股票简称“振华”，上市开做，成交单位定为十万股，叫价单位定为十股，凭股票交割。

勤兴纺织衫袜厂已完成增资手续，并换发正式股票，新股上市开做，成交单位定为五十万股，叫价单位定为十股。

新亚化学制药厂完成增资手续，并已换发正式股票，经核定新股上市开做，成交单位定为十万股，叫价单位定为十股。

中国丝业、丽安百货、中国国货及中国内衣四公司上年办理增资案，尚未按照部颁预约转让办法届满后处理第六项之补充规定，依限换发新股票，在换发新股票前暂停上市。

第七十号经纪人莫杏生因病不能调度复业事宜，除缴纳保证金外，自请暂停入场交易。

顾总经理暨陈协理就职视事，主任秘书王鳌堂同时到任。

二月二十八日

上海水泥公司股票成交单位改定为十万股。

三月

三月一日

奉财政部批示卅八年黄金短期公债经核定准自本年三月四日上午开拍，嘱拟具该项公债上市办法呈部备核，并将每日交易数额及最高最低价格逐日列表报核。

三月二日

准招商局轮船公司函，为该公司股票已奉交通部批示转奉行政院令暂缓出售。

公告经纪人及其代理人与电话生在市场内均应依照规定佩用证章于显明之处以明身份而利查察。

三月四日

三十八年黄金短期公债遵令上市开拍，集会时间规定为上午九时三十分至十二时三十分，下午二时至三时，星期六下午停市，其上市办法规定如左：

一、交易期限：分现货及一日期货两种，现货今天成交，明天交割，一日期货今日成交，后天交割。

二、计算区域：以一天交易为一计算区域。

三、成交单位：暂定为票面黄金一两。

四、叫价单位：以票面黄金一两合金圆券之数叫价。

五、价格升降单位：暂定为五十元。

六、涨跌限度：暂定为百分之十。

七、经手费：按成交价银千分之〇.五征收，现货、一日期货两种对做及内转账交易减半。

八、交割准备金：一日期货交易按交易额征收交割准备金百分之四十，概以现金缴纳之，交割准备金得由本所随时调整增减之，必要时并得追加征收。

九、现品提交：如卖方以现品提交者，得不缴交割准备金。

开盘办法与股票同本日行市，现货开盘一五五、〇〇〇元，最高一六一、〇〇〇元，最低一五七、〇〇〇元，收盘一五九、〇〇〇元，成交九四九两，一日期货无市。

三月六日

召开第一届第四十八次常务理事会，议决要案如左：

（一）工商部令知民营事业股票应先拟具金圆上市价格报部核定后上市一节，恐失时效，易生流弊，呈部说明本所以前各公司股票上市交易办法。

（二）黄金短期公债上市办法对本所应收经手费规定为"按成交价银千分之〇.五征收，现货、一日期货两种对做及内转账交易减半"。内转账为交易所专用名词，业外人不易了解，删去"及内转账"四字呈部备案。

（三）本所上年度决算表册连同证明会计师查账报告提理监联席会议。

（四）三十七年十二月终，决算盈余照章支配先行垫付（所有三十七年六月底结账垫发部分应予扣除），股东官利每股金圆〇.〇〇〇三三厘，红利〇.八利（已垫发每股法币一千五百元折合金圆半厘，净付官红利每股〇.七五〇三三厘），奖励金项下理监部分计金圆一六四三一.七〇元（已垫付一二六六.六六元），所员部分计金圆四九二九五.〇九元（已垫付五八三〇.四一元），均定於三十八年三月十七日起发给并提交股东会追认。

三月七日

拟具三十八黄金短期公债大额债票交割时分割办法，呈请财政部核示。

丽安百货公司增资后，新股上市开做，成交单位定为一百万股，叫价单位定为十股，凭正式股票交割。

台湾糖业公司股票成交单位定为十股，而其股票面额颇多，在十股以上者，交割困难，经征得该公司同意后，开始由本所于交割时先行出给分割收据，俟将原股票向该公司掉换小额股票后，通知凭据掉换股票。

准中国纺织建设公司函，为该公司股票上市价格尚待工商部与董事会同意，请暂缓开拍。

准监理员办公处函，为奉财政部令开"查国营事业上市股票，前经指定台糖、中纺、台纸、招商局等公司股票四种，现除台糖股票已上市外，其余中纺、台纸、招商局等公司股票应即洽催尽速上市，所有各项股票及卅六年美金公债、卅八年黄金短期公债价格涨落限度，并应一律改为百分之二十，以便利证券市场之运用，除分函工商部及中央银行查照外，合行令仰转饬遵办具报，此令。"等因，函请查照遵办见复，至卅六年美金公债既奉部令规定涨跌限度应属指定上市，请即于本年三月八日上市买卖。

三月八日

三十六年美金公债上市，开拍上市办法规定如左：

一、交易期限：本公债第一期及第二期两种同时开做现货及一日期货，现货今天成交，明天交割，一日期货今天成交，后天交割。

二、计算区域：以一天交易为一计算区域。

三、成交单位：暂定票面美金一百元。

四、叫价单位：以票面美金一元合金圆券之数叫价。

五、价格升降单位：依照本所第六一六号公告所定股票升降单位同样办理。

六、涨跌限度：定为百分之二十。

七、经手费：按成交价银千分之〇.五征收，现货、一日期货两种对做交易减半。

八、交割准备金：一日期货交易按交易额之记账价银征收，交割准备金百分之四十概以现金缴纳之，交割准备金得由本所随时调整增减之，必要时并得追加征收。

九、现品提交：如卖方以现品提交者，得不缴交割准备金。

上市国营事业股票及债票，其价格涨跌限度一律改为百分之二十。

奉财政部通知，派上海金融管理局局长毕德林兼上海交易所监理员。

五和织造长增资后，尚未换发正式股票，前来函请求凭增资股款收据除权，分开按照部颁预约转约办法届满后处理办法第六项补充规定之第三种方式发行上市买卖，经分呈财政、工商两部核示后，奉财政部批复，应照前规定，凭正式股票上市买卖。

三月九日

中国国货公司增资后，新股上市开做，成交单位定为一百万股，叫价单位定为十股，凭正式股票交割。

奉财政部批复，卅八年黄金短期公债目前尚不至发生大额债票交易分割问题，呈拟分割办法容后再议。

工商部新任监理员杨庆簪就职。

三月十日

呈财工两部为民营公司上市股票涨跌限度拟援照国营事业股票及债票之规定一律改为百分之二十，请核示。

三月十四日

世界书局股票上市开做，简称“世界”，成交单位定为十万股，凭股票交割。

三月十五日

第七十号经纪人莫杏生恢复入场营业。

三月十六日

准台湾纸业公司函，为转准资源委员会纸业组复示，该公司股票售出为数不多，暂缓上市。

三月十七日

中国内衣公司增资后，新股上市开做，成交单位定为十万股，凭正式股票交割。

三月二十四日

奉工商部通知，为据梅林罐头食品公司呈称，该公司办理增资收足股款时，适值币制改革，故尚未召开增资完成之股东会及办理变更登记手续，兹为顾全股东利益起见，除另案呈请法币资本变更登记外，呈请依照股份预约转让办法届满处理办法第六项补充规定之第三种方式，核准该公司增资股款收据，先行上市买卖等情到部，业已批复照准，除饬洽办上市手续暨函达财政部查照外，通知遵办。

三月二十五日

召开第一届第四十九次常务理事会，议决要案如左：

（一）通过经纪人证券买卖集体核对办法，自四月份起实行。

（二）暂行营业细则第八十九条第十款，关于经纪人最低额经手费之规定修正为“经纪人每月所付本所经手费不满当期生活指数计算之基数一百五十元者”如所缴数额不足时，由该经纪人于下月初补缴足数，自四月一日实行。

（三）经纪人奖励金改为按月核发，凡经手费合基数(1)三百元以上者核给百分之一，(2)四百元以上者百分之二，(3)六百元以上者百分之四，(4)一千元以上者百分之六，(5)超过二千元者百分之八。依照该月份月中、月底指数于下月初发给。

（四）通过经纪人装置对讲电话标准。

（五）通过本所聘任顾问人员办法。

（六）五和织造厂增资后，尚未换发正式股票，函请凭增资股据除权分开，按照部颁补充规定第三项方式先行上市，经转呈两部核示后，奉财政部批示不准。梅林食品公司亦以同样情形迳呈工商部，奉工商部通知准予以股据上市买卖，两部指示各异，应再呈部请示。

（七）上海市地方保安捐委员会函知证券业保安捐征收办法暂照佣金征收百分之五案，应与经纪人公会洽商办理。

（八）经纪人公会函请恢复午后交易案，决议自三十八年三月二十八日起恢复后市交易，各经纪人如因客户之请求，对预备交割交易委托在下午了结者，得向本所申请办理了结手续。

本所申请办理了结手续。

三月二十八日

恢复后市交易，规定有关事项如左：

一、集会时间：前市上午九时半至十二时，后市下午二时至三时半，星期六后市下午二时至三时正。

二、计算区域：当日后市起次日前市止。

三、交割准备金：按后市轧存交易金额征收交割准备金百分之五十，其中现金百分之二十，代用品百分之三十，必要时本所得随时增减之。

后市交易之卖方得以原种类预缴现货，如有相抵部分亦得以余额预缴现货代替交割准备金。

前项预缴现货概按后市收盘价计算，经纪人应于对账时通知本所业务处计算科逾时不再受理。

四、对账时间：下午六时半

本日起各经纪人如因客户之请求对预备交割交易委托在下午了结者，得向本所申请办理了结手续，暂以永安纱厂、美亚绸厂、新光内衣、景福衫袜四种，先行试办，其余亦得临时申请为之，倘了结交易与现货交易有同种类同数额买卖相抵者，双方经手费减半征收，交易税则仍旧。

四月

四月六日

试行上市民营事业股票之涨跌限度，呈奉工商部批准一律改为百分之二十，本日起实行。

本市行庄昨停止当日票据抵用，银根骤紧，本所为审慎计，规定各经纪人应缴交割价银，限以票据交换所第六十号，以前之交换行庄本票交付并劝告各经纪人于执行业务时，须恪守法令，谨慎从事藉以安定市场。

第一一四号经纪人张增佩自请废业，呈奉工商部批准注销营业执照。

四月十一日

浦东电气公司股票试行上市，简称“浦电”，成交单位定为十万股。

景纶、美亚、新亚、华丰、振华、新华六公司股票，叫价单位改为一股叫价。

四月二十四日

召开临市常务理事会，决议案如左：

（一）日来市场动荡，改以每日上下两市为一计算区域。

（二）经纪人逐日轧存交易征收交割准备金百分之五，其中百分之二十五以本所指定之代用品充之，百分之二十五以上市证券充之，由经纪人于交易之当日下午三时前缴所，上项交割准备金本所得随时增减之。

（三）沪市已宣布入战时状态，如何适应紧急措施，授权总经理随时商同理事长或常务理事，议决办理之。

四月二十五日

交易计算区域改以当日前市及当日后市为一计算区域，星期六下午停市。

四月二十六日

遵照常理会决议，按经纪人逐日轧存交易余额，征收交割准备金，由经纪人于交易之当日自行匡计数额，于下午四时前缴所，倘卖方预缴现货得免缴。

四月二十九日

第一六三号经纪人葛庆祺自请暂停营业。

五月

五月三日

召开临时常务理事会，议决为适应目前环境，本所应暂停市场集会，定于五月四日下午四时假座银行俱乐部召开理监联席会议讨论。

第一一二号经纪人林宗靖、第一七九号经纪人史久栽，自请暂停营业。

五月四日

第五十五号经纪人裘良圭自请暂停营业。

召开第一届第十四次理监联席会议，决议案如左：

（一）通过本所上年度决算表册及正明会计师查账报告书。

（二）三十七年十二月终，决算盈余业已遵照常理会决议照章支配，并于三十八年三月十七日垫发追认通过。

（三）近日本所市场交易失其常态，业务几已停顿，依照《交易所法》规定，暂停市场集会，分别呈报主管官署并公告市场。

所员工友自五月九日起，毋须到所工作，五月上半月薪津即日筹发并于七日前再发给所员生活费，按三个月薪津总额（照四月三十日生活指数计算）照人数平均分配工友生活费，照所员六折计算，俟本所恢复市场集会时再行通知到所继续工作。

本所暂停市场集会后，除总经理、协理、主任秘书仍应到所外，其余各处室酌留最少数人员负责保管，由总经理决定之。

五月五日

市场暂停集会。

五月七日

发给员工生活费，除由总经理决定酌留少数人员办理整理及保管工作外，其余人员通告自五月九日起毋须到所。

二、企业股票、债券的发行与上市

(一) 企业股票的发行与上市

盐业银行华侨认股通信处广告(1915年)

启者,盐业银行系奉大总统特令张君镇芳筹办,由财政部拨款二百万元作为官股,另招集商股三百万元,业已组织完备,于三月二十六日在北京开设总银行,津沪及各通商大埠均需次第增设,兹张总经理为推广分行普及利益起见,特委托鄙人前往南洋添招商股,除即即日亲赴香港及南洋各大埠与侨商接洽外,暂先设立通信处,凡有中外信件请寄至上海白克路三多里四弄七〇三号门牌,以便转递可也,此布。

承总理命招股人:温灏谨启

关于茂丰纺织厂股份有限公司登记问题与该公司、伪实业部的来往文书(1943年11月11日~1944年11月16日)

茂丰纺织厂股份有限公司呈上海特别市经济局(1943年11月13日):呈为筹设股份有限公司仰祈核府准备案

呈为筹设股份有限公司恳请鉴核,俯准备案事,窃具呈人等依照公司法股份有限公司之规定,组设茂丰纺织印染厂股份有限公司,于上海南京路慈淑大楼四三一号,专以纺纱织布及印染布疋为业务,资本总额定为国币七百万元,分七十万股,每股十元,一次收足,所有股份均由具呈人等全数认足,并限于十月卅一日以前将全部股款缴齐,除届时另行呈请钧局派员验资处理合检具发起人姓名经历住址及认股数目清册及营业概算书一并备文呈送,仰祈钧局鉴核俯准备案,实为公便,谨呈上海特别市经济局

附呈一、发起人姓名经历住址及认股数目清册

二、营业概算书

具呈人　茂丰纺织印染厂股份有限公司全体发起人　徐子轸　史久茂　王文宝　戴仁越　应彭年　忻耘青　张复之　沈祥麟　戴显谟　王介石　陆权卿　陈章琰　沈增麟　李耀庭

地址:南京路慈淑大楼711号转

上海特别市经济局公司调查报告

一、公司名称　茂丰纺织印染厂股份有限公司　地址　南京路慈淑大楼四三一号

二、来文日期　卅二年十一月十一日

三、调查日期　卅二年十一月廿二日

四、调查报告

（甲）公司名称地址是否相符

（乙）所营之事业是否相符

（丙）股份总额及每股金额是否相符

（丁）发起人姓名资格是否相符

（戊）申请手续是否合乎公司法施行法第二十三条规定

（己）调查意见　查核当符拟合准备案　职顾振华　十一月廿三日

五、科长签核　拟照准　十一月廿三日

六、局长批示　如拟　　十一月廿四日

茂丰纺织印染股份有限公司营业概算书

甲、资本总额　　　　　　国币七百万元

乙、资本支配

一、机器设备　　　　　　国币三百万元

二、房屋装修　　　　　　国币一百二十万元

三、生财　　　　　　　　国币三十万元

四、流动资金　　　　　　国币二百五十万元

以上共计国币七百万元

丙、营业收支概算

一、营业收入毛利　　年计　国币三百八十万元

二、营业支出　　　　　　年计

子、销售费用　　　　　　国币五十七万元

丑、管理费用　　　　　　国币一百三十五万元

寅、财务费用　　　　　　国币十八万元

以上全年支出共计国币二百十万元

收支相抵净计盈余国币一百七十万元

丁、盈余分配

一、法定公积金　　　　国币十七万元

二、所得税　　　　　　国币十二万二千四百元

三、股息　　　　　　　国币七十万元

四、股东特别红利　　　　　　国币四十二万四千五百六十元

五、董事监察人酬金　　　　　国币七万〇七百六十元

六、总经、协理及全体办事人员奖金　　国币二十一万二千二百八十元

以上共计国币一百七十万元

茂丰纺织印染股份有限公司发起人会议决录

日期　民国三十二年十一月五日下午三时

地点　假座上海宁波路邓脱摩饭店

出席股东　十四人计七十万股合六三〇〇一四〇权

公推徐子轸先生为主席

一、主席检查出席股东人数股数及权数，均系全部当即宣布开会

二、筹备主任史久茂先生报告筹备经过情形

三、订定公司章程案

由主席将章程草案逐条宣读经各股东讨论修改后一致通过

四、检查资本案

公推张复之王介石二先生为检查人，当场依法检查资本，并提出调查报告书向众宣读，众无异议，一致通过。

五、推举董事监察人案

公推徐子轸、史久茂、王文实、戴仁越、应彭年、忻耘青、张复之、沈祥麟、戴显谟、王介石、陆权卿等十一人为第一任董事，陈章琰、沈增麟、李耀庭等三人为第一人监察人。

六、茶点

七、散会

主席徐子轸签印

检查人调查报告书

具调查报告书，张复之、王介石，兹依照公司法第一〇三条之规定，业已将本公司股款检查竣事，特将所得结果报告于次：

一、本公司资本国币七百万元，计分为七十万股权，确已如数认足。

二、本公司资本国币七百万元，确已如数以现金缴足

三、本公司所收股款中并无以金钱外之财产作抵者。

以上各项俱属实在，并无冒滥情事，鄙人等愿负一切法律上之责任，此致茂丰纺织印染股份有限公司发起人会。

检查人　张复之签印

王介石签印

中华民国三十二年十一月五日

茂丰纺织印染股份有限公司董监名单

董事长	徐子轸	上海安南路慈厚里164号	三十二年十一月五日选任
董事	史久茂	上海池浜路耀华新村一四号	同上
	王文实	上海江西路六〇号	同上
	戴仁越	上海极司非而路二九弄二号	同上
	应彭年	上海北京路五九六弄四五号	同上
	忻耘青	上海四川路企业大楼811号	同上
	张复之	上海小沙渡路永安新邨四号	同上
	沈祥麟	上海愚园路六六八弄二七号	同上
	戴显谟	宁波大河路一二四号	同上
	王介石	上海北河南路景兴里二四号	同上
	陆权卿	上海金神父路余兴坊一八号	同上
监察人	陈章琰	上海南京路香粉弄同康号	同上
	沈增麟	上海南京路四七九号	同上
	李耀庭	上海江西路一四弄四号	同上

茂丰纺织印染股份有限公司股东名簿

合计七十万股国币七百万元

户名	代表人	股数	金额	通讯处	缴款日期
忠记	徐子轸	四万股	四十万元	上海安南路慈厚里164号	三十二年十月廿八日
福记	沈祥麟	八万股	八十万元	上海愚园路668弄27号	同上
湘记	忻耘青	四万五千股	四十五万元	上海四川路企业大楼811号	同上
王明记	王文实	三万股	三十万元	上海江西路60号	同上
李耀庭		二万股	二十万元	上海江西路一四弄4号	三十二年十月二十九日
陈章记	陈章琰	四万股	四十万元	上海南京路香粉弄同康号	同上
硕记	张复之	四万股	四十万元	上海小沙渡路永安新邨4号	同上
仁记	戴仁越	六万股	六十万元	上海极司非而路二九弄二号	同上
照记	戴显谟	五万五千股	五十五万元	宁波大河路一二四号	同上
明记	王介石	二万股	二十万元	上海北河南路景兴里二四号	三十二年十月三十日
史久记	史久茂	五万股	五十万元	上海池浜路耀华新村一四号	同上

（续表）

户名	代表人	股数	金额	通讯处	缴款日期
增记	沈增麟	七万股	七十万元	上海南京路四七九号	同上
卿记	陆权卿	三万股	三十万元	上海金神父路余兴坊一八号	同上
应彭年		十二万股	一百二十万元	上海北京路五九六弄四五号	同上
合计		七十万股	国币七百万元		

茂丰纺织印染股份有限公司章程

第一章　总则

第一条　本公司依照公司法股份有限公司之规定组织之，定名为茂丰纺织印染股份有限公司。

第二条　本公司以纺纱织布及印染布疋为业务。

第三条　本公司设于上海并设制造厂于浙江省镇海县，但必要时得设分厂或办事处于其他地方。

第四条　本公司之公告以登载沪甬当地日报或通函行之。

第五条　本公司之存立期为三十年。

第二章　资本股份及股票

第六条　本公司资本总额计国币七百万元，分为七十万股，每股计国币十元整，一次缴足。

第七条　本公司股票概用记名式，由董事五人签名盖章并加盖本公司图记发行之。

第八条　本公司之股东应将其姓名住所及印鉴式样留交本公司备查，股东向公司领取红利股息或转股及对本公司行使一切权利时，均以此项印鉴为凭。

第九条　股东欲转让股票时，应加盖原存印鉴于股票背面，向本公司过户登载股东名册方为有效，如因继承或发生其他法律关系须更改户名时，应由各关系人备具书面证明，经本公司核查确实，方可遵办。在必要时并得令其觅具妥保，但每届股东常会前三十日内临时会前十五日内停止过户。

第十条　股票污损或须分合时得向本公司请求掉换，但污损程度至不易辨认时，本公司得令其登报公告或兼令觅具妥保方可换给。

第十一条　股票如有遗失或毁灭等情事，应即报告本公司挂失并自行登载沪甬日报各一份，自公告日起经过二个月后别无纠葛发生，方准觅具妥保向本公司补领新股票。

第十二条　股票如因过户或掉换及补领等情事应缴手续费每张国币五元，并须附缴应贴之印花税费。

第三章　股东会

第十三条　本公司股东会分为常会及临时会二种，常会于每年决算后三个月内由董事会召集之，临时会之召集按照公司法办理之。

第十四条　常会之日期地点及议题应于一个月前通知各股东，临时会应于十五日前通知之。

第十五条　股东常会之主席由董事长任之，股东临时会之主席由股东临时推定之。

第十六条　股东会除公司法有特别规定者外，应有代表股份总数过半数之股东出席方得开会，其决议以出席股东表决权过半数之同意行之可否，同数时取决于主席。

第十七条　股东表决权每股一权，但一股东之股份超过十股者，其超过之数以九折计权，零数不计。

第十八条　股东会时股东如有议题应于开会前十日将意见书提出于董事会列作议题交付股东会议决之。

第十九条　股东因事不克出席时，得出具委托书 原存印鉴委托他股东为代表，但其代表之表决权连其本人所有之表决权不得超过全体股东表决权五分之一。

第二十条　股东会决议录应由主席签名盖章连同出席股东签到簿及代表出席者之委托书、选举票一并交由董事会保管之。

第四章　董事监察人及职员

第二十一条　本公司设董事十一人，监察人三人，由股东中选任之，但董事应有股份千分之三以上，监察人应有股份千分之一以上，方得被选，如被选权数相同时，以抽签法定之，并以原选得票次多数者二人为候补董事，一人为候补监察人。

第二十二条　董事及监察人当选后须将其资格股票交由监察人封存于本公司，俟退职时发还。

第二十三条　董事任期二年，监察人任期一年，连选均得连任之任期内遇有缺额未及补选而有必要时得以次多数之被选人代行职务，其任期以补足前任未满之任期为限。

第二十四条　董事缺额达总数三分之一时，应即召集股东临时会补选之，其任期以补足前任未满之任期为限。

第二十五条　本公司董事组织董事会，公举董事长一人、常务董事二人，负责执行公司一切事务。

第二十六条　董事会议之主席董事长任之，如董事长缺席时，由其他董事担任之。

第二十七条　董事会议非有全体董事半数出席不得举行，其决议须以出席董事过半数之同意行之，如遇可否同数时，取决于主席

第二十八条　本公司设总经理经理协理各一人，由董事会聘请之，其他办事人员由总经理任免之。

第二十九条　董事及监察人之报酬由股东会决议之，并由董事会根据股东会之决议分配之。

第五章　会计

第三十条　本公司每届国历年终为决算期，董事会应造具左列各项表册于股东常会开会前三十日送交监察人并查核副署后提出于股东常会请求承认。

一、营业报告书

二、财产目录

三、资产负债表

四、损益计算书

五、盈余分配案

第三十一条　本公司股息订定按年一分，每届结算时得有盈余，应先提存法定公积金十分之一，次提应缴所得税及股息，如尚有余，则依照下列百分率分配之，但如公司无盈余时不得以本作息。

一、股东特别红利得六十分

二、董事及监察人酬金得十分

三、总经协理及全体办事人员奖金得三十分

第六章　附则

第三十二条　本章程未尽事宜悉依照公司法股份有限公司之规定办理之。

第三十三条　本章程经股东会议决呈请主管官署核准施行，修改时亦同。

合计七十万股国币七百万元

上海特别市经济局批（十一月二十七日）

具呈人徐子轸等呈一件为筹设茂丰纺织印染股份有限公司请予备案由。

呈悉，准予备案仰即知照。

十一、廿七

永安纺织股份有限公司股票参加证券交易所申请书（1946年）

上海证券交易所股份有限公司证券上市申请书

公司名称　永安纺织股份有限公司

证券名称　永纱

发出股数或面额　　一万二千万股

申请上市股数或面额　　四千万股

永安纺织公司永纱证券上市申请书（1946年8月15日）

申请公司名称　永安纺织公司　证券名称　股票　申请上市股数或票面额　四千万股

永安纺织公司永纱证券上市申请书

具申请书永安纺织公司今愿将行将发行或已经发行之永纱股票四千万股

公司债票面　　元

照贵交易所规章附具下列申请上市登记事项表及其他附件送请　审查俾得在　贵所上市交易并自愿声明下列各项

(一) 敝公司分设上项证券过户及注册机关于上海市区，并当遵照　贵所定章迅速办理过户手续。

(二) 敝公司送存　贵所之上项证券样张印鉴等，如有变更当在发行或使用前十日报告贵所

(三) 每届营业年度终所造具公司法规定之各表册，当按时送陈　贵所，并按期公开发表

(四) 遇有增减资本变更票面金额发行优先股，发行公司债出售营业用重要等情况之一时，当随时报告　贵所

(五) 敝公司发给股息红利或其他权利时，当于停止过户前十日通知　　贵所

(六) 敝公司当遵守　贵所公布之决议案及一切规章，包括缴纳上市费在内

(七) 敝公司当随时答复　贵所之一切咨询

(八) 敝公司业务种类或组织变更时，当于十日内通知贵所

附申请上市登记事项表

(一) 1. 公司名称：永安纺织公司

2. 何种公司：股份有限

3. 地址：南京东路六二七号

4. 电话；九〇一一九

(二) 1. 创立年月：民国十一年九月

2. 核准登记官署：工商部

3. 证件名称字号：公司注册第三类三一三号

4. 颁发日期：民国十九年六月　日

5. 其他关于登记事项：最近增资登记现正向主管官署申请中

6. 变更登记计划

(三) 1. 总公司所在地：南京东路六二七号

2. 总厂所在地

3. 分公司所在地

4. 分厂所在地：第一厂　杨树浦西湖路，第二厂　吴淞蕴藻浜，第三厂　淮安路四九一号，第四厂　吴淞蕴藻浜

(四) 1. 营业种类：棉纱棉布漂染、印花

2. 员工人数：职员　三百五十人，工役　五千人

(五) 1. 专营权说明

2. 专营权执照字号

3. 专营权期限

(六) 公司资本：普通股

1. 核准总额及股数：一十二万万元，分为一万二千万股

2. 实收总额及股数：全数收足

3. 记名或不记名：记名

4. 每股面值：国币十元
5. 如曾溢价发行，则按何价发行：
6. 溢价款入何账
7. 承募或承销机关名称
8. 承募或承销金额及办法
9. 过户机关名称及地址：永安纺织公司股务科，南京东路六二七号四楼
10. 如委托代办过户，则委托过户股数占实发股数之百分数
11. 注册机关名称及地址：工商部(现增资登记向经济部申请)
12. 过去五年最高市价、最低市价

	最高	最低
三十年		
三十一年		
三十二年	老股 2 450，新股 205	老股 310，新股 110
三十三年	620	107
三十四年	7 700	365

13. 过去五年每股纯益(如亏损，写明[损]若干)：

	金额
三十年度	C. R. B $116. 35
三十一年度	C. R. B $27. 04
三十二年度	C. R. B $2. 61
三十三年度	C. R. B $4. 62
三十四年度	C. N. C $28. 49

14. 过去五年每股股息、红利、升股、赠与金等项：

	股息	红利	升股	赠与金	合计
三十年度	五厘	一分五厘		20 元	
三十一年度	八厘	二厘	四股(每股一百元)		410 元
三十二年度	八厘	二厘	一股(每股十元)		11 元
三十三年度	八厘	一分二厘		2 元	
三十四年度	一分	二分		3 元	

15. 股东之权利与义务

（七）申请上市股票（如系申请公司债上市，（七）项 1 到 4 可勿填）

1. 名称：永纱

2. 申请上市股数：四千万股

3. 占实发股份总数之百分率：百分之三三.三三

4. 股份分配表：

	股东户数	股份数
持有一百股及一百股以下者		
持有一百股以上未满一千股者		
持有一千股以上未满五千股折		
持有五千股以上未满一万股折		
持有一万股以上者		
总数		

持股最多十人

姓名	持股数
香港永安公司	8 000 000
广州永安公司	2 200 000
上海永安公司	7 304 000
郭乐	2 058 000
郭礼安	200 000
李鸿溢	5 188 000
振泰	8 787 000
明记	450 000
吴宝钧	325 000
源记	506 000
总数	

（八）增资减资之详细经过：本公司于民国三十一年十二月以前原有资本一千二百万元，分为十二万股，每股一百元。随于是年十二月一日增加资本为六千万元，分为六十万股，每股仍为一百元。又于民国三十二年九月间增加资本为一万二千万元，分为一千二百万股，改为每股十元。三十四年底将资产估值增资之伪币，股本冲销回复民国三十一年以前之旧股本法币一千二百万元。三十五年五月间经股东会议决，增加资本为十二万万元，分为一万二千万股，每股十元。业经一次收足。

（九）公司债

1. 名称

2. 发行日期

3. 核准发行总额

4. 政府核准日期

5. 实发数

6. 发行价格

7. 利率

8. 面额种类

9. 记名或不记名

10. 过户机关名称、地址

11. 注册机关名称、地址

12. 担保品之种类、数额、价值、保管机关、保管地点及保管方法：

(如地位不够,请加用散页,标明续 X12)

13. 基金划拨办法：

(如地位不够,请加用散页,标明续 X13)

14. 还本付息地点及办法

15. 还清日期

16. 现负额

17. 本息曾经延付或停付否

18. 承募或承销银行名称、金额及办法

(如地位不够,请加用散页,标明续 X18)

19. 有无掉换股票特权,如有,办法如何：

(如地位不够,请加用散页,标明续 X19)

(十) 申请上市公司债(如系申请股票上市,(十)项 1 到 3 可勿填)

1. 名称

2. 申请上市总面值

3. 债权分配表

	户数	持有面额
持有票面十万元及十万以下者		
持有票面十万元以上未满五十万元者		
持有票面五十万元以上未满一百万元者		
持有票面一百万元以上未满二百万元者		
持有票面二百万元以上未满五百万元者		
持有票面五百万元以上未满一千万元者		
总数		

（十一）公司历史资产及业务概况：

（十二）最近五年之生产数量与金额，或销售数量与金额，及开支数字：

生产金额	销售金额	开支
三十年度 C. N. C $51 224 733 元	C. N. C $53 676 609 元	C. N. C $9 088 544 元
三十一年度 C. R. B $71 498 811 元	C. R. B $18 939 185 元	C. R. B $3 682 542 元
三十二年度 C. R. B $16 429 185 元	C. R. B $13 369 700 元	C. R. B $9 198 852 元
三十三年度 C. R. B $18 667 031 元	C. R. B $35 170 607 元	C. R. B $88 884 180 元
三十四年度 C. N. C $47 593 724 元	C. N. C $91 238 384 元	C. N. C $232 218 949 元

（十三）附属公司情形：

公司名称

所在地

创设及登记日期

营业种类

资本总额

实收资本

股份总数

每股面值

每股已收金额

本公司所占股数

其他

（十四）进行中之重要诉讼事件及其现状：

（十五）公司会计年度自每年一月一日起　年十二月三十一日止

（十六）每年股东大会约期：六月

（十七）董事监察人及厂长以上重要职员表：

职务	姓名	住址
董事长	郭乐	静安寺路 1418 号
董事兼副经理	郭顺	静安寺路 1400 号
董事兼副经理	郭棣活	南京东路 627 号
董事	郭琳□	南京东路 627 号
董事	郭瑞祥	四川北路永安里 136—7 号
董事	郭礼安	南京东路 627 号
董事	李孝植	永福路 119 号
董事	郭泉	香港凤辉台 14 号

（续表）

职务	姓名	住址
董事	李伟先	新闸路 1050 弄 27 号
董事	李业棠	轱岭路 158 号
董事	林海筹	愚园路四明别墅 19 号
董事兼厂长	郭植芳	静安寺路 1400 号
董事	骆乾伯	淮安路四九一号
董事	郭干勋	香港永安公司
董事兼厂长	郭琼	静安寺路 479 弄 12A 号
监察人	刘生初	愚园路 579 弄 32 号
监察人	吴三省	凤阳路卡尔登公寓 105 号

（十八）重要发起人表：

姓名	履历	住址
上海永安公司		南京东路六三五号
香港永安公司		香港德辅道中
雪梨永安公司		澳洲雪梨正埠
广州永安公司		广州市抗日东路七十号

（十九）备考：

此致

上海市证券交易市场筹备委员会(或)上海证券交易所股份有限公司台照

(署公司名称并盖章)具申请书　永安纺织股份有限公司

(签名盖章)董事长　　郭乐

(签名盖章)经理人　　郭棣活

中华民国三十五年八月十五日

附件：(所列附件中如有不能缮附者，请于附件名称括弧内填一[缺]字）

申请证券上市时应加下列附件：

(√) 1. 经公司有权签字之职员，签章之公司章程三份。

(　) 2. 经公司有权签字之职员，签章之公司组织规程或组织系统表三份。

(√) 3. 经公司有权签字之职员，签章之申请上市证券之样张三份。

(√) 4. 证券上签章之印鉴三份。

(　) 5. 经公司有权签字之职员，签字之董事会授权签章之决议抄本三份。

(　) 6. 过户代理人之报告书三份(或经公司有权签字之职员签字之股东名簿三份)

(　) 7. 注册人之报告书三份。

(　) 8. 经总公司有权签字之职员，签字之董事会关于证券申请上市之决议录抄本三份。

(√) 9. 公司核准登记或取得认许证件之摄影本三份。

( ) 10. 专营权执照摄影本三份。

(√) 11. 经会计师审查证明之过去五年之资产负债表三份。

(√) 12. 经会计师审查证明之过去五年之损益计算书三份。

(√) 13. 经会计师审查证明之过去五年之盈余分配案三份。

(√) 14. 最近财产目录三份,

( ) 15. 经公司有权签字之职员,签字之最近营业报告书三份。

( ) 16. 公司与担保品基金保管机关契约摄影本或抄本三份。

( ) 17. 公司监察人及律师或会计师审查,证明之担保品基金说明书三份。

( ) 18. 历次招股章程各三份。

( ) 19. 发行公司债章程三份。

( ) 20. 应归公司负担之设立费用及发起人得受报酬之数额表三份。

( ) 21. 创立会决议录三份。

附录:暂行营业细则有关证券上市之规定

第三十七条　依中国公司法完成登记之中国股份有限公司,股份两合公司,或依外国法完成登记并依中国公司法取得认许之外国公司所发行之股票,其合于下列各款规定者,经审定呈奉核准得予上市买卖,但以该公司在中国境内营业者为限。

(一) 该公司有殷实之资产及获利之能力,其事业与中国国民经济有密切之关系。

(二) 该公司内容有充分翔实之公开报告。

(三) 该公司股票之过户手续依合法之规定。

合于前项规定之中国公司因调整资本,依收复区各种公司登记处理办法呈请变更登记。尚未确定者其已依变更章程而发行之股票,以及合于前项规定而呈请认许,尚未确定之外国公司股票其上市买卖,认为转让之预约,由卖方保证于该公司登记或认许确定时实行过户。此项预约转让之买卖除与前项上市买卖之股票同样交割外,并应依本所定式附加卖契,载明转移利益及危险之意旨及保证过户之方法。

前项预约转让之买卖,自交易所开业之日起,以六个月为施行期间,非经主管官署核准不得延长。

第三十八条　合于前条第一项暨二三两款规定之公司其所发债券经经济部登记有案,具有可靠之担保品确实之基金及健全之保管机关,而债券过户手续依合法之规定者得申请本所审核呈奉核准上市买卖。

第三十九条　公司股票或债券申请上市应具下列各项文件

甲　公司股票

(一) 上市申请书及登记事项表

(二) 公司核准登记之证明文件或其摄影本

关于决算报告书说明:

(1) 民国三十年、三十一年系在日寇盘据旧公共租界时期,本公司且曾一度受日军管理,一切均不自由，故该两年对外未刊布决算报告书。

(2) 又民国三十三年会计年度终了后，翌年即是三十四年春夏之间，上海时局动荡，人心恐慌，股东会无法召开。故三十三年亦无决算报告。

第十一页

（三）关于申请上市之董事会决议录

（四）公司章程及组织系统表或组织规程

（五）最近五年来，依公司法第二二六条规定之各项表册及目前情形之报告，其开业不及五年者所具表册应自开业之年开始新设立之公司，如系发起设立并应具依公司法第三三七条甲项及第一五一条规定之文件，如系招募设立并应具依公司法第三三七条乙项之文件

上列文件均须经公司监察人及律师或会计师审查，出具证明书。

乙　公司债券

（一）甲项一，二，三，四，五各款之文件。

（二）公司债核准发行之证明文件或其摄影本。

（三）依公司法第二三八条规定各款之报告书，暨担保品基金之说明书及与保管机关所订之契约，或其摄影本。

上列文件均须经公司监察人及律师或会计师审查，出具证明书。

第四十条　公司股票或债券申请上市应具申请书表明遵守下列规定

甲　公司股票

（一）申请公司应设立股票之过户机关于上海市区，并应迅速办理过户手续，不得逾两星期。

（二）申请公司应将股票之样张号码及过户申请书之样张，连同签名董事印鉴及董事会授权签字之决议录送交本所存验。如式样或印鉴有变更时，须在发行或使用前报告本所备案。股票上所载之文字须符合公司法第一五九条及二五八条之规定。

（三）申请公司应将每届营业年度终所造具公司法第二二六条规定之各表册送交本所。

（四）申请公司遇有下列情形时，应即报本所。

1. 增减资本
2. 变更股份票面金额
3. 发行优先股
4. 发行公司债
5. 出售营业用重要资产

（五）申请公司发给股息、红利或其他权利时，应于停止过户期前十天通知本所。

（六）申请公司应接受及遵守本所公布之决议案

（七）申请公司应随时答复本所一切咨询事项

乙　公司债券

（一）申请公司应适用同条甲项第三、第六、第七各款规定。

（二）申请公司应设立债券之过户机关于上海市区，并应迅速办理过户手续，不得逾两星期。

（三）申请公司应将股票之样张号码及过户申请书之样张，连同签名董事印鉴及董事会授权签字之决议录送交本所存验。如式样或印鉴有变更时，须在发行或使用前报告本所备案。股票上所载之文字须符合公司法第二四一条之规定。

（四）申请公司遇有下列情形时，应即报告本所。

1. 变更担保品或保管机关
2. 增减资本
3. 发行优先股
4. 加发债券

（五）申请公司发给债券本息时，应于停止过户前十天通知本所。

财经两部驻上海证券交易所监理员办公处转饬设法增加上市股票种类以增税源的来往文书（1947～1948）

上海交易所监理员办公处致上海证券交易所函（1947年5月13日）

为奉电令饬设法增加上市股票种类以增税源函请查办见复由

案奉财政部钱已五二一〇五．九号代电开“据报沪市未加入交易所开拍之证券有中华书局、世界书局、南洋烟草公司、闸北水电公司、华商电气公司、大生一厂、大生三厂、五洲药房等华股及怡纱、英联、会德丰、业广纸业、怡啤、航业、钢业、电话、垦殖等外股，虽商人设有字号互相交易，惟因法令规定上项税源迄令弃置等情，查原报告所列各项股票均未呈经核准在上海证券交易所上市，各该股票在市场之交易并非不法，惟查现在上海证券交易所上市证券种类既少，数额亦小，前经本部会同经济部令饬该所设法增加多种股票上市有案，原报告所列各种票，如有合于规定可予上市者，应会商经济部驻所监理员转洽交易所，积极设法使之正式上市，合行令仰遵照办理具报为要”等因，应请贵所分向各该书局、公司、厂商迅予洽办上市，至希查照办理具复为荷，此致上海证券交易所。

监理员：王鳌堂　吴宗焘

上海证券交易所致上海交易所监理员办公处函（1947年5月24日）

准贵处监字第三二八号公函转示财政部代电为复报沪市，未加入交易所开拍之证券有中华书局等华股，怡和纱厂等外股，饬会商设法使之正式上市，嘱分向各厂商洽办等由，查部电列示各华股，本所早经注意，惟经查洽，有股权未清不能上市者，有股额过小，股东不多，无意上市者，至外股部分亦曾多次接洽或以香港政府增资登记手续尚未办竣，或因股权不清尚不能申请上市者，本所自当随时留意，邀约申请，使之陆续上市，相应函复，即希查照为荷，此致财政经济部上海交易所监理员办公处。

上海交易所监理员办公处致上海证券交易所函(1948年3月23日)

奉令饬筹划于一、二个月内增加上市股票多种乙案,转达查照办理由。

案奉财政、经济部本年三月十七日财□已京商三十七字第二四三三五六三号训令开:“查上海证券交易所开业年余,而上市股票实际仅二十六种,为数有限,非惟无以发挥吸收游资之力量,抑且易滋集中操纵之弊,上海为我国工商业中心,迩来游资麇集,亟应增加股票上市筹码,藉期利导游资,纳入正轨,以促生产事业之发展,并以减轻游资对于物品市场之压力,兹着由该出督促该所妥为筹划,凡沪市规模较大之工商业,其发行之股票有合于上市之条件者,应设法劝导参加上市,其已申请上市者,应迅予核转,务于一、二个月内增加上市股票多种,俾应市场需求,惟上市条件仍应从严审核,以杜浮滥,统仰遵办具报”等因,奉此,相应函达,即希查照遵办见复,以凭转报为荷,此致上海证券交易所。

监理员:王熬堂　黎澍

上海证券交易所致上海交易所监理员办公处函(1948年4月1日)

准贵处监三十七字第九七五号共函,以奉饬筹划于一二个月内增加上市股票多种一案,转示部令嘱遵办见复等由,查增加良好证券上市,本所向所注意,前曾因案拟请转呈经济部,依据各公司注册成案,择其规模较大而内容充实者,酌示名称以便分头劝导,于三十五年十月二十二日以总字第二一三号函达在案,现就本所收到之上市申请书而论,各申请公司规模多不甚大,财务状况多不甚健全,适合上市条件者不多,其规模内容适合条件者,则以股份预约转让办法届满后依照部示处理办法,新上市公司必须以股票上市,其正在依照工矿运输事业重估固定资产价值,调整资本办法或公司法办理变更登记,尚未奉准者,本所又未便遂行认可呈核,是以近数月中,未有新公司股份上市,兹准前由,业于本年三月三十日召开第五次上市证券审查委员会,核选适合试行上市者数种,俟经理事会处审核定后,即可呈部核夺,惟本所现在试行上市股票仅有三十二种,尚未遍及重要各业,未上市之公司,不乏适合本所上市标准者,今后自当广为物色,招致申请,使本所上市之便利得为多数发行公司所利用,又国营生产事业让渡民营之说传之已久,本所亦冀其以发行股票之法为之,并盼能于最近期间实现,至外商股票之上市亦为本所愿意促成,但均仍当从严审核,以杜浮滥,相应函复,即希查照为荷,此致财政经济部上海交易所监理员办公处。

战后国营事业股票的发行与上市

中国纺织建设公司关于转知国营事业股票停售及员工承购股票办法通知(1948年9月~11月)

中国纺织建设公司代电——建密(三十七)字第一二八三六号(1948年9月17日)

事由:为检附本公司员工承购本公司股票办法电达查照并转知由

上海第一纺织厂:查本公司同人前以公司变更登记改组为股份有限公司并以百分之三十

股票出售，拟请保留一部分股票以供本公司从业员工认购提请第三届董监事第一次临时联席会议决议：(1)保留四十万股(即四千万金圆)由公司同人分购，限定在九月底以前申请缴款，逾期仍应公开发售，(2)推代表参加董事会一节照新公司章程办理等语记录在卷，兹经议定本公司员工承购本公司股票办法一份函达，即希查照转知员工为荷，总公司申□建秘印附办法一份。

本公司员工承购本公司股票办法

一、本公司董事会及各附属单位员工均可承购董事会拨交本公司暂行保存之股票。

二、本公司暂行保存之股票票面最小者为五股，最大者为一百股，总额共四十万股，每股一百金圆。

三、本公司每一员工得以本人名义承购五股并得以本人名义转让承购权与其他同人。

四、承购股票之员工同人应于九月二十五日以前将款交由所属单位会计处(课组)取得所属单位之临时收据以凭调换股票。

五、各单位收齐款项后应即列册连同股款于九月二十八日以前解缴总公司。

六、各单位员工如个人资力不能购足五股者得联令同人合购五股并自行推定何人保存股票，何人代表股权(本公司股票为无记名式，员工若联合购买五股或五股以上者，只须推一人出名)。

七、本公司员工承购股票後如何行使股东权，须俟股票购至相当数量再行征询各方意见办理。

中国纺织建设公司代电——发文建秘字第一三三八八号(1948 年 9 月 28 日)

事由：为本公司员工承购本公司股票展期一个月至十月二十八日止，电达查照并转知由

上海第一纺织厂：查本公司员工承购本公司股票办法经以建秘(三十七)字一二八三六号电达在案，嗣因限期迫促，各地员工不及承购，复提经董事会议通过展期一个月，至本年十月底为止等语，各分支机构仍应比照前办法第五条之规定，于十月二十八日前将所购股数迅即具报，并将价款解缴总公司以便汇办，除分电外，相应电达即希查照转知员工为荷。

总公司申俭建秘印

中国纺织建设公司代电——发文公秘字第一九三五号(1948 年 11 月 18 日)

案奉本公司董事会纺董股字第八十五号成删代电开，“准中央银行国库局本年十一月十日沪八字第一一三四八号代电开：中国纺织建设股份有限公司鉴查国营事业股票奉令于十一月八日起停止出售，除已分电各地代售行局遵办外，相应电达即请查照等由，准此除电呈工商部

并提会报告外，合行电仰知照”等因，奉查照为荷。

此致，上海第一纺织厂

中国纺织建设有限公司启

（二）企业债券的发行与上市

公司债发行手续说明——交通银行设计处编（1936年）（适当省略部分计算方式）

一、发行公司债之理由

凡属股份有限公司组织之各种企业机关，因理财上之必要，需用资金时，自以发行公司债券，较为有利，其理由有四：

1. 公司扩充设备，整理旧欠，仅持少数之股本及公积，必感不敷，发行公司债券，可充长期资金，易于周转。

2. 增募股本，系永久性质，发行债券，可按时偿还。

3. 举借押款，须迁就少数财力优厚之债权人，发行债券可以公开招请一般人士参加投资，易于举办。

4. 就投资者利益而言，债券本息有一定保障，偿还期限亦复预先规定，且一有缓急，可将债券转让他人，资金较为灵活。

二、公司债之种类

公司债之主要种类，可分为二：一为以财产为担保之公司债（Bonds Secured by Property），一为以信用为担保之公司债（Bonds Secured by Credit），兹分述之如次：

1. 以财产为担保之公司债可分为四种：

甲：第一抵押公司债（piret mostgage Bonds），以房产土地、仓库、码头、铁道、矿场等之一部或全部为抵押而有第一处置及受偿权之公司债。

乙：质押公司债（gunianniostgage Bonds），以前述各项为抵押而有第二以下处置及受偿权之公司债，凡以整理偿还或代替旧发公司债之合并公司债及展期公司债，可归入此类。

丙、担保公司债（Collateral trust Bond），以各种担保品交信托人保管，由其出面担保而发行之公司债。

丁、设备公司债（Equipment trust Bond），以公司买入或租借之设备为担保之公司债，此种债券，盛行于美国，尤以各铁道公司为然，故亦称为（Cartrust Certificate）。如公司欲扩充设备，先与信托公司商定，由信托公司垫款购入，租与公司，一面由信托公司代理公司发行公司债券，俟该债券本息还清以后，将添购设备之所有权还交公司，故亦为公司购货分期付款之另一方法。

2. 以信用为担保之公司债可分为四种：

甲、担保公司债（Accused Bonds），甲公司购买乙公司全部资产因而担保其已发行之公司债之本息，即明担任公司债，故乙公司债之担保，除原有之抵押品外，尚有甲公司之信用担保。

乙、保证公司债(guaranteed Bonds),由第三者(或为政府或为母公司)担保还付本息而发行之公司债。

丙、联合公司债(Joint Bonds),数公司联合发行而相互担保还付本息之公司债。

丁、信用公司债(Debentures),纯由公司信用为担保而发行之公司债。

此外,尚有二种公司债,系介乎以财产为担保及以信用为担保二者之间,一为收益公司债,其本金则可由财产为担保,按时偿还,利息之支付,则以公司收益多少为依归;一为分红公司债,其本息可由财产为担保,惟于规定利息之外,尚可享受红利之分配,至如转换股票公司债,公司得规定以股票换回之,其转换率得预先于公告中规定,或随两者之时价以决定之。

前述各种公司债,于欧美各邦,均已盛行,我国公司发行公司债之举,极为少见,且社会信用,亦较薄弱,如民国二十三年上海闸北水电公司、二十四年民生实业公司、二十五年上海永安有限公司所发行之公司债,皆为第一抵押公司债,就目前情形而论,发行时亦以财产为担保之公司债为宜,至如分红公司债,或转换股票公司债,以条件较优,发行时或较易受一般投资者之欢迎也。

三、发行公司债之方式

公司债之发行方式,可分为直接、间接二种。直接发行,系由发行公司,不经第三之手,直接以债券向社会公众推销。间接发行,系由发行公司委托银行、信托公司或若干由银行组织之银团,推销其一部分或全部债券。惟间接发行,复可分为二种:一为银行取代理发行地位,从事公司债之募集,其应募之足与不足,不负任何责任。一为银行取承销地位,预先与公司协定发行价格,按价购入,至购入后以何种价格出售,公司在所不问,且债券销售之足额与否,银行负全部责任。我国过去如闸北水电公司所发之公司债,皆由银团代销,即如去年上海华生电器公司、新亚药厂所发行者,亦由银行代为承销,盖银行信用,自较一般公司为昭著,由其出面募集,不特发行手续较为简便,且可多一重信用保障,使投资者乐于承购,故间接发行,自较为有利。惟我国以产业证券市场尚未完成,银行承受公司所发债券以后,大都全部自行购入,或将少数分售于银行熟稔之顾客,其如英美各国承销业务,略有出入。就目前后方环境而言,公司发行债券,亦只得仿诸过去成例,由银行或银团分摊认募而已。

四、发行公司债之手续

公司发行公司债之手续,大致可分为左列各种步骤:

1. 由股东会召开大会,以代表股份总数过半之股东出席,经出席股东表决权三分之二以上同意,通过发行公司债。惟须依法遵守左列各条:

A. 公司债之总额,不得逾已缴股款总额,如公司现存财产少于已缴股款之总额时,不得逾现有财产之额(惟于特殊情形之下可呈请财部,扩张其发行数额,不受该条限制)。

B. 公司债券,每张金额不得少于二十元。

C. 公司债如预定偿还金额超过券面金额时,于同次发行之各种债券,应有同一之超过率。

2. 由公司负债人士，与银行界接洽，为其承销或代销全部或一部债券，并将公司章程、预算书、营业计划、公司董监姓名履历、账目表册及其他一切有关文件，送交银行审查，订立承销或代销合同，详载各种委托权限。

3. 由公司与银行洽商，根据《公司法》一八〇条所载各款，以公司及银行名义，对外发表公告或发行说明书。

4. 由公司备就联单式之认募书，载明公告上各款，及印就之债券送交银行，以便对外办理推销，一俟银行推销足额，或一部份由银行自行承受后，十五日内公司全体董事监察人应向主管官署声请登记，惟亦可委托银行代办之。

右述为间接发行之程序，其间债券推销之手续，全由银行代办，公司可不必顾问；至直接发行，尚须备就分派书，债款催缴书等文件，各种手续，自较为繁复也。

五、公司债之信托

公司债之发行，其还本付息，既多有担保品之保障，于其停付本息之际，债券人可将其担保品加以处分，惟公司之债权人，即为各持券人，均分散各处，漫不相识，势难执行其权利，故往往由发行公司与银行或信托公司订立信托契约，由后者为全体持券人之受托人，保管其抵押财产，必要时并得代表全体持券人行使抵押权及质权维护受托人，以介乎发行公司与持券人之间，故公司债之承受及推销，本息之支付，可一并委托受托人执行，因之公司债券契约上受托人，即为执行承销业务之承销人，而所谓信托契约，亦即为承销契约，惟承销与信托，原属二事，公司方面，自可委托两个机关办理也。

六、公司债券之形式

按《公司法》一八〇条第二项规定，公司债券内所应记载之事项，可如左列：

1. 发行债券公司之名称

2. 公司债之总额及每张债券之金额

3. 公司债之利率

4. 公司债之偿还方法及期限

5. 发行债券之年月日

除上列各项外，公司方面复可将发行公司债之章程或公告，摘要列入，如作记名债券，尚须列入债券持有人之姓名及户名，背面可列入债券转让表，以便转让人受让人双方签押之用，至于利息之支付，如发行时规定凭息票支付者，须于债券下面，附有各期支取利息之息票。

七、发行公司债之计算方式

1. 公司债发行价格之决定

……

2. 公司债偿还金额之计算

……

通泰盐垦五公司债票发行情况(1921～1946)

通泰盐垦五公司债票发行条件

一、名称　通泰盐垦五公司债票

二、总额　五百万元由银团分两期担任发行,第一期发行三百万元,自本年七月一号起至十月三十一号止为发行期间,在发行期内,认购债票者,按照缴款日期算至发行截止之日预付利息,第二期发行两百万元,其发行日期由公司与银团商定之。

三、此项公司债款,专充公司清还旧欠及推广工垦之用,其分配数目由五公司自行支配,报告银团得其同意,彼此以信面声明作为附件。

四、此项公司债票自十年十一月一号起分五年还清,每年还五分之一。

五、利息　常年八厘,每半年付一次。

六、此项公司债票,第一期发行之三百万元以五公司未经分派股东之地产划出五分之三计。亩作为担保,其划定区域应用信面声明作为附件。

七、五公司未分地租及公司其他收入当尽先充此项公司债票还本付息之用,设有不敷,应以已分地亩之收入补充之,再有余款,听凭公司支配。

八、每届还本付息时,应在一个月前由公司如数筹备,于期前息存银团以备应付,设遇青黄不济或有不敷,得由公司商请银团暂时接济,公司有款即先清还,如为数过多,得由银团会同公司处分一部份之担保品,其银团垫款利息随市定之。

九、在此项公司债票未经还清期内,公司如有分地与股东之举,以未经指充担保之地亩及因债本减少,解除担保之地亩为限。

十、此项公司债票末期还清时,每债额千元得分酬奖红地十二亩,此项地亩大段工程归公司围筑地质以可垦草地为度,并由五公司在任何一公司境内,划一大整区,请银团派员检定,之后仍由公司管理,至第五年还清方交由银团自行支配。

十一、银团公推稽核五员分驻五公司监察账目,所有五公司款项出入应由稽核员审查,其五稽核之薪水归公司银团各半支给。

十二、此项债票十足发行,银团得手续费百分之五。

十三、各公司除第八条规定应付本息于一个月前交存银行外,所有款项出入至少应以半数分存银团内之各行,利息随市定之。

辛酉年五盐垦公司发行社债董事会股东会股东联席会议案(1921年)

辛酉年夏历四月十九日下午就城南别业举行华成、大赉、大豫、大有晋、大丰五公司董事联席会

到会董事〈略〉

公推沙健庵先生为主席

提议事件如下:

一、定名为华成、大赉、大豫、大有晋、大丰五公司筹集社债联合会。

二、本会受五公司股东委托以全体董事组织之。

三、社债进行方法由联合会协议，至发行社债数目多寡，由五公司各自负责。

四、公推徐静仁、吴寄麈两先生向银行团先行接洽有绪，报告总理，再行召集联合会议决办理。

五、酬报地亩拟指定一处，由双方察看定夺，至酬报数目前此张君公权在通有要求每千元酬报十亩之说，现在公司地亩假定时值每亩二十元，连同债票利息计算，须合一分六七厘，比较公司调款，未免吃亏，能否商减，应由徐、吴二君磋议。

主席沙健庵，书记魏挹周

辛酉年夏历五月二十六日下午三时华成、大有晋、大豫、大赉、大丰五公司就城南别业续开董事联席会

到会董事〈略〉

公推沙健庵为主席

提议事件：

一、审议发行债票草合同

公议第三条第一期三百万元句，第一期下加一之字，第五条第二期二百万元发行时句上加一俟字，余均逐条通过。

二、分配五公司第一期三百万元债额

公议大豫一百万元、大丰一百万元、大有晋四十万元、华成二十万元、大赉四十万元、各以信面通告银团。

三、划定第一期担保地亩

各以图表信函通告银团

四、审议正式合同及债票签名问题

公议五公司董事计有四十三人全体签名，不胜其繁，议决由五公司董事会各推一个人代表，全体董事会同总理在正式合同签字，其债票签字手续亦由总理及五公司代表董事各自署名付印，再各逐票盖章(推定代表董事列后)。

五、议定第一期酬红地域

公决在华成公司北余区内购出地三万六千亩为五公司第一期三百万元债票酬红地，通告银团派员勘定。

六、第二期债票发行时期

公议第二期之二百万元，俟必要时须经五公司股东会同意，方得发行之。

推定代表董事：

大有晋：徐静仁先生，大豫：沙健庵先生，大赉：周采丞先生，华成：韩奉持先生，大丰：张作三先生徐静仁先生提议，此次银团条件有拟于五公司内择一相当地亩办一公共试验场，延聘外国专家主持其事，每年经常费用约需三万元，须五公司担任十分之九，银团担任十分之一，在银团为改良种植起见，用意良佳，惟鄙人与吴寄尘先生以为，此举谋公益则可，为发行社债条件则不可，争持再三，结果由五公司每年津贴一万元，兹将往来信函报告，请公决。

公议赞成，惟所设试验场将来无论在何公司划地进行，五公司既出资一万元与银团合办，则试验场每年收入亦应按出钱多寡平均摊派，此事仍请二君代表向银团以书面声明。

银团代表秦润卿、钱新之君来讯及五公司代表徐静仁、吴寄尘君去讯附存

银团代表致五公司代表徐静仁、吴寄尘二君函：

此次贵公司委托敝团发行公司债票五百万元，全为提倡公司债票及改良农事起见，实业金融两受其利，顾中国农事经营，尚属萌芽，而世界农学进步日新月异，参合学理以求事实之改良，实为当务之急，前商阁下于五公司内选择相当地点设立中央试验场，延聘专门技师研究一切农事改良计划，备公司之咨询已荷赞同，深佩卓见，并承允所有试验场应用办公房屋及住宿处所，得向公司借用房屋，并由五公司每年贴助试验场经费一万元，试验研究时，各公司并与相当之助力，敝团深为感荷，尚祈覆示叙明，俾资遵守，再此项试验场经费，敝团亦愿年助经费五千元，聊尽绵薄，合应奉闻云云。

五公司代表复银团代表秦润卿、钱新之二君函：

奉示以贵银团代通泰五盐垦公司发行公司债票，全为提倡公司债票及改良农事起见，拟向五公司选择相当地点，设立中央试验场，延聘专门技师研究一切农事改良计划，备公司之咨询，除试验场应用办公房屋及住宿处得向公司借用外，由五公司每年贴助试验场经费一万元等因，弟等当遵来意商之五公司，已允，俟贵银团自专门技师聘定任事之日起，如数按年津贴矣云云。

通泰盐垦五公司债票银团稽核处组织大纲（1921年）

一、本银团根据合同第十一条设立稽核处，附设于上海银行公会。

二、稽何处设主任稽核一人，稽核四人，由银团聘任之。

三、主任稽核秉承银团之意，综理本处稽核报告一切事宜，并随时赴各公司调查接洽稽核商承，主任稽核依照本处稽核办法分驻各公司履行稽核职务。

四、就各公司地域上分为下列四区，每区驻一稽核，由主任稽核指定之。

（一）第一区，大有晋、大豫两公司

（二）第二区，大丰公司

（三）第三区，大赉公司

（四）第四区，华成公司

五、本处稽核办法由银团规定，经各公司代表同意施行之。

六、主任稽核每月支给薪水一百五十元，稽核四人每月各支薪水洋一百元，归公司银团各半支给。

七、本处稽核上应支川资旅费纸张印刷邮电等一切费用，归银团负担，由本处核实报销。

八、本处俟通泰盐垦五公司债票全数还清之日，经银团声明取消之。

经募通泰盐垦五公司债票银团广告(1923年)

通泰盐垦五公司债票十一年一月一日到期，本息因秋收短欠且租花期迫不及脱售，曾由五公司商请银团展缓两个月付款，迭经各稽核分头催收，本季所收租花已悉数结售，得价计划到二十三万六千元，查本届应付本息七十二万元，加计两个月利息四万元，共七十六万元，除花价之外，另由五公司筹还二十二万四千元，净缺三十万元。兹由银团公司开会集议，决定本届付还利息全数十六万元，债本半数三十万元，于十二年元月十五号起至二十号止，每日上午十时至十二时，下午二时至四时，假上海香港路四号银行公会凭债票如数发给，凡持有此项债票者，届期携带债票连息券前往领取为要，至其余债本半数三十万元，由盐垦管理处另提垦地部照六万亩暂存银团作为担保，一面由盐垦管理处负责赶速脱售，得价陆续归还，但至迟不逾一年全数清偿，未经偿清以前按月利一分计息。先此布告，其余详细办法另刊报告，此白

经募通泰盐垦五公司债票银团谨启

通泰盐垦五公司债票还本付息办法(1923年)

一、按各公司垦种收入，春熟须在阴历五月中，秋熟须在阴历十一月中，方能变卖得价，原订债票还本付息之期系五月一号、十一月一号，订期过促，不及应付，自本届起，上半年付息改为阳历七月一号，下半年还本付息改为阳历一月一号。

一、本届应付债本六十万元，利息十二万元，加付两个月利息，至十一年十二月三十一号计四万元，共计七十六万元。除已实收本季花价二十三万六千元，五公司另行筹还二十二万四千元外，净缺三十万元，兹决定利息全数照付，债本付还半数。

一、上项付还利息全数十六万元，债本半数三十万元，订于十二年元月十五号起至元月二十号止，每日上午十时至十二时，下午二时至四时，假上海香港路四号银行公会凭债票如数发给。

一、其余到期未还债本半数三十万元，由盐垦管理处另提下列垦地部照六万〇九百七十四亩〇五厘暂存银团作为担保，由盐垦管理处负责赶速出售，得价归还，至迟不逾一年全数还清。在未经还清以前，按月一分计息一并付还，兹将垦地部照细数列下(另单)。

一、本届息付全数，本还半数，债票所附息券概不截回，但加盖戳记文曰："本届利息四十元加付两个月利息十三元三角三分并第一年债本半数一百元一并付还清讫，其余债本半数一百元由盐垦管理处负责以垦地部照暂抵，按月一分计息限一年还清，此注"。

一、续缴第一期债票余额四十七万元，查系十一年七月十号缴款，此项债票利息五公司特加优待，自十一年七月一号起算，其号码已经银团刊印纪实公布在案。

一、续缴第一期债票余额四十七万元，按续订合同附件每千元应得加酬优待红田八亩，至第五年债票还清交付红地时，凭领田证分地，此项领田证业已印齐，经公司银团代表会同签字，此次随同本息凭债票一并发给。

一、本届付还本息实数四十六万元，应于十二年元月一号照付，因一切手续必须预备，故订于元月十五号起至二十号止支付，自元月一号至十五号计十四天利息，按周年八厘照数补给。

录华成盐垦公司董事会来函(1923年6月28日)

董事会以无款可筹坚不肯付(商请暂行垫借)，敝处未便与华成公司单独谈判，故仍敦促盐垦管理处从中筹缴，除由盐垦管理处及各公司另函经达银团外，特先将敝处催收利息经过情形摘要奉告，务祈共同主持以维债信为幸，此略。

经募通泰盐垦五公司债票银团稽核处具

录华成盐垦公司董事会来函

敬复者接奉　大缄以第一期应还债票本金六十万元除按期还三十万元外，其余三十万元展期一年，显系违及契约云：查敝公司去年因天灾为厄，几于颗粒无收，然尚竭蹶将息金如数付清，并将第一期本金归还三万元，尚欠三万元，实系无力并非违约，不特去年尚欠三万元，转瞬本年六月底付息之期又到，维为数仅九千六百元，然在山穷水尽之时，除恳贵银团将此项息金作为敝公司借款，计日起息外，仍无其他可筹之款，此乃贵银团所派稽核员所见之实情，非敝公司有款而不尽先提还，贵银团之息金故失信用也，又大缄因大丰、大豫地亩移转事而推论，反于一公司发难他公司效尤云：查敝公司售地维早经股东会议决而至今未得售主，尚得售主之日所得地价必先清还贵银团债款，请勿过虑，合并声明此致

通泰五盐垦公司债票银团

华成盐垦公司董事会谨启

六月二十八日

录南通盐垦管理处来函(1923年7月23日)

迳启者，本年大有晋等五公司股东常会经于夏历三四月先后在本公司或通城举行，会议时有各住在稽核员在座旁听，或恐语焉不详，贵银团与敝公司等关系密切，理合将会议情形摘要以告借尉。历注窃以各公司除各员，贵团经募第一期未还公司债额外尚各负有一部分另债，虽为数多寡不一而息重期促，势有难支，爰于会议时先后提出，结果各公司股东一致为尊重债权之表示，各就范围内筹备清还债款，以为保本之计，缘公司成立各以所有地亩为基本，股东投资目的均在得地，原章各有规定，从前债轻，故仅以收入抵还，辛酉奇灾又增一部分急债，第二期公司债票亦未能发行，各股东鉴于情势，均愿缩减原章应得之地，以备清还债务，第以情形不同，债权各别，故所筹议方法亦不一致，此本为各公司股东对内议决，能否办到，此时殊不可必然，必股东有此议决，各公司董事会办事人筹办还债，方有依据，而各公司董事会办事人办理债务亦必顾及各方债权契约，分别审慎从事，可断言也，敝处以贵团与五公司均有债权关系，兹总括各股东会议决要点，以最诚挚之意向，贵团郑重声明如左：

(一)五公司无论何一公司，如未经另议与贵团协商妥洽，一切仍照原合同及附件履行。

（二）五公司无论何一公司，凡已经划作第一期公司债票担保地亩，在未经解除年度仍旧担保，设有售出情事，必以该项地价尽数划交（或按期指交）贵团核收，惟以该公司所欠未还债本及付款时应付息银为度，为此检同五公司股东会议事录各一份送请查阅为荷，此致

经募通泰五盐垦公司债票银银团

南通盐垦管理处

处长　张謇　主住　江导岷

七月二十三日

附议案五份

通泰盐垦五公司本年度股东会议情形（1923年）

谨启者，通泰盐垦五公司本年股东会议情形，除大豫、大丰两公司开会在前，已于六月一日先行具报外，兹将阴历五月初十、十二、十三等日续开大赉、华成、大有晋三公司股东会议情形据实报告如左：

（一）大赉公司　原该股本八十万元（内欠缴七万余元上年揭明取消）负债七十二万元（内公司债三十万六千元）暂欠项下可以收回一部分，计净负债六十五万元，实存股东已分垦地七万八千亩，未分草地及滩地约十三万余亩（内债票担保地八万余亩）该公司董事会曾提议由股东退让一部分已分地，售价偿债分甲乙两说：（甲）说大意以北区（股东已分地）一万八千八百亩，每亩作价二十元，售得三十七万六千元，抵偿公债出售富亨区西匡（股东已分地）八千亩，每亩亦作二十元，售得十六万元，连本年花息等项偿还其他债务。（乙）说大意从各股东已分熟地中每股提五十亩，而以利贞两区未分之草地四万余亩（债票担保地）抵补所提之地及其他余地一并作价出售还债，就中以富元区熟地一万亩作价每亩二十元，以草地一万亩作价每亩十三元，计售价三十三万元，还公司债，原拟就股东会讨论解决，乃临时董事意见不一，故未曾提出，遂议决推举股东八人先行查账再定办法。

（二）华成公司　股本一百二十五万元，负债三十余万元（内公司债廿七万元）实存地约四十余万亩，前届议决出售西北余区以清偿债务，至今未得受主而进行需款，为数尚钜〔巨〕，本届股东会议决，除仍将西北余区八万余亩每亩作价四元出售外，再由公司股东每股让出五十八亩计七万余亩约当第五乡之地（债票担保地之一部）定价每亩七元，连同出售，两共可得价八十万元，即以之偿还债务进行工垦。

（三）大有晋公司　原该股本五十二万八千元，上年续收新股二十万六千元负债计，股东特别调款二十三万元，其他债务七十万元（内公司债十八万元），实存已分地十万四千余亩（内已垦者八万六千余亩），未分地约十三万余亩（内留银团红地四万亩，债票担保地七万余亩，留地二万余亩）。上届股东会曾经议决，以大东区以一万四千亩抵偿股东特别调款，乃事逾一年，应者寥寥，本届重申前议，由董事会似具三项办法听[由]股东采择：（一）仍照上年原议以款购大东区之地，不足则由公司另划他区之地补足。（二）如调款股东不愿以款购地，则俟公司以大东区出售偿还。（三）上年添招新股三十万元，尚余九万四千元，未曾招足，自特别调款二十三

万元，内如数拨归新股，余分三年归还云云，乃到会意见不一，结果仍交董事会讨论办法，又本届股东会以债务太重，每年收入除经常开支拆息外，实无余力清偿债务，舍售地别无他法，遂议决除各股东已分地及银团指定红地外，所有未分地共计九万九千余亩（包括债票担保地在内），无论何区完全出售，得价清偿债务，每亩通扯以八元为标准付权，董事会随时接洽办理。

按各公司近因收入短绌积累日重，就股东会筹商办法，要皆以售地还债为主，惟出售地亩间接即削减债票保障，苟无相当代价抵补，银团未便承认，同人等虽已将此旨为各公司说明，仍祈

银团从事实上有所主张，庶早定公司责任，盼切盼切，此略

经募通泰盐垦五公司债票银团稽核处具

沈籁清等五稽核辞职及挽留信（1923 年 9 月）

李积新、翁亮业、沈籁清、王鋐夒、姚伯华等五稽核员（1923 年 9 月 13 日）辞呈：

迳启者，昨日银团召集团员会，讨论提出要求公司条件之际，对于稽核同人颇有微词，同人不敏，无任惶愧，在银团诸公关怀持票人之利益，不厌责备求全，原寓有一番精意，能无感佩，惟同人经历情形未蒙谅察，实有不能已于言者。查稽核之设，乃在债款既划数月之后，凭藉已失情绌势穷，只以职责所关，不得不勉效绵薄，一方渐得公司之谅解，一方谋保银团之实权，上年各公司股东会开会以前，同人访知各公司因经费支绌有出售地亩之议，其地虽非银团担保地，但既属公司资产，即关系债票保障，当即建议于银团交涉，曾经银团于四月二十五号提出意见书，供公司参考，公司亦曾复函允为随时报告同人，当时复建议停发股息，节省开支，收束盐业，以减亏耗，进行工垦以广利源，均经银团据情提出，公司亦尚能虚衷采纳，此上年春夏间事也。及至秋间，收花之际，同人以此项收入有尽先还本付息之关系，不能不详慎监察以昭覈实，曾拟具办法五条，自议花以至上栈，均经层层规定，由银团于十月七日函商盐垦管理处，照行上年十二月间五公司以收入不足商请银团先还债本半数，余数展期一年，同人默察当时情势，曾于十二月廿六日提出说略六条，分致各团员，以冀银团裁酌进行，就中第五条有云：此项公司债票第一期三百万元，按照合同以五公司未经分派股东之地产划出五分之三，计一百零四万八千二百亩，作为担保，早经各公司划定区域，绘图声明在案。惟五公司担保地亩多寡不均，地质腴瘠悬绝，若联带负责担保地价值，犹可彼此挹注，倘分别负责，则价值高低恐与债额多寡不能相抵，窃以为估计价值有不足者，宜要求公司另提相当追加抵押品，维持价值，此应注意者一也；又盐垦各公司垦地定章，按亩缴价领取部照执业，债票既以地亩担保，理应按照亩数填取部照交存银团方，足以昭信守，同人屡以为言，奈各公司经费支绌，无款缴价担保地部照，迄今犹未领齐，银团为保障债权起见，曾于本年秋间先将担保地地段亩数登报公布，惟部照未经领到，法律上手续究属未备，应请银团要求五公司仍赶速填领部照，交付银团，不得久稽时日，以臻妥慎。

盖同人深知此层关系重要，即使债票本息按期如数照付，尚须乘机解决，何况第一期债本即未能如数归还，尤应根本救济，不料银团中竟寂寂无闻，稽核负报告之责，银团对于此种重要报告，不加垂察，是稽核在银团方面，已不啻虚设，稽核对于公司权限，本已薄弱，自此更无发言

之余地，然同人犹隐忍维持者，盖因既已担任稽核职务，此种重大问题，若不解决，实无以自解，夙夜以思，冀得一当，本年各公司股东会开会售地抵债之议乃大噪，盖亦积渐而发，同人难安缄默，乃将各公司议决案，并售地情形，先后详叙说略，请银团主张，一面复往返传达银团公司双方困难实情，以冀从事实上得一解决，上月乃有联席会议之约，连日讨论条件，虽尚未正式提出，传闻公司银团趋势已近，倘能藉此谋一两全办法，则此后债票保障，当可日固，此虽银团诸公盖筹硕尽有以玉成，同人一年以来奔走呼号，图报涓埃之私衷亦可以稍慰，惟念前此风雨飘摇之际，银团于重要报告犹不加深察，几视稽核如虚设，此后，鸟尽弓藏，更无见重之处，稽核之职，似可乘此时一律裁撤，庶免虚糜经费，倘尚须存此名目，同人自惭菲薄，不敢尸位素餐，则请另选信任之人接充，俾可言以人重于事，有济同人约定，尽九月内结束一切，除再行报告外，先此奉闻，愚戆下忱，尚希鉴察，此致。

李积新、翁亮业、沈籁清、王鋐夔、姚伯华同启

十二年九月十三日

经募通泰盐垦五公司债票银团、大丰盐垦公司、兴丰银团合同（1929 年 4 月 27 日）11 条

立合同：经募通泰监垦五公司债票银团 （以下简称通泰）

大丰监垦公司 （以下简称公司）

兴丰银团 （以下简称兴丰）

今公司因整理通泰、兴丰两银团债务，经三方共同议决，订立正式合同，其条件如左：

一、公司所欠通泰债款，结至十八年六月三十日止，共计本息洋八十七万八千元，利息按年息八厘计算（过期本息按月息一分计算），每六个月结算一次，其抵押品业经该公司于民国十八年五月廿三日股东临时会议决，指定北段草地三十七万四千一百三十七亩八分六厘及股东已分熟地七万七千七百亩作为该债款之担保品（并连同区房及未收押租在内），其各区熟地数目、地段，由通泰会同兴丰向公司查明绘图，确定以上七万七千七百亩熟地之新验契纸，公司应俟查明地段绘图确定后，检交通泰执管。

二、公司所欠兴丰债款结至十八年六月三十日止共计本息洋八十五万七千元，利息按月息九厘计算，每六个月结算一次，其抵押品业经该公司于民国十八年五月廿三日股东临时会议决，指定股东已分熟地十一万六千六百亩作为该借款之担保品（连同区房及未收押租在内），其各区熟地数目、地段，由兴丰会同通泰向公司查明绘图确定，以上十一万六千六百亩熟地之新验契纸，公司应俟查明地段绘图确定后，检交兴丰执管。

三、公司全部管理权自本合同成立日起，由通泰、兴丰及公司三方共同组织维持会接办，维持会组织法另订之。

四、公司在维持会期内所有常年开支，应开立预算，由维持会筹垫，在每年全部收入项下优先提还。

五、通泰、兴丰全部抵押地上草熟地之收入，除按照预算应派常支外，余款由通泰、兴丰双方按成分配。

六、通泰、兴丰两方各个抵押地上之局部岁修工程，应归各该银团代替。公司单独垫认，仍由公司负责归还。

七、公司所有其他债务及剩余之草熟地(指通泰、兴丰以外之债务及不在两银团范围以内之抵押品)，应如何支配及抵还方法，统由该公司董事会负责自理。但在维持会管理期内，公司股东如不自行分管，应照代管地亩数目摊派。常支设代管地上收入，除常支有余或不敷常支统归公司董事会负责与维持会处理之。

八、公司已经指定抵押于通泰及兴丰之股东已分熟地十九万四千三百亩，其中部照有已交给股东者，公司董事会应责成股东遵照民国十八年五月廿三日股东临时会议决之缴款领地办法办理，至迟须在民国二十年十二月三十一日即公司与通泰第二次双方所订新合同到期之日以前如数缴清，领回应分地亩。倘期内不将股东应缴债款每股壹千元缴出者，其已领部照当全数交付银团，听凭处分，如逾所限、股东既不照缴债款又不缴回部照，该公司董事会应呈请官厅将上项股东已领部照宣布作废，另领新照准由银团不限价自由处分，为偿还债款之唯一办法。

九、通泰及兴丰双方各个抵押品项下售地收入之地价应归各自收回债本，所有售出地上之收入自应在通泰、兴丰各个债额项下按成扣除(例如通泰名下售得一部分抵押品地价十万元，以后收入按通泰、兴丰各个债权余额比例支配)。

十、此项合同草议，业经通泰、兴丰两银团代表及公司董事三方联合会审议通过，订此正式合同。

十一、此项正式合同缮写三分〔份〕三方各执一分〔份〕。

经募通泰盐垦五公司债票银团总报告(1933年8月)

本团经募通泰盐垦五公司债票，其以往情形，以及各公司状况，前载本团所辑债票纪实，及经营概况两刊之中，无俟赘述，时阅多年，各公司日趋窳败，其间经过有可得而述者，爰将各公司最近状况，本团办理情形，暨今后整理计划，撮要报告于次。

查各公司负债过重，虽得本团第一期债本300万元之接济，仅敷偿还旧债一部份，而对于经营地亩，各项工程，仍未有所设施，且当债票发行之年，各公司骤遭灾歉，故订定偿付之本息，即多数未能按约履行，本团本维持实业初衷，乃为之改订新约，并展宽年限，至二十年止，原冀予以相当时期，俾得从容整顿，以维债信，讵又迭遭匪共水旱之灾，收成歉薄，支用浩繁，各公司益陷困顿，甚至经常费用，亦难筹措，主持无人，各事停顿，不复顾惜信用，更无论清理债务，本团鉴此情形，认为抵押地亩，虽有契约规定，今公司失败至此，书面协约将自动失效，是有抵押之名，而无抵押之实，为保持持票人利益，巩固债票信用起见，非实行执有部照，不足以资保障，遂自十八年起，几经交涉，且为之筹垫款项，始将所有部照领齐保管，较之徒恃契约，似聊胜一筹，其后各公司情况日非，不独对本团债票本息无所措理，甚有私将原为本团抵押地亩，擅自转抵，或出卖，冀得现金周转者，种种违约举动，不一而足，虽经本团一再严重交涉，亦无适当解决办法，此则各公司已至山穷水尽，纵欲顾全债信，亦不可得矣。本团代表诸公，佥以抵押地亩，虽执有部照，而无管理实权。任凭措置，于债奚益，则非谋进而实行执管地亩不为功，遂于十七年间先将红地4万亩接收，组仓自管，十八年联合南通兴丰银团组织维持会，共管大丰公司，去年该会期满，又各划地自管，同年又与华成公司订定代管协议，十九年复组委员会执管大豫公司，至大赉公司交涉经年，始于本年协定执管担保地办法，其中惟大有晋债额最少，现以实产作抵，似可结束。自执管以来，略事整理，已获相当成效，但综合各公司担保地亩，全年收入，虽丰稔之年，亦所余有限，苟逢荒歉，便形支绌，常此保守，而不求进取，则公司势必破产，而债权亦有动摇之虞，矧多数地亩，均属草荡，如不设施工程，则天然进步固微，而咸潮冲击为害尤巨，非谋积极进行，难收桑榆之效，所虑者担保地虽经执管，而地权仍属公司，进行固多窒碍，筹款亦自不易，地权不能解决，工程亦无由而实施，兹者大豫、大赉两公司执管均将期满，曾来函要求割地了债，此项建议，亦属实情，盖公司舍割地无以了债务，而本团为维护债权计，与其长此迁延，不如直捷了当，较有希冀，惟事关全体持票人权利，是否有当，殊有深长计议之必要，为此提请团员会公决，以定进止，至于各公司担保地亩，均经实地查勘，兹按实际情形，视其缓急，分其先后，拟具计划，详述于后，惟希鉴察。

经募通泰五公司债票银团调查报告(1937年1月27日)

迳启者，案查本银团经募债票截止民国十九年底止，计每千元票面除陆续还本外，尚欠债本六百八十元。自十九年以后，各盐垦公司年岁既多荒歉，业务益见不振，债息积欠愈重，现款周转更难，本银团为持票人利益起见，在此数年中日夕筹维积极整顿之道，遂协商以地抵债办法，几经交涉，始于去年成约，惟是接管之初，头绪纷繁，几年来均经从事于勘地估价测量建设等工作，债票本息延期虽久而实际情况已较往昔为佳。至最近对于受抵各公司地亩已设法出售一万一千余亩，得价二十四万余元，兹经本团代表会议决，先行拨还债本二十四万元，计每张票面一千元，还本八十元，定于二月一日起请各持票人携带全张债票向香港路五十九号银行公会二楼本团稽核处凭票领取，至持票人应得债息，须俟债本全部还清，如有余款再行分配，查十九年还本之时，早经通告在案，应附带声明，亦希察及为荷，此启。

经募通泰盐垦五公司债票银团

二十六年一月二十七日

永利制碱公司发行公司债(1930年)

永利碱公司发行公司债契约(1930年9月25日)

立契约：永利碱公司、永利债券经理银行团(中国、盐业、浙江兴业、中南、金城银行)，(以下简称公司、银团)。双方议定由公司委托银团经理发行公司债券，特订立契约如左：

第一条，公司据民国十九年八月三十日股东会议议决发行公司债券，总额国币二百万元，委托银团经理发行，一切手续双方应依照债券章程办理。

第二条，每月应将基金拨交银团存储，一俟银团收足足敷还本付息基金时，方得再为支付本息。

第三条，银团收到基金时应分立专户处理，每届还本付息时，由银团在拨存基金项下分别支付并将收付数目按期作成报告通知公司。

第四条，银团应得酬金如左：

（甲）由银团代募之债券依照每次售出总额给予千分之三酬金，一切费用包括在内。

（乙）由公司自行招募之债券，由公司给予银团千分之三手续费。

第五条，还本付息基金应在天津拨存银团代为存储，其利息按收存日起给予公司，年息六厘。

第六条，此项债券印成后，交由银团保管随销随发，无论公司自销或银团代销，其所收款项均照交银团收公司往来户账，以凭拨用。

第七条，本契约如有未尽事宜，得随时以书面协定，与本契约有同一效力。

中国（银行）、盐业（银行）、中南（银行）、金城（银行）

中华民国十九年九月二十五日

永利债券经理银团议事录(1930 年 9 月 24 日)

一、债券基金应由公司按月平均分存在团各行，每届还本付息时，遇有数目不均情事，应由公司于次日平均补拨。

二、在团各行经理发行，无论何行经理，数目多寡，所有应得手续费平均分给各行，如有需费，亦由各行平均分任之。

三、公推金城银行保管文件及担保契处

四、应与公司接洽事件如下：

甲、公推周寄梅君为会计处长，所有会计处办事员、处长得按照章程荐充。

乙、公司所有收支款项应交由在团各银行经理。

丙、公司所有支出款项须经会计处长签字。

卞寿孙、陈世璋、周作民、王锞基、朱邦献

永利制碱股份有限公司募债启事(1930 年 8 月 30 日)

本公司为完成扩张工事偿还债务经十九年八月三十日股东紧急会议决募集公司债二百万元，其发债章程业蒙工商部批准备案，兹定十月一日起开始发行，其有发债条件并为摘出于次：

一、价格：按票面定额九八收款，一次收足。

二、利息：年息一分二厘，每六个月付息一次。

三、期限：先二年还息，自第三年起本息并还，凭抽签法还本，定期八年还清。

四、票额：本债券票额分为万元、千元两种。

五、抵押品：以公司全部财产作抵，俟公股交出随时赎还。

六、代理发行机关：中国、浙江兴业、金城、盐业、中南、五银行。

查本公司债券担保确实，利息优厚，还本年限又极短促，且会计公开，由银团派员执行管理，投资稳妥，实空前所未有。如荷认购即请就近与代理各银行或本公司总经理处面商函洽，均所欢迎统希，鉴察无任感幸。

永利制碱股份有限公司谨启

永利制碱公司发行公司债章程

第一条　永利公司为增加产额，整理债务起见，经国民十九年八月三十日股东会议议决募集公司债，并委托中国、浙江兴业、盐业、中南、金城各银行经理发行，定名曰永利债券。

第二条　此项债券总额定为国币二百万元。

第三条　此项债券按票面定额九八收款，一次收足。

第四条　此项债券概为不记名式凭证券，还本付息如有毁失概不挂失补给。

第五条　此项债券票额分为万元、千元两种。

第六条　此项债券逐张编列号数，附印息票由公司董事长、总经理署名盖章并加盖图记，以昭信守。

第七条　此项债券定为月息一分，自发行日起每半年付息一次。

第八条　此项债券定为八年还清，自发行日起，其最初二年只付利息，自二十一年十月起，每届六个月期满，按另表用抽签法还本一次，至二十七年十月还清。惟公司业务发展收入较多时，得提前加签还本，但须于三个月前公告之。

第九条　公司应自此项债券发行日起至二十七年十月止，按照还本付息表，每月提拨现金交存经理银行，作为基金备付本息。

第十条　此项债券以公司全部房地产、机器、原料、出品及附属财产为担保品，公司应造具详细财产目录，连同保险单交存经理银行收执。

第十一条　经理银行得推荐一人为公司会计部长，遵照公司章程，执行会计职务。

第十二条　此项债券还本付息，由公司委托经理银行代为支付，其每届还本付息日期，由公司于抽签后即时公告之。

第十三条　此项债券在有效期间内，得以代缴本公司保证金，所有本公司及附属机关均应一律收受。

第十四条　公司如违背本章程时，经理银行为保护持券人利益起见，得随时向公司交涉，并会商持券人，将所有担保品自由处分，不足时公司应补足之。

第十五条　中签债券应将原券连同附带未到期息票凭，向经理银行支取本金，其附带息票如有短少，应在本金内扣除。

第十六条　中签债券经过三年后，如不向经理银行支取为结束，计所有债券本金连同息票应即取消作废。

第十七条　此项债券经理合同另行商定之。

第十八条　本章程未尽事宜应适用公司法之规定。

闸北水电股份有限公司公司债

闸北水电公司发行之第一抵押公司债，由五银行合组之银团包销，并推定一银行负保管抵押品及保管收付之责。该公司发行公债之章程及与银团订立之契约如左：

闸北水电股份有限公司发行公司债章程

第一条　闸北水电股份有限公司（以下简称公司）为偿还旧债扩充设备，经民国二十二年二月二十六日第八届股东会议决发行公司债。

第二条　公司根据《公司法》及《电气事业条例》之规定，比照已缴股款六百万元，又民国二十二年年底固定资产一千三百六十六万九千元（千元以下从略）之比例，规定公司债总额六百万元，视公司需要情形分期募集。

第三条　公司第一期，先募集债券四百五十万元，定于民国二十三年十月三十一日募足，第二期债券募集日期随时公告之。

第四条　本债券之持券人，以中华民国国籍为限，非中华民国国籍者，持有本券一律认为无效。

第五条　公司债以民国二十二年年底公司资产负债表及财产目录所列之固定资产全部共值银元一千三百六十六万九千元（千以下从略），作为债券之共同担保，设定第一抵押权及质权开列目录，连同契据移交经理债券银行保管，遇公司不能偿付债券本息至两期时，经理债券银行经持券人代表债券额过半数之要求，得将担保品处分全部分或一部分。

第六条　公司委托交通银行、四行储蓄会、浙江兴业银行、金城银行、劝工银行（以下简称银行）经理发行债券，并保管债券之担保品。

公司与银行经理合同另订之。

第七条　银行代表持券人利益，有权考查公司财政营业工程状况，调阅关系各项文件单据，并得提供意见于公司董事会。

银行指定会计师一人，代表银行常驻公司，审核各项账目。

第八条　债券利息周年八厘，自发行日起算，每满半年付息一次。

第九条　债券照票面定额九八发行，即每百元实收九十八元。

第十条　债券定期八年，自发行日起算，每满半年按已发行债券之数，用抽签法偿还十六分之一为一期，至满足八年之第十六期止一律还清。

第十一条　债券分为万元、千元两种，概用不记名式，但因持券人之要求，得改为记名式之债券，转让时须经过户手续，仍为记名债券。

不记名式之债券，纯凭债券收取本息，如有灭失概不补给。

第十二条　债券每届应付之本息，公司就收入项下尽先拨交银行存储，以备届时发付。

第十三条　债券中签后，持券人应将原券连同附带未到期之息票凭向银行支取，如附带之息票有短失时，应在本金内照数扣留。

第十四条　中签债券及到期应付息票，应于二十四个月以内，向银行领取，如逾期不领，应即取销。

第十五条　本章程未尽事宜，适用《公司法》及其他关系法令之规定。

第十六条　本章程呈由上海市公用局转呈上海市政府核转全国建设委员会及实业部核准备案。

闸北水电公司与银团订立之契约

立合同　闸北水电股份有限公司（简称公司）

交通银行、四行储蓄会、浙江兴业银行、金城银行、劝工银行（简称银行）

缘公司于民国二十二年二月二十六日经第八届股东会议决发行公司债券，委托银行经理发行，并保管债券之担保品，经双方议定条款如左：

（一）公司委托银行经理发行债券，并保管债券之担保品，银行亦允承受之，一切依照公司债发行章程及本合同办理。

（二）银行合组债券经理委员会，公同经理并推定银行一家担任保管及收付，仍由委员会负责监督。

（三）公司将债券全数统交银行保管，每期发行数额及日期由银行与公司商定办理，其未发行部份仍由银行保管。

（四）公司第一期，先发行债券额面四百五十万元，其中分甲、乙两部份，甲部份三百万元，备偿还旧银团债务，乙部份一百五十万元，备偿还其他债务并扩充设备。此项债务除依法公募外，由银行担任承销，债券之利率、发行折扣、还本付息期限，概照章程规定办理，公司对甲部份债券之募集，另给予银行手续费百分之四（即每百元四元），对于乙部份债券之募集，另给予银行手续费百分之三（即每百元三元）。

债券公募所需广告印刷品等费用，由公司认付。

（五）第一期债券，应于民国二十三年十月三十一日以前募足，银行于十一月一日缴款，除扣除手续费外，全数拨存公司往来账上。

（六）公司募集债券，收取之款除拨充第四条列举各项用途外，对于未提用部份，暂存银行，银行允给存息周年七厘。

（七）债券第二期，募集日期及承销手续费，由公司与银行书面商定之。

（八）公司固定资产，截至民国二十二年十二月三十一日止，共值银圆一千三百六十六万元九千元（千以下从略），作为全部债券之共同担保，开列财产目录，连同契据移交银行保管，银行对担保品中之不动产依法登记，动产派员占有，所需费用由公司认付。

（九）公司应将担保品中之土地缴足钱粮捐税、水电、各项设备、建筑物及器具等，随时修理完固，并保足火险（双方认为必要时，并加保水险或兵险），倘公司不即照办，银行得向催告，并代为办理，所需费用由公司付还，并按周息八厘计算，上项承保之保险公司，须得银行同意，其保单及保费收据移交银行保管，如过失慎或其他灾变以致毁坏资产之全部或一部份时，应得保险赔数由银行领取之。

倘保险公司无论如何原因不允赔偿，致担保品受有损害时，公司对于债券本息全部义务不能免除。

（十）公司到期不能偿付债券本息，银行应正式催告，并加算愆期利息周息八厘，倘公司不付债券本息至两期时，除催告并加算愆期利息外，银行经持券人代表债券额过半数之要求，得将担保品处分全部分或一部分。

（十一）银行代表持券人利益，有权考查公司财政、营业、工程状况，调阅关系各项文件单据，并得提供意见于董事会，银行指定会计师一人，代表银行常驻公司审核各项账目。

（十二）每届还本付息到期前十日，公司将应付本息拨存银行，以便届期发付银行，俟发付完毕，将收付专账报告公司。

（十三）公司如欲将债券提前还本，应先将本金拨存银行再行登报公告。

（十四）债券未印成以前，得以预约券代之，俟债券印成，再凭持互换发行预约券办法，由双方再以书面商定之。

（十五）债券本息全部还清后，本合同应即作废，银行应将担保品交还公司，交还担保品所需费用由公司认付。

（十六）本合同共签订同式六份，公司执一份，银行执五份。

（十七）本合同未尽事宜，随时以书面商定，双方互换之书面与本合同有同等效力。

民生实业公司发行之第一抵押公司债

民生实业公司发行之第一抵押公司债，由银行团包销，并由银团组织委员会，负保管抵押品及代理收付之责。该公司发行公司债之章程及与银团订立之经理契约如左：

民生实业股份有限公司发行第一次公司债章程

第一条　本公司为扩充并整理业务，发行公司债，定名曰民生实业股份有限公司第一次公司债。

第二条　债券总额，定为上海通用银币一百万元。

第三条　本公司债按票面额十足发行。

第四条　本公司债，得用记名式或无记名式，其用无记名式者，只可凭本债券还本付息，如有灭失概不补给。

第五条　本债券分为一万元者五十张，一千元者五百张，每张均编列号数，并附本息票，盖有本公司印章，并由董事长、常务董事四人及总经理会署盖章。

第六条　本债券之还本以八年为期，自发行日起一年内只付利息，自第二年起至第七年止每届六个月，付息之日随还本金票面额百分之七，第八年内两届付息之日，各还本金百分之八，但本公司亦得提前还本。

第七条　本债券利率，定为年息一分，自发行日起，于每年六月三十日及十二月三十一日各付息一次，每届还本后利随本减。

第八条　依前二条之规定，本公司逐期应还本息，特编还本付息数额表附载于后，遇提前还本时，表载利息应随之递减，还本付息如有愆期，应按原利率加计复利。

第九条　本债券募集及还本付息事宜，委托上海金城银行、中国银行、交通银行、中南银行、上海商业储蓄银行、重庆聚兴银行、川康殖业银行、四川美丰银行经理。

第十条　本公司债本息，以本公司现有全部船舶及其运费，并关于船舶之一切收益为担保，由本公司抵押与各经理银行所组织之民生实业公司第一次公司债持券人代表委员会，关于保全债权，行使抵押权方法及抵押品目录，均详本公司与经理银行所订之经理契约，上述持券人代表委员会为永久机关，不论债券移转与何人，代表委员会之组织不得变更，俟本债券本息还清后撤消之。

第十一条　本债券得代以缴纳本公司各种保证金，其已到期之本息，并得视同现金交付本公司之运费。

第十二条　本债券每届到期，本息应凭原券连同附带未到期本息票，持向经理银行支取本息，其附带本息票如有缺少应按额扣除，到期本息逾期三年不向经理银行支取者，其过期部份均应视为失效，不得再请付款。

第十三条　本公司债依照《公司法》之规定，呈请实业部登记。

民生实业股份有限公司第一次公司债经理契约

立经理契约，民生实业股份有限公司，本店设在四川重庆，在上海设有支店（下称甲方）为一方，与上海金城银行、中国银行、交通银行、上海商业储蓄银行、中南银行、重庆聚兴诚银行、川康殖业银行、四川美丰银行（下称乙方）为他方。

缘甲方为扩充并整理业务，经股东会之议决，按照发行第一次公司债章程发行第一次公司债，上海通用银币一百万元，委托乙方募集并经理还本付息，指定担保品、设定质权，以乙方所组织之持券人代表委员会代表全体持券人为抵押权人及质权人，经乙方同意，双方缔结经理契约，并订定条款如下：

第一条　甲方依据第一次公司债发行章程发行公司债，上海通用银币一百万元，统归乙方经募，已由乙方各银行分别认募，计上海金城银行认募四十万元，中国银行认募二十万元，交通银行认募十万元，中南银行认募十万元，上海商业储蓄银行认募五万元，重庆聚兴诚银行认募五万元，四川美丰银行认募五万元，川康殖业银行认募五万元。

前项债券，应由乙方于民国二十四年七月一日以前，招募足额，其未经募足者，届期由各认募之银行分别自行承购之。

第二条　购买此项债券，概用上海通用银币交款，届期还本付息亦用同币在上海支付，其在他埠购券交款者，应按交款日该埠对沪电汇行市合算。

第三条　甲方发行债券，统交乙方各银行，依认募额分别保管，随销随发，债券未印成以前，得发行预约券，俟债券印成后换发。

第四条　乙方募销所得现金，均分存乙方各银行，由甲方随时提用，其提用款额应经本契约所规定总稽核之审核。

第五条　甲方发行债券，依发行章程还本息事宜，亦委托乙方经理。

第六条　此次发行债券，由甲方按照票面额给付乙方百分之五经理费，于募得后由乙方扣除之，每届还本付息期，甲方应给乙方所经还本息额千分之二五之手续费。

第七条　乙方代甲方经付本息，以甲方经由持券人代表委员会提存于乙方各银行之现款为限，乙方不负代垫之责。

第八条　甲方为担保本债券本息之清偿，指定其现有全部船舶为抵押，另编抵押品目录附后，并就甲方现有全部船舶或其代替物所生之一切收益设定质权，以持券人代表委员会为代表全体持权人之质权人。

第九条　为执管供债券担保之财产，并保全债权行使抵押权起见，乙方在上海设置一委员会，定名曰民生实业股份有限公司第一次公司债持券代表委员会，或简称代表委员会。

第十条　前条代表委员会之委员，由乙方各银行派其在沪之重要职员充之，设主席一人，由经募债券额最多数银行所派之委员任之。

第十一条　代表委员会每年至少集议一次，由主席召集之，代表委员会之决议，以权数表决，每经募债券一千元有一表决权，代表委员会为便利处理事务计，亦得将应议事项用通知单转递表决，经多数可决时即生效力，主席得随时召集临时会议。

主席为对外代表并执行代表委员会之决议。

第十二条　代表委员会得在重庆设置分会，其分会之委员及主席，由代表委员会就与债券有关系之当地银行重要职员中选任之，分会与甲方处理各事，应随时报告代表委员会。

第十三条　代表委员会之职权如下：甲、迳自或委托各经理银行接管占有供担保之船舶及附属物，接管后再行出租与甲方；乙、依本契约第十六条之规定，分配经办甲方收支往来存款机关存数额；丙、依本契约第十六条之规定，收受并保管甲方按月解沪之债券本息；丁、遇必要时，对于指存各地之款项行使质权；戊、依发行章程及本契约行使一切处分权，并执行其他一切有关之事务。

代表委员会应选任总稽核一人，常川驻在甲方本店。

第十四条：前条总稽核处理事务如左：

一、办理第十三条第一项甲款，由代表委员会接管占有后再出租与甲方全部抵押船舶事项，并代表代表委员会与甲方签订租约。

二、代表代表委员会委托各船船长及经理，以本人资格为本会保管船舶，取得各船船长及经理之承诺书，书内除担任负责保管外，并订明各船之航程及其次数，应逐月汇报代表委员会，如遇本契约第十八条事项发生，有须处分各该船舶之必要时，各船长、经理等必须听命于代表委员会，遇有船长、经理掉换时，该项承诺书亦须更换之。

三、调阅甲方一切收支之账目，参加审核甲方本店之预算并注意：（甲）非航业本身之投资，如未得代表委员会书面之同意，一概停止进行，以期集中发展本业；（乙）重庆本店一切付款单据，应由总稽核根据预算复核副署之；（丙）除各支店按照预算支付之款项，应就地留用外，如有临时设计及购置之支出，于其陈请本店核定时，必须经总稽核之审核，此项审核应以甲款所定原则为准。

四、查阅甲方逐月收支，如有疑问时，甲方应释明之。

五、根据甲方账册按月制一甲方本支店全部收付总表，报告代表委员会及重庆分会。

第十五条　本契约第八条抵押品中之船舶，应有全部吨数百分之六十以上，以上海及汉口为该船舶之船籍港，并应将全部船舶及其一应设备在各该船籍港申请，该管航政官署以代表委员会为登记权利人，为设定船舶抵押权之登记。

前项全部抵押船舶，应由乙方验收承受移转占有，于取得占有后，仍出租与甲方使用，其危险责任由甲方自负，租金定为全部船舶每年银一元。

第十六条　甲方本店及支店(办事处、代办处在内)，就现有全部船舶或其代替物所生之一切收支，除零星现款外，悉应经由乙方在各地之各行办理，其存息按当地往来存款利率计算之，此项存款之分配，甲方应斟酌以乙方各经理银行分募债券额为比例，就每满一整年之通盘计算，前后分地分存之，除每届月终，应由甲方按照甲方公司债章程所定之债券还本付息额按月摊提解沪交代表委员会外，其他收支听甲方自由至各存款机关，应由甲方委托其于每一个月缮具收支报告一次，送代表委员会，甲方按月摊提解交代表委员会之款，应由代表委员会用自己名义开立基金户，视乙方各行分募额，随时比例分存各行，就该项存款应照上海市拆给息，届期由代表委员会支出付还甲方，代表委员会实存各行之基金，每月月底积存之总数得由代表委员会公告之。

前项乙方各行经办甲方收支存款，甲方已向乙方设定质权，并由甲方授权代表委员会，如遇甲方应逐月解沪之还本付息基金有不解或短少等情，甲方受催告后仍未照解时，代表委员会得就其质权之款项，迳电各地存款机关电解，或由乙方任何经理银行对于其他甲方之存款行使抵销权。

第十七条　抵押之船舶应保船壳险，其保额至少为实欠债额再加银币三十万元，抵押品之全部或一部，经乙方认为必要时，并应加保其他兵盗等各险，保险公司以代表委员会认可者为限，保险单或保费收据均归代表委员会执管，并应由甲方请求保险公司在保险单上为出抵与代表委员会之批注，如有赔款应归代表委员会收存，作为现金担保品，担保品之中如有发生损失而未经保险，或虽已保险而未受赔款者，甲方应按其价额另以他项财产补充之。

保险单满期时，甲方应于满期之先一日取具，继续之新保单及保费收据交与代表委员会，如逾期，甲方不照履行，代表委员会有权代为继续保险，其保费应照甲方于接到乙方通知后即行偿还，否则代表委员会得准照前条第二项办理，如有应行加保兵盗等险之必要，而甲方怠于履行时，亦同。

如遇出险，代表委员会不负与保险公司交涉赔款之责，如保险公司拒绝赔款或赔款不敷一切损失，概由甲方自负。

第十八条　遇付息还本延期或其他违约，经代表委员会催告逾一个月而仍未履行时，代表委员会得迳处分一部分供担保之财产，如遇本息愆期过六个月时，代表委员会得协商甲方，迳由代表委员会自己或委托第三者管理营业，或协议增进保障持券人债权之办法，如协商或协议不谐，即由代表委员会视所有未到期之债额一律到期，由代表委员会对于供担保之财产行使全部处分权，求一次之清偿。

第十九条　甲方对于供担保之财产，如得代表委员会之书面同意时，亦得将担保物整处分之，但须保持原有价值或以同等价值之担保物代替之，甲方对于担保物设定第二物权时，必须商得代表委员会之书面同意后方得为之，并应订明本次债券之本息及其他款项有优先受偿权。

第二十条　代表委员会酌设办事员，其薪水与办公费，每月以二百元为限，及总稽核之薪给、食宿、川资等，均由甲方支付，又乙方关于本契约内所发生事项之费用，连同律师公费在内，均归甲方负担之。

第二十一条　凡因本契约一切事项所发生之任何争议，而致涉讼者，双方合意以上海公共租界内之本国法院为管辖第一审法院及其各上级法院为上诉法院。

第二十二条　本经理契约一式九份，甲方及乙方各行各执一份，契约内条款得由甲乙双方协议变更或增加之，但应作成书面黏附本契约为凭。

第三实例：永安有限公司发行之第一抵押公司债，由中国建设银公司承销，并以中国银行为信托人。所有保管抵押品及还本付息事宜，均由信托人办理之。该公司发行公司债说明书于左：

中国建设银公司征购上海永安有限公司七厘公司债券说明书

上海永安有限公司（一九一六年十二月二十三日依香港公司条例注册成立），收足资本一千万元，分十万股，每股一百元，发行公司债券，总额五百万元，年息七厘，至民国三十五年十月一日本息清偿，兹特公开征购。

受托银行　中国银行

担保品　上海永安有限公司兹发行七厘债券五百万元，由该公司于本年七月十五日与中国银行订定信托合同，特指定土地、房屋及机器设备等为担保品，经由香港主管官署登记。上海土地房屋，一部分由司派克君于本年五月估值六百六十万零二千四百三十九元，一部份由通知洋行于去年十月估价一百五十六万九千二百九十三元，机器设备等前为永安纺织股份有限公司所有，即装置于其第三厂内者，由前任怡和洋行机器部工程师卡半仙君于去年十月估值二百十万零九千二百九十五元。以上担保品共估值一千零二十八万一千零二十七元，超过发行债额一倍以上。

依信托合同，受托银行得随时将上项特定担保品重行估价，如重估价值，不及本债券未付本金总额百分之一百五十时，则受托银行得令该公司再提供担保品以补充之。

公司债之用途　募集债款仍为偿还负欠银行短期借款及其他债务，并作发展该公司事业之用，除本次所发行债券外，该公司并未发行其他债券。

债券种类　债券为记名式，每券额定一千元，还款转让，均依定式办理。

利息　债券利息规定周年七厘，于每年之四月一日、十月一日分付之。首次付息期定本年十月一日，自公开征求购买停止日起付息。

还本办法　信托合同订定该公司应自民国二十七年至三十五年每年于七月三十一日以前提交受托银行现款或本债券面额二十五万元。上项债券得由该公司向市场按票面或较低之市价外加利息购买，拨交受托银行注销。如所交债券面额，不足二十五万元之数时，其现款之部份，应随即由受托银行由抽签法决定应还债券，连同应付利息于每年十月一日十足偿还，使与购交注销之债券面额，每年合成本金总额二十五万元。余欠二百七十五万元，俟至民国三十五年十月一日以后，按票面额多付百分之二，另加利息，于每付息日清偿未还债券之全部或一部。

查账员报告　该公司查账员为香港域多利城刘敏芝会计师，依香港公司条件第四章第二节应具之报告如下：

年份	全年盈利(港币)	派给股东之股息(港币)	派给股东之红利(港币)
民国十五年	1 159 643.12	1分 250 000.00	5厘 125 000.00
民国十六年	701 698.33	8厘 400 000.00	
民国十七年	1 464 514.43	8厘 400 000.00	2厘 100 000.00
民国十八年	2 058 414.68	8厘 400 000.00	4厘 200 000.00
民国十九年	2 377 555.29	8厘 400 000.00	4厘 200 000.00
民国二十年	2 075 125.91	8厘 600 000.00	
民国二十一年	1 973 929.13	8厘 800 000 00	
民国二十二年	1 676 921.84	8厘 800 000.00	
民国二十三年	1 622 254.79	8厘 800 000.00	
民国二十四年	1 411 823.61	8厘 800 000.00	

为报告事，本会计师审核上海永安有限公司账目，查得该公司自民国十五年起至二十四年为止，每年所获之盈利及派给各股东之股息如下：除上项派给股东之红利外，民国十六年并自公司总准备金项下拨出港币二百五十万元，派分各股东收作新股，民国二十年，复拨出港币五百万元，派分各股东收作新股，民国二十四年终结账时，公司之总准备计港币三百万零二千七百六十六元八角六分，汇兑涨跌准备计港币六十万元，滚入下年度损益港币三十五万七千九百十九元一角九分，公司房屋生财等之折旧。自民国十五年起至二十年止各年之损益计算书内均经折算。本年度之账目尚未结算，特此报告是实。

香港会计师刘毓之具　　民国二十五年七月八日

证券　上项公司债券之全部，已由本银公司以九一.五折购受。本银公司兹特公开征求购买，定价九四折，约合年息八厘。关于本债券一切法律事件，中国银行方面经哈华托古沃律师公馆及蔡汝栋律师事务所所审查，上海永安有限公司方面经徐士洁律师事务所所审查，中国建设银公司方面经桂中枢律师审查。

所有信托合同、估价单、债券式样，本年六月二十二日上海永安有限公司与中国建设银公司订定认募合同，及该公司章程，得于该公司驻沪事务所及受托银行内阅览之。

凡愿购买者，应填定式声请书，附具开交本银公司之支票，按每面额千元付九百四十元之实价，于民国二十五年八月十四日下午二时前与声请书一并送还本银公司。凡声请书上具有上海众业公所经纪人之签名者，当另给通常之佣金。

本债券拟请上海众业公所正式开盘买卖。

本说明书所列数额，除特别标明外，均为中华民国国币。

本说明书均由香港公司注册官备案。

中国建设银公司董事：胡笔江　宋子良启

上海永安有限公司董事：郭泉　杜泽文启

民国二十五年八月十二日

三、政府债券的发行与上市

（一）北京政府时期的政府债券与上海金融业

上海商业公团联合会劝告本业拒销安福系军阀发行的元年公债（1920年7月22日）

敬启者，安福祸国举世皆知，近闻该系以军饷缺乏，又私发元年公债二千万，在沪以至低之价出售，收吸现款，以我国民汗血之资供彼国贼造逆之用，我国民岂甘承认，除已电告政府否认外，诚恐贵业同人未明原委代为发行，用敢竭诚奉告，须知此项债票为安福系私自发行，岂能发生效力，设若偶为卖买，将来损失必至不堪设想，敢望贵公会迅即通告，贵业同人将此项债票一律拒绝，尽我国民良心，免致日后损失，诚一举而两得之矣，区区之忱，惟希公鉴，专此奉布，敬颂大安不备，此上银行公会。

上海商业公团联合会谨启

上海总商会致总税务司电（1921年10月27日）

近日报载外交团提出节略，以外债愆期拟向政府要求移动内国公债基金抵付外债等情，虽传闻之词未尽可信，而上海商市已为震动，今日票价奇跌，银拆飞涨，人心皇皇不可终日。查政府所欠外债，莫不有相当之抵押品载在合同，政府果有失信情事，应由债权人就原抵押品向政府理论，不能牵涉合同以外之其他收入之盐余、关余，况盐余、关余为整理内债之基金，煌煌明令行之有年，一般人民信仰执事保管有方，故能票价日高，流通市面，若将内债基金忽为外债攫夺以去，侵夺权利，孰有过于此者，敝会等与商业前途金融大局关系至为密切，如报载各节，必至激起全国金融恐慌，商业危险，将来受其害者，不独华商已也。总之，政府所欠外债，自应设法整理，以维国信，但不能夺此予彼重外轻内，其已经指定之关盐、余款，为内国公债基金者，关系四万万人民生命，丝毫不能移动，贵总税务司保障内债，责有攸归，敝会等敢进忠告，务请力践前言，保持信用，勿稍偏狗，以慰众望至为盼祷，并希惠复。

上海总商会会长

内国公债局养日来电（1921年11月23日）

上海银行公会鉴近日银根奇紧，债票跌价，人心惶惑，实则公债本息关于人民权利至巨，本局与总税务司责任所在，自愿切实维持，兹特声明整理六厘公债十二月一日起开始还本，并付利息，三年公债十二月一日抽签，三十一日起开始还本并付利息，七年短期公债十二月十日抽签，三十一日起开始还本并付利息，七年长期公债十二月三十一日照章付息，以上本息共计一四一七万九三七七元八角四分，均查照原案届期照付，毫无延迟，特此电达，希广为宣布，俾各周知，藉安市面而利金融，至为祷盼内国公债局卷　十年十一月廿三日

上海银行公会致国务院财政部电(1921年7月25日)

北京分呈国务院财政部鉴，自政府十年公债条例发布，群情异常惊惧，盖旧债整理方始就绪，人民痛苦尚未回复，基金甫经筹定，忽有十年公债之发行，担保既不确实，用途亦未宣布，经公众承认实与银行公会历次建议相背，兹经公决，凡公会从前议决方针必须贯彻，对于十年公债绝端不能承认，应请明令停止发行以维债信而保大局。

上海银行公会叩

十年七月廿五日

上海银行公会通告

公债失信，流毒社会，人民怨嗟遍及全国，此次政府动议发行新债，各报宣传后，敝会曾电请京公会将已发公债本息愆期，人民受累已非浅鲜，向政府痛哭陈词，并恳政府停止续发新债，以纾民困，近闻报载政府对于新债仍复积极进行，业已颁布条例，是政府既不爱我人民，我人民亦惟急谋自卫。兹经敝会公同议决，此后政府如有新公债发行，凡我银行界概不收受抵押，并警告各地证券交易所勿再代为买卖，庶发行无效，民困得苏，不特金融不致扰乱，商业亦得安宁，勿请各发天良，一致行动，以培民脉而挽危局，除分电全国各法团外，特再登报通告。

全国银行公会联合会致国务院、财政部电(1922年4月21日)

各省军政长官、各团体、各报馆公鉴，顷上北京国务院财政部，窃查自民国九年公债整理案宣布后，信用昭著，流通日广，迄至今日计先后发行公债额未尝还者尚在三万万元以上，有作为慈善宗教及其他公益机关之基本金者，有作为人民之生活费者，有为外人所有者，有在市面流通周转者，是关系于国家内外之信用及个人社会之经济至密且大，万一失信何以为国。查整理公债案第九条规定保管基金办法，内有银行方面推举代表会同办理等语，我银行界对于公债之维持实义无可辞，责无旁贷，近鉴于政局靡定，谣言分起，公债价格因之跌落，现开全国银行公会联合会，公同议决巩固公债信用办法如下：一、凡各公债条例，指定由盐余项下拨付者，应请政府如期照拨，并由本会函请稽核所总会办根据政府条例如期办理；二、凡各公债条例，指定由关余项下拨付者，除由关余内应付赔款借款外，应全数作为基金，政府将来不得指已收回之俄德赔款作为他用，并由本会函请总税务司根据条例按期催收各项基金，合并关余如期发放；三、各公债条例指定由交通部烟酒公卖局及其他项下拨付者，按盐关两项照拨后，基金虽已巩

固，然为尊重政府之条例，维持公债之信用起见，仍请政府按照条例照拨。除基金办法外，关于发行事项，更有请者，一、现有发生额外公债之事，查究额外债票是否政府发行，如有伪造，应严行查办。如系政府发行，其作押品者或已流通市面者，应迅以相当之有价证券换回销毁或迅筹的实基金拨交基金处并案办理，作为正式发行；二、将政府历来发行之公债分别种类、数目、号码造列详表，一面登报公布，一面印刷成册分配各地银行公会，广为传布，其余未经正式发行之债票一律销毁，永杜重发而释疑虑；三、明订禁条以后，非经指定确实基金，不再发行债票，并不得以未经发行之债票作借款之押品，如是则债票永无有效无效之别，而持票人或购票人亦均无种种意外之虑矣，所有本届银行公会联合会议议决办法，理合呈请采纳施行，事关国信民生，不胜急切待命之至。

全国银行公会联合会

全国商教联合会驻沪办事处致上海银行公会（1922 年 4 月 21 日）

迳启者：本会为政府有动摇整理内国公债一案，于今日特电呈北京国务院财政部，其文曰："比以政局不宁，公债益落，全国银行公会联合会已议决巩固信用办法，急电呈请在案。乃近忽盛传民国十年整理内国公债案有动摇之说，商民惊惶愈甚。以内国公债自整理案成立以来，国民信用与国家财政交相利赖，正宜尽力维持。设有动摇全国金融根本破坏危险有不忍言者，惟是谣传或非矣，因究竟该案有无动摇，事关大信，应请切实电复，宣布真相，以释群疑，不胜歧盼等语，相应录电奉达，即希查照，此致

上海银行公会：盛竹书先生

全国商教联合会驻沪办事（启）

四月二十一日

全国银行公会联合会致北京政府财政部（1922 年 4 月 22 日）

北京财政部钟部长钧鉴：敝联合会议议决巩固公债基金一案，昨曾电陈谅邀明察正，又谣传京中有人因财困，建议将盐余移用变更各项债案，消息所至，市情惶骇，债价又复锐跌。社会投资公债以为生活者甚众，全体哗然，纷纷来会质询，其势汹汹，若歆得而甘心者。银行界根据条例，有会同办理基金之责，当即告以条例所定基金办法，即政府与人民之契约，人民所有物何至强夺变更，铁案如山，谁肯犯众怒而陷于不法勘令，切勿信谣自扰。但敝公会同人虽深知此种谣传尽属无稽，且公以经济名家总管度支，必能毅力维护，无庸鳃鳃过虑。然当此时局纷纭，人心浮动，还乞贵部主持基金原案，并根据敞联合会议哿电迅赐电复，明白宣示。俾大众咸晓贵部对于基金原案，力图巩固，绝无变更，庶谣言息而人心安，债信幸甚，国信幸甚。

全国银行公会叩养

上海银行公会建议(1922 年 4 月 22 日)

为建议整内国公债并筹善后方策事,查民国十年春间,银行界因鉴于财政现状之不良,对于内国公债之整理视为要图,因此,有内债整理计书画建议于政府,其后幸能施行,于是紊乱无绪之内债总算有一办法。吾同业方望政府不再蹈以前之覆辙,孰知整理之效未举,而又滥发私售较昔尤甚,此善后方法亟应加以研究,按财政整理之必要,识者殆皆知之,然财政整理与内债整理尤要在相辅而行,方有效果,比年以来,每年所有之岁入均不敷岁出,除向银行借款及变卖官产与增加捐税之三种方法以外,悉赖发行内国公债及国库券以为填补,因此弊害丛生,财政更加纹乱,乃近来传说内国公债票竟有溢额及重号等情,可知财政当局其于内债之信用非但无能力以为保障,且从而自行破坏,使不速谋善后方策,则执有债票之人民固难望还本付息之安全,且时有意外之损害,直接足以妨碍人民之资产,间接足以影响市价值跌落,而我银行事业尤不免受其牵累也。关于公债整理之根本方策,且前姑不深论,为急则治标之计,今就管见之所及,提议如后:

第一,所有已发行之公债票,其由财政部正式发行者,究共几何,理应要求财政部详细公布,如此则号码重复与额外滥发之两种事情,不难辨别。在执有债票者,可以此为对照之根据,并藉此防止政府以后再有此项含混情事。

第二,所有已发行之公债票,在当时,政府为取信于人民计,均皆指定还本付息之财源以为保障,同时,并声明专款储存,决不挪用,乃查近来还本付息有尚确实者,有稍虚浮者,究竟此项专款是否实在,年来有无挪移情事,是则应向政府切实清查,以免含混。

以上二者自属要图,此外对于重号溢额之两种情事,尤需要求政府有切实之声明,其理由如左:

第一,所有正式发行之债票号码应由财政部列表送交银行公会公布于各地报纸,俾安人心并释群虑。

第二,今后发行债票,当发出时,除由财政部将号码起讫公布于政府公报外,同时并应抄送各地银行公会,代为公布。

第三,所有已发行之债票,每期领取利息时,应另盖特别记号,以杜冒滥,并示慎重。

综前所陈,本公会共同讨论关于内国公债,佥谓非筹后方策,难谋补救,是否有当,敬候公决。

上海银行公会提出

全国商教联合会驻沪办事处致上海银行公会(1922 年 5 月 2 日)

迳启者:前日录奉致财政部马电谅邀。

鉴及兹得财政部复电,其文曰:"马电悉,整理公债应拨基金已由本部按月照拨,并无动摇之事,希代为宣布,等因相应函达即希查照,此致!"

上海银行公会:盛竹书先生

全国商教联合会驻沪办事处(启)
五月二日

北京政府来电(1922 年 5 月 5 日)

银行公会鉴,刢、养两电均悉。整理公债基金已由本部按月照拨,并无变更之事。联合会所陈巩固公债信用各节,均属切要办法,自应由部采择施行。财政部交请登本埠新闻稿。

上海银行公会(印)
十一年五月五日

北京银行公会致上海银行公会来电(1922 年 5 月 9 日)

上海银行公会鉴,前准联合会电巩固基金一案正在竭力进行,不料本月放回四月份盐余,除拨近畿军警饷五十万外,所有余数均由钟部长挪作他用,致基金无着,公债益呈险象,并闻意尚欲停付基金一年,现预计此后盐余即按月照拨应付各债本息,本年尚短四百万之谱,倘竟不拨,不但还本无有,并付息亦无着落,情急势迫,务希共同设法力争。无任企祷,京公会青。

上海银行公会致财政部(1922 年 5 月 10 日)

上海银行公会函电稿

复至:

事由:北京大总统国务院钧鉴,自接财部支电,整理公债基金已由本埠按月照拨,并无变更之事等语,当即登报通告。次日债价骤涨,人心大定,足见公债基金关系社会金融、人民财产实非浅鲜。今接京公会来电,钟部长竟敢将基金挪用,并有停付基金一年之计划。如果属实,一经风传,不特沪市摇动,势必全国人心瓦解。现在政府正在筹备善后,固结民心,维持国信为当务之急。恳务恳务迅饬财部,根据银行公会联合会所重陈巩固公债信用办法,切实施行。不胜急切待命之至,上海银行公会叩。

十一年五月十日

上海银钱业公会致安格联电(1922 年 5 月 11 日)

总税务司钧鉴,弊会前接财部支电,整公债基金已由本部按月照拨,并无变更之事等语。务请贵司按照财部支电,根据条例切实办理。至级公谊上海银行公会、钱业公会。

请登本阜新闻栏。

五月十一日

上海银行公会函电稿(1922 年 5 月)

复至:

事由：大总统、国务院、财政部、盐务署盐务稽核总所、总税务司、交通部、烟酒事务署钧鉴，伏读财政部真电宣布拨付公债基金情形，仰见政府尊重信用，巩固内债之至意，何胜佩慰。但基金为公债根本，公债为人民汗血。根本动摇则血资丧失，民无以存，国何以立，务恳政府切实履行宣言，将公债基金照章如期拨足，毋临渴掘井。责垫款于银行，毋籍以支配，杜各方之推诿。并请由拨放基金之各方面机关，如盐务稽核总所、总税务司、烟酒署、交通部等通电声明，担保按期照拨，绝无延误。并自本年四月份起，于每次拨放后登载政府公报公布，以坚人民信仰。倘蒙俯纳苗圃，并照敝联会架电办理，则持票人到期本息有著，得以保全血资，浮言自息，于国信民生两有裨益。谨请电恳，伏侯施行，公会文。

十一年五月　日

上海证券同业 75 家暨执有公债债权人全体致上海银行公会(1922 年 6 月 6 日)

迳启者，近日公债以基金问题致价格一落千丈、市面动摇、群情惶惑，各界函电纷驰，吁请维持。迄今尚无切实办法，查整理基金内有烟酒一项与关于盐余、交通事业三者，同为基金的款。北京烟酒公署收支向不公开，是否照案拨款外间无从探悉。惟查本埠现有纸烟印花税局系政府派有专员在沪办理，上年初办之际，收入已达百万。本年整理之后，约可增加至四百余万，且闻该局入款系属直解公府，专充大总统之用，如此办法实非正当，伏查公府用项自有预算定额，而烟酒入款既已指定列入基金，则纸烟收入当然为基金之一部分，际此金融恐慌之交，即将此项尽数拨解，尚虞不足，何竟缓急倒置，转以充无限制之府用，商等投资购债视同财产，血本所关，难安缄默，夙念。

贵会为金融重要机关，拟请据情电请国务院财政部税务司会同查明，饬将该纸烟税局收全数截归基金项下，补充各项公债付息签偿之用不致延期，庶国家信用赖以维持，人民财产得所保障，大局幸甚，此致!

上海银行公会

上海证券同业七十五家暨执有公债债权人全体公启

十一年六月六日

上海银行公会致财政部电(1922 年 7 月 12 日)

财政部总次长均鉴，一四特种库券，上月未付本金，券价日跌，市面恐慌，应请饬知稽核所，查照原定办法，按月扣拨基金，交由两行照付，以维市面而固信用，否则各项库券，既已等于废纸，犹幸此项特券，有稽核所关系，尚可维持国信，若再失信，嗣后政府遇有急难，更何所恃，以资挹注，敝会枢纽金融，因上月券本停付，凡执有该券人惊慌失措，不可终日。除电稽核总所请其切实负责外，特此电陈，伏希鉴察，并盼复电。上海银行公会文。

上海银行公会致北京盐务稽核所电（1922 年 7 月 12 日）

北京盐务稽核所史会办鉴，一千四百万特种库券发行之始，曾由贵所甘会办致函中交，声明在每月财部应得盐余内扣拨，其办法与从前三次特种库券暨上海造币厂库券无异，故能坚人信用，流通市面。乃上月库券本金迄今未付，道路传闻，谓贵所未能按照原定办法扣拨基金，人心异常恐慌，盖该券以万元为本位，人民何能受此巨大损失，况辗转抵押，为数甚巨，设或停本，纠葛必多，贵所信用，昭著中外，一旦失信，恢复极难，敝回为金融枢纽，目睹券本停付以后，市面摇动，券价低落，凡此损失，谁负其责，毖后惩前，拟请贵会办查照原定办法，力负责任，将该项库券每月应拨基金无论如何必须照拨，并将以前财部挪用基金如数补足，俾坚信用而维大局，并盼电复。上海银行公会文。

十一年七月十二日

各方应对内国公债整理函电（1922 年 7 月 25 日）

财政部来电

天津银行公会鉴，本日报载北京银行公会青日通电，内称本月放回四月份盐余，除拨近畿军警饷一百五十万元外，所有余款均由钟部长挪作他用，致基金无着，公债益呈险象，并同钟意尚欲停付基金一年等语，查原电所称各节纯系揣测之词，事关内债信用，不得不□害在情形详细宣布，以免误会。查上年三月间呈准整理公债基金原系所剩关余为主，不足之数以盐余补充，上年四月实行以及所有应拨盐余按月照拨。本年一月间因十年底尚存关余银元一千四百余万元足敷基金之用，商明总税务司暂停拨付基金四个月。自本年四月份起继续照拨，业由本部在四月初所放盐余项下捡拨银元一百五十万元由总税务司收存在案，其五月份应拨基金一百五十万元，早经配定在五月初所放盐余项下照拨。奈四月二十九日近畿发生战事，京师震动，北京为首都重地，当由参陆办公处临时召集紧急会议，佥以军警饷项积欠甚多，维持治安办法首在筹发维持地面之军警饷粮。俾得尽力服务应需饷项一百五十万元备用万急，即由鲍张两总长入府面陈大总统，并出席国务会议报告情形，请总理责成财政部迅速筹拨。经本部多方筹拨，别无办法，惟查有国税饷款春季结账已达四百万元，目下整理基金已为有着。暂缓拨付盐余一个月应属有利支援，且四月份整理基金一百五十万元甫经拨定，缓拨一月与到期应付本息并无妨碍。本部根据斯急，商请总税务司暂缓一个月取款，并经声明自六月份起继续照拨，一面商由银团先在盐余项下收现洋一百五十万元，拨交北京军警当局以应急需。此次因发生非常事变，缓拨基金势非得已，该项基金自六月份起继续照拨，既经声明，自应止办至原电内称“钟意尚欲停付基金语”，尤为测度之词，应无其事。本部职司所在，对于历年公债无不极力维持，断无自己破坏之理，用特电同，尚希鉴察，财政部（具）。

总税务司来电

天津银行公会真电悉,四月份盐余应拨公债基金者业已如数拨入总税务司文

复总税务司电

总税务司鉴文电敬悉,查财政部真日通电,公债基金业由四月初所放盐余项下拨,百五十万其五月初所放盐余项下应拨基金,百五十万因京师军警饷粮万急且查阅余春季结账已达四百余万,目下基金已为有着,商明总税务司暂缓一个月收款,并声明自六月份起继续照拨等语,资来电所云已拨到,四月份盐余项下应拨基金应即为部电所云,由四月初所放盐余内拨存者,其五月初所放之四月份盐余项下应拨基金究竟已否拨到,抑如部电所云商明贵总税务司暂缓一个月收款。尚乞查明电示,又嗣后整理公债基金,除贵总税务司认为关于足敷拨用之时外,否则无论盐余、烟酒、交通事业等项下应拨基金款项,务请始终坚持原案按期催收,以免为政府挪作他用,是所感□,天津银行公会文。

顷得京迅,总税务司安格联对于公债基金拟以关余拨抵,提交国务会议。颜总理以外交部经费关系尚未赞同,本会拟电致颜总理促其赞成以固债信,兹将电稿送阅,谅荷同意。

拟致颜总理电:

北京国务总理钧鉴,比阅沪报载总税务司安格联为保全内国公债信用,上说帖于财政部,拟以关余全部充作公债基金,并由财政部提交国务会议等语,公债市价日益低落,良由基金不固、国信不立有以致此,商民奔走呼号声嘶力竭,曾不闻执政者建一议设一策。安税务司客卿也,而拳拳以国信为言,殆皆贵总理历掌邦交,诚信所孚。故亦乐为匡助或者,谓外交经费有在关余内暂拨者,贵总理兼领外交,利害相权,未必遂邀鉴纳,敝会以为我公秉国之钧,宜务远大,当不至以一局部之关系而置国家信用、商民痛苦于不顾。况观斯世,贤者几人,国难方□,民瞻俱属,敬求力予主持将安税务司前项说帖量加采用,国信前途实利赖之。

上海银行公会

十一年七月二十五日

上海银行公会函电稿(1922 年 7 月 25 日)

事由:

顷得京迅,总税务司安格联对于公债基金拟以关余拨抵,提交国务会议。颜总理以外交部经费关系尚未赞同,本会拟电致颜总理促其赞成以固债信,兹将电稿送阅,谅荷同意。

拟致颜总理电:

北京国务总理钧鉴,比阅沪报载总税务司安格联为保全内国公债信用,上说帖于财政部,拟以关余全部充作公债基金,并由财政部提交国务会议等语。

十一年七月二十五日

上海华商证券交易所致财政部函(1922 年 9 月 30 日)

财政部均鉴:自公债失信,人民受累,敝所营业大受影响,此次政府续发新债,无论担保如

何确实，前车可鉴，何能取信于民，敝所为证券流通唯一机关，必须政府将已发行之公债按期发息还本，不再失信，庶使续发债票得以畅销，否则恐敝所市场碍难流通，理合仰恳大部俯恤商艰，先行顾全已发各债之信用，再为新债推行之计，不胜迫切待命之至。上海华商证券交易所叩。十一年九月三十日

吴佩孚、孙传芳、张作霖政府财政部等新旧军阀相互反对发行公债，要求拒绝推销致上海市银行商业同业公会的函电(1922～1936)

吴佩孚录恪阳来电(1922年3月9日)

北京、天津、上海、汉口各银行公会鉴，张弧发行九六公债祸国营私，全国反对，佥不承认有效，鄙人陈请大总统："取消公债，罢黜张弧，交付法庭严遣，吞款按律惩治，以儆官邪。"迭次宥阳各电谅邀，鉴及惟念银行诸公既为经济大家，莫非商界巨子，爱国之心，具有同情必不让弦高专美于前，岂能与张弧狼狈于后。兹特与诸公郑重宣言，凡张弧发行之盐余公债，一概无效，即以后无论何人继张弧为财长者，亦认此项公债以张弧个人违法行为，与政府债款无涉。凡我银行诸公固夙以牟利为营业，尤应以爱国为天职，国家已濒于破产，银行更何忍分肥。传曰：皮之不存，毛将安附。凡有行气，莫不尊视，诸公以义为利，当不可汉斯言，吴佩孚，庚八月。

十一年三月九日

安徽省议会通信(1922年7月24日)

迳启者，吾皖许世英省长于本年五月间曾以未经法定机关通过之八厘债票，密派王衡璋、罗奏凯等潜携赴沪，意图押借巨款，比由敝会甬达。

贵会幸未成为事实，讵许之心未戢。近闻复勾结沪上华义银行经理金慰農，议以公债票九十万元押借若干万，并以保金任皖财政厅长为条件，道路轰传，闻者惶骇。查举行省债须由省议会表决方为有效，诚以地方有担负偿还之责，故有可否举借之权，今许省长一意孤行，未经地方人民之同意，如各界误予接洽，则吾皖人民誓不负偿还之责也。

贵会握金融界之枢纽，务希正告华义并通知各银行概予拒谢，幸勿自误以误人焉，为此声明，请予查照为荷，此致！

上海银行公会

安徽省议会(启)

七月廿四日

孙传芳、陈陶遗来电(1926年1月25日)

中国银行公会公鉴，顷由传芳、陶遗致国务院许俊人兄一电，文曰："民国以来，中枢失当

之事不止一端，而借债度日、卖国丧权、敛钱到手一事未办，小之厉民肥己，竟为奢侈大之抑彼扬此，引起战争。此尤吾民所椎心泣血不能忘者也。自公私政拮，期倏蘯瑕秽与民，更始乃道路传闻，复有募集十五年公债二千万元之举，又有变计发行金库券八百万元之说，是重人民之怒而动各方之兵也。请即明白宣示，如果有其事，全国人民恐难承认，希即取消以安人心等语。”查公债基金专为整理各债之用，铁案如山，断难移动，倘以他项作抵，则此数金库券发行不止一次，市值几何，势必流动，金融与银行界影响甚大。诸公明远，必能辨此。如果实行，应请贵会拒绝承募，我东南各省亦决无一人肯行使此项债券，也特闻。

孙传芳、陈陶遗漾

十五年一月二十五日

汉口张英华来电(1926年2月5日)

北京财政部严次长，上海、天津、汉口各银行公会均鉴，近闻北京有发行国库债券之说，扰乱金融，为全国人民所否认，业经吴联帅暨各省军民长官电阻，兹由敝处致安总税务司一电，文曰：“北京安总税务司鉴，近闻北京当局忽有发行国库债券，强指未满期之金融公债基金偿还本息，仍由贵司管理并以九六公债并案办理为条件之说，查发行券、债券上关国家大信下系人民负担，必俟正式政府成立，始能通盘筹画全部整理，即以九六一项而言，亦只在通盘整理亢中，岂能单独先行办理。现值国事蜩螗，正应力除纷扰。若因一地一时之需忽发新债且牵旧债，谓为纷扰，谁曰(皆)不宜，今日反对之声已遍全国，他时息争之责，果属何人，此望特为注意专一贵司服官。我国匪伊朝夕不特卓著勤劳，抑且洞烛民隐，新债虽属传闻，各省长官已代表人民纷电劝阻，足现公论昭然，决非一方私见，苟徇数人之请求而失全国之信用，声誉因之或损，宁不可惜此望特为注意者二。上列二端一属忠于为人，一属明以处己，彰彰利害惟贵司图之，特明电达，立候明教。联军总司令部财政处处长张英华叩拜等语，特此电达诸，希亮察，张英华叩支。”

十五年二月五日一时

汉口张英华君来电(1926年3月29日)

北京、天津、上海、汉口银行公会均鉴，吴总司令于感日致安总税务司一电，文曰：“北京安总税务司鉴，报载非法政府当此朝不保夕之际，犹有以马克馀款，发行公债之举，其为攫款，谋乱显而易见，实为全国人所不容，倘遂代为保证，将来合法政府成立，对于此项债票断难承认，执事以官中土素重民意，幸勿为其所动致损令誉，用布区区尚希亮照云云，特电布达，幸勿误购，张英华感。”

奉天张作霖来电(1926年3月29日)

北京各机关、军民长官、各总司令、银行公会、各报馆均鉴，近闻北京有办理十五年公债以关税作抵情事，当现值讨赤时期，北京现政府系赤党所组织，此项公债直接替助赤军，不吝助长我国内乱。(吾)曾经函致安格联声明否认在案，现在赤军虽经溃散，而此项公债闻尚秘密进行。用(吾)再通电声明，凡我全国同胞在正式政府未成立以前，对于此项公债绝对不能承认，其国内外银行团如有承销此项公债者，即以接济敌人对待，比年民穷财尽，搜刮之术无所不至，而公债滥发滥用尤为计吏饱填欲壑不二法门，全国上下引为隐痼，今若以此财源扶植赤化，取之于民者转以杀吾民，丧心病狂孰过于此，愿我邦人群起而纠正之，张作霖沁。

十五年三月廿九日四时

(二) 南京国民政府时期的政府债券发行与上海金融业

国民政府财政部快邮代电(1927 年 11 月)

全国各报馆、各团体、各银行公鉴，现据报载，北方军阀迭向比国公使磋商，拟以比国退还庚子赔款，作为基金，发行美金公债五百万元，并在积存比庚款余数内先借现款一百十万元，由中国自由支配，刻正审核公债条例及利率表，积极进行，且比方意欲以旧约延长若干年，为互利条件等语。查国民革命系为民众谋利益，现残余军阀将次肃清，岂可任其再发巨额公债，扩张军备以阻革命进行，且延长旧约成立互利条件系属增订不平等条约，尤应据理力争不使实现，除由本部咨请外交部迅即严重警告比国方面：对于北方军阀磋商以比庚款发行公债一案，立予拒绝以重邦交外合？亟通告全国各界暨内外国银行万勿承受该项公债，倘有私自押借购买情事，国民政府概不承认，统希注意。

财政部长　孙科

江印

国民政府财政部致上海银行公会电(1928 年 9 月 5 日)

迳启者，本部发行善后公债四千万元，业将条例及发行简章公布，并委托江海关二五库券基金委员会保管基金，第一批先发行贰千万元，其保管基金办法亦经核定在案，此项公债海外侨商应募极为踊跃，惟缺额尚巨，亟应推销国内，藉济裁兵及各项善后之用，政府对于国债信用尽力维护，此次金融公债及十四年五年公债均已抽签还本，而第一次库券还本亦已过半，社会经济足资流转，益以贵会协赞迭相提倡，使国家财政得以调剂，公私均极感纫，现在北伐业已告成，善后更不可缓，兹特请贵会担任推销四百万元(拟中、交两行二百万元，其他各银行二百万元)务希

查照即日认募足数见复，无任企祷之至，此致银行公会

宋子文

张寿镛　启

十七年九月五日

上海银行公会上财政部电(1928年9月7日)

敬启者,时奉大部函示发行善后公债四千万元,业将条例及发行简章公布,并委托二五库券基金委员会保管基金,第一批先发行贰千万元,嘱令敝会各行庄分任推销等情,敬悉种切,敝会等当于本月六日召集联席会议,佥以银钱两业年来担任借垫各款数额已巨,流通资金日濒枯竭,大部对于旧欠虽经陆续抵还,然以库券转拨为多,各行庄收回债本远在数年之后,若再担任整数巨款实属力有未逮,只能向各处尽力劝销,俟集有成数,当即随收随缴或由敝两会登报公布:凡认购上项公债者,得向敝两会接洽领购,是否可行,敬祈赐示,以便遵办,此上财政部。

上海银行、钱业公会谨启

民国十七年九月七日

国民政府财政部复函上海银行公会银行(1928年9月14日)

迳启者,现准贵会函开,以劝募善后短期公债只能向各处尽力劝销,集有成数随收随缴等由,查此项善后公债系为建设善后需要,前经函请担任募集四百万元,并请即日认募足额在案,原以贵会各同业为金融枢纽,周转较为灵活劝募,自不至为难,甚望体念时艰,力为臂助,诸君素著热忱,对于此项担保确实之公债,必能踊跃从事,使国家善后建设事务得以早日完成,至于旧欠款项,已经分别抵还,现在第一次江海关二五库券本息业已付还十四次,续发二五库券付息亦已经过八期,卷烟库券还本付息五次,其余如整理金融短期公债及五年六厘公债、十四年八厘公债,本月起还本一千余万,证之各项库券,现在市价已有超过额面者,信用既已昭著,此次发行善后公债,以煤油特税全部拨作基金,本年十二月即抽还总额十分之一,于金融流通允无窒塞之虑,政府责任在维持债信,人民义务在完成大业,务希贵会鼎言劝导,竭力认购,期在依额募足,迅速收款报解,以便核发债券,幸勿迟延,是所盼祷,此致上海银行公会。

宋子文

张寿镛　启

十七年九月十七日

国民政府行政院致上海银行公会函(1929年2月23日)

迳启者,查去岁各省旱蝗为虐,致成灾荒,灾情之重与灾区之广,为数十年来所仅见,政府职责所在,迭经设法救济,顾以库款支绌,筹拨无多,杯水车薪,为效殊寡,非募集大宗赈款不足以资分配,而救济灾黎,特发行十八年灾赈公债一千万元,现为赶办急赈起见,经财政部先行印就预约券,兹由赈务处及赈款委员会派员携券来沪广为劝销,贵会荟萃金融,信用素著,办理公益久具热忱,对于此项预约券,务希提倡赞助尽力推销,期以众擎,共襄善举,能得迅集巨款,即行散放，灾黎之幸，亦党国之福也，此致上海银行公会。

行政院　启

十八年二月二十三日

国民政府赈灾委员会公函(1929年3月19日)

敬启者，查各省灾情奇重，待赈孔急，前奉国民政府发行十八年赈灾公债一千万元，因债票尚未印就，现由财政部先发预约券，兹由本会商请中国银行暂行押借十万元，交通银行押借五万元，共十五万元，已荷允许。素仰贵会慈善为怀，对于本会办理赈务，尤多匡助，拟请将此项公债预约券暂向贵会押借现金三十五万元，连中国、交通两行押款，凑足五十万元，以便分别散放各省急赈，此项借款以三个月为期，月息八厘，一俟前项公债募集后即行取赎，相应函达，敬希查照见复为荷，此致上海银行公会。委员会讨论。提交会员大会讨论。

十八年三月十九日

财政部致上海银行公会函(1929年5月16日)

迳启者，准国民政府赈灾委员会来函，以上海为商埠中心，各项有价证券均有行市，销售赈灾债票系以关税为基金，自应与各项债券一律办理，请转函上海银行、钱业两公会及证券交易所，请其特别维持，查照有价证券办法，优定行情等由到部，相应照录原函送请贵会查照办理为荷，此致上海银行公会。

财政部启

十八年五月十六日

民国十九年卷烟税库券发行简章

一、总额　额面二千四百万元，

二、种类　万元、千元、百元、十元四种

三、利息　月息八厘

四、发行　本库券十足发行，但自发行之日起于三个月内缴款者得按九八实收，即每额面百元，实收银行九十八元。

五、还本付息办法　本库券分三十六个月偿还本息，自民国十九年四月起至二十一年一月止，每月还本百分之二，自二十一年二月起至二十二年三月止，每月还本百分之四，并按月付息一次，利随本减。

六、发行机关　各地中央、中国、交通银行及其他指定之代销机关。

认购人交款时，由收款银行填给预约券注明券额种类、张数并所缴实银数目，俟正式库券印就再行通告换发。

七、基金　本库券应付本息基金以财政部所收卷烟统税除拨付民国十七年四月所发卷烟税库券及十八年四月所续发卷烟税库券基金本息外之余款为担保，按照还本付息表拨足之。

八、基金保管　本库券基金由财政部委托江海关二五附税国库券基金保管委员会兼代保管，并指定中央、中国、交通三银行经理还本付息事宜。

九、交付本息办法　本库券本息到期交付，应先由江海关二五附税国库券基金保管委员会将应拨之款分交中央、中国、交通三银行备付本息，所有万元、千元券两种，须由购券人将原券持向经理银行或经理处验明截下本息票领取本息，其百元、十元两种，即将是月本息票截下领取本息。

十、收付款项　此项库券收付悉以通用银元为主。

十一、扣除本息金办法　本库券按照第五条还本付息办法，如在十九年四月以内，应募者即连第一期本息票交与应募人，如在五月以内，应募者应截去第一期本息票，其缴纳现金每百元照扣第一期本金二元，以后照此类推，即于预约券经募机关所发印收上注明，以凭分别给券。

十二、经募用费　经募本库券手数料定为百分之一，无论个人与机关，凡募集券款交库者，均得享受此项利益，以昭激劝，惟解款如有贴现汇水等项，均不得另行开支。

十三、交款期限　各经募机关承募此项库券，均须当日交付经理银行，如本地无经理银行，应按五日汇缴一次，不得延搁，否则延期利息应由承募机关负担。

十四、收付报告　各银行收入券款及付出本息，每旬列表分报承募机关暨财政部备核，其各银行经付本息，亦应按月列表具报，并将付讫之本息票送交江海关二五附税国库券基金保管委员会汇齐转送财政部核销。

民国十九年建设委员会电气事业长期公债条例(1929年12月23日国民政府公布)

第一条，为收办戚墅堰电厂事业，发行长期公债，定名民国十九年电气事业长期公债。第二条，本公债定额为国币一百五十万元，第三条，本公债年息定为六厘，第四条，本公债票面定为千元、百元、十元三种，均为无记名式。第五条，本公债定于每年六月三十日十二月三十一日为付息期。第六条，本公债指定以首都及戚墅堰两电厂现有地基房屋机器及两厂营业盈余为担保品，并于每月两厂营业收入项下，依照还本付息表所载数目，拨出基金，交由基金保管委员会指定之银行专存备付。对于前项担保品，本公债有优先权。基金保管委员会，由债权人代表三人，及银行公会、商会、建设委员会代表各二人组织，其章程另定之。第七条，本公债定于民国十九年一月一日发行，期限十五年，第一年只付利息，自民国二十年六月，三十日起，每年六月三十日及十二月三十一日各还本一次，最初八次，每次还本五三五〇〇元，第九次以后，每次还本国币五三六〇〇，至民国三十三年十二月三十一日全数还清。前项还本，以抽签法进行之，并定每年六月一日十二月一日为抽签期。第八条，本公债按照票面十足发行，第九条，本公债还本付息委托各地中央、中国、交通三银行经理。第十条，本公债债票得自由买卖抵押，并充首都及戚墅堰两厂电费之保证金，凡其他公务上须缴纳保证金时，得作为担保品。第十一条，对于本公债债票，如有伪造及损毁信用之行为者，由法院依法惩办。第十二条，本条例自公布日施行。

财政部训令上海银行公会(1930 年 6 月 9 日)

钱字第二〇〇八一号

令上海银行公会

为令遵事案,奉行政院第二〇九一号训令,开为令饬事案,准国民政府文官处第三五五四号函开现奉。国民政府令开,阎逆锡山背叛中央、破坏统一,前经政府明令通饬拿办,现在国法未伸,该逆盘踞太原,对于晋冀察绥各省横征暴敛,肆意搜刮,蹂躏所及,诸如加收特捐、预借田赋、截留国税、劫夺赈粮、摊购烟土、强征军实之事,日有所闻。从前山西一省滥发纸币多逾六千万元,贻害商民,群情咸愤,政府正拟设法为之救济,不图整理晋省金融公债条例,甫经颁发,该逆即挟以谋叛。一面籍名筹饷,增发钞票;一面吸收现银,悉数辇晋。遂致平津暨北省金融愈形紊乱,人民更增痛苦。近以日暮途穷,仍复罔衅民怨,数月以来,续发纸币之数益益增加,并发行大宗军用票以为囊括净尽之计,似此丧心病狂、诛求无已、穷黎垂毙,其何以堪政府轸念。冀晋豫陕甘察绥各省人民久在水火之中,咸切来苏之望,现该逆屡战屡败,逃亡之期已不在远,搜括现款以为远飙之计,自今以往,当视前日为尤甚,诚恐商民无知,既受军阀之愚,复陷从逆助乱之罪,爰特申令,剀切劝导,嗣后对于该逆所发种种纸币、债券及各项票据,务各惩前毖后,一律拒绝,以遏凶氛而长正义。此令等因奉此,相应录令函达,查照转饬通行遵照等由准此合行令,仰该部即便转行全国商联会及银钱公会,转知各该地方商民一体遵照,仍将遵办情形具报查考,此令等因到部,除分令外合亟令,仰该会迅即遵照转知,在各该地方之分支行号一体遵照,仍将遵办情形具报本部以凭查考,此令。

十九年六月九日

财政部训令上海银行公会(1930 年 6 月 10 日)

公字第二〇一三五号

令上海银行公会

为令遵事案奉行政院训令第二零九五号开,案奉国民政府文官处第三五八四号公函内开,现奉国民政府令开,阎逆锡山称兵叛乱,前经明令通饬严行拿办在案,所有该逆叛变以来用伪总司令及所属泛逆各机关名义发行之一切内外公债及缔结合同,政府一概不予承认其有,以官款抵押向银行、商号透支之各种款项一经查出,定为各该银行商号是问此令等,因奉此相应录令,函达查照,转饬遵照办理等由准此,除分令工商外交两部遵照外合行令,仰该部即便遵照,转饬全国商联会及各地银钱业公会,通知各银行钱庄商号一体知照,此令等因,奉此,除分令外合,亟令仰该会遵照并通知各地银行一并知照为要,此令。

十九年六月十日

上海特别市社会局训令上海银行公会(1930 年 6 月 11 日)

字第二四三一号

令银行公会

为令行事，案奉工商部训令商字第一零六七八号内开，案奉行政院第二〇九五号训令内开案准国民政府长官处第三五八四号公函内开，现奉国民政府令开，阎逆锡山称兵叛乱，前经明令通饬严行拿办在案，所有该逆叛变以来，用伪总司令及所属徒逆各机关名义发行之一切内外公债及缔结合同，政府一概不予承认，其有以官款抵押向银行、商号透支之各种款项一经查出，定为该银行商号是问，此令等因奉此，相应录令函达查照，转饬遵照办理等由准此，除分令财政、外交两部，遵照外合行令，仰该部即便遵照转饬全国商联会及各地银钱业公会，通知各银行、钱庄、商号一体知照，此令等因奉此，自应遵照办理，除呈复并分行外，合行令，仰该局迅即转饬当地银钱业公会，通知各银行钱庄商号一体知照并具报察核，此令等因，除呈复并分令外合行令，仰该公会分别转函知照，此令。

十九年六月十一日

中华民国全国商会联合会致上海银行公会函(1930 年 6 月 16 日)

(会址：上海派克路十二号)国字第三三七号

迳启者，本年六月九日奉工商部商字第一〇六七八号训令内开，为令行事案奉行政院第二〇九五号训令内开，案准国民政府文官处第三五八四号公函内开，现奉国民政府令开，阎逆锡山称兵叛乱，前经明令通饬严行拿办在案，所有该逆叛变以来用伪总司令及所属从逆各机关名义发行之一切内外公债及缔结合同，政府一概不予承认，其有以官款抵押向银行、商号透支之各种款项一经查出，定为该银行商号是问，此令等因奉此相应录令，函达查照，转饬遵照办理等由准此，除分令财政、外交两部遵照外合行令，仰该部即便遵照转饬全国商联会及各地银钱业公会，通知各银行钱庄商号一体知照，此令等因奉此，自应遵照办理，除呈复并分函外，合行令，仰该商联合会迅即转饬各地商会，通知各银行钱庄商号一体知照并具报察核，此令等因列会奉此，六月十一日奉财政部公字第二〇一三五号训令文同前，因六月十日奉财政部钱字第二〇八一号训令内开，为令遵事案奉行政院第二〇九一号训令开为令饬事案准国民政府文官处第三五五四号函开现奉国民政府令开，阎逆锡山背叛中央破坏统一，前经政府明令通饬拿办。现在国法未伸，该逆盘踞太原，对于晋冀察绥各省横征暴敛、肆意搜刮，蹂躏所及，诸如加收特捐、预借田赋、截留国税、劫夺赈粮、摊购烟土、强征军食之事，日有所闻。从前山西一省滥发纸币多逾六千万元，贻害商民，群情咸愤，政府正拟设法为之救济，不图整理晋省金融公债条件甫经颁发，该逆即挟以谋叛。一面籍名筹饷，增发钞票，一面吸收现银，悉数辇晋。遂致平津暨北省金融愈形紊乱，人民更增(痛苦)。近以日暮途穷，仍复罔衅民怨，数月以来，续发纸币之数益益增加，并发行大宗军用票以为囊括净尽之计，似此丧心病狂、诛求无已、穷黎垂毙，其何以堪政府轸念。冀晋豫陕甘察绥各省人民久在水火之中，咸切来苏之望，现该逆屡战屡败，逃亡之期已不在远，搜括现款以为远飙之计，自今以往当视前日为尤甚诚，恐商民无知，既受军阀之愚，复陷从逆助乱之罪，爰特申令，剀切劝导，嗣后对于该逆所发种种纸币、债券及各项票据，据为各惩前毖后，一律拒绝，以遏凶氛而长正义。此令等因奉此，相应录令函达查照，转饬通行，遵照等由准此合行令，仰该部即便转行全国商联会及银钱公会，转知各该地方商民一体遵照，仍将遵办情形具报查考，此令等因到部，除分令外合亟令，仰该会迅即遵转照知，各该地方商民一体遵照，仍将遵办情形具报本部以凭查考，此令等因到会奉此，除分函外相应函请。

贵会查照，希即遵令转行遵照办理，仍希函复过会以凭呈复至级公谊，此致

上海银行公会。

全国商联会

十九年六月十六日

上海特别市商人团体整理委员会致上海银行公会函(1930 年 6 月 17 日)

迳启者，本月十七日接准全国商会联合会函开，本年六月九日奉工商部商字第一零六七八号训令内开，为令行事案奉行政院第二零九五号训令内开，案准国民政府文官处第三五八四号公函内开，现奉国民政府令开，阎逆锡山称兵作乱，前经明令通饬严行拿办在案，所有该逆反动以来用伪总司令及所属从逆各机关名义发行之一切内外公债及缔结合同，政府一概不予承认，其有以官款抵押向银行商号透支之各种款项一经查出，定为该银行商号是问，此令等因奉此相应录令，函达查照，转饬遵照办理等由准此，除分令财政、外交两部遵照外合行令，仰该部即便遵照转饬全国商联会及各地银钱业公会，通知各银行钱庄商号一体知照，等因奉此，自应遵办，除呈复并分行外合行令，仰该商联会迅即转饬各地商会，通知各银行钱庄商号一体知照并具报察核，此令等因列会奉此，六月十一日奉财政部公字第二零一三五号训令，文同前，因六月十日奉财政部钱字第二零零八一号训令内开，为令遵事，案奉行政院第二零九一号训令开为令饬事案准国民政府文官处第三五五四号函开，现奉国民政府令开，该逆所发种种纸币、债券及各项票据，务各惩前毖后，一律拒绝，以遏凶焰而长正义。此令等因奉此，相应录令函达查照，转饬通行，遵照等由准此合行令，仰该部即便转行全国商联会及银钱公会，转知各该地方商民一体遵照，仍将遵办情形具报查考，此令等因到部，除分令外合亟令，仰该会迅即遵照转知，各该地方商民一体遵照，仍将遵办情形具报本部以凭查考，此令等因到会奉此，除分函外相应函达贵会查照，希即遵令转行遵照办理，仍希函复过会以凭呈复等由到会用，特录函转达，即希贵会转致同业一体遵办并希见覆为荷，此致，上海银行公会。

上海特别市商人团体整理委员会

十九年六月十七(八)日

国民政府建立之初上海银钱业对北京政府发行公债的整理(1928～1929)

财政部致上海钱业公会函(1928 年 12 月 1 日)

迳启者，查前财政部所发民国七年六厘公债，现据报有发现伪造假票流行各处市面，冀图

冒领本息情事，如果属实，殊为不法，此项债票，前由北平财政部印刷局承印，纸质甚佳，印刷精良，并有七年等字样暗记在内，真伪最易辨别，如有假造伪票，亟应严行查缉，按法惩办，除分函各省政府各卫戍司令饬属严密侦察，缉拿究办外，相应函达贵会，烦为查照，希即特别注意，遇有此项伪票，发现销流市面或持票冒领本息者，立即扣留并于伪造假票面上加盖伪票无效戳记送部销毁以维债信，而昭缜密为荷，此致上海钱业公会。

财政部启

十七年十二月一日

上海银行、钱业公会致财政部函(1929 年 11 月 17 日)

迳启者，案查整理六厘及七厘两种公债同为民十政府整理内债时所发行，初时还本付息尚能如期举行，其后因基金不足，整六第六次起即未能按期还本，整七抽签虽较整六加每一次，然截至目前还本亦已愆期两年，兹查整六业经大部于十一月二日补行抽签而对于整七抽签当无明文颁布，一般持票人以为既属同一整理案内债票似应同样办理，敝两会为顾全持票人利益起见，应请大部迅即公布抽签以维债信，伏乞鉴核赐复为幸，此上财政部。

上海银行、钱业公会

十八年十一月十七日

上海市钱业公会为国民政府推销善后公债、赈灾公债、市政公债、电政公债等(1928 年 9 月～1930 年 2 月)

财政部驻沪办事处致上海钱业公会函(1928 年 9 月)

迳启者本部发行善后公债四千万元，业将条例及发行简章公布并委托江海关二五库券基金委员会保管基金，第一批先发行二千万元。其保管基金办法亦经核定在案，……此项公债海外侨商应募极为踊跃，惟缺额尚巨，亟应推销国内，藉济裁兵及各项善后之用，政府对于国债信用尽力维护，此次金融公债及十四年、五年公债均已抽签还本，而第一次库券还本亦已过半，社会经济足资流转，益以贵会协赞迭相提倡，使国家财政得以调剂，公私均极感纫现在北伐业已告成，善后更不可缓，兹特请贵会担任推销一五〇万元，务希查照即日认募足数见复。无任企祷之至此致，钱业公会。

宗子文

张寿镛

十七年九月五日

财政部国库司致上海钱业公会函(1930 年 11 月 25 日)

贵会缴来善后短期库券借款一百五十万元，业由中央银行照收，出具临时收据交贵会来员带回。在案，兹将库收乙联送请察收，并将前出之收据检还为荷。此致，钱业公会，附库收乙职。

财政部国库司启

一九年十一月二十五日

民国三十六年短期库券、美金公债的募销情况

民国三十六年短期库券、美金公债各地募销委员会组织规则(1947年4月2日)

第一条　中央银行依据民国三十六年库券、公债募销收款领票规则第二条之规定，在各地设立募销委员会

第二条　各地委员会称为民国三十六年短期库券、美金公债某地募销委员会

第三条　各地募销委员会办理左列事项：

一、募销之推进及宣传

二、募销团体行庄之约定

三、募销手续之简化及流弊之防止

四、募销数额及超募之分配

五、对于巩固本公债、库券债信事项之建议

第四条　各地募销委员会设委员十一人至十七人，除以中央银行代表一人或二人为当然委员外，由左列当地人士担任之。

商会代表二人至三人。

银行商业同业公会代表二人至三人。

钱商业同业公会代表二人至三人。

其他各界领袖四人至七人。

上海募销委员会中应有财政部代表一人。

第五条　各地募销委员会设主任委员一人，由委员会就代表商会之委员中推定之，设副主任委员二人，由委员会就代表中央银行及银钱业两同业公会之委员中推定之，设执行委员二人至四人，由委员会就其他委员中推定之。

第六条　各地募销委员会之开会应有全体委员过半数之出席，其决议应以出席委员过半数之同意行之。

第七条　各地募销委员会均为名誉职，委员会之事务费用由中央银行拨付之。

第八条　各地募销委员会应设办公处于各当地中央银行内，其文书计算及庶务事宜均由中央银行酌派专员兼办。

第九条　各地募销委员会重要决议事项应随时报告中央银行总行备查。

第十条　各地募销委员会于本库券、公债第二期发行库券、债票募销期限届满时，办理结束，并造具报告送交中央银行总行汇转财政部备案。

第十一条　本规则由中央银行订定施行并报财政部备案。

中央银行致钱新之函(1947 年 4 月 3 日)

民国三十六年短期库券、美金公债上海募销委员会订于本月四日(星期五)下午四时在本行外滩十五号会议室商讨进行事宜，相应函达，即请查照，届时出席为荷，此致，钱主任委员新之

中央银行总裁：张嘉璈

民国三十六年短期库券、美金公债上海募销委员会委员名单

主任委员：钱新之

副主任委员：杜月笙　徐寄庼

委员：宋汉章、李叔明、秦润卿、沈日新、骆清华、王启予、刘靖基、荣鸿元、洪念祖、周宗良、潘士浩、金润痒、陈炳章、张嘉璈

民国三十六年短期库券、美金公债基金监理委员会组织规程(17 条)(1947 年 4 月)

第一条，财政部依据民国三十六年短期库券、美金公债条例第九、十条之规定，设立民国三十六年短期库券、美金公债基金监理委员会于上海，办理本公债、库券基金之监理事项。

第二条，基金监理委员会于监理范围内得独立行使其职权，在本公债、库券全部清偿前，其监理权限不得变更。

第三条，基金监理委员会设委员十五人，以左列人员组织之

财政部代表二人，

审计部代表一人，

全国商会联合会代表二人，

全国银行业同业公会代表二人，在全国银行业同业公会未成立前，由上海市银行业同业公会推举之

全国钱业同业公会代表二人，在全国钱业同业公会未成立前，由上海市钱业同业公会推举之

财政部聘请之其他机关社团代表六人。

上列委员任期定为一年，但经原机关社团继续选任或财政部继续聘任者得连任。

第四条，基金监理委员会设常务委员五人，由委员中互选之，其中一人应为财政部代表并由常务委员互选一人为主任委员，常务委员及主任委员任期均为一年，连选得连任。

第五条，基金监理委员会每届委员暨所推选之主任委员及常务委员人选应报请财政部备案。

第六条，财政部及中央银行暨其他有关机关应将本公债、库券之基金依照条例所规定，按时预先拨交基金监理委员会保管监理。

第七条，基金监理委员会对于指作本库券基金担保之国营生产及敌伪产业得延聘专家为

独立之调查估价，并得监理此项事业及产业之出售及出售前之经营。

第八条，基金监理委员会对于巩固政府债信，维护持票人权益事项，得随时向财政部建议之。

第九条，本公债、库券基金存放机关由基金监理委员会指定之，但应报请财政部备案。

第十条，基金监理委员会对于本公债、库券之收支存放每月结算一次，报请财政部备查。

第十一条，基金监理委员会所收本库券基金如不敷支付时，应于每次还本付息到期前一个月，报请财政部拨款补足之。

第十二条，本公债、库券每次还本付息到期前，基金监理委员会应于各该基金内按照应付数额拨交经理银行备付，并登报公告之。

第十三条，本公债、库券本息票付讫后，由经理银行打孔作废，送交基金监理委员会核点转送财政部核销。

第十四条，基金监理委员会经费由基金存放所得利息项下开支。

第十五条，基金监理委员会应订会议规则、基金监理规则暨办公处组织规则及办事细则报请财政部备案。

第十六条，本规程如有未尽事宜，得由基金监理委员会提请财政部修改之。

第十七条，本规程自公布日施行。

民国三十六年短期库存券、美金公债上海募销委员会总结(1947年6月4日)

查本会自扩大招待各业人士展开募销工作以来，除银钱业认购库券三千万美元、公债一千万美元、纺织业认购公债一千万元外，其他各业或认购少数或迄未认购，为早日达到预期之目的起见，似应集中时间心力积极向主要各业同业公会发动劝募工作，兹拟招待各同业公会领袖办法如左：

（一）每星期招待工商业同业公会领袖二次或三次，每次一业为限，俾可详细讨论，使该业领袖与本会共同向同业厂商劝募债券。

（二）每次招待会之方式可以酒席或茶点行之。

（三）每次招待会由本会主任委员副主任委员联名发柬，但主任委员或副主任委员只须有一人或二人出席，秘书长、副秘书长暨秘书等须出席。

（四）前项招待会亦可由各主要工商业理事长出面召集，事先函知本会，由主任委员或副主任委员参加，秘书长、副秘书长、秘书等随同参加。

（五）本会于每次招待会举行时提出希望各该业认购之数，请其当场认购，如须另行开会，向各厂商劝募，应由本会派员商请各该业理事长同意办理。

（六）请各业公会将各厂商认购债券数目及缴款期限列表通知本会，并由本会派员分访各该业厂商，催缴债券款。

以上所拟是否有当，敬乞

钧夺谨呈　　主任委员钱。副主任委员：杜徐

谨签三十六年六月四日

上海市财政局产债金融科致上海证券交易所函(1947年4月8日)

迳启者，查三十三年同盟胜利公债续募额，业经市府召集各公会负责人商谈认购办法，以原配额过巨，各会员均请予酌量核减，当经决议按照实际情形比例分摊，复查贵会员认募额为五千万元，兹核减为四千万元，除由本局派员随时催募外，务请在四月底以前将债款筹足，迳缴央行国库局，相应函达即希查照办理为荷。

证券交所行经纪人公会　　财政局产债金融科启

四月七日

上海市政府训令上海证券交易所(1947年4月15日)

查续券三十三年同盟胜利公债一案，本府于三月二十八日召集各同业公会代表茶会共同。讨商分配募额，该所代表王志莘即席承认向各经纪人劝募4千万元，兹检发缴款通知单沪字第三〇二号一纸，仰即勉力劝募，务于四月底以前筹足债款迳缴央行国库局换取债票，以期共赴事功。

市长：吴国桢

民国卅六年短期库券、美金公债上海募销委员会致上海钱业公会(1947年7月10日)

迳启者，查各行庄以存款准备金之半数移购三十六年美金债券一节，各行庄方面尚有未曾办理者或已办而未足数者，拟请贵会转商从速解缴，并将移购日期、代收行庄暨数目列单掷下，以利进行。特此函请，案照充办，见复无任公感

此致。钱业商业同业公会。沈理事长　日新。

民国36年短期库券，美金公债上海募销委员会。

民国三十六年短期库券、美金公债上海募销委员会第四次会议记录(1947年8月12日)

时间：三十六年八月十二日下午四时

地点：静安寺路中国实业银行二楼

出席：钱永铭　徐寄庼　周宗良　郭琳爽　荣鸿元徐贵和代　沈日新　陈炳章程君白代　宋汉章程慕灏代　洪念祖　潘士浩　秦润卿魏友棐代　刘靖基

列席：奚伦　范鹤言

主席：钱主任委员

记录：李荣廷

报告事项：

主席报告：

一、自四月七日至八日九日，本市售出三十六年美金公债一九三九六一〇〇美元，三十六年短期库券一二九二四二一〇美元，总计三二三二〇三一〇美元，报请詧洽。

二、征求百万市民认购短期库券爱国运动一案，自经第三次会议决议通过后即积极进行其可述者计有：(一)拟定征求百万市民认购库券爱国运动办法；(二)拟定请各社会团体协助劝募办法；(三)征求百万市民认购库券爱国运动分队劝募办法及分队名单；(四)征求百万市民认购库券宣传办法；(五)拟定宣传标语；(六)关于百万市民购券征歌办法报请詧洽。

三、经中央银行设计委员会迭催调回专员若干人，又以奉准展开征求百万市民购券运动，原有组织及各部分人员不得不重新予以调整，援自八月一日起将吕其哲、程任宇、赵廪、马干超、董昌炽、张鸣铎、许育英、邓梓良等八员调回中央银行设计委员会，并将本会总务处职掌确定为专办庶务事宜，而将其原管文书部分及办稿缮校各员划出，另成立秘书处接办并负责联络各处与宣传委员会。

四、本会七月份开支情形。

讨论事项

一、本会自八月一日起发动上海百万市民认购短期库券运动，除以本会名义向社会团体接洽认购及分队劝募外，拟请本会各位委员出而领导所属团体及事业单位踊跃认购以竞全功，当否提请　公决。

决议：由本会委员各先认购短期库券二万美元以示提倡。

二、查本市银钱业认购债券四千万美元，为期数月迄未缴齐，如何积极催促早日缴清，提请　公决。

决议：一、请各行庄按六月底存款准备金总额全数认购，先函征财部同意；二、各行庄同人以一个月薪津购买库券一案，催请速办。

三、本会成立迄今已四阅月，截止八月九日止，共售出库券一千二百余万美元，公债一千九百余万美元，两者合计三千二百余万美元，距离预定配额尚远，拟请由本会各位委员议定积极推动具体办法，以便遵行，当否提请　公决。

决议：(A)纱厂认购者全为美金公债，除已缴者外，其余悉以棉纱抵缴，在短期内可凑足一千万美债；(B)工会方面除水理事长祥云为大队长外，并多聘若干有领导分量者为大队长；(C)函请六大百货公司仿照银钱业职员，以一个月薪津认购库券办法办理；(D)函请各队长将分队长名单迅赐填送；(E)聘请吴市长夫人担任妇女队长，积极发动妇女界认购库券。

四、本会经常费用，前由中央银行拨付五亿元，自八月份起因发起征求百万市民认购库券运动，关于宣传印刷及添用工作人员薪给等费为数甚大，原存经费为数无多，拟请由会再函中央银行续拨两亿元应用，当否敬请　公决。

决议：通过照办。

征求百万市民认购库券爱国运动分队名单

征求百万市民认购库券爱国运动分队名单			
队名	主持人	地址	电话
国桢队	吴市长国桢	上海市政府	
铁吾队	宣司令铁吾	淞沪警备司令部	
日新队	沈日新先生	山西路一八六号	

（续表）

队名	主持人	地址	电话
月笙队	杜月笙先生	中正路中汇银行	
汉章队	宋汉章先生	中国银行总管理处	
叔明队	李叔明先生	中国农民银行	
润卿队	秦润卿先生	福源钱庄	
清华队	骆清华先生	福建路四一七号	
启宇队	王启宇先生	宁波路三四九号	
靖基队	刘靖基先生	安达纱厂	
鸿元队	荣鸿元先生	申新纱厂	
念祖队	洪念祖先生	大中华橡胶厂	
宗良队	周宗良先生	周宗记泰记弄三号	
士浩队	潘士浩先生	永兴棉布号三马路石路	
润痒队	金润痒先生	宁波路七十四弄三号	
琳爽队	郭琳爽先生	永安公司	
宗俊队	萧宗俊先生	新新公司	
公权队	张嘉璈先生	中央银行	
开先队	吴局长开先	上海市社会局	
希孔队	方主任希孔	上海市党部	
绍树队	吴绍树先生	上海市三民主义青年团部	
晓籁队	王晓籁先生	外滩中国人事保险公司	
叔平队	俞局长叔平	上海警察局	
志莘队	王志莘先生	南京路慈淑大楼七一三室	
正模队	傅司令正模	上海师管区司令部	
沐波队	傅沐波先生	中国实业银行	
任沧队	吴任沧先生	中央信托局	
棣华队	赵棣华先生	交通银行	
小初队	梁小初先生	博物院路基督青年会协会	
文渊队	陈文渊先生	中汇大楼中华慈幼协会陈铁先生转	
竹轩队	顾竹轩先生	天蟾舞台转	
一珊队	陶一珊先生	警备司令部稽查处	
学禹队	徐学禹先生	招商局	
墨林队	万墨林先生	金陵中路九十四号	

（续表）

队名	主持人	地址	电话
蕴初队	吴蕴初先生	顺昌路三三〇号	
西园队	胡西园先生	北京路四九二号	
耀秋队	颜耀秋先生	南市外马路一〇七六号	
光运队	吴团长光运	宪兵队廿三团二部	
良鉴队	查院长良鉴	上海地方法院	
祥云队	水祥云先生	上海市总工会	
啸天队	杨啸天先生	环龙路一九九号	7 392
绍增队	范绍增先生	杜美路十一号	78 716
炳章队	陈炳章先生	中信局财政部公债司办事处	
维炽队	刘维炽先生	陈委员君樸转	
寄庼队	徐寄庼先生	上海市商会	
曾钰队	赵曾钰先生	上海市工用局	
云青队	齐云青先生	中国劝工银行	
北辰队	罗北辰先生	中央信托局	

征求百万市民认购库券爱国运动办法

一、以本市各社会团体及一般市民为对象，发动百万市民认购卅六年短期库券。

二、由本会函商各社团协助劝募库券工作，此函必须由主任委员、副主任委员签名，由本会秘书长或副秘书长持函前往与各社团主持人面洽。

三、检同认购库券申请书，函请各社团转发全体社友自行认购，并转劝亲友认购，分别填具申请书，随时送交本会募销处。

四、募销处接获各社团汇送申请书后，即行派员携带预约券送交认购人，并收取款项。

五、认购人如一时缺乏款项，可改约日期，由募销处派员收款付券，其折合率按交款日中央银行牌价计算。

六、本会特制荣誉证一种，赠给各认购人佩带以示荣誉。

七、认购库券数额最钜之社团，由本会呈请财政颁给奖状，并登报宣扬之。

八、认购库券数额最巨之个人，除赠予荣誉证外，并由本会呈请财政部颁给奖状。

九、本会特设柜台，欢迎爱国市民购买不记名短期库券预约券。

十、募销处收款付券后，应将收款付券总数及全部收款当日分别函送中央银行国库局核收。

十一、募销处主任干事应负责督导收款付券事宜，防止一切流弊。

十二、在开始发动百万市民认购库券运动以前，责成宣传委员会扩大宣传，以资激劝爱国热忱，引起市民兴趣。

十三、市民认购者如有新闻资料，应由宣传委员会尽量宣传。

十四、征求期限定为三十六年九月三十日止。

征求百万市民认购库券爱国运动拟请各社会团体协助劝募办法

一、各社团接到本会公函后，即请于短期内召集会议，讨论协助劝募办法，并希先期通知本会，以便派员列席报告。

二、各社团理监事及其他干部负责人并请首先认购，以资倡导。

三、本会当按照各社团会员数目检发认购书，请各社团在认购书上加盖社团名章后，备函分发各会员，每人至少五张，如不敷，随时向社团索取。

四、每一会员接到社团通函及认购书后，盼立即填写认购书一张（至少认购短期库券美金十元）迳送外滩十五号本会，并请征求爱国亲友四位以上同样填写送会，多多益善。

五、本会接到认购书后，当于次日派员携同认购书及短期库券预约券，依照各位所指定之地点时间，直接递交，一面请将现款或支票交来员带回，如系支票，须俟收到款项后，方能送交预约券。

六、各社团发出认购书后，本会对于各社团会员认购及其劝购数目逐日均有记录，如未见踊跃，当随时通知各社团请继续催认。

七、各社团如能因劝募债券特开会员大会或游艺会以资号召时，本会愿力助其成，并派员协助布置会场，或请名人演讲。

八、各社团或个人成绩特优者，由会呈请财政部特给奖状，并登报公告。

征求百万市民认购库券爱国运动分队劝募办法

一、为发动百万市民踊跃认购三十六年短期库券起见，除请各社团协助劝募外，并组织征求大队若干队，每一大队各设五至十分队，以期普遍。

二、各大队队长由本会聘请上海市各界名人担任，分队长由各大队长保举，由本会聘任。

三、每大队征求市民以一千人为最低限度，认购三十六年短期库券总额以美金五万元为最低限度。

四、各大队募得三十六年短期库券数额及征得爱国市民人数均于每周末公布一次。

五、各大队或各分队每日于下午二时以前，将征得爱国市民认购书迳送外滩十五号本会募销处。

六、本会募销处收到各队汇送认购书后，即于翌日派员携带预约券送交认购人，并洽取款项。

七、认购人如一时缺乏款项，可改约日期，由本会募销处再派员收取款项交付短期库券预约券，其折合率按交款日中央银行牌价计算。

八、征求期限至本年九月三十日截止，必要时得延长之。

九、征求成绩特优之各队，由本会函请财政部颁给奖状，并登报宣扬。

百万市民认购库券运动宣传办法

一、宣传要点：

1. 百万市民认购库券运动之意见。

2. 百万市民认购库券运动之实施办法及认购人可能获得之利益。

二、宣传对象：

1. 各社团领袖及其所属会员社员。

2. 一般市民。

3. 外侨。

三、宣传方法：

甲、报纸宣传

1. 发动青年学生及应征论文获奖学生撰写文字交各报发表稿费酌给。

2. 招待新闻界由募销处说明百万市民认购库券运动意义并解答记者质问。

3. 商请各报义务刊登小型广告。

乙、广播宣传

1. 函请吴市长、李石曾、王正廷、沈日新、刘维炽、陈副总裁、秦润卿、骆清华、郭琳爽、萧宗俊、荣鸿元、王启宇、刘靖基、洪念祖、周祖良、潘士浩、金润庠、杨荫溥、程沧波诸先生广播。

2. 征求劝请百万市民认购库券新歌制请交各明星及专门滑稽弹唱家在各电台歌唱。

3. 编制间短宣传词送请本会约定电台及其他各电台在每档节目完竣时义务广播。

4. 函请各游艺会(包括评话弹词研究会及故事研究会等)转知听属在电台播音会员经常代表本会宣传。

5. 在各电台为本会播送特别节目期间，由募销处携带预约券在电台发售作为点唱点讲之交换条件。

6. 各电台报告员及义务宣传员、播音员，由本会比照其所劝募酌给奖金百分之四至百分之五作为酬劳。

7. 各游艺会协助本会宣传工作确有成绩者，由本会赠送奖状或银盾等纪念品。

丙、奏演宣传

函请市府交响乐团轮流在各大公园奏演名曲，由募销处派员携带预约券当场劝募。

征求百万市民认购短期库券爱国运动标语

一、大家起来响应百万市民购买库券爱国运动

二、购买库券是上海市民的爱国表现

三、拥护债券政策建立经济长城

四、购买短期库券就是爱国精神的具体表现
五、市民的荣誉要从购买短期库券上表现出来
六、上海每一市民都应该购买短期库券
七、上海市民应该购买短期库券给全国人民作榜样

民国三十六年美金公债、短期库券上海募销委员会征歌竞赛简则

第一条　本会为唤起全沪市民踊跃认购债券起见，特举办上海市民美金债券募销征歌竞赛。
第二条　应征歌词内容限于激发市民爱国热忱，踊跃认购债券，藉以平衡国家预算，稳定人民生活。
第三条　应征歌词须附歌谱。
第四条　应征歌词歌谱自即日起至八月底止，须用挂号寄交外滩十五号本会。
第五条　应征歌词歌谱汇集后，由本会邀请音乐专家评定，于九月十五日(星期二)公开发表。
第六条　奖金第一名一人，奖金一百万元，第二名一人，奖金五十万元，第三名一人，二十五万元。来稿一经本会录取，版权即归本会所有，未经录取者全部退还，应征者须注明详细通讯地址。
第七条　美金债券发行条例及认购债券详细办法由本会供给，如需参考请投函外滩十五号本会寄奉。

短期库券、美金公债募销数额分类统计表
单位：美元　(1947 年 4 月 1 日至 8 月 9 日止)

分类名称	短期库券	美金公债	总额
四行两局	1 482 370	15 650 000	17 132 370
商业银行	2 889 340	287 850	3 177 190
钱庄	763 000		763 000
银号	15 000		15 000
信托公司	108 000		108 000
外商银行	495 000		495 000
外商公司行号	632 600	54 400	687 000
各公司行号厂家	768 640	210 500	979 140
纱厂	7 900	2 618 850	2 626 750
证交及经纪人	365 240		365 240
政府机关	75 100		75 100
学校团体	33 120		33 120

(续表)

分类名称	短期库券	美金公债	总额
四行两局仝人	277 700		277 700
商业行庄仝人	215 440		215 440
国营事业	1 410 050		1 410 050
保险公司	19 100		19 100
个人及不记名	3 366 610	574 500	3 941 110
合计	12 924 210	19 396 100	32 320 310

购买三十六年短期库券、美金公债各种外币外汇及黄金种类折率单

(一) 种类

甲、美钞

乙、美金电汇或汇票

丙、港钞

丁、港币电汇或汇票

戊、英金电汇或汇票

已、黄金以焓赤及中央造币厂厂条为限,杂金暂不予折收。

(二) 折合率

甲、美钞按国币一万二千折合美金一元

乙、美汇与美钞同值

丙、港钞四元八角折合美金一元,港汇与港钞同值。

丁、英汇一镑折合美金三元三角三分。

戊、黄金每两合美金五十元,成色接九九〇作标准。

附注:上项折合率如有变更,由本行随时通知。

有关黄金短期公债奉令上市的各项文件(1949年)

财政部训令(1949年2月9日)

卅八年黄金短期公债应先予上市证券经纪人保证金应于复业前三月一日一律缴呈。令饬遵照。令上海证券交易所,查该所业经行政院核准复业,经已由部抄发复业办法一份,令饬遵照办理具报在案,兹为训赴事机,特规定:(一)根据上海证券交易所复业办法第二条第一款规定,三十八年黄金短期公债应予上市,其上市办法由该所依照上海证券交易所复业办法及该所营业细则之规定拟具报核。(二)该所经纪人应缴之身份保证金,应予该所复业前三日一律缴

足报核，逾期不缴者，以自愿放弃营业论，撤销其执照及登记原案，除咨工商部查照外，合行令仰遵照，并转知遵照为要，此令。

部长：徐堪。

上海证券交易所致财政、工商部函（1949年2月20日）

案查属所奉令复业，关于经纪人应缴之身份保证金等。钧部、财政部三十八年二月九日，财钱沪字第三十四号训令。务于属所复业前三日一律缴足报核，逾期不缴者，以自愿放弃营业论，撤销其执照及登记原案等因，当经公告并分知各在案。查属所原有经纪人截至一月底止，计二〇八家，大部份均已遵照奉颁复业办法第六条规定办理，迄至二月十九日止，计缴足保证金二〇四家，内单营债券者一家，单营股票者五十五家，兼营债券与股票者一四八家，其未缴保证金者四家，内中国建设银公司及张增佩二家均自请废业，已另案分别报请撤销注册，尚有第一二七号吴润及第一三二号广东银行逾限未缴保证金，如何办理之处，理会具文呈报，敬祈核示只遵。

上海证券交易所致财政、工商部函（1949年3月1日）

三十八年黄金公债上市办法

一、交易期限：分现货及一日期货两种，现货今天成交，明天交割，一日期货今天成交，后天交割。

二、计算区域：以一天之交易为一计算区域。

三、成交单位：暂定为票面黄金一两。

四、叫价单位：以票面黄金一两合金圆券之数叫价。

五、价格升降单位：暂定为五十元。

六、涨跌限度：暂定为百分之十。

七、经手费：按成交价银千分之〇.五征收，现货、一日期货两种对做及内转账交易减半。

八、交割准备金：一日期货交易按交易额征收交割准备金百分之四十，概以现金缴纳之，交割准备金得由本所随时调整增减之，必要时并得追加征收。

九、现品提交：如卖方以现品提交者得不缴交割准备金。

有关卅六年美金公债奉令上市的各项文件（1949年）

监理员办公处致上海证券交易所函（1949年3月7日）

案奉财政部本年三月六日财京钱戊字第〇〇一一号训令内开："查国营事业上市股票前经指定台糖、中纺、台纸、招商局等公司股票四种，现除台糖股票已上市外，其余中纺、台纸、招商局等公司股票应即洽催尽速上市，所有各项股票及三十六年美金公债、三十八年黄金短期公债价格涨落限度并应一律改为百分之二十，以便利证券市场之运用，除分函工商部及中央银行查照外，令行仰转饬遵办具报”等因，相应函清查照遵办见复，至三十六年美金公债既奉部令规定涨跌限度应属指定上市，请即于本年三月八日上市买卖，除呈报财政部备案外，并希查照为荷。

此致上海证券交易所、公告第六三八号（一九四九年三月七日）

监理员：王传福兼代，杜俊东　中华民国三十八年三月七日：规定三十六年美金公债上市办法：

关于三十六年美金公债上市买卖一案，业经公告定于本年三月八日上市开拍。兹规定上市办法如左：

一、交易期限：该公债第一期及第二期两种，同时开做现货及一日期货，现货今天成交，明天交割，一日期货今天成交，后天交割。

二、计算区域：以一天之交易为一计算区域。

三、成交单位：暂定票面美金一百元。

四、叫价单位：以票面美金一元合金圆券之数叫价。

五、价格升降单位：依照本所第六十六号公告所定股票升降单位同样办理。

六、涨跌限度：定为百分之二十。

七、经手费：按成交价银千分之〇.五征收，现货、一日期货两种对做，交易减半。

八、交割准备金：一日期货交易按交易价银征收交割准备金百分之四十，概以现金缴纳之，交割准备金得由本所随时调整增减之，必要时并得追加征收。

九、现品提交：如卖方以现品提交者得不缴交割准备金。

特此公告

四、证券市场交易制度、行情演变情况

(一) 1912～1937 年的上海证券市场

1922 年的上海公债市场

上海股票同业二十二家致钱业公会函(1922 年 1 月 21 日)

钱业公会公鉴敬启者

窃查近日沪市金融公债千百元票每百元市价为六十六至六十八万元票则售价不能过六十一,相差至百分之五六,即万元票一纸差价至五六百元,为沪市从来未有之事,揆其原由徒以万元票面过巨,无术分析中资顾客莫敢顾问,乃不得不辗转贬抑以就有力者之操纵,遂使同属一种之公债,其价值乃轩轾至此,际兹时局多艰,银根紧急,一般票价已极低落,持票人于此时忍痛脱售,本已荷巨大之损失,复以票面关系更增一重之剥削,衡诸理事,已失持平之道,而以面巨款重之故,买卖双方均属为难,以致交易减少,市面清淡,尤失债票流通之意,敝号等日厕市场,躬历艰况,展转思维唯有据情沥陈,恳请贵会转呈内国公债局,按照本债万元票号码,每号分印千元票十纸,准令商民将万元票呈缴,对照原号如数换给,其印刷手续各费每票应摊若干,即由换票人随票呈缴,以重公项,原号对换则准备金无变更,印费摊缴则公家无损失,似此一转移间,不但票价趋平,持票人免重大之损失,即商场周转银行担保亦获无形之便利,必于流通债票,振兴市面大有裨益,夙念贵会万商枢纽,谊切通舟,此项金融万元票市价被抑,阻滞流通,谅亦同兹感想,伏祈允予据情照转无任感幸之至,专颂公安。

上海股票同业二十二家公启一月廿一日(成丰股票公司、东方股票公司、上海中国股票公司、润亨股票公司、源兴股票公司、上海信益股票公司、胡柏记股票号、同益证券号、顺康股票公司、上海和丰股票公司等)

上海钱业公会致上海股票同业二十二家函(1922 年)

上海股票业诸公均鉴,达复者昨准大函以金融公债万元票票面数巨,销售滞钝,拟请内国公债局换给千元票以资流通,函嘱敝公会转达等由,查尊论各节,委系实情,惟敝公会既非同业又非核转机关,一再筹度虽为越俎之谋,语云爱莫能助,此之谓也,相应备函专复。尚祈鉴谅,一切易行设法为荷,此致公会上海钱业公会启

中华民国一年一月廿二日

兹照议决案拟致大总统电、财政部电、各埠通电及登报通告各稿录奉：

台阅谅众赞同此条

致大总统及国务院电告：

大总统国务院均鉴，公债失信，流毒社会，人民怨嗟，遍及全国，此次政府动议发行新债，各报宣传后，敝会曾电请京公会，将已发公债本息愆期，人民受累已非浅鲜，向政府痛苦陈词，并恳政府停止续发新债，近阅报载政府对于新债仍复积极进行，并有不日颁布条例之说，沪上全市骚动，人民异常愤激，群筹抵制之法，伏念我大总统复位伊始，公债价格骤增，足见公债关系政府非常重大，此次若再发新债，贻害人民，殊违大总统体恤民艰之义务，恳迅饬财部停发新债，速筹巩固已发公债信用以收人心而固邦基，临电不胜悚惶待命之至。

上海银行公会宥

十一年九月廿六日

致财政部电稿

财政部总次长钧鉴，公债失信，流毒社会，人民怨嗟遍及全国，此次大部动议发行新债，各报宣传后，敝会曾电请京公会，将已发公债本息愆期，人民受累已非浅鲜，向政府痛苦陈词，并恳政府停止发行，以纾民困，近阅报载大部对于新债仍复积极进行，沪上全市骚动，人民异常愤激，各法团连日会议，群筹抵制之法，伏念大部握财政枢纽，当谋金融安宁，若只救燃眉之急，不顾噬脐之患，窃恐国信丧失殆尽，挽救更无良策，惟有仰恳大部，尊重民意，速筹巩固已发公债信用，保障未经偿还各债，然后再谋续发计划，政体改革，共和与专制不同，民碞可畏，近今与上古一辙，谨为刍献，伏希采纳，临电不胜悚惶待命之至，

上海银行公会感

十一年九月二十七日

上海银行公会公告

公债失信，流毒社会，人民怨嗟遍及全国，此次政府动议发行新债，各报宣传后，敝会曾电请京公会，将已发公债本息愆期，人民受累已非浅鲜，向政府痛苦陈词，并恳政府停止续发新债，以纾民困。近阅报载政府对于新债仍复积极进行，业已颁布条例，是政府既不尤我人民，我人民亦惟急谋自卫，兹经敝会公同议决，此后政府如有新公债发行，凡我银行界概不收受抵押，并警告各地证券交易所，勿再代为买卖，庶发行无效，民困得苏，不特金融不致扰乱，商业亦得安宁，务请各发天良，一致行动，以培民脉而挽危局，除分电全国各法团外，特再登报通告。

致各埠通告稿

各埠商会、银行公会鉴，公债失信，流毒社会，人民病苦遍及全国，此次政府动议发行新债，各报宣传后，敝会曾电请京公会，迅与政府交涉，并请转咨安税务司阻止进行，讵知政府违反民意，各方运动，一意孤行，京公会无力抵抗，兹经敝会邀全体会员集议，佥谓政府既不尤我人民，我人民亦惟急谋自卫，公决此后政府如有新公债发行，凡我银行界概不收受抵押，并警告各地证券交易所，勿再代为买卖，庶发行无效，民困得苏，不特金融不至扰乱，商业亦得安宁，务乞各

发天良，一致行动，以培民脉而挽危局，除登报通告分电全国各团体外，特此电达，伏希垂察。

上海银行公会感。

上海银行公会致钱业公会电（1922年12月30日）

迳启者，近阅报载外交团提出节略，以外债本息愆期，拟向政府要求将内债基金抵付外债等情，查所载各节如果属实，固属全国人民受殃，而上海为全国商业众汇之区，其影响市面，妨碍金融为害尤不堪胜言，兹拟致电大总统、国务院暨总税务司，请其保障内国债权，勿将内债基金徇情移动并拟借重。贵会及总商会联衔拍发，庶有实力，谅蒙赞同，兹附上拟就电稿二件，即希察阅为荷，此致钱业公会。

上海银行公会启

中华民国十一年十二月三十日

附电稿一：

致大总统、国务院电：

近日报载外交团提出节略，以外债愆期拟向政府要求移动内国公债基金抵付外债等情，虽传闻之词未可尽信，而上海市面已为震动，今日票价奇跌，银拆飞涨，人心惶惶不可终日，查政府所欠外债皆有相当抵押品载在合同，政府应设法整理，以维国信，万不能任令外债□□人牵涉合同以外之其他收入盐余关余，况盐余关余为整理内国公债之基金，煌煌命令行之有年，一般人民无不信仰，故名曰有价证券流通市面，并有慈善机关义务学校藉图取息以资维持，且有鳏寡孤独谋作基金以图生活，假若将内债基金忽为外债攫夺以去，侵夺权利情已难堪，断绝生路人何甘休，种种反响祸患当有不可设想，敝会等为商业前途计，为金融大局计，为平民生计计，且恐众情愤激，酿成意外风潮，将来受其害者不独华商也。仰恳大总统国务院迅饬外部拒绝外交团之要求，至外债应如何整理，政府自当速筹办法，但内国公债为四万万人民生命关系重，已经指定之盐余关余作为基金者，丝毫不能移动，情势迫急，披沥上陈，伏乞均鉴，恳求赐复。

致总税务司电：

近日报载外交团提出节略，以外债愆期拟向政府要求移动内国公债基金抵付外债等情，虽传闻之词未可信，而上海商市已为震动，今日票价奇跌，银拆飞涨，人心惶惶不可终日，查政府所欠外债皆有相当抵押品载在合同，政府果有失信情事，应由债权人就抵押品向政府理论，不能牵涉合同外之其他收入之盐余关余，况盐余关余为整理内债之基金，煌煌明令行之有年，一般人民信仰，执事保管有方，故能票价日高，流通市面，若将内债基金忽为外债攫夺以去，侵夺权利孰有过于此者，敝会等与商业前途金融大局关系至为密切，若如报载各节必至激起全国金融恐慌，商业危险，将来受其害者，不独华商已也。总之，政府所欠外债自应设法整理以维国信，但不能夺此予彼重外轻内，其已经指定之关盐余款为国内公债基金者，关系四万万人民生命，丝毫不能移动，贵总税务司保障内债责有攸归，敝会等敢进忠告，务请力践前言，保持信用，勿稍偏徇，以慰众望，至为盼祷，并希惠复。

上海华商经纪人公会致上海银行公会函(1926年11月19日)

迳启者，近日偿还八厘公债每百元骤跌至十余元之巨，持票人恐慌益甚，社会金融咸受重大影响，亟盼救济，为此函恳请贵会务请迅赐电恳财政部速予维持筹付延期债息，并宣布还本日期以期平息风潮，保持国债信用，至为感祷。此致上海银行公会。

上海华商证券交易所经纪人公会嵇馥荪、胡柏年

中华民国十五年十一月十九日

农商部致上海银行公会、总商会电(1927年1月20日)

上海银行公会、总商会，查本部于上年十二月间准财政部函称九六公债市价涨落，每定影响市面，实非浅鲜，请核办等因，当经饬令北京、上海证券各交易所将九六公债一部分营业暂行停止，并派关参事文彬前往上海查办，嗣据持票人黄士杰等先后呈请停止交割后，经饬令暂行停止十二月份交割，并查明核办各在案。兹据关参事查称，上海华商证券交易所于停板后任意牌示价格，该所职员兼营证券买卖，停止营业后复将九六公债卖出买回，并于场账内设法掩饰经纪人各项账册，抗不缴验等语。该所通同经纪人操纵市价，扰乱公安，既经查明违法证据，本应将成交未结各买卖作为无效，唯因此次九六公债价格暴跌，于市面金融关系甚巨，如果取缔过严，或周转多阻碍，所有该所十二月份及一月份九六公债期货交割，应由该公会等查明双方买卖额数及奉令停止营业，以前正式成交之公定市价，会同妥商公平了结办法，呈候核定饬遵，至该所违法情事，应由本部另案依法核办，除分电外，仰即遵照办理。农商部。

商人徐继超等呈上海银行公、钱业公会、总商会函(1927年7月4日)

上海银行公会、钱业公会、总商会诸位执事先生合鉴：

数月以来，各项公债价格日趋低落，而其中尤以九六一债为最，商等暗中亏耗为数非细，此关系于国计民生者至深且巨，当局若不早为设法救济，则商等持票人破产虽不足惜，其如将来牵动金融酿成大恐慌致不堪设想，何且关系于将来发行公债信用，影响亦巨，事情重大，应请政府熟筹审度早谋救济之策，而于九六延不付息一层，拟请在盐余内每月拨存二十万元(约全国盐余收入十分之一)以备发付。一俟积有成数，即明定付息日期，先行宣示人民，藉示新政府维持金融之至意。查"九六"日人部分，其还本付息向在盐税内按月扣除，而吾华人部分则久延不付，事之不平莫甚于此，或谓九六在日人手中者，则事属外债，应作别论，然同一公债，应一视同仁，不应厚彼薄此，有中外之别，否则于民党先总理三民主义平等待遇之旨相背，且于发展国民经济之意亦相背。商等因手中存票将处于绝地，渴望九六有付息办法。

贵会领袖群商一言九鼎，可否恳请将上述苦情转达政府，请听想政府诸公洞达情势，必能

体恤商艰，顾全民命，为谋万全之法也。愚见如此，可否有贵会转请之处，敬祈，卓裁为荷，无任感慨之至，敬颂公安。

商人　徐继超等谨上

十六年七月四日

1930～1932 年上海公债风潮

上海银行公会致上海内国公债维持会函(1930 年 7 月 21 日)

迳启者，近来公债库券市价狂跌，国民经济几有破产之虞，银行基金亦呈动摇之象。贵会领袖、上海各行有救济维持之责，不容旁观坐视，任其沉沦。兹特提出紧要救济办法四条，即请尅日开会协商实行，是所至盼。

一、电请国民政府转电上海证券交易所，凡卖出期货者，均须预缴现货于交易所作为担保品，所有保证金无庸再缴，其无力预缴现货者以投机卖空论，拒绝其卖出。而现货预缴与否，应由政府派员专驻证券交易所查核，以杜弊混。

二、电请财政部速饬总税务司及二五库券委员会，将债券基金按旬宣布，广登各报，一面于每月应付本息并饬总税司按旬预拨二五库券委员会，分存各银行保管以息政府提用基金之谣。

三、与上海各银行协商，凡政府按期续还本付息并未愆期之各项债券，不论关税、编遣、裁兵应准分别折扣各项押款，不得藉词拒绝，致妨国信，但如各该行资本未裕，不能储押款时，应令登广告声明，因资本未裕，任何押款自某月起至某月止一律不做，方准将债券免予抵押，若做别种押款而独拒绝债券者，应以破坏债券信用，向法院告诉，藉敬效尤。

四、债券本息票贴现，应由代理国库之中央、中、交三银行遵照实行，凡持有本息票者，准予以月息四厘贴现三个月，俟三行实行两星期后，凡发行钞票，各银行均须继续实行，再过两星期后，即未发行钞票各银行亦应一律办理，不准拒绝。一面函请财政部关于公债基金酌量分拨存储，藉资协助。

上述四条办法如果实行，则政府提用基金停付本息之谣不攻自破，债券利息极为优厚，月息均在一分以上，二分左右，以现金过剩之上海，讵不顾争先恐后乘时购进，又孰顾持价卖出自顾损耗，预料一个月以内，关税、裁兵、编遣均可回涨至七扣以上，此事关系社会金融银行本身至重且巨，用特提出办法，函请实行至纫共谊，此致。

上海银行公会启

十九年七月廿一日

财政部公函(1931 年 12 月 15 日)

财政部公函　部字第 33 号

迳启者，查本部前以债市狂跌，鉴于金融前途深堪顾虑，特规定以上月二十四日收盘价格为最低价格以维债市，当经令饬监理员，转令华商证券交易所及证券物品交易所遵照在案，旋据华商证券交易所迭次呈请前来，以为长此限制买卖，失其平衡，且交割时期恐多纠纷并历陈困难情形，请予取消最低价格，查此事关系金融至巨，拟请。

贵会召集各会员银行会同两证券交易所妥拟办法，以期无负本部维护金融之本意，相应函达即希。

查照办理为荷，此致！

银行同业公会

财政部长　宋子文

中华民国二十年十二月十五日

中华民国内国公债库券持票人会公函(1931 年 12 月 30 日)

中华民国内国公债库券持票人会　公函

迳启者，敝会由中华民国内国公债库券持票人所组织，以维持国家债券信用，保护持票人利益为宗旨，租定上海香港路四号楼三百零四号房间为办公处所，业于本年十二月二十一日开始办公，并启用木质钤记，文曰：中华民国内国公债库券持票人会。相应函请。

贵会查照转知有关系者一律参加共策进行，以维国信而保法益为荷，此致！上海市银行业同业公会

中华民国内国公债库券持票人会

中华民国二十年十二月三十日

上海银行公会催复是否愿意参加内国债券持票人会

复致：各会员银行除新华、浙实。

迳启者，查本会前接中华民国内国公债库券持票人会来函，称该会由内国债券持票人所组织，以维持国家债券信用，保护持票人利益为宗旨，已租定房屋开始办公，并嘱转知有关系者一律参加共策进行，以维国信而保法益等语，当经本会于二十年年底，转知全体会员银行一律参加，在案□均邀，察及查各银行大都执有内国债券，自必乐予参加以利进行，惟阅时旬□来见，示复为特再行函达务希，于函到三日内见复过会以凭，汇案转知该会为荷，此致！

中华民国廿一年一月十一日

债库券持票人会致上海钱业公会(1932 年 1 月 15 日)

贵会与银行业同业公会会衔致政府当局元电，对于政府停付债券本息之拟议予以明白反对，痛陈利害，详尽无遗，态度坚决，足醒庸懦，而电末之“否则敝会等为维持国家信用计，为维持社会安宁计，为维持平民生活计，为维持教育机关计，惟有尽其力之所及，集合全国各公团，不惜牺牲一切，采取种种方法以为保管基金委员会之后盾，以图自卫而保命脉。”尤见宗旨鲜

明，关怀全局，此后一切政治财政得贵会之坚决主张，各公团一致风从，定能措国家于磐石，出人民于水火，敝会对于保全国家债信，人民生计，誓与贵会取一致态度，为保管债券基金委员会之后盾，相应函达，希烦查照为荷。上海市钱业同业公会

中华民国内国公债持票人会

中华民国二十一年一月十五日

上海各路商界总联合会致上海钱业公会电（1932年1月18日）

迳启者顷读贵会与银行业同业公会会衔致国民政府元电，为反对债券本息停付之议，其坚决勇往精神殊堪钦仰，敝会忝为商人集团之一，有会员四十万，绝对追随贵会之后，采取一致态度，为债券基金保管委员会之后盾，惟观政府当局负责者，逍遥四方，置国难于不问，贵会虽大声疾呼，恐未能发其仁念，然固馨香祷求，敝会系过分而不中也，万一竟成贵会元电否则之意，应请贵会深知财政与政治绝对相连，则种种办法之中，请当道返政于民，俾自解救国难，亦其一法，憨直之见，敬希采纳，相应函达，希请查照为荷。此致，上海钱业同业公会

上海各路商界总联合会

中华民国二十一年一月十八日

内债持券人会致上海公会（1932年1月20日）

“对公债的意见”

径启者一月十三日各报载中国银行充实钞票发行准备，特标按语一则曰，时价跌落之内债券概行剔除，再则曰钞票持票人可高枕无忧，并表列准备物品缕举折价，仰见该行长袖善舞，手腕灵妙，当此国难紧张，中枢空虚，财政无办法，金融杌□之际该行独能迎合人心，表示充实，歆佩无量。惟发行为该行业务之一部，内国债券尤该行资产之大宗，充实于此，必空虚与彼，未知其何术而能兼顾也，况该行为代理国库，经手还本付息之一。值此时局摇动内债跌落之际，应如何联络各界调剂金融稳定基金，乃不此之图而反屏弃内债于发行准备之外，其自为计则得矣，□尝为国家社会民生着想，耶执券人□□之愚，窃有质疑者四点，贵会领袖群伦有指导纠正之责，应请将下列各点通知该行逐款答复宣布报端以释群疑。（一）内国债券条例均有得充保证金之规定，毁损债券信用并有依法惩治之明文，该行于谣言正盛，价格低降之秋，居代理国库地位而首以剔除内债为充实准备之号召，一若内国公债已失之供保证之效力，则夫其他发行钞票银行仍以债券供准备者，明系相形见绌，是不特有毁损债券信用之嫌疑且有累及他行发行信用之倾向。此质疑者一也。（二）该行认内国债券不堪保证，则剔除下之债券不知如何处置，将视同废纸一律烧毁耶抑贱价出售吸收现金耶。否则概行封存，姑作悬账耶，抑概归营业部分虚价以待耶。由前之说则血本攸关，由后之说则厚于发行准备而薄于营业资金。窃恐持票人高枕无忧之日正存款人寝食难安之日。此质疑者二也。（三）准备物品本应随市作价，高则减少物品之数量，价落则增加之以适合准备金额为止，内国债券为法定保证品，价跌亦可增加其数

量，发行之准备之充实与否当视其准备品作价高下以为断，初无内债外债、价涨价落之别，以同一本国发行之债券内债有时而跌外债亦难保其不跌，况外债因国别而异，其货币本位更有金银汇兑涨落之危险，内债只单纯涨跌，外债将有两重变动，查该行表列各金债之折价与近日之市价相若，本无充实不充实之可言，至美国股票年来跌落甚巨，有达百分之二百以上者，尚可充作准备品，何独跌落百分之五十左右之法定准备品必须剔除。意者外债外股之市价熟悉者少，金银汇兑计算不易耶。抑揣摩商家心理以外债外股为较有信用也。此应质疑者三也。(四)准备物品国家本无特别指定法令，随时掉换该行亦自有权衡，惟今偏于债市不定，人心惶惑之时，特加按语公然揭櫫于报端，意或别有作用耶，以剔除内债为充实则未剔除者将如何，设影响所及，发生意外风潮将谁任其责乎。抑犹有进者，内国债券消纳于各银行准备各项下者为数颇巨，万一各行同一趋向群举，所有债券倾销于市场，市面上骤添可惊之额数，恐债市前途不知何届，必演成金融恐慌之局，覆巢之下宁有完卵，该行纵不为全国上下计独不为自身计乎。此应质疑者四也。综上四端只就□大者社会上议论纷纭，持券人因利害切身关系，尤难缄默不言，贵会为各行总枢，倘认剔除内债为正当应请召集会员一律仿办，否则亟应明白纠正以免淆惑人心而维持债券信用，尚希□核办理。毋任公感，此致，上海银行公会

内债执券人：张未公、李景山、王励、赵拨匡

银行公会(1932年2月26日)

国民政府历年发行公债，人民信仰政府，踊跃购买，还本付息，从未衍期，自上年九月间，暴日占据辽沈，债价暴跌，而交易如故，还本付息亦如故，至本年一月二十八日，日军在上海开衅，商会通告罢市，近日战事亦烈，交易所因人心极度紧张，在未停战以前，不易复业，夫以常理论之，公债条例皆由立法院议决，票面有财政长官署名盖印，若在平日，无论国家财政如何困难，万不容稍有变更，惟当此存亡危急之秋，百业停顿，税收奇绌，默观大势，恐将来政府虽欲坚维债信或为事实所不许，为今之计，惟有由持票人与政府共同协商，将各种公债库券还本期限酌量延长，并酌减利率，俾政府财力得以稍舒，一方面提出条件，对于此后债券基金更得进一步之保障，是持票人实所牺牲者，仅在利息之一部分，而国家之债务易于履行，即人民之债权较为巩固，要之持票人为国难而甘受牺牲必求达，所以牺牲之目的，政府因国难而稍轻债负，不可不存维持国信之决心，邦人君子幸共察焉，兹将办法列左：

(一) 每月所拨基金不得少于现拨本息之半数，(即每月八百六十万元)

(二) 各种库券照原定每月还本数额以折半偿付，其基金概以每月五厘计算(例如二月份盐税库券剩额九十四元，本息原额为一元七角五分，今还本折半为五角，息按月照五厘计为四角七分，共为九角七分，约五六折稍弱，余类推)延长还期，质言之，向来以二十个月还二十元者，今改为四十个月还二十元，但在四年以内，如每月基金总数八百六十万元，平均分配不敷本金原额五成及月息五厘之数，只得将本金酌量少还，至少以原额四成为限，四年以后，按每月基金八百六十万元分配，逐年递加并不限于五成，俾得早日偿清。

(三) 各项公债除整六、整七、春节、治安另案规定外，其余均按照库券办法改为年息六厘，

延长年数，并改为三个月抽签一次，四年之后将每月基金八百六十万元与前条各库券一并分配，逐年递加，俾得早日偿清。

（四）整六、整七、治安、春节、十七年金融短期、金融长期六种公债，除整六原定年息六厘、金融长期年息二厘半不改外，余均改为年息六厘，金融短期、金融长期还本照原案办理，其余四年内仅付利息，自第五年起除治安分三年偿清外，余分十二年偿清。

（五）照此延长期限之计算标准，应将所有债券偿清后，腾出之基金尽数摊付未偿清之债券本息，其还本付息详表另定公布之。

（六）在未换新票以前，旧票一律有效，但按照新定办法支取本息，将来换给新票，即本上条办法及另表规定之标准，按整数计算换给之。

（七）基金保管委员会改称国债基金管理委员会，以关务署长、总税务司为当然委员，其委员会条例由国民政府颁布之。

（八）前项办法既定所有应付基金应就原有之庚款及增加关税项下，由总税务司仅先照数直接拨付基金管理委员会，由该会全权管理，如有不足，由政府于各项中央税收中指定一种税收按数补充之，基金管理办法有基金管理委员会另行详细规定。

（九）持票人既因国难牺牲个人利益，竭诚拥护国家，自此次减息展本之后，无论政府财政如何困难，不再牵动基金及变更所定，此次办法情事，由国民政府命令公布并分饬行政院永远遵守，并交立法院立案暨命令拨发基金之征收官吏即总税务司，将每年应还债券本息总数每月分二次，于十五日及二十五日将各项如数拨付，至还本付息偿清之日为止，不得挪移别用及稍有延误，并由总税务司切实宣言负拨付基金之责任，至各项公债库券还清为止，以昭大信。

（十）政府与人民休戚相关，应将财政彻底整理完全公开，财政委员会由各团体参加，力取节缩主义，在现在收入范围内确定概算，不得稍有逾越。

（十一）政府不再向各商业团体举债为内战及政费之用。

（十二）旧债券调换新债券应另设机关，由基金管理委员会管理之，新债券条例应就上列各条范围规定，由政府早日公布施行。

（十三）请政府按月拨付上海兵灾善后基金五十万元，以十年为度，将来即以此项基金发行兵灾善后公债，以复兴被灾区域之各项事业。

（十四）财政部于三年之内应另拨基金偿还九六及二次整理两债票本息，其办法由财政部定之。

中华民国二十一年二月二十六日

上海国民内债债权团反对发行长期公债宣言

近日政府以财政困竭，拟将从前发行短期公债改为长期公债，并减少利息以便腾出基金应付现在之军政费，闻此种办法已有具体决定云云，此事如果属实，本团当竭力反对，举其理由如次：

（一）吾人目前所要求的政府为信用政府而非欺骗政府，国民政府前所发行之债券共有10

万万以上，除金融长期公债外，其期限最多者不过六七年，其月息年息大都为七厘八厘，一切条例早经公布，所有基金早经指定，政府所公布之条例即对于国民所订之债务契约也，政府所指定之基金即对于国民所给之债务抵押品也，在此条件之下，人民始合意而认购，国民政府在今日只有遵守条例保障基金到期偿还本息的义务，绝无自行取消债务契约、自行动用基金的权利，政府既以国家堂堂的法令订条例拨基金发行巨额之公债，吸收人民血汗之金钱，迨售出公债后，政府忽欲自行撤销其信用，改短期为长期，改利息为低利，不得债权者之同意而强制执行此种办法，完全以欺骗手段诈取人民之财产，人民对于人民如遇有诈欺取财行为，有控诉于法庭之权利，人民对于政府如遇有诈欺取财行为，只有出之以忠告，忠告不听，则人民为保护债权计，不得不采非常之手段矣，此应请政府注意者一也。

（二）吾人目前所要求政府为爱民政府而非害民政府，本年自粤变以来，公债逐月步跌，裁兵竟由八十元而跌至四十元以下，其余各债已均至三折左右，人民损失已达5万万元以上，其所受公债之惨害不下于沈阳之兵灾，武汉之水灾，人民之倾家荡产、流离失业以及愤而自杀者何止千百计，及今设法巩固债信，抬高债价已觉其晚，若再下井投石违反自颁之法令，改期减息，实行移用基金的手段，我恐此法实行，国信沦亡，公债益将暴跌，人民受害更加惨酷，怨愤所结必有起而食政府诸公之肉者，此应请政府注意者二也。

（三）现在吾人民之积极要求，一为取消发行长期公债之提议，二为用明令保证过去之公债期限与利息绝对不变更，三为以法律规定基金绝对不准财政部提用，四为有以延期还本付息之提案贡献于政府者，以破坏公债信用论，交法院按刑事起诉，五部院长官再有提议延期还本付息破坏国信者，即向监察院提出弹劾，并实行罢免。

（四）望人民速起为债权之自卫运动，因为政府背国信拆澜污到了这紧急关头，还要希望其自己觉悟，恐无效力也，亟应由银行界钱业界经纪人商会以及各内国债权团赶速组织强有力之国民内债债权团协会，对政府提出强项之抗议，不达上项五条目的决不休止，以誓死一致之精神，拥护信用政府，打倒欺骗政府，拥护救国政府，打倒害民政府。

上海各团体救国联合会致上海钱业公会函（1932年2月25日）

迳启者，近闻政府因暴日侵掠，金融停滞，各项税收大为短绌，而抗日军费急于星火，不能不设法支应，于是提出减付公债本息之议，以便挹彼注此应付国难，并闻本埠金融同业对于此案已为相当的赞成，本会自维为上海八十余正式团体组织而成，对于救国重任责无旁贷，并确认减付公债本息一事，其影响于军事民生至为重大，于此危急存亡之秋，自应力持正当之主张，以为全国之倡导，查国民政府成立五年先后发行公债已达十万万元，凡此收入胥为我四万万人民血汗，乃政府将此十万万金钱非用于争权夺利之国内战争，即耗于毫无效用之党政机关，我全国人民本已痛心疾首，今乃欲将全国人民所赖以维持生活之债券减削其支付，凡我国民本应表示极端反对，惟念国难当前，军需孔急，毁家纾难，义不容辞，故倘使所减公债之本息确系移充抗日军费，凡我国民自应一致赞同，不过照以前政府浪费情形，实不能使我今日之民众加以彻底的信任，兹有中华民国国难救济会维持公债宣言，对于此事主张下列四项办法：

（一）政府应将现在财政收支实况公告国人，由各公团推举财政专家详细审查通盘筹划，实行监督财政。

（二）公债本息只能展期缓付一部分，应付国难，事后补偿，不能由政府任意变更原案等于赖欠。

（三）缓付之本息一部分，应专款另储，设特别会计（由各公团组织）管理之，专供抵抗外侮之用，不能由政府将其靡费于诸不抵抗之军队及无效用之机关（如党部经费等）

（四）政府此后如未得正式民意机关之同意，不得再发一纸公债，加重国民负担，金融界更有为政府滥发债券者，众共弃之。

本会业经叠次开会讨论，承认上提四项办法对于国难民生确系并筹，并顾为正当切实可行，深望贵会一致主张促其实现，俾我国民茹痛忍死所节余之血汗金钱，不致再被政府浪掷于毫无效用之机关及专事私斗之军队，倘使政府不照上述四项办法，擅将公债本息款项移用，凡我国民均应誓死反抗，除电陈国府当局，切实请求外，特再专函奉达，查照办理为荷，此致上海市钱业同业公会。

上海各团体救国联合会启，常务理事　褚辅成

中华民国□年二月廿三日

镇江钱业公会致国民政府电

上国民政府电

南京国民政府林主席、行政院孙院长、陈副院长、财政部黄部长均鉴，窃维内国公债库券乃国信民脉攸关，故二十年来每发公债库券，商民无不竭力担负，非惟维持政府亦以维持社会，乃闻政府忽有停付债券本息之拟议，市面震惊，社会动摇，几于不可阻挡，查今岁水灾迭见，外患暴侵，商场凋敝情形已属十分危急，若债券本息不能照旧履行，全国财政将沦于万劫不复之地步，为此迫切电陈，务乞打消提用公债基金之自杀政策，并即坚决表示以全国信，而顾民脉，不胜彷徨待命之至。镇江钱业同业公会。

上海银行、钱业公会上国民政府电

上国民政府电

南京国民政府林主席、行政院孙院长、陈副院长、财政部黄部长均鉴，顷闻政府有停付内国公债库券本息之提议，风声所播，商市震动，查国民政府历年所发各项公债库券为数至巨，其昭示于人民者无非基金确实，信用巩固，还本付息悉照条例履行，向无愆误，凡我国民爱护国家，不惜以汗血之资，踊跃购买，或以之为教育基金，或以之为慈善基金，或以之为日常生活之费，或以之为营业运用之赀，其仰赖于上项债券本息者几遍全民，一旦基金动摇，恐慌频起，影响所至，全国骚乱，诸公皆党国柱石，关怀民疾，当不忍出此自杀政策，致陷全民于破产，况孙院长、黄部长就职之始，一再宣言对公债基金关系国信，誓必竭力维持，口血未干，夫岂或忘，务请明白表示以释群疑，否则敝会等为维持国家信用计，为维持社会安宁计，为维持平民生活计，为维持教育机关计，惟有尽其力之所及，集合全国公团，不惜牺牲一切，采取种种方法以为保管基金委员会之后盾，以图自卫而保命脉。掬诚上达，务祈鉴察。上海市银行业同业公会、钱业同业

公会合扣元。

截留税款问题上海市银钱业公会分电各方当局

今日本市银钱业公会为各方截留关税盐税，特分电中央暨各方当局呼吁，兹摊得原电文如次

致国民政府行政院电：

南京国民政府行政院钧鉴，近闻各省截留国税之事，报章腾载，道路宣传，事果属实，殊堪骇异，盐关两税本以担保外债，果有违约之举动，必召外人之责言，际此国事阽危，外交紧急，窃恐贻敌国以口实，失友邦之同情，关系时局甚为重大，此就外交现状言不可者一；立国之道，首重信义，现行之烟酒、印花、统税暨关盐两税，均为公债库券之基金，设会保管载在条例，基金苟有动摇，债券即成废纸，一省作俑，各省效尤，国信扫地，此后中央地方缓急不时之需，凡百建设之资，丝毫无从挹注，此就财政前途言不可者二；政府频年举债，人民信任政府，一般游资咸集，于是持券之人几遍全国，苟债券一朝失信，则国内金融不免紊乱，小民生计咸告破产，斯其危害有不堪设想者，此就国民经济言不可者三；兹事重大，属会等既有所关，难安缄默，除分电北平、山东、湖北、广东各当道外，伏乞钧鉴，严令制止，以昭统一而恤民生，不胜悚惶待命之至。上海市银行业、钱业同业公会同叩文。

国债基金管理委员会公函（1932年5月12日）

迳启者，案查江海关二五附税国库券基金保管委员会移交卷内准

贵会函开，顷准内国公债库券持票人会，函称：查贴现为银行重要业务之一，而贴现公债库券本息又为最可靠之放款，乃自九·一八、一·二九以来，各银行对于持票人将该项本息票向银行贴现，每感困难，是亦环境使然，现闻贵会为巩固金融起见，特组联合，准备专营折放事宜，凡属持票人对于贴现前途莫不欣然有复活之望，为特函请贵会向各银行商准，对于持票人将到期前九十天之公债库券本息票向之贴现者一律承受，其要求不特持票人，金融得以周转，社会经济深资利赖，而银行本身亦有所获，正所为一举而数善备焉，为除函江海关二五附税国库券基金保管委员会外，相应函达，希烦查照见复等情，准此查事。关债券贴现，相应转函奉达，至希查照见复为荷等因，当经转函中央、中国、交通三银行，兹准三银行复函均允照办，相应函达即希查照为荷，此致！

上海银行业同业公会

主席：李诒

廿一年五月十二日

上海华商证券交易所、上海华商证券交易所经纪人公会致上海银行公会函(1935年2月23日)

上海华商证券交易所(上海汉口路)

敬启者,自财政部提议征收交易税以来,上海各交易所经纪人纷纷请求政府体恤商隐,分别缓免,旋由立法院审核修改,惟于国债一项并未特别提出豁免,敝所经纪人等迭次开会讨论以公债交易政府,若与普通公司股票同一征税,非特涉及苛细,开东西各国未有之创例,而于今日经济奇绌之际,复于国债推行之途加之束缚,瞻念国计,其危害实有不忍言者,为此不揣檮昧历陈种种,谨乞。

贵会据情呼吁,另附详稿尚希卓裁并望即日赐予,代递实为公便,敬致

上海市银行业同业公会

上海华商证券交易所启

上海华商证券交易所经纪人公会启

中华民国廿四年二月廿三日

上海市商会致银行公会函(1935年3月9日)

财政部钱字第四五六四号批开据转呈上海华商证券交易所暨该所经纪人公会函请,将交易税法中之国债证券一项,无论现货期货概予免税,按照立法修正手续迅赐办理。由据转呈上海华商证券交易所暨该所经纪人公会,函请将交易税法中之国债证券一项免予征税等情,并据该商会与上海银行业同业公会电同前情,查核所陈各节,不无理由,除由本部提请。

(二) 1937～1945年的上海证券市场

抗战爆发初期的上海证券市场

上海华商证券交易所致上海市银行业同业公会函(1937年9月22日)

上海华商证券交易所(上海汉口路)

迳复者,接准

贵会九月十一日凾开叠,据各会员银行面称,会员等向上海华商证券交易所所做八月份公债交易,照该所定章应于八月三十日交割,乃届时该所并不实行交割至今时阅两星期,于八月份交易如何办法亦无只字通知查会员等,此项交易多系买进七月份卖出八月份,原为套利营业,并非投机买空卖空,当七月份交割时,时局业已紧张,以素信交易所对于交易有确实保障,均如期备现收货。今该所于八月份交易既未责令买方收货,又未别筹办法,坐令失契约之时效,丧商场之信用,该所似不能不负其责,应请公会凾(函)催该所即日实行交割等语。查核所称系属实情,相应凾(函)请贵所迅予查明办理并盼见复等情,查敝所八月份公债交易掉期至九

月份系奉　财政部令，准办理节经录令公告市场周知在案，准函（函）前因除据情呈请，财政部核办外，特先奉复即希。

查照为荷，此致！

上海市银行业同业公会

上海华商证券交易所启

中华民国廿六年九月廿二日

上海华商证券交易所呈财政部文（1937年9月25日）

呈财政部文

呈为呈请事，窃查上海华商证券交易所对于八月份公债买卖交易未能依照契约履行交割，前经该所呈准。

钧部援照一·二八沪战事变办法延期交割，原属事非得已，但一·二八沪战事变为时甚暂，今则我政府决定长期抗战，为时未可预期，当此国难，金融极度严重之时，该所倘能按照成例将买卖交易一律结价了结，俾各方直接可弗因长期抗战而使此项交易无期迁延，间接勿使各方资金长久呆搁，不能活动转于市面，金融多所影响。本埠其他各交易所处理期货买卖交易不乏先例，乃阅九月十七日各报，载有该所经纪人公会启事，略称八月期交易经本所公告奉　财政部令准照八月十三日记账，价格掉至九月期，并由该会拟定办法：一、按月息一分掉期一个月，照收佣金，更换成单；二、自愿了结，得向所划账；三、一律照收本、特证据金等语。依其所定办法只图片面利益，绝未顾及事实法理，试举其理由：一、际此长期抗战不能预期何日终了，转瞬九月将终，自必再请变更该所买卖交易，既未能顾全契约信用，每月反须办此繁重之手续似属无谓；二、交易所收取佣金原为业务应得，今仅恃此一笔交易而收取买卖双方无数次数之佣金，该所只须每月掉换成单计算利息，不负其他一切责任，每月即有优厚之佣金收入，实为不当利得；三、八月交易数额甚巨，该所平时所收本特证据金未知如何处理。今再向买卖双方收取巨数本特证据金，在此悠久之长时期中有何保障管理之办法。基于上述各节，该所虽有公告闻买卖双方，仍多未照实行，属会会员亦深以此事与同业关系颇多，且为交易所买卖双方多数人之重要问题，关涉金融更巨，纷请召集会议，当经属会于本月廿一日召开全体银行业会议，详为讨论，佥以该所公告办法，显有因缘为利之嫌，似非有以纠正不足以昭公允。同时，并认此事解决之方，不外结价了结与延期交割两途，如结价了结，则按五月十二日记账价执行并加算，自八月三十日至结价日之利息，一切即不成问题否则八月份期交易即应遵照当初。

钧部召集各关系方面讨论时原议一律延期，至认为可以交割时再行交割，所有买方应贴于卖方按月一分之利息，自八月份交割日起至实行交割前一日止，在交割时一并算给，原成单继续有效，不必另办手续，如买卖双方有自愿轧账了结者，即照报载经纪人公会所定第二条办法办理。总之，延期交割办法仍系暂时性质，究应如何统筹解决之方以免长此拖延，素仰。

钧部高瞻远瞩定必早谋及此区区一得之愚，无非聊供。

采择是否，有当理合，呈请。

察酌施行实为公便，谨呈财政部

具呈人：上海银行业公会主席　吴□国代。

廿六年九月二十五日签

财政部批　沪钱字第三十四号

批上海市银行业同业公会

呈一件为，上海华商证券交易所由于八月份公债买卖交易未能依照契约履行交割，究竟应如何统筹解决之方，呈请察核施行。

呈悉查此案业据华商证券交易所呈请核示到部，经部查核为履行契约免除纠纷，批令该所将掉期至九月份全部交易如期办理交割在案，仰即知照。

此批

中华民国廿六年九月廿八日　　部长　孔祥熙

上海各会员银行关于华商证券交割事宜致函上海银行公会(1937年9月)

迳启者，前因八月份公债交易华商证券交易所延不交割，业由公会函催该所迅予交割，据闻该所尚未答复，日来突见报载上海华商证券交易所经纪人公会启事，略称八月期交易经本所公告，奉财政部令，准照八月十三日记账，价格掉至九月期，并由该会拟定办法：(一)按月息一分掉期一个月，照收佣金，更换成单；(二)自愿了结，得向所划账；(三)一律照收本、特证据金等语。殊深诧异，查此次沪战发生八月份，公债交易交割困难，日前由财政部召集关系方面讨论办法，经决定由交易所具文呈部请求延期交割，待时局稍定再行办理收交等语。当讨论时，会员等亦有在座以该所不能履行契约情有可原，延期交割亦属无可如何讵料，报载该所公告延期交割已一变而为掉期，既大背讨论时原议，且查所定办法尤属只顾片面利益，不符事实法理，兹列举如下：一、际此长期抗战不能预期何日终了，每月须办理此无谓而且繁重之手续，有何必要；二、交易所收取佣金原为业务应得，今仅此一笔交易而收取买卖双方无数次之佣金，该所仅须每月掉换成单计算利息，不负其他一切责任，每月即有优厚佣金收入，实为不当利得，在该所自计诚为得矣，其如无此情理何；三、八月交易数额甚巨，该所平时所收本特证未知如何处理？今在此国难，金融极严重时期，再向买卖双方收取巨数本特证，在未能顾全契约信用(时)之，该所在此悠久之长时期中有何保障管理之办法。

试阅略举上述三点掉期办法，已属绝对不能照办，会员等为仰体。

财政部当时讨论原议意旨及昭示公允起见，应由公会函请。

财政部迅赐将该所原定处理八月期交易办法予以纠正，一面另筹妥允办法，令该所遵办：至会员等之函一并略陈于下藉供采择，一所有八月期公债交易照财政部时原议，一律延期至认为可行交割时，再行交割，卖方应得价款自八月份交割日起至实行交割前一日止，按月息一分计算，在交割时一并算给，原成单继续有效不必另办手续；二、照第一条办理后，有买卖双方自愿轧账了结者，即照报载经纪人公会所定第二条办法办理。

以上不过为补偏救弊起见，虽属公允而一时不获解决，倘为免于拖延，必须求一公允解决起见，应请大会另行议定。

以上所陈是否有当，此事于同业关系颇大，且为交易所买卖双方多数人之重要问题于金融甚有关系，本会职责所在，应请迅予召集会员大会，会商决定，无限企盼，此致！

上海银行业同业公会

提议者：中国、交通、农民、大陆、国货、盐业、金城、浙江兴业、浙江实业、四行储蓄会

廿六、九、廿一

上海市华商证券交易所呈财政部文(1937年10月29日)

呈为历陈经纪人交割困难情形恳请延期，仰祈鉴核示遵事奉，钧部沪钱字第三十二号批令内开，呈悉并拨上海银行业同业公会及该所经纪人公会请示到部云云，照录原文以资结束，除分别批示外，仰即遵照办理，具报此批等因，本所遵即函知经纪人公会并公告市场，定九月二十九日办理交割，去后各经纪人以抗战时期，金融停滞，战区及外埠委托人或流离失所或通讯为难，几经会商困难，实多无法遵办，遂致停顿，旋经银行公会提议，由官商银行各推代表三人与本所及经纪人代表各三人会商办法，本所派理事尹韵笙、沈长赓、邹驾白，经纪人推朱达君、吴礼门、杨叔鼎为代表。兹据报告声称本月十三日十五日，由银行公会秘书长林康侯先生邀集，在银行公会集议。韵笙等代表本所及经纪人参加会议，先由经纪人代表就交割困难各点详细陈述，银行代表深为谅解，元将各银行应交之额约九千万元左右，照部定限价收回，而其余四五千万元，尚无着落，乃就其他变通办法尽量交换意见，念认一部交割改属不宜，全部交割实无善法，惟有全部结价，可以解除各方责任，不过，交易所法无此规定，本所亦无先例可援，关系金融机构之前途信用，尚有待于更进一步之讨论。其次，为延期交割，将现存交易延期至二十七年二月一日交割，一月三十一日应收之息票归卖方收取，抵充五个月之延期利息(八月底至一月底约合月息八厘)。如在二月一日以前局势好转，则随时提前办理，其利息照月息一分计算，即以此两项办法留待经纪人公会与本所商决后，于十月十七日召集经纪人全体会议，将两次会商经过情形向众报告，并以交割问题，经纪人首当其冲，无论如何困难，总宜商决办法，不应议论纷纭，再事延宕，嗣经各经纪人发表意见，一致表决延期至二月一日交割，会后报告林康侯先生，请其转商各银行代表之谅解，并约期会议具体办法。昨得面复，已经分别转达，不必再行会商，嘱转请本所根据经过情形呈请财政部核夺，此韵笙等代表本所出席会议及商决延期交割之经过情形也。惟本所对于经纪人之八月份交易已经照八月十三日之记账价格以月息一分掉期至九月份，而经纪人对于委托人之掉期手续尚未完全照办，价格参差，月期不一，如果统称以第四期公债息票抵充，延期利息不但计算不便，后恐易滋纠纷，似应规定适当利息，以便共同遵守等情，据此查九月份现存交易自应遵令办理交割，属所多方设法，努力进行，困难多端。迄未就绪，而经纪人所称环境困难，亦称实情，勉强办理，特多纠纷，既经银行界及各方之谅解酌量展延似尚合理。并与钧部体恤，商银勉除纠纷之□意，亦不违背，谨将交割困难及高决延期经过情形备文转呈。鉴核所有延期利息计算方法分单附陈统计。批示　转遵　谨呈。财政部。上海华商证券交易所理事长张。

中华民国廿六年十月廿九日。

财政部致上海证券交易所函(1938年2月21日)

上海银行业同业公会览上

上海华商证券交易所理事长张文焕呈称，据经纪人公会函，以展期至本年二月交割之该所期货交易，现仍以沪市环境，办理困难，请准照上年八月十三日记账价格连同九六公债结价了结，转呈准如所请等情，经部核所请，既经该所经纪人公会申请，并经该所复核转呈，为结束悬案，免除纠纷起见，姑准如请办理。除批示并分行外合亟电仰该公会，转行各银行知照财政部艳汉钱叩

上海银行业同业公会执行委员会决议案(1938年3月7日)

关于上年八月份展期至本年二月交割之公债期货交易

上海市银行业同业公会执行委员会决议案，廿七(年)、三(月)、七(日)、下午二时

吴常委蕴斋主席

主席报告，查关于上年八月份展期至本年二月交割之公债期货交易，现本部令准照上年八月份十三日记账价格结价了结，刻正由经纪人公会办理结价手续，推该会会议有办法数项，兹择其与我银行业有关系者三点(照录检次)提出讨论，请公决一致办法：

一、佣金　八月份交易照了结计算两面收佣；

二、垫付证金利息　经纪人代客户所垫付每万票面特证六百元按月五厘计息算收；

三、领回套利中签红票，应仍请代表会尽力向各银行设法掉回。

议决：

一、八月份交易佣金，本会各银行准照中、中、交、农已令办法一律以一二五算给；

二、垫付证金计息及领回套利中签红票两项，本会各银行未梗□难承认照办。

附带议决一项

查此次八月份公债期货交易，现既遵照部令结价了结，倘经纪人中对于本会各银行经手交易有未能如期了结者，应由各该银行迅予诉追。

经纪人公会议案1938年3月

本日大会议决通过结价了结办法如下：

佣金，八月份交易照了结、计算两面收佣；

垫付证金利息，经纪人代客户所垫付每万票面特证六百元按月五厘计息算收；

垫款手续及盖章，由经纪人具函请公会收付，归还垫款并复函证明；

垫款商垫，经纪人因在非常时期金融紧缩，对于垫款得向委托人商垫；

未来抽还事宜，向交易所商办每经纪人过户时加用经纪人公会入会志愿书一份，过户介绍人须负责解释垫款义务；

套利垫款，垫款不敷再由套息交易之经纪人加垫之数，请大会追认加入前垫之款合并计算偿还；

计算办法，九六自八月至一月照五月计算，按月贴一角统一照八月十三日记账价格结价，所前八月至九月交易所向经纪人收付差金，照数找回；

关于套利中签红票领回一事，应仍请代表会尽力向各银行设法掉回，并将各号中签数额抄示公会以便汇集。

抗战时期上海的汪伪华商证券市场

1941～1942 年永安纺织印染股份有限公司股票上市价格表

九、上场股票价格(过去二年内每月初最高最低及平均价格)

民国三十年	最高	最低	平均价格
一月份	197.50 元	190.00 元	193.75 元
二月份	187.50 元	175.00 元	181.25 元
三月份	175.00 元	170.00 元	172.50 元
四月份	172.00 元	170.00 元	171.00 元
五月份	176.00 元	170.00 元	173.00 元
六月份	182.50 元	176.00 元	179.25 元
七月份	197.50 元	180.00 元	188.75 元
八月份	185.00 元	182.50 元	183.75 元
九月份	217.50 元	187.50 元	202.50 元
十月份	417.50 元	375.50 元	396.50 元
十一月份	500.00 元	425.50 元	462.75 元
十二月份	475.50 元	285.50 元	380.50 元
民国卅一年	最高	最低	平均价格
一月份	530.00 元	470.00 元	500.00 元
二月份	530.00 元	470.00 元	500.00 元
三月份	530.00 元	470.00 元	500.00 元
四月份	530.00 元	470.00 元	500.00 元
五月份	530.00 元	470.00 元	500.00 元
六月份	530.00 元	470.00 元	500.00 元
七月份	3 300.00 元	2 200.00 元	2 750.00 元
八月份	2 000.00 元	1 230.00 元	1 615.00 元
九月份	1 800.00 元	1 075.00 元	1 437.00 元

(续表)

民国三十一年	最高	最低	平均价格
十月份	2 080.00 元	1 610.00 元	1 845.00 元
十一月份	1 980.00 元	1 730.00 元	1 855.00 元
十二月份	2 020.00 元	1 800.00 元	1 910.00 元

永安纺织印染股份有限公司证券上市申请书(1943 年 10 月 2 日)

证券上市申请书

具申请书永安纺织股份有限公司今愿遵照贵交易所规章填具证券上市登记事项表三份，检同敝公司登记执照影本，公司章程及其他证明文件各一份，最近五年内之营业报告书，决算表册，财产目录，盈余分配案(一份)以及增资方案等每种三份暨证券上市登记费五千元送请。

察洽并恳迅予

审查俾得早日上市实纫公谊　此致

华商证券交易所

具申请书　永安纺织有限公司(签名盖章)

中华民国三十二年十月二日　郭顺

永安纺织印染股份有限公司证券上市登记事项表(甲)股票(1943 年 10 月)

证券上市登记事项表(甲)股票

1. 公司名称：永安纺织股份有限公司
2. 创设：民国十年六月　日
3. 登记：(甲)设立登记：十二年二月十三日。(乙)最近登记：三十一年十月三日。
   (丙)最近登记执照：重字第十一号
4. 总公司所在地：上海南京路六二七号永安新厦四楼
5. 总工厂所在地：第一厂　上海杨树浦，第二厂　吴淞蕴藻浜，第三厂　上海麦根路，第四厂　吴淞蕴藻浜
6. 营业范围：纺纱，织布，印染
7. 专营权：(甲)执照　　字第　号，(乙)期限　年
8. 资本：(甲)总额：国币一二〇．〇〇〇．〇〇〇元，(乙)实收额：一二〇．〇〇〇．〇〇〇元
9. 股份总数：一二〇．〇〇〇．〇〇〇股
10. 额定股息：　　年息　分　厘

11. 每股面值：(甲)额定：十元，(乙)以收金额：　元
12. 溢价发行：(甲)发行：　年　月　日，(乙)股份数　股，(丙)每股溢价金额
13. 优先股：(甲) 名称
　　(乙) 资本：(一)总额　　元，(二)实收额　　元
　　(丙) 股份：(一)总数　　股，(二)每股面值：　　元，(三)每股已收金额
　　(丁) 发行年份：　　年　月　日，(二)额定股息：　　年息　分　厘
　　(巳) 优先权利
14. 公司之历史：本公司于民国九年冬间开始招股，十年六月开创立会，十一年十月呈请案注册，十三年十一月正式开幕，所属工厂有四，并附设大华印集于杨树浦
15. 资本增减之经过：本公司资本总额六百万元，民国十九年增为一千二百万元，三十一年增为六千万元，三十二年增为一万二千万元，每次增资俱保值。
16. 附属事业：(甲)公司名称，(乙)所在地，(丙)创设及登记日期，(丁)营业范围，(戊)资本总额及实收资本，(巳)股份总数，(庚)每股面值及以收金额，(辛)本公司所在股额，(壬)附记
17. 最近五年之生产量及销售净额
18. 最近五年之股息记录
19. 会计年度：自每年一月一日起至同年十二年三十日止
20. 分公司或分厂所在地
21. 董事监察人及重要成员：董事：郭乐、郭泉、郭琳爽、郭礼安、郭顺、李孝值、郭棣活、骆干伯、郭瑞祥、林海筹、李业棠、李伟先、杜泽文、郭植芳、郭干勋
　　监察人：刘生初、吴三省
　　总监督：郭乐
　　总经理：郭顺
　　副经理：郭棣活
22. 股东持有股份数之分配状况：上海、广东、香港各省及各埠华侨多投资为本厂股东

上海特别市经济局局长(王志刚)拟具股票交易收费原则及办法草案，呈上海政府批准。(1943年4月17日)

《股票交易收费原则》：

一、收费定名：所收费用拟专为促进本市市政之用，故名称拟定为“上海特别市附征华商股票交易证明费”。

二、征捐根据：拟以各股票业商所制之买卖股票成交单为根据，并规定成交单格式饬各股票业商填制。

三、捐率：初征收时拟暂定为万分之五，按成交实际金额每千元为单位，不满千元亦作千元计，俟推行至相当时期再酌予增加。

四、纳捐人：拟责令股票卖出方纳捐，股票业商代客买卖或自营者均同。

五、监督机关：拟由市经济局严密稽查并规定处罚办法，由该局切实执行。

六、捐收预计：假定全市股票业商每日交易股票实际金额平均为一万万元，按万分之五捐率征收，则每日收捐平均为五万元，每月约为一百五十万元，如捐率增至万分之十，每月可收捐三百万元。

（三）1945～1949年的上海证券市场

抗战胜利后上海证券市场上市证券审查暂行标准及程序

政府债券：

中华民国中央政府或地方政府发行之债券呈奉财政部令准上市者，公告上市，其暂停或终止上市时亦同。

公司股票及公司债券：

（一）公司且有左列资格者得由该公司申请将该公司之股票或债券予以上市，经上市证券审查委员会审定，呈奉核准后公告上市。

甲、公司股票

（子）遵照中华民国公司法组织并经主管官署核准登记之股份有限公司股份，两合公司或外国公司其企业所在地在中国国境以内者。

附注一　合法登记之股份有限公司，因调整资本，呈请变更登记尚未确定者，其已依变更章程而发行之股票得为预约转让之买卖股票现金，同时交割，利益危险，同时移转，但交割时卖方除交付股票暨过户申请书外，并应按照交易所定附加约据载明上开意旨，并保证予该公司变更登记确定后实行过户，此项约据应与过户申请书盖用同一留存该公司之印鉴。

附注二　前项规定之施行期间，自交易所开业之日起以满六个月为限。

附注三　外国公司在本国官署合法登记，尚依中国公司法呈请认许，尚未确定者，得准用附注一关于预约转让之规定。

附注四　前项规定之施行期间，自交易所开业之日起以满六个月为限。

（丑）有殷实之资产及获利之能力，其企业本身与国民经济有密切关系者。

（寅）公司内容有充分翔实之公开报告。

（卯）股票之过户手续合符规定者。

乙、公司债券

（子）甲项子丑寅三款均通用于债券

（丑）有可靠之担保品确实之基金及健全之保管机构。

（寅）债券之过户合符规定者。

（二）申请上市之程序：

（子）应具备左列各项文件

甲、公司股票

（一）上市申请书及登记事项表

（二）公司核准登记之证明文件或其摄影本

（三）关于申请上市之董事会决议录

（四）公司章程及组织系统表或组织规程

（五）最近五年来按照公司法第二二六条规定之各项表册及目前情形之报告(不满五年者递减之)

新设立之公司如系发起设立者，依照公司法第三三七条甲项及第一五一条规定之文件之文件，如系招募设立者，按照公司法第三三七条乙项规定之文件

上项各文件均须经监察人及律师或会计师审查并书具证明书

乙公司债券

上海市证券交易市场筹备委员会公告第二号关于证券上市(1946年7月15日)

关于证券上市业经本会订立规则，呈部核准在案，凡依中国公司法取得法人资格之中国股份有限公司、股份两合公司或在中国境内营业之外国公司，依中国公司法取得认许者其所发行之股票或公司债如合于营业细则、证券上市之规定(简则备案)，可向本会领取证券上市申请书及登记事项表(每份收回印刷费二千元)，依式填就连同全部证明文件送交本会审查，经审定并呈部核准后得予上市买卖，特此通告。

中华民国三十五年七月十五日

地址：本市汉口路四二二号

上海市证券交易市场筹备委员会上市证券通则

第一条，中华民国中央政府公债或地方政府公债呈奉财政部令准上市者为上市之公告，其奉部令停止或终止上市者为停止上市或终止上市之公告。

第二条，依中国公司法完成登记之中国股份有限公司，股份两合公司或依外国法完成登记并依中国公司法取得认许之外国公司所发行之股票，其合于左列各款规定者，经审定呈奉核准得予上市买卖，但以该公司在中国境内营业者为限。

（一）该公司有殷实之资产及获利之能力，其事业与中国国民经济有密切之关系。

（二）该公司内容有充分翔实之公开报告。

（三）该公司股票之过户手续依合法之规定。

合于前项规定之中国公司，因调整资本依收复区各种公司登记处理办法，呈请变更登记尚未确定者，其已依变更章程而发行之股票，以及合于前项规定而呈请认许尚未确定之外国公司股票，其上市买卖认为转让之预约，由卖方保证于该公司登记或认许确定时实行过户，此项预约转让之买卖，除与前项上市买卖之股票同样交割外，并应依本会定式附加卖契，载明移转利益及危险之意旨及保证过户之方法。

前项预约转让之买卖自交易所开业之日起，以六个月为实施期间，非经主管官署核准不得

延长。

第三条，合于前条第一项暨一二两款规定之公司，其所发债券具有可靠之担保品，确实之基金及健全之保管机关，而债券过户手续依合法之规定者得予上市买卖。

第四条，公司股票或债券申请上市应具左列各项文件：

甲、公司股票

（一）上市申请书及登记事项表

（二）公司核准登记之证明文件或其摄影本

（三）关于申请上市之董事会决议录

（四）公司章程及组织系统表或组织规程

（五）最近五年来依公司法第二二六条规定之各项表册及目前情形之报告，其开业不及五年者，所具表册应自开业之年开始，新设立之公司如系发起设立并应具依公司法第三三七条甲项及第一五一条规定之文件，如系招募设立并应具依公司法第三三七条乙项之文件。右列文件均须经公司监察人及律师或会计师审查出其证明书。

乙、公司债券

（一）甲项一、二、三、四、五各款之文件

（二）公司债核准发行之证明文件或其摄影本

（三）依公司法第二三八条规定各款之报告书暨担保品基金之说明书及与保管机关所订之契约或其摄影本

右列文件均须经公司监察人及律师或会计师之审查，出具证明书。

第五条，公司股票或债券申请上市应具申请书，表明遵守左列规定：

甲、公司股票

（一）申请公司应设立股票之过户机关于上海市区，并应迅速办理过户手续，不得逾两星期。

（二）申请公司应将股票之样张号码及过户申请书之样张，连同签名、董事印鉴及董事会授权签字之决议录，送交本会存验，如式样或印鉴有变更时，须在发行或使用前报告本会备案，股票上所载之文字须符合公司法第一五九条及二五八条之规定。

（三）申请公司应将每届营业年度终所造具公司法第二二六条规定之各表册送交本会。

（四）申请公司遇有左列情形时应即报告本会。

1. 增减资本

2. 变更股份票面金额

3. 发行优先股

4. 发行公司债

5. 出售营业用重要资产

（五）申请公司发给股息红利或其他权利时，应于停止过户期前十天通知本会。

（六）申请公司应接受及遵守本会公布之决议案。

（七）申请公司应随时答复本会一切咨询事项。

乙、公司债券

（一）申请公司应适用同条甲项第三第六第七各款规定。

（二）申请公司应设立债券之过户机关于上海市区，并应迅速办理过户手续，不得逾两星期。

（三）申请公司应将债券之样张号码及过户申请书之样张，连同签字、董事会印鉴及董事会授权签字之决议录送交本会存验，如式样或印鉴有变更时，须在发行或使用前报告本会备案，债券上所载之文字须符合公司法第二四一条之规定。

（四）申请公司遇有左列情形时应立即报告本会：

1. 变更担保品或保管机关

2. 增减资本

3. 发行优先股

4. 加发债券

（五）申请公司发给债券本息时应于停止过户前十天通知本会。

第六条，申请公司之证券经核准上市者应准时缴纳上市费与交易所上市费，额另定之。

第七条，上市之公司股票或债券有左列情形之一时，得停止或撤销其上市：

一、第四条所列文件发现有不实之记载

二、公司遇有公司法第一九五条规定情形之发生

三、公司解散停业或破产

四、上市股票或债券不能保持自然之流通性或发现有操纵之情形

五、违反本会公布之决议

六、公司内容或组织与营业范围有重大变更而不合上市之标准

七、公司不准时缴纳上市费

八、本会基于其他原因认为有停止或撤销上市之必要。

为拟定上市费暂行办法、经手费、升降单位及限度等事项，上海证券交易所给国民政府财政、经济部的报告(1946年8月)

上海证券市场筹备委员会呈财政经济部函(1946年8月28日)

呈为呈送拟具上海证券交易所证券上市费暂行办法、经手费、证券升降单位及限度草案。仰祈鉴核示遵事

谨查上海证券交易所暂行营业细则第四十一条规定“申请公司之证券，经核准上市者，应准时缴纳上市费与交易所，其费额由交易所拟定呈奉核准施行之”，又第五十六条规定“本所交易证券之价格升降单位、价格升降限度及成交单位，由本所拟定呈奉核准施行之，变更时亦同。”又第六十九条规定“本所得向买卖双方经纪人征收经手费，于交割时缴纳，其数额由本所拟定呈奉核定公告之，变更时亦同。”现该所转瞬成立，开业日期亦至迫切，所有上市费暂行办法、经手费、证券升降单位及限度，兹已拟具随文呈送，除迅予鉴核批示，俾便

施行，谨呈部长。

上海市证券交易市场筹备委员会主任委员：杜镛

附呈：拟具上海证券交易所证券上市费暂行办法、经手费、证券升降单位及限度草案一件

证券上市费暂行办法

（一）本办法依照本所暂行营业细则第四十一条订定之。

（二）本所证券上市费分初次上市费、常年上市费及变更上市登记费三种。

（三）本所证券初次上市费之计算方法如下：

甲、股票初次上市费每股定为国币一角，但每种股票之初次上市费至少为国币一百万元。

乙、公司债初次上市费，每面值国币百元定为国币五分，但每种公司债之初次上市费至少为国币五十万元。

（四）本所证券初次上市费由发行公司于接得本所呈准上市通知后三日内缴纳之。

（五）本所证券常年上市费，股票每股定为国币五分，公司债每面值国币百元定为国币二分半，以总股数或总面值为计算根据，年分二次缴纳，于每年六月及十二月内缴纳之，其第一次常年上市费依照实际上市月数计算。

（六）凡在本所上市以后之证券，如有增加发行额、减低发行额或变更权利时，发行公司应另行缴纳变更证券上市登记费，增加发行额时，其增加部分股票每股国币一角，公司债每面值国币百元国币五分，减低发行额时，其减少部分股票每股国币五分，公司债每面值国币百元国币二分半，变更权利时，股票每股国币七分半，公司债每面值国币百元国币三分七厘半。

（七）本办法经上海市证券交易市场筹备委员会呈准后施行。

经手费

按暂行营业细则第六十九条规定“本所得向买卖双方经纪人征收经手费于交割时缴纳，其数额由本所拟定呈奉核定公告之，变更时亦同”。兹拟定本所经手费之征收率如下：政府公债买卖经手费双方经纪人各收货值之千分之〇.七五，每笔交易相同部分买卖经纪人为同一人时及内转账交易，只收一方千分之〇.七五。股票及公司债买卖经手费双方经纪人各收货值之千分之一，每笔交易相同部分买卖经纪人为同一人时及内转账交易，只收一方千分之一。

每月月初本所应将上月各经纪人交易额公布，其交易额特多者，得酌予奖励。

拟定升降单位为国币一角

拟定升降限度：

股票价格	升降限度
一百元以下	百分之二十
一百元以上至五千元以下	百分之十二
五千元以上	百分之十

上海证券交易所股份有限公司暂行营业细则窒碍难行各点说贴(1946年9月3日)

呈为奉颁修正暂行营业细则内事实困难数点，恐于实施之时不无窒碍，为此胪陈意见，缮具说帖，仰祈鉴核，俯准变通办理事，案奉钧部与财政、经济部京钱巳五三〇京商三十五五七九八号指令内开"呈件均悉，并经行政院秘书处奉交到部，查原呈甲项关于暂行章则所列一至三款，核尚可行，应准照办，乙项关于筹备复业，在市场设计人事训练及其他事项之进行，既须有时间上之准备，应准展至本年七月中开业，又交易税率，本财政部刻正着手颁订，不久即可施行。至原来营业细则、经纪人通则、证券通则等，经予修正备案。除呈复行政院外，合行抄发修正章则条文，仰即遵照修正，并将修正后各该章则全文缮报备查，此令"等因，并附抄营业细则等应行修正条文一份，奉此自应遵办，惟查暂行营业细则修正条文中，内有数点经属会斟酌至再，认为如不变通办理，将来实施之时与事实相离，窒碍綦多，除将暂行营业细则内有关各项章则遵令修正，另缮修正本呈请备查外，理合将修正暂行营业细则内有数点实施困难情形，缮具说帖备文呈请，仰祈鉴核，俯赐采纳，准予变通，藉符法规而利营业，实为公便，谨呈

财政部部长俞

经济部部长俞

上海市证券交易市场筹备委员会主任委员　杜镛

附呈暂行营业细则修正本一份说帖一份

上海证券交易所股份有限公司暂行营业细则窒碍难行各点说帖

一、第一条但书"本所认为必要时得呈请变更集会时间"，第二条但书"本所认为必要时得呈请另定休假日或于休假日开市"，拟请分别改为"本所认为必要时得变更集会时间并呈报备案"与"本所认为必要时得另定休假日或于休假日开市并呈报备案"。

查市场情形瞬息变幻，变更集会时间，另定休假日或于休假日开市，当为紧急措施不及事前呈准，因拟请准予事后呈报备案。

二、第八条第三项后段"经纪人应于领到执照后三日内向中央银行缴纳保证金并取具存证来所，填具本所定式志愿书，办理入所手续并由本所公告之"，拟请改为"经纪人于接得领照通知后一星期内应依第六十七条之规定同本所选定之殷实行庄缴清保证金，并填具本所定式志愿书办理入所手续，领取执照并由本所公告之"。

前项殷实行庄由本所选定后呈部核准办理之。

查经纪人营业执照，似应在经纪人照章缴纳保证金后方行颁发方可，杜绝执照发出以后，经纪人不缴或延交保证金情事。

三、第二十二条"本所认为必要时得呈请分别限制经纪人买卖数量"，拟请改为"本所认为必要时得分别限制经纪人买卖数量并呈报备案"。

查经纪人在场之买卖系由交易所担保，如买卖之数量太大，与其资力信誉不相适应时，交易所自应随时予以限制，事前呈请，恐失时效，因拟请准予将办理经过呈报备案。

四、第二十四条第一项"经纪人在市场从事买卖得设置代理人，但须先经本所查核报请核

准登记方为有效”，拟请改为“经纪人在市场从事买卖，得设置代理人，但须经本所审查核准登记方为有效，本所并应呈报备案”。

同条第二项“代理人之名额每市场每经纪人以一名为限，但如营业发达得报由本所呈准增加之”，但书部分拟请改为“但如营业发达得由本所核准增加并呈报备案”。

同条第三项“代表人按照第六条乙项三款规定不得上市场者，得报由本所呈准，另派代理人一人”，拟请改为“代表人按照第六条乙项三款规定不得上市场者，得由本所核准另派代理人一人并呈报备案”。

同条第七项“本所认代理人为不适当时，得呈请命其解职或停止入场”，拟请改为“本所认为代理人为不适当时，得命其解职或停止入场，并呈报备案”。

查代理人为经纪人之雇员，其在市场之行为，均由经纪人本人负责，经纪人既经严格甄选，呈准注册，代理人之登记、增加、另派、解职或停止入场，似无事前呈准办理之必要，且因代理人之登记、更换及处分为时有之事，应及时办理，如须先经呈准方得办理，殊有困难，拟请准予办理后呈报备案。

五、第三十六条“为上市之买卖……为停止上市或终止上市之买卖”意义不明，拟请解释。

六、第四十二条“上市之公司股票、债券有左列情事之一时，得由本所呈准停止或撤销其上市”，拟请改为“上市之公司股票、债券有左列情事之一时，得由本所停止或撤销其上市并呈报备案”。

查本条例所列情事中有属于紧急性质者，为保障公众利益计，拟请准予将办理经过呈报备案。

七、第五十六条第二项“证券价格升降如达前项升降限度时，所得呈准停止一部或全部证券之买卖”，拟请改为“证券价格升降如达前项升降限度时，本所得停止一部或全部证券之买卖并呈报备案”。

查价格升降限度既须呈奉核准施行（见同条第一项）则升降达前项限度时，自然停止买卖，似无庸事情呈准，拟请准予办理后呈报备案。

八、第六十六条“经纪人应缴纳保证金于本所转存中央银行，本所认为必要时，得令其向中央银行缴纳交易证据金”，拟请改为“经纪人应缴纳保证金于本所选定之殷实行庄，本所认为必要时，得令其缴纳交易证据金”。

查经纪人保证金现金部分估计约一百亿，为调剂本市金融起见，拟请由本所选定殷实行庄，呈请核准后分存之。

保证金代用品、地产及证券时有更换，需要亦请准由本所拟定保管，行庄呈奉核定后办理之。

九、第六十七条末段“向中央银行补缴现金”字样，拟请改为“同本所选定之殷实航专缴纳现金”。

查前条第六十六条已修改，故连带改正如上文。

十、第七十二条“本所买卖之交割双方应将交割证券及货价备齐，在中央银行或其委托之银行行之”，拟请改为“本所买卖之交割双方应将交割证券及货价备齐，在本所证券交割处行之”。

“证券交割处之组织由本所拟定章程呈财经两部核定施行”。

查证券交割买卖双方，应将证券及货价在同一时间内交割清楚，一遇错账，必须与交易所核对账目，如由中央银行或其委托银行代办，则经纪人一方面须在市场交易，一方面须至银行交割，手续既繁，往返时间尤感不及，且携带证券或货价往返诸多周折，且易发生意外，经详密商讨之后，拟请准予由本所另组证券交割处办理交割事宜，庶时间及手续较为简捷而安全。

十一、第七十三条“交割证券如须分割时由中央银行或其指定银行代为办理分割过户手续”，拟请改为“交割证券如须分割时，由本所证券交割处代为办理分割过户手续”。

查本条因前条修正连带关系，拟请一并修正。

十二、第八十八条“本所遇有左列事项得呈请停止集会之全部或一部或限制入场”，拟请改为“本所遇有左列事项得停止集会之全部或一部或限制入场并呈报备案”。

查本条所列事项有关紧急措施，不及事前呈准，拟请准予办理后呈报备案，且所列第一项似无庸事前呈报理由见(七)项。

十三、第八十九条“本所对经纪人及代理人遇有左列事项，得呈请停止其交易或课以过怠金或停止其营业或撤销其注册或施行除名处分或令其退职”，拟请改为“本所经纪人及代理人遇有左列事项，得停止其交易或课以过怠金或停止其营业或施行除名处分或令其退职，并呈报备案，其予除名处分者，应呈请撤销其注册”。

第九十条“本所遇有左列事项，得呈请停止其营业或撤销其注册或予以除名”，拟请改为“本所遇经纪人有左列事项得停止其营业或予除名处分，并呈报备案，其予除名处分者，应呈请撤销其注册”。

查第八十九条第九十条所列事项，均属紧急措施性质，不及事前呈准，拟请准予办理后呈报备案，又经纪人注册之撤销与受除名处分应并办，不能择一办理，故拟改如上。

十四、第九十三条第十一项之“最低升降价格最高升降价格”，应参照第五十六条第一项改为“价格升降单位价格升降限度”

呈为筹备就绪上海证券交易所定期开业，所有前曾请示各节仰祈迅赐批复，以便遵行事。

(一) 本年八月十三日呈为奉颁修正暂行营业细则内事实困难数点，恐于实施之时不无窒碍，为此胪陈意见、缮具说帖，仰祈鉴核，俯准变通办理事。

(二) 本年八月廿四日呈为上海证券交易所经纪人代用品部分，拟请指定本市会员银行三十家，由各经纪人自行接洽，以书面保证，以期迅速仰祈鉴核示遵事。

(三) 本年八月廿九日呈为拟具上海证券交易所证券上市费暂行办法，经手费、证券升降单位及限度草案，仰祈鉴核示遵事。

以上各节为该所开业前急待解决者，除另呈财政、经济部外，仰祈钧部鉴核，迅赐批示，以资遵守而利进行，谨呈

经济部部长王

财政部部长俞

套利交易暂行办法(1946 年 12 月 9 日)

迳启者,兹为套利交易成交便利起见,规定套利交易暂行办法如左□定于本月十二日(星期四)前市起试办

(一) 股票种类,暂定永纱、信和两种

(二) 交易地位,双方均为套利交易时在指定交易柜前集中交易(如对方为普通交易时仍在各交易柜前依原有买卖方式照旧交易)

(三) 成交单位,暂定五万股

(四) 叫价单位,暂定一角

(五) 叫价方法,只叫现货价格与递交价格相比之差额,例如八元一角九元三角等。

(六) 成交价格,以当时现交买进价格为根据例如套利叫价 8 元成交,而当时现交买进为四百五十元,即现交价为四百五十元,递交价为四百五十八元。

(七) 升降限度,以现货价格为标准(限于双方均为套利之交易)

(八) 买卖手势,以违交之进出为准,例如买进现货卖出递交者手心向外,卖出现货买进递交者手心向内。

(九) 填制场账,即用现在所用之场账,分别现交递交仍由卖方依式填制,经买方签章后投入交易柜内。

(十) 其他各项,本证据金现品提交追加证据金经手费交易税及交割手续交割期限均依照原有现交及递交办法办理,对账表单亦一并计算毋庸分别填制。

上列办法除公告市场外用再函达即希。查照为荷此致贵经纪人,所启。

商洽代办交割事宜与中、中、交、农行等单位来往函件(1946 年)

中中交农四行联合办事总处秘书处致上海证券交易市场筹备委员会函(1946 年 8 月 8 日)

为据中央信托局函请承办证券之交割及代理证券之过户登录事项一节,转请查照惠示意见,以凭办理由。

准中央信托局七月三十一日总信戍字第六九〇四号函,略以上海证券交易所正在积极筹备,不日即可复业,为在专业范围内筹划扩展起见,所有该交易所股份似应尽先由本局参加,至证券之交割及代理证券之过户登录,系属信托代理业务,在欧美各国向由信托公司办理,将来该交易所成立后,对于上列交割及过户登录事项,似均应由本局承办,是否可行,相应函请查照转陈核示见复等由,相应转请查照迅予惠示意见,以凭办理为荷,此致上海证券交易所筹备委员会。秘书长:徐柏圜。

中中交农四行联合办事总处秘书处致上海证券交易市场筹备委员会函(1946年9月11日)

为关于中信局前请允准该局对贵交易所股份有优先参加权，并承办证券交割事项一案，希迅予查照见复由。

上海证券交易所筹备委员会公鉴：案查关于中信局前请允准该局对贵交易所股份有优先参加权并承办证券交割及过户登录事项一案，经于八月八日以京业字第三〇七三号函请查照惠示意见在卷，迄今已逾一月，尚未准复，特再电达，即希迅予查照前函核拟见复为荷。

四联总处秘书处申佳二京案

京业字第三八二〇号

中央银行致上海证券交易市场筹备委员会函(1946年9月17日)

摘由：函为关于证券交割事项，本局经已委托中交两行代为办理希查照由。

兹准财政部第二二二五号、经济部京商三十五第一〇三九七号会函节开："查上海证券交易所暂行营业细则业经本两部核准备案，关于证券之交割事项亦经核定，在贵行或由贵行委托之银行行之"等由准此，查关于上项证券之交割事项，本局经已暂行委托中国银行上海分行暨交通银行上海分行代为办理，相应函达，即希查洽为荷，此致上海证券交易所

中央银行业务局副局长

□□□

中国银行上海分行、交通银行信托部致上海证券交易所函(1946年10月14日)

迳启者，准贵所发总字五十三号函，转中央银行业务局九月十七日函节开"查上海证券交易所暂行营业细则，业经经财两部核准备案，关于上项证券之交割事项，本局经已暂行委托中国银行上海分行暨交通银行代为办理，希查照"等由，洽悉，复准中央银行业务局致敝行部业总字第八六七五号函同前由，自可照办，兹拟具敝行部承办贵所交割事务之合约及实施办法草案各一份，至希察核，如蒙同意，仍将原件函还，俾使缮正签订为荷。

此致　上海市证券交易所

附件

中国银行上海分行交通银行信托部

中华民国三十五年十月十四日

附件：《合同》

立合约人：上海证券交易所、中国银行上海分行、交通银行信托部(以下简称交易所、两行)

兹因中央银行依照上海证券交易所股份有限公司暂行营业细则第七十二条之规定，委托两行共同承办交易所之交割事宜，所有交易所与两行间规定事项如左：

一、两行之共同承办交割事宜，系受中央银行委托代交易所执行其业务之一部分，遇有经纪人不履行交割或应付价款不予付足，暨其他违约行为，均由交易所迳自处理，两行不负任何责任。

二、经纪人于履行交割之日，如其所缴票据遇有退票，以当日补足为原则，但两行为协助交易所完成是日全体交割业务起见，必要时得由经纪人商请两行代为垫付，期限以至次一营业日归垫为限。

经纪人如不依限于次开业日开市前将两行垫付款项补足时，除得由两行随时以口头或书面通知交易所停止该经纪人之上市，并留置其次日应领证券以备处分外，交易所应将该经纪人缴存之保证金或其他资产优先拨付两行，以偿还垫付款项，如仍不足，由交易所负责偿还之。

三、交易所应于每日营业终了后　小时内将该日各经纪人应收应付证券价款核算清楚，开具详表送达两行，以凭洽办，关于实施交割办法另以《中国银行上海分行、交通银行信托部承办上海证券交易所缴割事务实施办法》订定之，该项办法附订于后，作为本合约之附件。

上项附件另有增删修正之必要时，由交易所及两行协议并以换文补充之。

四、两行共同承办此项交割事宜，其所生费用房租、房捐、水电费、印刷费及员工膳食由交易所负担外，其余概由两行平均负担。

五、两行共同承办此项交割事宜，为办理迅捷增加效率起见，得指定两行原有之联合机构负责代办，届时另以公函通知交易所洽照。

六、本合约及附件均送请中央银行备案后施行。

七、本合约遇有增删修正之必要时，由交易所及两行另以换函补充之，并补陈中央银行备案。

立合约人

见证人

中华民国　年　月　日订立

（附件）

《中国银行上海分行、交通银行信托部承办上海证券交易所交割事务实施办法》

一、上海证券交易所（下称交易所）应将当日各经纪人所做交易核算清楚制成（一）收付清单（二）经纪人交割收付表（三）买卖清单（四）证券差额报告单于次晨十时前送达中国银行上海分行、交通银行信托部（下称两行）以凭洽办。

二、经纪人向两行履行交割，其时间规定如下：

甲、向两行解送（领取）货款，上午九时至十一时，下午一时至三时。

乙、向两行解送（领取）证券，上午十一时半至下午二时，次日上午九时半至十一时半。

三、为便利交割款项收付起见，交易所经纪人及其营业员均向两行开户往来。

四、经纪人存入两行之票据由两行酌予当日抵用，如遇退票，经纪人应绝对于当日备款补足，尚不于当日补足或经商准两行垫付而又不于次开业日开市前补足时，交易所及两行均分别照本合约第二条第二项办理，垫付款项之利率由两行参照市面情形随时订定之。

五、两行承办交割，其费用均由两行负担，一方面两行得依照上海一般银钱业惯例向经纪人酌收票贴，按票面万分之一点五为度以为挹注。

六、本办法经中央银行备案后连同合约第二条一并印发经纪人照办。

战后上海证券市场上市华股分类表

单位 股票 种类 面值	单位 股票 种类 面值	单位 股票 种类 面值	单位 股票 种类 面值
金融投资股	500 尤豊糖业 10	500 大隆织染 10	文化股
100 中日实业 100	500 华豊糖业 10	500 大口织染 10	1000 中华电局 10
100 中国工业 100	100 义生口口 20	1 000 公膳织染 10	100 中华书局 10
500 通易信托 10	1 000 熨口口口 10	600 同口织染 10	500 世界书局 25
500 环球信托 100	1 000 中国木材 10	500 口中织染 10	1 000 永祥书馆 10
1 000 上海企业 100	1 000 中华化工 10	500 口光织染 10	10 商务书馆 100
	1 000 森茂化工 10	500 国信织染 10	500 轩华化工 10
1 000 三乐实业 10	1 000 建华化工 10	1 000 圆圆织染 10	500 天暨造纸 10
500 久安实业 10	1 000 震中化学 10	500 万暨织染 10	500 利用造纸 10
1 000 大中华实业 10	500 华丰工业 10	1 000 口华织染 10	1 000 晋台造纸 10
1 000 大通实业 10	1 000 大隆报业 10	500 新中一厂 10	500 华伦造纸 10
1 000 中国投资 10	500 银华油漆 10	500 新中二厂 10	500 勤工造纸 20
1 000 中兴实业 10			
500 天口实业 10	1 000 大明油漆 10	100 华众制造 100	1000 中联印刷 10
1 000 合益实业 10	1 000 新亚口业 10	1 000 中心内衣 10	
1 000 永华实业 10		500 中国内衣 10	
500 利亚实业 10		1000 新光内衣 10	
500 利安企业 10		1 000 景福衫织 10	
1 000 口口投资 10		500 景绣衫织 10	
1 000 新中实业 10		1 000 勤兴衫织 10	
1 000 新亚建业 10		500 同兴衫织 10	
500 新新贸业 10		1 000 大东织厂 10	
1 000 口华贸业 10		500 光明针织 10	
1 000 美丰□业 10		1 000 正大针织 10	
1 000 环球企业 10		500 大中华织造 10	
1 000 益茂企业 10		500 天绣织造 10	
1 000 大上海地产 10		500 五和织造 10	
1 000 天变地产 10		1 000 富民织造 10	
500 永业地产 10		1 000 景福织造 10	
500 永兴地产 10		1 000 皇家织造 10	
500 恒兴地产 10		1 000 裕丰织造 10	
1 000 兴仁地产 10		500 绮美织造 10	
500 森山地产 10		500 锦乐织造 10	
500 德隆地产 10		500 鸿兴织造 10	
1 000 新中地产 10		1 000 永新织造 10	
500 新益地产 10		1 000 公和棉织 10	
500 通惠地产 10		1 000 振暨棉织 10	
500 国华地产 10		500 大光明毛线 10	
1 000 联合地产 10		1 000 大中毛纺 10	

500 国华地产 10
1 000 真裕地产 10
500 口口工业 10

1 000 大业毛线 10
500 美纶毛线 10
500 茂口毛线 10
500 中国毛业 10
1 000 新亚毛业 10
500 中国表业 100
500 美亚织绸 10
500 九吕织绸 10
1 000 美盛织绸 10
500 万宝织绸 10
1 000 富强绸厂 10
500 口口绸厂 10

化学工业股

100 生化口口 100
500 口口药厂 10
1000 口口药厂 10
1000 兴口药厂 10
100 信口药厂 50
1000 新亚药厂 10
1000 新丰药厂 10
1000 中央药房 10
500 中西药房 10
500 中法药房 10
1500 新亚药房 10
1000 口口香水 10
500 裕口肥皂 10
500 新一行 10
500 大中华火柴 20
500 中国火柴 20
10 上海水泥 100
500 中国水泥 10
1000 中国口口 10
1000 保安口口 10

纺织股

500 大通纱厂 10
500 中纺纱厂 10
500 永安纱厂 10
500 信和纱厂 10
100 荣信纱厂 50
500 富安纱厂 10
500 口益纱厂 10
500 荣丰纱厂 10
1000 九豊染织 10
1000 大公染织 10
1000 中亚染织 10
1000 中国染织 10
1000 天隆染织 10
500 仁丰染织 10
1000 口昌染织 10
500 经昌染织 10
500 口口染织 10
500 义大染织 10
500 口源染织 10
500 口新染织 10
500 口华染织 10
500 同口印染 10
500 信享印染 10
500 新口印染 10

百货股

500 永安公司 10
500 新新公司 10
1000 新华公司 10
100 国货公司 30
500 丽华公司 10
1000 上海百货 10
500 大沪百货 10
500 光华百货 10
1000 丽安百货 10
1000 华新公司 10

其他实业股

1000 中国游牧 10
1000 露香园口口 10
100 南洋烟草 15
1000 大德昌茶叶 10
1000 振兴茶叶 10
1000 钙奶生 10
500 福民奶粉 10
1000 口宝公司 10
1000 襟准味粉 10
1000 新华制口 10
1000 源沪五金 10
1000 通用制造 10
1000 中国钟厂 10
500 公信电器 10
1000 晋隆电器 10
1000 晋隆电话 10
1000 公用电机 10
500 华口电机 10
500 华一工程 10
500 信义机器 10
500 通惠机器 10
100 口光口口 10
1000 中国交通 10
1000 得生汽车 10
1000 职业汽车 10
500 千口明华电口 10

战后上海证券市场未上市黑市华股分类表

行业类别	股 票 名 称
1. 金融业	中国银行、交通银行、金城银行、大陆银行、中南银行、盐业银行、浙江兴业银行、浙江实业银行、上海商业储蓄银行、浦东商业储蓄银行、上海实业银行(停业)、阜通银行(停业)、中国渔业银行(停业)、中国药业银行(停业)、中华劝工银行、上海工业银行(停业)、五洲商业储蓄银行(停业)、大公商业储蓄银行、大元商业储蓄银行(停业)、统原商业储蓄银行、中贸银行(停业)、大康银行、国华银行、中国垦业银行
2. 交易所	上海华商证券交易所、上海华商纱布交易所、上海面粉交易所
3. 企业公司	中一信托公司、求是实业公司(停业)、益中企业公司、中国兴仁企业公司、中国联合保险公司(停业)、中国工业保险公司(停业)、
4. 地产业	新亚地产、新中地产、久安地产、大沪地产
5. 纺织业	达丰染织厂、三友实业社、大生纺织第一厂、大生纺织第三厂、大赉印染织造厂、宏甡织造厂、一元织造厂、振中织染厂、上海棉毛织造厂、辛丰织印绸布厂、光华染织厂、英达染织厂、丽新染织厂、友生染织厂、大华呢绒厂、天宝染织厂、振丰棉织厂、广勤纱厂、庆丰纱厂
6. 新药业	香港新亚化学制药厂、新亚血清厂、新亚酵素工业公司、新亚卫生材料公司、中法油脂菌苗厂、中法油脂化学厂、五洲大药房、中英大药房、佑宁药厂、光明化学制药厂、开美科化学制药厂、大汉生物化学制药厂、正德药厂、维他富化学制炼厂、丙康制药厂、屈臣氏药厂
7. 文化印刷业	大东书局、龙门联合书局、中国艺林彩印公司、中国标准纸品公司、生生美术印刷公司、新亚科学印刷公司、鲁艺印刷所、保权工艺厂、中华造纸厂、大陆造纸厂、光中造纸厂
8. 百货业	先施公司、大新公司、开利绸缎百货公司、中华商店
9. 化学工业	家庭工业社、中国化学工业社、永和实业公司、科学化工厂、昌明化学工业厂、中央化学玻璃厂、新华喷漆厂、中国奶粉厂、大丰工业厂、天厨味精厂、永利制碱厂、强生化工厂
10. 橡胶珐琅业	红星橡胶厂、科学橡胶厂、中华珐琅厂、铸丰搪瓷厂、益丰搪瓷厂、大中华橡胶厂
11. 火柴烟草业	华成烟草公司、华美烟草公司、大东烟草公司
12. 食品酒馆业	冠生园、泰康罐头食品公司、梅林罐头食品公司、吉美罐头食品公司、伟大罐头食品公司、红棉酒家、康乐酒楼、金谷饭店、新都饭店、万寿山酒楼、大加利酒楼、南国酒家
13. 公用事业	闸北水电公司、华商水电公司、浦东电气公司、内地自来水公司
14. 交通事业	飞达交通器具公司(停业)、公平自由车厂、公利三轮客车厂、上海三轮客车厂(停业)
15. 机械电器业	华丰电器机械厂、中南电气机器厂、鑫泰电器厂
16. 矿冶业	汉冶萍煤矿公司、中兴煤矿公司、大通煤矿公司、越东煤球厂
17. 其他各业	博士笙厂、同益北货公司、双喜热水瓶厂、永生热水瓶厂
18. 轮船业	宁绍轮船公司、中兴轮船公司

List of Foreign Shares in Shanghai Stock Exchange

Bank & Loan

中和 Central Properties

中国证券 China Bond & Share

汇众 China Finance Corp

Utilities

公共汽车 C. G. . Omnibus Co

泊来火 S'hai Gee Co

上海电话 S'hai Telephone

汇丰 H. & S. Bank
上海银公司 S'hai Loan & Inv
汇源银行 Union Mobiliere
杨子银公司 Yangtee Finance
企业 S'hai Securities(兹公司现已清理)
Insurance
美亚 Am. Asiatic Und. (Crd.)
友邦 Asia Life Ins.
保太 Asice Fr. Asistique
四海 Int. Ass. Co.
保安 Union Ins.
Land
英法地产 Anglo-Fr. Land
华懋 Cathay Land
中国营业 Chiina Realty
中国迁业 Fonciere & Immob.
恒业 Metropolitan Land"A"
" ""B"
三新地产 San Sing Properties
业广 S'hai Land
天津地产 Tientsin Land
Dooks, wh'ves. Trsne
亚洲航业 Asia Navigation
英联船坞 S'hai Doekyards
公和祥 S. &H. Wharf
会德豊 Wheelook
Bonds & prefs
美亚 Am. AsiaU. 8%(100)
" "7%(100)
正广和 Calb kmac. 8%(100)
汇众 China Fin. 8%(10)
怡和 Ewo Mills 8%(5)
电力 S'hai Power Co. 6P. a.
会德豊 S'hai Tugs7%(50)
自来水 Waterworks7%(10)
" "6.5%(10)
Cottons
怡和纱厂 Ewo Mills
上海纱厂 S'hai Cotton(该厂系日商,现已被接收)
中纺 China Cotton(该公司已改组为中国公司,股票成为华股)

电 车 Trems (Reg.)E1
.. .. (Bearer)E1
自来水 S. W. W. "A"E-20
.. .. "B"E1
.. .. "C"E1
Miecellaneous
利喊 Autc Palace
沙利文 Bekerite Co. "B"
正广和 Caldbook Maegregor
祥泰木行 China Imp. & Exp. Lumber
开 平 China E. &M. Co.
朝鲜煤矿 Chosen Corporation
可的 Culty Daity
逸园 Fr. Race Course F
" "Non-F
怡和啤酒 Ewo Breweries
福利 Hell & Holtz
汇中 H. &S. Hotele
别发 Kelly & Walsh
马迪 Mark L. Moody
钢业 Metal Ind. of China
美灵登 Millington
谋得利 Moutrie & Co. S.
文仪 Office Appliance
纸业 Paper Induetriee
中国垦植 S'hai Exploration
自来水用具 S. W. W. Fittings
上海啤酒 Union Brewery
怕丁 Pedang
普马太 Permate
里派 Repsh
橡皮信托 Rubber Trust
撒鸣格格 Samagage
西门布 Semambu
萨纳王 Senawang
开达 S'hai Kedah
加伦丹 S'hai-Kelantan(1935)
马来 S'hai-Malay(Ord.)
" "(Pref)
伯享 S'hai-Pahang
薛兰班 S'hai-Seremoan

信和纱厂 China Textile(该公司已改组为中国公司，股票成为华股)

毛绒纺织厂 S'hai Woreted Mill

统盖纺织 Tung Yih(该公司已改组为中国公司,股票成为华股)

崇信纱厂 Zoong Sing(该公司已改组为中国公司,股票成为华股)

Plantations

阿尔玛 Alma

英达区 Anglo-Duteh

英枢华 Anglo Java

爱耶太华 Ayer Tawah

伯土安南 Batu Anam

標地 Bute

志摩 Chemor United

陈氏 Cheng

康沙来特 Consolidated

刀米仁 Dominier

克拉克令榜 Gula(Bearer)

枢华康沙 Java Con'ter

可太口路 Kota 口

卡浓杨 Kapayang

克罗华 Kroewoek

兰格志 Langket

苏门答腊 S'hai-Sumatre

□曼奇士 Sue Manggie

生加拉 Sungale

生乐笛利 Sungei Duri

太拿马拉 Tansh Merah

地榜 Tebong

橡皮 zianghe

公司债券

Dobentures

SihaiMun. Council	工部局	6%1 926(10/30)	4 880 000
.. .. ..	..	5%1 934(10/30)	\$10 404 700
.. .. ..	..	$5\frac{1}{2}$%1 936(10)	\$5 000 000
.. .. ..	..	5%1 937(10/30)	\$9 000 000
.. .. ..	..	6%1 940(1/10)	\$16 000 000
French Mun. Council	法公董局	$5\frac{1}{2}$%1 914(10/30)	151 500
.. .. ..	..	5.5%1 916(..)	1 125 300
.. .. ..	..	8%1 921(..)	1 366 700
.. .. ..	..	6%1 923(..)	618 000
.. .. ..	..	7%1 924(..)	631 000
.. .. ..	..	$6\frac{1}{2}$%1 925(20/30)	2 000 000
.. .. ..	..	$6\frac{1}{2}$%1 926(..)	1 000 000
.. .. ..	..	6%1 930(10/15)	1 760 700
.. .. ..	..	6%1 931(..)	3 000 000
.. .. ..	..	6%1 933(10/30)	2 000 000
.. .. ..	..	5%1 934(..)	\$5 000 000

.. .. ..	..	6%1 936(10/15)	$2 500 000
Americon Club	美国总会	4%1 939(13)	$1 040 230
.. .. ..	..	4%1 939(14)	……
Anglo-French Land	英法地产	6%1 932(10/20)	1 000 000
Asis Reelty Co.	普益地产	6%1 930(10/30)	1 360 000
.. .. ..	..	6%1 930(10/30)	3 000 000
Cathay Land Co.	华口地产	6%1 930(5/20)	3 000 000
.. .. ..	..	6%1 932(10/20)	1 000 000
.. .. ..	..	6%1 933(...)	$1 500 000
Central. Properties	中和	$5\frac{1}{2}$%1 934(10)	$18 000 000
Chine Transport	中国便利公司	8%1 931(4/20)	600 000
City Loan	上海市政府公债	7%1 932(20)	$6 000 000
.. .. ..	..	7%1 934(12)	$3 500 000
Columbia Country Club	美国乡下总会	7%1 933(1/12-20)	350 000
Country Club	口桥总会	6%1 901(porpl.)	122 100
Fonciere et Immob.	中国建业地产	6%1 930(10/15)	1 984 000
		6%1 933(10/15)	1 730 000
.. .. ..	..	6%1 934(...)	$1 925 000
French Club	法国总会	7%	500 000
Int. Inrest Freet	国际	6%1 930(10/25)	1 951 000
.. .. ..	..	6%1 931(..)	963 000
G. F. Merden&Co	茂泰洋行	6%1 930(10/15)	415 000
Metropol itan Land	恒业地产	6%1 933(10/20)	$1 873 700
Race Club	跑马总会	6%1 934(10/25)	$2 000 000
Shanghai and Invest.	业广地产	6%1 926(20/30)	1 000 000
.. .. ..	..	5%1 930(15)	5 000 000
.. .. ..	..	6%1 931(10/20)	3 000 000
.. .. ..	..	6%1 933(5/20)	1 000 000
.. .. ..	..	5%1 934(5/40)	$3 570 000
Shanghai Pover Co.	上海电力公司	5.5%1 933(10/40)	$88 000 000
Telephone "A"	电话公司(A)	6%1 932(10/25)	5 000 000
.. .. "B"	..(B)	6%1 933(9/24)	$10 000 000
.. .. "B"	..(B)	6%1 933(9/24)	
.. .. "C"	..(C)	6%1 937(/20)	$4 000 000
Tientein Land Invest.	天津地产	7%1 929(12/22)	1 446 600
Shanghai Watorworks	自来水	6%1 932(10/30)	2 800 000
.. .. ..	..	5.5%1 937(..)	$2 000 000
.. .. ..	..	5%1 937(..)	$725 000
Wing On Co. (Shanghai)	上海永安公司	7%1 936(10)	$5 000 000

本所制定买卖零股经纪人并告零股交易办法(1946～1947)

上海证券交易所市场公告第五十九号(1946年11月14日)

查本所试行上市各公司股票,其中不合成交单位之股票及股款收据为数颇多,兹为便利各界买卖起见,特指定下列各经纪人兼营零股交易,特此公告。

计开：第十八号经纪人国华银行信托部,第三十一号经纪人交通银行信托部,第四十五号经纪人新华信托储蓄银行信托部,第九十六号经纪人上海银行信托部,第一八一号经纪人国信银行。

上海证券交易所致零股交易各经纪人函(1946年11月15日)

迳启者,查买卖零股之经纪人,业由本所指定贵经纪人等五家办理,经公告并函达在案,兹再将买卖零股之详细办法暂行规定如下：

(一) 成交手续,经纪人接受客户之委托买卖零股者,可向指定买卖零股之经纪人任何一家接洽成交,成交后仍由卖方填制场账,经买方签章将第一第二两张交与指定买卖零股之经纪人,汇送本所计算科。

指定买卖零股之经纪人直接办理客户之零股买卖时,照内转账办法填制场账,将第一第二两张送交计算科。

(二) 交割方法,无论买方或卖方之经纪人,概须至指定买卖零股之经纪人营业所内办理交割,交割款以行庄本票交付,股票移转权利之责任由卖方经纪人负担之。

零股交割需要合并或分割时,可托本所财务处代为办理,财务处办理上项手续在必要时,所出之临时收据在有效期间内得供交割之用。

指定买卖零股之经纪人由客户直接买入零股时,于证明该股票之权利可以移转时,付交割款。

(三) 交易税,依照现货税率向卖方征收万分之五。

(四) 经手费,向买方或卖方经纪人收千分之〇.三七五,指定买卖零股经纪人免收。

内转账之零股交易收一方之千分之〇.三七五,指定买卖零股经纪人免收。

指定买卖零股经纪人间之零股交易,向主动者收千分之〇.三七五。

(五) 佣金,向委托人收千分之三。

除公告外,相应函请查照为荷。此致。

第18号经纪人：国华银行信托部　第三十一号经纪人：交通银行信托部。　第四十五号经纪人：新华信托储蓄银行信托部　第九十六号经纪人：上海银行信托部。　第一八一号经纪人：国信银行

上海证券交易所经纪人建议变通交割办法等问题的文件(1947 年)

第一六七号经纪人孙剑风致上海证券交易所函(1947 年 3 月 25 日)

为个人经纪人利益起见,函陈管见所及三点,拟请增订应请卓夺由

迳启者,查贵所经纪人依照规定分个人及法人两种,遍阅各项章则,对于个人经纪人之利益似有未尽善处,兹将□见所及拟请明文增定如下:

(一)个人经纪人不必定需兼为其营业字号之合伙人,对于第三者及客户等之一切责任,由该字号出资之合伙人及特定之负责人负其责任。

(二)个人经纪人之营业字号如因增资改组等事项有变更名称之必要时,得报请上海证券交易所同意后变更之。

(三)个人经纪人之营业字号如依照公司法规定向主管官署为公司登记而以原经纪人为代表人者,得变更为法人经纪人,如属股份有限公司或有限公司组织时,其资本额须在一万万元以上,如属无限公司、两合公司或股份两合公司组织时,其资本额须在五千万元以上。

以上三点对于个人经纪人出入殊巨,贵所想能洞悉此中利害,为保障个人经纪人起见,实有增订之必要,是否可行应请卓夺,此致上海证券交易所。

第一六七号经纪人:孙剑风

卅六年三月廿五日

上海证券交易所致第一六七号经纪人孙剑风函(1947 年 4 月 1 日)

迳启者,接贵经纪人本年三月二十五日大函只悉呈示三点核复如左:

(一)本所审核个人经纪人资格系根据本所暂行营业细则第六条甲项之规定,包含六款,均以该经纪人个人为主体,个人经纪人应设立营业所而"得"设立证券字号,个人经纪人之证券字号当然为经纪人所组织,该经纪人自系合伙人之一,无经纪人参加之证券字号与交易所法第十六条相抵触。

(二)个人经纪人之证券字号如因增资改组而变更名称须报请本所同意后变更之,但应以该经纪人仍系合伙人为原则。

(三)个人经纪人之证券字号所谓字号者,系指独资或合伙组织而非公司之组织,本所对其资格之审查,仍依其个人之各项资格为据,至法人经纪人之资格,则审查标准有异,不能互为变更也,尊意建议各点与现行法规及本所暂行营业细则则不无抵触,目前尚难采用相应函复,即希查照为荷,此致第一六七号经纪人孙剑风先生。启

上海证券交易所规定递交本证据金、追加证据金缴纳办法案(1946 年)

上海证券交易所市场公告第六十号(1946 年 11 月 14 日)

兹将关于递延交割交易之本证据金及追加证据金之缴纳办法规定如下。特此公告。

计开一、递延交割交易凡同种类之买卖其相抵部分免收本证据金。

二、递延交割交易其本证据金之现金部分及追加证据金之现金，须于该交易计算区域之翌日上午十一时三刻前，以行庄本票送缴本所财务处。本证据金之代用品及现品提交之证券(除下项另有规定外)亦于同时交清。

三、上项本证据金之代用品及现品提交之证券，如须以该交易计算区域应收之现货抵充者，得于交割清楚后申请抵充之。

为筹拟开拍债券上海证券交易所向财政、经济部等请示及批复(1946～1947)

上海证券交易市场筹备委员会致财政部函(1946年9月3日)

呈为债券市场瞬将开业仰祈，俯赐训示开拍公债种类，并请检赐各该条例及样张以便进行开拍事谨查上海证券交易所业经定期开幕，股票、债券两市场均应着手进行开拍，除上市股票另行呈报请核外，所有各项公债之条例样张均尚未奉颁发，用特备文呈请，仰祈令知开拍公债种类，并请检赐各该公债条例及样张，俾便着手开拍，实为公便，谨呈财政部长俞。上海市证券交易市场筹备委员会主任委员杜镛

上海证券交易所致财政部函(1946年9月24日)

查属所前以筹备开业，关于开拍公债种类及其条例样张未奉颁发，经由筹备委员会于本年九月三日呈请令发，尚未奉示，兹以属所开业以来，股票市场业经开拍，债券市场以经纪人催拍甚急，亟待开业，理合备文呈请，仰祈迅赐指示开拍公债种类，并请检赐各该公债条例及样张，俾资遵循，实为公便，谨成财政部部长俞。上海证券交易所理事长：杜镛

上海证券交易所致财政、经济部函(1946年10月17日)

为拟定开做公债各项规定请核示施行。(附规定一份)

属所兹为准备开拍公债，拟定《开做公债各项规定》一件，经第四次常务理事会议决通过，并记录在卷，理合抄同该项规定一份，呈请鉴赐核示，以便施行，实为公便，谨呈财政、经济部部长俞、王。上海证券交易所理事长：杜镛

附：上海证券交易所股份有限公司开做公债各项规定

一、成交单位：国币公债以票面五十万元为单位，美金公债以票面美金五百元为单位，英金公债以票面英金一百磅为单位。

二、叫价货币本位：无论国币、外币公债概以国币叫价。

三、价格升降单位：依照现行股票办法一百元以下一角，二百元以下五角，一千元以下一元，一千元以上五元。

四、价格升降限度：概为前日后市收盘行市之一成。

五、交易方法：暂时利用二楼现有长栏分组办理一切手续，仍照股票市场办法。

六、交割办法：其适用递延交割者按照另订之《递延交割暂行办法》办理，其余按照现行股票交割办法办理。

上海证券交易所致财政部函(1947年11月18日)

为开拍公债重申前请祈核示由。

查属所营业范围呈准兼做公司证券及本国政府公债两类，去年曾先后呈请令示开拍公债种类检发条例样张，并呈拟开做公债各项规定请核示施行，奉钧部京财公二字第四五八七号训令略开，已呈奉行政院核示暂从缓议等因在卷，故属所开业一年余来，交易仅有公司股票，尚未能配合政府政策开做公债交易，推测政府核示暂从缓议之原意或因国币公债数额有限，加以开拍难免操纵，外币债券又因美钞买卖甫经取缔，市场投机气氛尤甚浓烈，如以外币债券上市价格，可能远过国行汇率造成变相之外汇投机市场影响汇率，但自本年八月外汇管理新办法公布以后，汇率已非固定官定市价由平衡基金会经常主动作机动性之调整，美金库券之出售及美金券债之还本付息均以当日官定市价为准，美金券债上市开拍，其价格自可不出官定市价之范畴，而政府亦可运用公开市场政策加以平衡，故自外汇管理新办法施行以来，情形已迥不相同，往昔之顾虑因素已不存在，抑尤有进者，目前政府销售美金券债，人民固已纷纷认购，然尚有因购入后一旦需款不易转让而怀观望者，如在属所上市开拍，则资金易于融通，以发行条件之优越，自必踊跃认购无疑，而于今后政府发行债券，收缩通货，调节财政，利便人民投资，均有裨益，亦符合属所奉令设立，协助政府推行国策之原意，为特重申前请，仰起鉴核示遵，谨呈财政部部长俞。上海证券交易所理事长：杜镛

财政部批示(1947年11月29日)

为所请开拍公债现正由部核拟办法，先复知照由。

具呈人上海证券交易所理事长杜镛，三十六年十一月十八日呈一件，为开拍公债重申前请，祈核示由。呈悉，所请公债上市开拍，现正由部核拟办法，除俟决定另行饬办外，合先批复知照，此批。

上海证券交易所为股票、证券试行上市呈请财政部、经济部审核的函件(1946～1948)

上海市证券交易市场筹备委员会公告(第3号)

查证券上市申请办法业于七月十五日公告在案，兹本会定于八月十日起开始审查，在审查期间，仍继续收受各公司之申请，俾得于上海证券交易所开业前呈部核准，一并公告上市，凡欲将股票或公司债上市买卖之公司希即参照本会厘定上海证券交易所暂行营业细则之规定，领取申请书，即行填送本会审查为要，特此公告。

地址：本市汉口路四二二号。

中华民国三十五年八月日

上海证券交易所市场筹备委员会呈财政、经济部(1946年9月3日)

呈为呈送审查试行上市股票名单并检附原申请书,仰祈鉴核示遵,以便开拍,窃查上海证券交易所上市股票,前经登报公告,兹据各该申请公司陆续申请到会,迭经属会分组详加审查,并经全体会议复查通过,计试行上市股票二十家,除分呈财政、经济部外,理合备文列单检同原申请书连同附件,呈请鉴核仰祈迅予批示,以便开拍,实为公便,谨呈

财政部部长俞

经济部部长王

上海市证券交易市场筹备委员会主任委员　杜镛

中华民国卅五年九月三日

试行上市股票名单

申请书号数	公司名称
一	新光内衣
三	华丰搪瓷
四	五和织造
五	中国内衣
六	中纺纱厂
八	大中华火柴
九	永安公司
十	美亚织绸
十三	勤兴纺织
十六	大通纺织
十九	中国丝业
廿二	荣丰纺织
廿八	永安纺织
廿九	统益纺织
三十	丽安百货
卅五	中国水泥
卅八	信和纱厂
卅九	新亚化学
四十	景福衫袜
四十五	景纶衫袜

上海证券交易所呈财政、经济部(1946 年 10 月 16 日)

查属所前据新光内衣公司等二十家申请证券上市业经呈奉。钧部业文第二三六三号，京商字一百二六二号指令照准在案，兹续据九福制药厂股份有限公司等申请证券上市，经属所第三次理事会议决，组织上市证券审查委员会详加审查，兹经审竣计，续予试行上市证券七家，除分呈财政、经济部外，理合列单检同原申请暨附件各全份备文呈请鉴核，迅赐批示，以便开拍，实为公便，谨呈财政、经济部部长俞、王，上海证券交易所理事长：杜镛

附呈 7 家公司名单一纸及原申请书暨附件七份

(附)：续予试行上市证券名单

申请书号数	公司名册
58	九福制药厂股份有限公司
61	商务印书馆股份有限公司
49	中法药房股份有限公司
47	上海中国国货股份有限公司
46	联华地产股份有限公司
33	永业地产股份有限公司
12	新华股份有限公司

上海证券交易所

核准第二次试行上市股票名单

(一) 九福制药厂股份有限公司

(二) 商务印书馆股份有限公司(仍应饬该公司于办理卅五年度营业决算时将最近五年来依公司法第二二六条规定之各项表册补报备查)

(三) 中法药房股份有限公司(仍应饬该公司将董事会关于申请股票上市之决议录及董事会授权签章之决议录补报备查)

(四) 上海中国国货股份有限公司

(五) 永业地产股份有限公司(仍应饬该公司将董事会授权签章之决议录补报备查)

(六) 新华股份有限公司

以上共六家。

上海证券交易所呈财政、经济部(1947 年 6 月 5 日)

为商办闸北水电公司等四家申请股票上市经审查尚合检同原申请书呈请准予试行上市由：属所兹据各公司申请股票上市径详加审查，其中商办闸北水电有限公司、信谊化学制药厂

股份有限公司、恒丰纱厂股份有限公司及华新水泥股份有限公司等 4 家与规定尚合，拟请予以试行上市，理合检同各该公司原申请书各一份呈请鉴核示遵。

上海证券交易所理事长：杜镛

附呈申请书四份

上海证券交易所呈财政部、经济部(1947 年 7 月 18 日)

为据中兴轮船股份有限公司申请股票上市经审查尚合请准予试行上市由。

兹据中兴轮船股份有限公司申请股票上市，经详加审查与规定尚无不合，拟请予以试行上市，理合检同该公司原送申请书一份，连同所附各件具文呈送，敬祈鉴核示遵。谨呈

上海证券交易所理事长：杜镛

上海证券交易所呈财政部、经济部(1948 年 5 月 8 日)

为上海市轮渡公司等六家申请股票上市拟请准予试行上市由

属所兹据各公司申请股票上市经详复审查，其中上海市轮渡股份有限公司、振华油漆股份有限公司、浦东电器股份有限公司、上海水泥股份有限公司、梅林罐头食品股份有限公司及富安纺织股份有限公司等六家，与规定尚合，拟请予以试行上市，理合检同各该公司原申请书各一份，呈请鉴核示遵。谨呈　部部长

上海证券交易所理事长：杜镛

附呈申请书六份

财政部、经济两部批示(1948 年 6 月 29 日)

原具呈人上海证券交易所，本年五月十三日总字第四一四号呈一件，为据上海市轮渡公司六家申请股票上市检申请书件请鉴核示遵由。呈件均悉，所请一节，除上海市轮渡股份有限公司、浦东电器股份有限公司、富安纺织股份有限公司、振华油漆股份有限公司等四家应俟遵饬补正手续再行申请核办外，其余上海水泥股份有限公司、梅林罐头食品厂股份有限公司两家，经核大致尚合，均予照准，关于应行补送或改正各件仍应遵办，兹检发核准试行上市股票名单及应饬补正手续，再行核定之，上市股票名单各一份，仰即遵，此批。

附件(如文)

(附)：核准上市股票名单(1948 年 6 月 29 日)

(一) 上海水泥股份有限公司：该公司增资至八十亿元，经由本经济部于三十七年一月间核准变更登记，而所送股票样张实际仍系股份收据尚有未合，应准以正式股票上市，并将股票样张即董事会授权签章之决议录补报备查。

(二) 梅林罐头食品厂股份有限公司：该公司增资至国币三十亿元，经由本经济部于三十七年一月二十三日核准变更登记，应准上市，惟所送股票样张关于填发之时日载为“三十七年一月二十日”等字样，是其填发股票在核准登记之前，于法未合，应饬改正，并将股票填发日期

补报备查。

以上共两家。

应饬补正手续再行核定之上市股票名单(1948年6月29日)

(一)上海市轮渡股份有限公司:該公司于三十六年四月核准登记,资本为十五亿元,此次申请上市,关于董事会授权签章之决议录及董事会关于证券申请上市之决议录未据呈送,应饬补送,上开各件到部再行核办。

(二)浦东电器股份有限公司:該公司于三十六年依照工矿运输事业重估固定资产价值调整资本办法,估值增资至五十亿元,经本经济部核准有案,惟尚未依法声请变更登记,如就调整资本前之股份上市,自属可行,至以五十亿资本之股份声请上市既包括新股在内,应比照股份预约转让办法届满后,本两部所示处理办法第六项补充规定三种方式之任何一种声叙新股上市缘由,并检具附件(通过整资方案之股东会决议录及董事监察人出具收足新股股款证明书)由公司迳行呈报本经济部核定后,再行上市。

(三)富安纺织股份有限公司:该公司增资至三十五亿元,经由本经济部于三十七年四月间核准变更登记,而所送上市申请书及股款临时收据仍列资本总额为七万万元,计七千万股,显与现时资本总额不符,又股东名簿未据呈送,应就增资后之股份改正声请上市文件连同股票样张及股东名簿呈报到部,再行核办。

(四)振华油漆股份有限公司:该公司增资至四十亿元,经由本经济部于三十七年三月间核准变更登记,此次申请上市仍列为一千二百万股十二亿元,显与现时资本总额不符,又关于董事会授权签章之决议录未据呈送股东名簿,亦未载列各股东股数,至所送董事会决议录关于申请股票上市仅载称“现先筹备登记手续,俟后再行讨论”等语,究竟已否决定上市,无从悬揣,应就增资后之股额提经董事会决议报请上市,并改正申请文件连同股票样张暨补正上开各件呈报到部,再行核办。

上海证券交易所呈财政部、工商部函(1948年7月10日)

为世界书局申请股票上市拟请予以试行上市由

属所兹据世界书局股份有限公司申请股票上市,经详复审查与规定尚合,拟请予以试行上市,理合检同该公司原申请书一份,连同附件呈请鉴核示遵。谨呈:上海证券交易所理事长杜镛

附呈申请书一份暨附件

上海证券交易所致世界书局函(1948年8月13日)

迳启者查贵公司申请股票上市一案业经呈奉财政、工商部财钱巳字第一一二二号,京商八十七字第七二八九一号批示,准予试行上市,相应函达,即希查照,并派负责人员惠临本所业务处洽办上市手续为荷,此致世界书局股份有限公司。启

上海证券交易所通知业务办法、手续，给各经纪人的函件及市场公告(1946～1949)

上海证券交易所致各经纪人函(1946年9月14日)

迳启者，兹经本所第二次理监联席会议议决，股票市场定于本年九月十六日开拍，暂时只开前市，经纪人对客户征收股票交易佣金暂按千分之三计算，俟经纪人公会成立后再行依照本所暂行营业细则第七十条规定之程序决定佣金率，至交易税则俟征收办法颁下后，再行开征，相应函达，即希查照为荷。

此致　贵经纪人

上海证券交易所

中华民国三十五年九月十四日

上海证券交易所分别致经纪人公会及各经纪人函(1946年12月30日)

迳启者，查本所暂行营业细则第六十二条规定，交易成立后，由卖方经纪人制就场账，经买方经纪人签字承认后，仍由卖方送交本所，原为保障双方权益，免兹纠纷，近以卖方经纪人屡有不遵规定手续，迳将制就场账授与买方经纪人，其签字与否亦不过问，以致纠纷叠起，卖方既无凭证，本所自应亦无办法为之处理，在卖方经纪人何以自愿放弃保障，陷于不利殊不可解，嗣后务望各经纪人顾全自身权益，切实依照本所规定手续办理，勿再徇情自贻伊戚，除公告市场并分函经纪人公会外，相应函达，即希查照，此致贵经纪人。

上海证券交易所启

中华民国三十五年十二月三十日

市场公告第一三一号(1947年2月12日)

近日市况动荡，上落颇大，各经纪人经营交易务须特加审慎，兹规定递交交易应缴之证据金所有现金及代用品部份，其缴纳时间暂予提早半小时，均应于翌日上午十一时一刻以前缴纳清楚，俟市况正常时再公告恢复，原定时间又买卖成交单如经客户要求索阅，本所可以随时证明以杜纠纷，特此公告。

市场公告第一五一号(1947年3月6日)

凡同一经纪人同时接受两个以上客户之委托，其所做交易之种类、数额及买卖价格，均属相同者，得以内转账报所，其不合上述情形者，概不得以内转账朦报。特此通告。

市场公告第二一三号(1947年5月14日)

兹将增资后新股上市之开盘办法调整如下，特此通告：

(一) 开盘铃响后，各经纪人开始交易，将场账立即交与本所，第二次铃响后(即开盘完毕之铃声)，暂停交易，同时停收场账。

（二）本所将已收到之场账算出平均价格作为开盘行市，依照原订标准公布涨限跌限后，再行继续交易。

前项收到之场账如有极少数价格与其他多数价格相离过远者，本所不予平均在内，以防止故意虚伪情事。

（三）在公布涨跌限度前所作成之交易，其价格如有高于涨限或低于跌限者，概以涨限跌限计价，应立即向本所更正，双方不得异议。

限制经纪人递交买卖数量公告第218号

兹依本所暂行营业细则第二十二条规定，凡经纪人所做递延交易存账额超过国币六十亿元者，自五月二十二日（星期四）起暂不属如超过国币六十亿元存账之递延交易，但现品提交不在此限特此通告。

市场公告第四五五号(1948年3月11日)

自即日起改定各经纪人所做递延交易存账额。

查本所第二一八号公告，凡经纪人所做递延交易之存账额规定为国币六十亿元，兹经本所第一届第三十五次常务理事会会议议决，自即日起将递延交易之存账额改定为国币二百亿元，特此通告。

市场公告第五二三号(1948年5月29日)

自本年六月一日起，各经纪人于交割时交付之行庄本票应用背书，并注明交入日期。

自本年六月一日起各经纪人于交割时交付之行庄本票应由各该经纪人用存所印鉴背书，并注明交入日期，特此公告。

市场公告第五七三号(1948年7月23日)

兹经本所理事会议决："凡经纪人不按时交割清楚者，应即予警告，或通知暂停交易，其情节严重者，应即公告予以处分。"希各知照，特此公告。

上海证券交易所致各经纪人函(1949年3月10日)

迳启者，查本所委托中、交两行派员驻所办理交割事宜，关于本所收进交割证券时间，前经规定限于上午十一时三十分至下午二时止，并公告市场在案，兹以各经纪人每有逾时缴纳交割证券，殊足影响交换，□特再申请前项规定，函达查照务希依时缴纳为荷。此致　贵经济人

市场公告第六四三号(1949年3月11日)

查各试行上市公司股票，因办理增资等事项，由所公告暂停交易，在暂停交易时期，各经纪人自不得再代客买卖各项股票，查少数经纪人不明规定，仍有代客买卖上述暂停交易股票情事，殊属有违定章，除分别制止外，希各注意，特此公告。

有关上海证券交易所停业事项上海证券交易所与上海市银行信托部往来函件(1948年)

上海证券交易所致上海市银行信托部函(1948年8月22日)

迳启者,案准财政、工商部上海交易所鉴理员办公处本年八月二十二日监(三十七)字第一三〇〇号公函内开"案奉工商、财政部八月二十一日钱戊(六十三)电开□依□政府八月十九日颁行整理财政及加强经济管理办法第31号上海天津证券交易所应即暂停营业,非□□经行政院核准后不得复业,兹□由该□□□该所切实遵办除依通案临时休业两天外,自八月二十三日起应即遵照暂停营业其以□所□之交易□限于二十三日起妥为了结所有了结办法,应由该员查核□该所,妥拟办理仍将停业及了结情形,呈备查"等因,奉此相应函达,即希查照遵办,并妥为了结仍将遵办情形见复等由。本所市场奉令自八月二十三日起暂停营业并规定各经纪人已做成交易之交割日期及办法希查照由

(一) 股票　八月十八日下午及十九日上午之交易于同月二十三日交割,八月十九日下午交易于同月二十四日交割。

库券　八月十八日乙种交易及八月十九日甲种交易于同月二十三日交割,八月十九日乙种交易于同月24日交割。

(二) 前项交割价银概依法币三百万元折合金圆一元收付。

(三) 股票交割价银收付双方均加递延利息三天按月息二角一分计算,库券交割价银甲乙两种均按日加□延利息法币七角,三天共加法币二元一角,折合金圆一并交割清楚。

除分别公告市场并分函外相应函达即希查照为荷此致贵经纪人。

上海证券交易所

上海证券交易所致上海市银行信托部函(1948年8月24日)

为本所市场暂停营业期间各经纪人请勿作违法交易由

迳启者本年八月十九日政府公布财政经济紧急处分令,在其附分页之整理财政及加强管制经济办法第三十一条规定"上海天津证券交易所应即暂停营业非经行政院核准不得复业。本所已遵于八月二十日起暂停营业,并于同月二十三、二十四日办理交割事宜,均已办理清楚,具见各经纪人佥能深体政府紧急处分之意旨,谨慎经营拥护合作,至甚欣慰,政府此次发布上项紧急处分法令,目的在巩固金融稳定物价,意义重大,为安定市面防止波动起见,政府命令本所市场暂停营业,实属必要之措施,对于经纪人业务前途亦属有利,证券交易所在金融机构中为重要之一环,将来政府为推行公债政策,巩固发行准备,并导引以前呆滞于金钞之资金流入生产建设途径时,证交之使命,更为重大,至民营企业为配合国策促进生产,其资金之来源,尤需证交机构之协助,故至相当时机,政府必能准予迅速复业,各经纪人鉴于将来责任之重要,务必恪遵法令,深切自爱,在本所暂停营业期间,勿作违法交易之行为,免召各方不良之印象与指责,以致影响复业之日期,本所与各经纪人休戚相共用,特

郑重申言。尚希□□为荷

此致

此致上海证券交易所

中华民国三十七年八月二十四日

上海证券交易所为复业问题与财、经两部往来的函件以及奉准复业后的各项公告(1949年4月)

上海证券交易所复业公告第六一二号(1949年2月8日)

查本所奉令复业，经第六一一号公告周知，兹经本所第一届第四十六次常务理事会决定遵令复业，并议决复业事项如左：

一、复业日期：□自三十八年二月二十一日开始

二、集会时间：股票部分暂定于每日上午九点三十分开市，至下午十二时三十分收市，债券部分另定。

三、经纪人资本：各经纪人应即遵照部颁复业办法第五条规定重行调整资本，不得少于五十万金圆。

四、经纪人保证金：各经纪人应遵照部颁复业办法第六条规定，指定经营种类，填具保证金缴纳书，缴纳保证金，其代用品部分依照面值七折计算，限本年二月十六日止向本所财务处缴齐。

五、上市证券：除开拍三十七年八月十九日本所遵令暂停营业时开拍之各试行上市股票外，遵令加做国营事业，国营招商局、中国纺织建设公司、台湾糖业公司及台湾造纸公司等股票，暨政府指定之政府公债，所有国营事业各公司股票及政府公债等开拍日期及交易办法另行公告。特此公告

工商部通知上海证券交易所关于民营事业股票恢复上市买卖应以金圆计算(1949年2月24日)

查该所业经行政院核准复业，依照复业办法规定，其曾在该所为买卖之民营事业股票，应准以转让预约方式恢复上市，惟各该民营事业之资本额及其股票票面金额，均系以法币列计，尚未变更调整改列为金圆，而现时在市场为转让预约买卖，自应以金圆计算，事关产业证券上市，特由本部规定，凡前经上市之股票，此次恢复上市应由发行股东之公司拟具每一股票单位之金圆上市价格，并报明该公司半年来实际营业情形及资产负债状况，连同有关营业报告书表报由该所商承监理员详予审核，拟具意见报请本部核定后准予上市，如为适应时机得准由该所商同监理员先予核定上市仍应报部查核备案，除咨建财政部查照暨令饬本部遵照外，仰即遵照办理。特此通知。

部长　刘维炽

上海证券交易所为各项股票上市与否等为题向财政工商两部以及有关指定国营事业股票上市单位请示与联系的往来函件(1948～1949)

上海证券交易所致财政部、工商部函(1948年7月10日)

南京财政部、工商部部长王、陈钧鉴，月来沪市物价直线上涨，物资市场经当局严厉管制后，游资涌入股市，属所交易筹码有限，旬日以来，股价频升，经属所详密研究，除由属所设法招致殷实公司申请上市外，以为如能把握时机将国营事业迅发股票上市，必能收缩通货，增加证券市场筹码，并宏疏导游资之效，敬乞鉴夺。

上海证券交易所理事长：杜镛；兼代总经理王志莘叩

上海证券交易所致国营事业四公司函(1949年2月16日)

迳启者，查本所转奉工商部沪临字第二十四号代电，指定国营事业等四家股票上市买卖一案，业经检同证券上市申请书及本所暂行营业细则于本年二月八日以总字第四九九七号函奉洽在案，本所兹为从早准备各项上市手续起见，如全部手续办理不及，请即先将规章程、资本总额、发行股数、每股面额、股票样张、挂失股票号码、上海过户地点及最近决算书表等项，先为检送过所，以便筹办，相应函达，即希查照。

招商局轮船公司致上海证券交易所函(1949年3月2日)

前准贵所二月八日发总字第四九九七号函，以本公司股票业经工商部指定上市买卖，嘱即洽办上市手续等由，并附空白声请书四份、营业细则一份，准此，当以本公司股票应否上市须呈请交通部核示，前曾于二月十五日以沪产字第四七二号函复在案，顷奉交通部二月二十三日航穗字第一四五二号指令开，“呈悉，查该公司股票业奉行政院令暂缓出售，仰即遵照”等因，奉此，相应函请查照为荷，此致上海证券交易所。

招商局轮船股份有限公司

台湾纸业公司致上海证券交易所函(1949年3月14日)

迳复者，先后接准贵所总字五〇二六及五一二九号大函，均敬悉，本公司以所售股票应否上市买卖一案，经转准资源委员会纸业组见复，以售出之股票为数无多，暂不上市等由，自应依照办理，准函前由，用特函复即希查照为荷。

此致：

上海证券交易所

台湾纸业股份有限公司

工商部批示(1949年4月4日)

原具呈人上海证券交易所。三十八年三月七日总字第五一一六号。呈一件为呈报招商局股票奉院令暂缓出售及其他国营公司洽办上市情形由，呈悉，查国营事业股票上市与否，应尊重其主管机关意见，本案关于招商局股票，交通部方面暨暂不拟出售，自应暂缓上市，据呈前情，仰即知照，此批。

部长：刘维炽

工商部批示(1949年4月4日)

原具呈人上海证券交易所。三十八年三月十八日总字第五十七四号。呈一件为呈报台湾纸业公司股票资源委员会意见暂不上市，祈鉴核由，呈悉，查国营事业股票上市与否，应尊重其主管机关意见，前经行饬知照有案，本案该台湾纸业公司股票暨准资源委员会方面函复暂不上市，自应照办，仰即知照，此批。

部长：刘维炽

上海证券交易所恢复后市交易的公告等件(1949年)

公告第六五七号(1949年3月26日)

据经纪人公会函请求从速恢复后市以利业务，经提请本所第一届第四十九次常理会决议自三十八年三月二十八日起恢复后市，并将有关事项规定如次：

一、集会时间：前市上午九时半至十二时，后市下午二时至三时半，星期六后市下午二时至三时正。

二、计算区域：当日后市起次日前市止。

三、交割准备金：按后市轧存交易金额征收交割准备金百分之五十，其中现金百分之二十，代用品百分之三十，必要时本所得随时增减之。

后市交易之卖方得以原种类预缴现货，如有相抵部分，亦得以余额预交现货代替交割准备金，前项预缴现货概按后市收盘价计算，经纪人应于对账时通知本所业务处计算科，逾时不再受理。

四、对账时间：下午六时半。

特此通告。

上海证券交易所了结交易各项办法的公告(1949年)

上海证券交易所公告第六四八号(1949年3月26日)

兹经本所第一届第四十九次常理会决议，规定自后市恢复之日起，各经纪人如因客户之请求对预备交割交易委托在下午了结者，得向本所申请办理了结手续，上项申请了结交易暂以现行各试行上市证券交易较繁之永安纱厂、美亚织绸、景福衫袜、新光内衣四种先行试办，其余亦得临时申请为之，上项申请了结交易应用有红圈场账以资识别，了结交易与现货交易有同种类同数额买卖相抵者，双方经手费本所减半征收，(交易税仍旧)，此项交易应仍用原用场账，并将成交价分记同一场账上，以便查核，除呈报外，特此公告。

上海证券交易所公告第六八七号(1949年5月4日)

兹以本所市场交易失其常态，业务几已停顿，经本所第一届第十四次理监事联系会议，议决自三十八年五月五日起暂停市场集会，除依照交易所法规定分别呈报主管官署外，特此公告。

五、证券经纪人、证券经纪人公会及其活动

(一) 战时上海的股票公司及其兴衰

关于振华股票公司登记的来往文书(1941～1942)

振华股票股份有限公司创立会决议录(1941年8月5日)

日期：中华民国三十年八月五日下午四时

地点：上海九江路证券大楼二五八号本公司

到会股东二十人代表股份一千股全体出席爰即宣告开会公推樊雨琴君为临时主席

一、主席就位致开会词(词略)。

二、发起人洪伯游报告关于设立本公司之一切事项。

三、主席宣读章程草案经众逐条讨论，修正通过。

四、主席请各股东照章选举董事及监察人，当公推洪伯游、沙笙扬两君为检票人，开票结果计当选董事九人如左。

沙笙扬	得七七七权
樊雨琴	得七七三权
王家荪	得七七三权
曹文达	得七四八权
洪伯游	得七一五权
刘行舫	得六八一权
陈仲勉	得六一九权
刘儒山	得五五七权
陈黎先	得五〇五权

监察二人如左

刘伦昌　得三九七权

王敬亭　得三七五权

五、公推当选监察人即席调查法定各款事项，调查毕提出报告书，当众宣读，无异议通过。

六、议毕散会。

公司补行登记申请书(1942年10月20日)

为组织振华股票股份有限公司，申请补行登记事。窃具呈人等前于民国三十年八月五日，在上海九江路四二九号证券大楼二五八室，设立振华股票股份有限公司，以经营代客买卖各种股票公债等为业务，资本总额定为国币十万元，分为一千股，每股一百元，一次缴足，所有股份，业已全数认足，股款并已一次缴清。为特遵照公司补行登记及重行登记暂行办法规定，缮具申请书、登记事项表，检同章程等件，暨登记执照费一百五十元，贴照印花税四元，呈请钧局鉴核，转呈实业部核准给照。

谨呈上海特别市社会局

附件

具呈人　振华股票股份有限公司

董事　沙笙杨　樊雨琴　王家荪　曹文达　洪伯游　刘行舫　陈仲勉　刘儒山　陈黎先

监察人　刘伦昌　王敬亭

中华民国三十一年十月廿日

登记事项表

公司名称　振华股票股份有限公司

本店所在地　上海九江路四二九号证券大楼二五八室

所营事业　以经营代客买卖各种股票公债等为业务

资本总额　国币十万元

股份总数及每股银数　分为一千股每股国币一百元

已缴股银　缴足

公告方法　以登报或通函为之

设立年月日　中华民国三十年八月五日

解散之事由

董事姓名住址

姓名	住所	选任年月日
沙笙扬	上海九江路证券大楼258	卅、八、五
樊雨琴	上海天津路东莱银行	卅、八、五
王家荪	上海九江路一九〇号	同上
曹文达	上海南京路哈同大楼318	同上
洪伯游	上海九江路证券大楼258	同上
刘行舫	上海九江路证券大楼258	同上
陈仲勉	上海天津路鸿仁里一二号	同上

（续表）

姓名	住所	选任年月日
刘儒山	上海爱多亚路三九号157	同上
刘黎先	上海天津路泰记弄五号	同上

监察人姓名住址　刘伦昌　上海江西路六十三号　卅、八、五

王敬亭　上海天津路永源里十四号　同上

中华民国三十一年十月廿日

《振华股票股份有限公司章程》

第一章　总则

第一条　本公司依照公司法股份有限公司之规定组织之定名为振华股票股份有限公司（简称振华股票公司）。

第二条　本公司设于上海九江路证券大楼二五八号。

第三条　本公司以经营代客买卖各种股票公债等为业务。

第四条　本公司之公告以登载于上海通行日报或通函为之。

第二章　股份

第五条　本公司资本总额定为国币十万元分为一千股每十一百元一次缴足。

第六条　本公司股东以中华民国国民为限。

第七条　本公司股票于呈准登记后由董事五人书名盖章编号填发。

第八条　本公司股票为记名式股东，如用堂名别号为记名者，得从其便，但应将本人或代表人之姓名住所报明本公司记入股东名簿。

第九条　股东转让其股份时，应报明本公司将受让人之姓名住所记载于股东名簿，并将股票过户，否则本公司仍认原股票署名者为股东。

第十条　股票如有遗失毁灭情事，股东应即报明本公司，将遗失或毁灭股票号数注销，并自行在本公司所在地及失事地通行日报公告三日，经过三个月如无纠葛发生，始得邀同保证人出具保证书向本公司补领新股票。

第十一条　股票因转让过户或遗失注销等情，由本公司填发新股票者，每张收费国币三元及应贴之印花税费。

第十二条　股东应将其图章式样填具印鉴交本公司存查，以后行使股权时概以存查之印鉴为凭。

第十三条　股东留存印鉴之图章如有遗失或毁灭时，股东应即报明公司并自行在本公司所在地及失事地通行日报声明，然后邀同保证人填具保证书向本公司请求更换新印鉴。

第十四条　每届股东常会前一个月内，临时会前十五日内停止股票过户。

第三章　股东会

第十五条　本公司股东会分常会、临时会两种。甲、常会　于每年决算后三个月内由董事会召集之。乙、临时会　由董事会或监察人认为必要时或经执有股份总数二十分之一以上之股东请求时，由董事会召集之。

第十六条　股东常会之召集，应于一个月前通知各股东，临时会之召集，应于十五日前通知之。

第十七条　本公司各股东每股有一表决权，一股东而有十一股以上者，其十一股以上之股份以八折计权，不满一权者不计，但每股东之表决权及代理他股东行使之表决权合计不得超过全体股东表决权五分之一。

第十八条　股东会须有股东过半数代表股份总数过半数之出席方得开议，其决议除公司法有特别规定者外，须有出席股东表决权过半数之同意行之。

第十九条　股东因事不能出席股东会时，得委托本公司其他股东代表出席，但须出具委托书。

第二十条　股东常会以董事长为主席，董事长缺席时，由股东于出席董事中临时推选一人代理之，临时会之主席则由股东临时推选之。

第二十一条　股东会应备决议录，记载开会日期、地点、出席股东人数、股数、表决权数及决议事项，由主席签名盖章连同股东签到簿及代表出席委托书一并保存于公司。

第四章　董事监察人及职员

第二十二条　本公司设董事九人，监察人二人，凡本公司股东均有被选资格。

第二十三条　董事任期三年，监察人任期一年，连选均得连任。

第二十四条　董事组织董事会，设董事长一人，由董事中互选之。

第二十五条　董事会由董事长召集之，须有董事过半数之出席方得开议，出席董事过半数之同意方得决议可否，同数时取决于主席。

第二十六条　监察人得随时调查公司财务状况，查核簿册文件，并请求董事会报告公司业务情形。

第二十七条　监察人对于董事会所造具之各种法定表册，应核对簿据，调查实况，报告其意见于股东会。

第二十八条　监察人对于前二条所定事务，得代表公司委托会计师办理之，其费用由公司负担。

第二十九条　董事会开会时，监察人得列席陈述意见，但无表决权。

第三十条　　本公司设经理一人，协理二人，由董事会聘任之，其他职员由经理任免之。

第五章　会计

第三十一条　本公司每届年终决算一次，由董事会造具左列各项表册，于股东会开会三十日前送交监察人查核副署提请股东会承认：(1)营业报告书；(2)资产负债表；(3)财产目录；(4)损益计算书；(5)公积金及红利分派之议案。

第三十二条　本公司每年所得净利应先提十分之一为法定公积金，次付应缴之所得税，再付普通红利，按年率八厘计算，倘再有余，分配如左：(1)股东特别红利百分之六十；(2)董事监察人酬劳百分之十；(3)经协理酬劳百分之十五；(4)职员奖励金百分之十五。

第六章　附则

第三十三条　本章程未尽事宜悉遵公司法股份有限公司之规定办理。

第三十四条　本章程经股东会决议通过，呈准主管官署后实行，修改时亦同。

振华股份有限公司发起人姓名住址表

王家荪	九江路一九〇号聚源钱庄
王敬亭	天津路永源里十四号
洪友群	爱文义路福田村六号
洪伯游	九江路证券大楼二五八号
沙笙扬	九江路证券大楼二五八号
陈仲勉	天津路鸿仁里嘉永钱庄
陈黎先	天津路泰记弄统办公司
曹文达	南京路哈同大楼三一八号
刘行舫	九江路证券大楼二五八号
樊雨琴	天津路东莱银行

振华股票股份有限公司股东名簿

号数	姓名	住所	股数	股款	已缴股款	缴款日期	备注
1	刘儒山	上海爱多亚路三十九号三楼一五七号	120	12 000 元	缴足	三十年七月三十一日	
2	王家荪	上海九江路一九〇号	80	8 000 元	同上	同上	
3	刘伦昌	上海江西路六十三号	75	7 500 元	同上	同上	
4	刘瑞夔	上海六马路荣寿里四号	75	7 500 元	同上	同上	
5	洪伯游	上海九江路证券大楼二五八号	75	7 500 元	同上	同上	
6	沙笙扬	同上	75	7 500 元	同上	同上	
7	刘行舫	同上	75	7 500 元	同上	同上	
8	陈黎先	上海天津路泰记弄五号	60	6 000	同上	同上	
9	曹文达	上海南京路哈同大楼三一八号	60	6 000	同上	同上	
10	樊雨琴	上海天津路东莱银行	55	55 000	同上	同上	
11	陈仲勉	上海天津路鸿仁里嘉永钱庄	50	5 000	同上	同上	
12	洪友群	上海爱文义路福田村六号	50	5 000	同上	同上	
13	宋耀庭	上海武定路九四六号	45	45 000	同上	同上	
14	吴炎德	上海天津路东莱银行	30	3 000	同上	同上	
15	刘家骏	上海南京路哈同大楼三一八号	20	2 000	同上	同上	

（续表）

号数	姓名	住所	股数	股款	已缴股款	缴款日期	备注
16	徐钜芳	上海爱多亚路一六〇内五〇四号	20	2 000	同上	同上	
17	王敬亭	上海天津路永源里十四号	10	1 000	同上	同上	
18	徐元生	上海天津路东莱银行	10	1 000	同上	同上	
19	陆兆年	同上	10	1 000	同上	同上	
20	徐德良	同上	5	500	同上	同上	
合计			1 000 股	100 000 元			

振华股票股份有限公司选任董事监察人名单

职别	姓名	住所
董事	沙笙扬	上海九江路证券大楼二五八号
	樊雨琴	上海天津路东莱银行
	王家荪	上海九江路一九〇号
	曹文达	上海南京路哈同大楼三一八号
	洪伯游	上海九江路证券大楼二五八号
	刘行舫	上海九江路证券大楼二五八号
	陈仲勉	上海天津路鸿仁里十二号
	刘儒山	上海爱多亚路三十九号一五七室
	陈黎先	上海天津路泰记弄五号
监察人	刘伦昌	上海江西路六十三号
	王敬亭	上海天津路永源里十四号

关于精益证券股份公司申请登记的来往文书（1942 年）

精益证券股份公司发起人会议决议录（抄本）（1942 年 6 月 22 日）

日期　中华民国三十一年六月二十二日

地点　山海八仙桥青年会

到会者　七人代表股份一千股核计五三五权（全体到会）

公推发起人唐辑芳为主席王成章为记录

甲、报告事项

一、主席报告本公司资本国币五万元，分为一千股，已由发起人认足并以现金全部缴齐，今日到会者七人代表股数计一千股，均足法定数额可以开会

二、主席报告筹备经过及进行营业方针

乙、讨论事项

一、通过公司章程　主席逐条宣读修正一致通过　(章程附后)

二、选举董事及监察人　主席将各到会者依公司章程应有股权数目报告后,经众公推戚逸民、金品洁二君为检票人揭晓当选董事及所得权数如后

唐辑芳君五三五权　　戚逸民君五三五权

王成章君五三五权　　郭文远君四七五权

金品洁君四三〇权　　陈可南君一五六权(候补)

当选监察人及所得权数如后

唐宗荫君五三五权

三、本公司设立费用计二千元应否由本公司负担案

决议:由本公司负担之

散会

主席　唐辑芳

记录　王成章(章)

精益证券股份公司股东名簿

户名	代表人姓名	股数	金额	已缴金额	缴款年月日	取得股份年月日	住址	备考
唐辑芳		二百五十股	一万二千五百元	缴足	三十年八月十四日	同上	上海贝勒路吴兴里十号	
戚逸民		二百股	一万元	缴足	三十年八月十三日	同上	上海白克路永年里六号	
王成章		二百股	一万元	缴足	三十年八月十四日	同上	上海贝勒路恒庆里五十四号	
郭文远		二百股	一万元	缴足	三十年六月十九日	同上	上海西门润安里十五号	
唐宗荫		五十股	二千五百元	缴足	三十年八月十四日	同上	上海贝勒路吴兴里十号	
陈可南		五十股	二千五百元	缴足	三十年六月十八日	同上	上海福熙路一千零零九号	
金品洁		五十股	二千五百元	缴足	三十年六月十九日	同上	上海派克路九三弄二号	
以上股东七人代表股份1000股共计股款中储券五万元全数缴足								

关于新中股票贸易公司申请登记问题与该公司、伪实业部的来往文书(1942年)

新中股票贸易股份有限公司发起人会议决录(1942年6月14日)

民国三十一年六月十四日下午二时,在上海爱多亚路浦东同乡会六楼会议室举行,计到股

东六十二人股数七千八百七十股，推举股东顾文生、张文魁、陈周岐为主席团，股东奚方为记录

行礼如仪

甲、报告事项：

一、主席张文魁君报告本日到会股东之人数及股数均已超过法定数额依法即可正式开会。

二、筹备主任顾文生君报告本公司筹备经过情形及设立费用。

乙、讨论事项：

一、讨论公司章程

决议　修正通过

二、选举董事及监察人，推举贾锦芳、刘企峰二君为检票，胡赓佩君为唱票，奚方、王汝耀二君为鉴票开票结果计当选董事十一人

陈周岐　六六一八权　顾文生　六八一七权　邓启尧　六七〇五权

贾柏馨　六六二五权　张文魁　六六九二权　陈俊明　六八九六权

刘企峰　六四一五权　韩轶群　六二九四权　陈筠宪　六一六一权

胡赓佩　五八六五权　蔡润汀　五七八七权

监察人三人

顾志成　六九〇〇权　贾锦芳　六八二六权　奚　方　六七一四权

散会

主席　长文魁

新中股票贸易公司呈上海特别市社会局(1942年11月29日)

为公司补行登记，仰祈核转准予登记给照事，窃商人周岐等，为谋调剂金融，扶助实业，并发展国内外贸易起见，纠集同志发起组织新中股票贸易股份有限公司，额定资本国币五十万元，分作一万股，每股五十元，均由全体发起人如数认缴，已于民国三十一年六月十四日在上海爱多亚路浦东同乡会举行发起人会议，通过章程选举董监，开始营业，顾尚未履行登记手续，兹特遵照公司补行登记及重行登记暂行办法第二条之规定，缮具申请书及登记事项表，并检同各项所需件款备文呈请

钧局俯赐鉴核转呈

实业部准予登记给照，深为德便，再本公司设立尚未届满会计年度，对于公司设立后之历届营业报告书依法可以免送，故暂从缺，合应陈明谨呈

上海特别市社会局

附呈　公司补行登记申请书二份

登记事项表二份

章程二份

股东名簿二份

董事监察人名单二份

发起人会议决议录二份

登记执照费二百二十五元

贴照印花税费四元

具呈人　新中股票贸易股份有限公司

董　事　陈周岐

顾文生

邓启尧

贾柏馨

张文魁

陈俊明

刘企峰

韩铁群

陈筠宪

胡赓佩

蔡润汀

监察人　顾志成

贾锦芳

奚　方

通讯处　上海爱多亚路一四五四号五楼五百十一号

登记事项表(股份有限公司适用)(民国三十一年十一月二十九日)

公司名称　新中股票贸易股份有限公司

本店所在地　上海九江路一一三号

支店所在地

所营事业　买卖有债证券经营各项贸易

资本总额　五十万元(中储币)

股份总数及每股银数　总数一万股每股五十元

已缴股银　五十万元

公告方法　登载本店(地)所在地通行日报或用通信方法

设立年月日　三十一年六月十四日

原领登记执照□□及　　年月日　(补行登记者)(本□□□)

解散之事由　经股东会之决议

董事姓名、住址、选任年月日

陈周岐　赫德路七八一弄十四号　　　　三十一年六月十四日

顾文生　博物院路十五号　　　　　　　仝　　　上

邓启尧　吕班路三德坊十九号　　　仝　　上
贾柏馨　四川路三三号二一七号　　仝　　上
张文魁　北海路福申里九号　　　　仝　　上
陈俊明　愚园路中贯新邨三四号　　仝　　上
刘企峰　泗泾路二十二号　　　　　仝　　上
韩铁群　亚尔培路一二五弄七二号　仝　　上
陈筠宪　公馆马路八号　　　　　　仝　　上
胡赓佩　南京路茂昌眼镜公司　　　仝　　上
蔡润汀　江西路一四一号　　　　　仝　　上
监察人姓名　住所　选任年月日
顾志成　威海卫路二六七号　　　　三十一年六月十日
贾锦芳　兆豊路卜内门栈房　　　　仝　　上
奚芳　　爱多亚路浦东大厦五一一号　仝　　上
备考

中华民国三十一年十一月二十九日

公司补行登记及重行登记申请书

为组设新中股票贸易股份有限公司公司，申请补行登记事(以下详叙经过事由)，窃商人周岐等为谋扶助实业、调剂金融并发展国内外贸易起见，纠集同志发起组织新中股票贸易股份有限公司，额定股本为国币(中储券)五十万元，分作一万元股，每股五十元，均由发起人自行认缴，经于民国三十一年六月十四日，在上海爱多亚路浦东同乡会举行发起人会议，通过章程，选举董监，开始营业，顾尚未履行登记手续。为特遵照公司补行登记及重行登记暂行办法规定，缮具申请书、登记事项表，检同章程等件，暨登记执照费二百二十五元、贴照印花税四元呈请均部鉴核俯准登记给照

谨呈实业部

附件章程、股东名簿、董事监察人名单及发起人会议决议录各二份

具呈人新中股票贸易股份有限公司

董　事　陈周岐
顾文生
邓启尧
贾柏馨
张文魁
陈俊明
刘企峰
韩铁群
陈筠宪

胡赓佩
蔡润汀
监察人　顾志成
贾锦芳
奚　方

中华民国三十一年十一月二十九日

说明：一、呈请补行登记者应在“申请”字样下填一“补”字重行登记填“重”字

二、呈请人应依照公司补行登记及重行登记暂行办法第五条规定人数签名盖章

三、附件应依照同办法第二条甲乙两款或第四条甲乙两款及第六条各规定办理

四、申请者应备正副各一份附件除原领执照及费款外亦各备一份申请书如呈由所在地主管官署转呈本部□应另备呈文请予转呈

五、呈请人得依照此项申请书格式自行划制缮正不得草写及放大缩小

新中股票贸易公司选任董事监察人名单

职别	姓名	经历	所有股数	当选权数	住所
董事	陈周岐	高乐洋行华经理	五百五十股	六六一八	赫德路七八一弄十四号
董事	顾文生	建兴钱庄经理	一百股	六八一七	博物院路十五号
董事	邓启尧	凯利雪茄烟厂经理	六十股	六七〇五	吕班路三德坊十九号
董事	贾柏馨	贾福记运输公司经理	一百股	六六二五	四川路三三号二一七号
董事	张文魁	恒义昇号经理	二百股	六六九二	北海路福甲里九号
董事	陈俊明	晋祥纱号经理	五百股	六九九六	愚园路中实新村三四号村
董事	刘企峰	鲁麟洋行华经理	一百五十股	六四一五	泗泾路二十二号
董事	韩轶群	振华织造厂经理	四百股	六二九四	亚尔培路一二五弄七二号
董事	陈筠宪	新时昌洋行华经理	一千股	六一六一	公馆马路八号
董事	胡赓佩	茂昌眼镜公司总经理	四十股	五八六五	南京路茂昌眼镜公司
董事	蔡润汀	永极盛进出口货行经理	二百股	五七八七	江西路一四一号
监察人	顾志成	美通新记电业厂经理	二百股	六九〇〇	威海卫路二六七号
监察人	贾锦芳	大新保险公司协理	一百股	六八二六	兆丰路卜内门栈房
监察人	奚　方	中华建筑公司经理	二百股	六七一四	爱多亚路浦东大厦五一一号

关于中华股票股份有限公司申请登记的来往文书(1942 年)

中华股票股份有限公司发起人会议录(1942 年 7 月 1 日)

日期　中华民国三十一年七月一日下午四时

地点　　上海宁波路江西路邓脱摩饭店

出席发起人十八人代表股份一万股

公推金宗城先生为主席

（甲）报告事项：

一、主席致开会时

二、主席报告出席股东及代表股份已足法定之数正式开会

三、徐世雄报告筹备经过情形

（乙）讨论事项：

一、通过公司章程草案

主席将公司章程草案宣读通过

二、选举董事监察人案

开票结果：

金宗城	得七九九五权	叶子渐	得一七九三权
王宽诚	得七九九五权	毛式唐	得一七九三权
袁欣和	得七六三四权	以上二人当选为候补董事	
张紫金	得七九九五权	毛式唐	得六二〇二权
章峨庵	得七九九五权	叶子渐	得六二〇二权
郑子荣	得七九九五权	徐世雄	得六五六三权
林笙甫	得七九九五权	以上三人当选为监察人	
叶谋豪	得七九九五权	王炳炜	得一四三二权
胡光宓	得七七二四权	盛世勋	得一四三二权
梁樵青	得七六三四权	以上二人当选候补监察人	
盛企勋	得六五六三权		
徐世春	得六五六三权		
吴涵秋	得六五六三权		
李康年	得七六三四权		
王炳炜	得六五六三权		
以上十五人当选为董事			

散会

主席　金宗城

中华股票股份有限公司呈上海特别市社会局(1942年11月28日)

呈为组设中华股票股份有限公司申请补行登记事，窃具呈人等于本年六月间依照公司法股份有限公司之规定，在上海设立中华股票股份有限公司，以代理买卖华商股票为专营业务，

并得兼营国内公债、外商股票以及代招工商企业股份、代募公司债等为业务，资本总额国币五十万元，分为一万股，每股国币五十元，所有股份均由发起人认足，一次缴足，并于七月一日召开发起人会议，通过公司章程，选任具呈人等为董事，监察人记录在卷。为特遵照公司补行登记及重行登记暂行办法规定，缮具申请书、登记事项表检同章程等件，暨登记执照费二二五元，贴照印花税 4 元，呈请鉴核转呈实业部俯准登记给照，谨呈上海特别市社会局

具呈人　中华股票股份有限公司

董事　金宗城、王宽诚、袁欣和、张紫金、章峨庵、郑子荣、林笙甫、叶谋豪、胡光宓、梁樵青、盛企勳、徐世春、吴涵秋、李康年、王炳炜

监察人　毛式唐、叶子渐、徐世雄

地址：上海九江路证券大楼四一五六号

中华股票股份有限公司章程

中华民国三十一年十一月二十八日

第一章　总则

第一条　本公司依照公司法股份有限公司之规定组织之，定名为中华股票股份有限公司，简称中华股票公司。

第二条　本公司股东以中华民国国籍为限。

第三条　本公司以代理买卖华商股票为专营业务，并得兼营内国公债、外商股票以及代招工商企业股份代募公司债等。

第四条　本公司设立于上海，并得由董事会之决议分公司于本外埠。

第五条　本公司之公告以登载于上海通行之日报或用通函行之。

第二章　股份

第六条　本公司资本总额定为国币五十万元，分作一万股，每股五十元，一次收足。

第七条　本公司股息定为周息一分，每年于举行股东常会后发给之，但无盈余时不得提本作息。

第八条　本公司股票概用记名式，由董事五人署名盖章并加盖本公司图记发行之。

第九条　本公司股东取得股份时，或用堂名别号法团名义者之代表人，均应将其印鉴住所报告本公司存查，遇有变更时亦同。

第十条　股份因买卖赠与或抵押而转让时，应由转让人填具过户书签名、盖章报请本公司核明过户，其因继承关系请求变更户名者，应提出相当证据，本公司认为必要时并得令其觅具妥保。

第十一条　股票污损或欲分合时，得向本公司请求掉换，但污损程度至不易辨识时，本公司得令登报公告或觅具妥保。

第十二条　股票或印鉴遗失或毁灭时，应即以书面报告本公司挂失，并登载上海通行日报

二种各三日以上，自登报日起经过二个月无声明异议，经审核无讹者，方得觅具妥保，补领新股票或更换新印鉴。

第十三条　股票过户每张收手续费国币一元掉换或补领股票每张应缴手续费国币五元及其应贴之印花税费。

第十四条　股东常会前一个月，临时股东会前十五日内，均停止股票过户。

第三章　股东会

第十五条　股东会分常会、临时会二种，常会于每年结账后三个月内由董事会召集之，临时会由董事会或监察人认为必要时或有股份总额二十分之一以上之股东以书面提出理由书请求时，由董事会召集之。

第十六条　股东常会应于一个月前，临时会应于十五日前，通知各股东。

第十七条　股东会股东因事不能出席时，得具委托书签名盖章委托本公司其他股东为代表，但代表者连其本人所有之表决权至多以全体股东表决权总数五分之一为限。

第十八条　股东会主席由董事长任之，缺席时由股东就董事中公推一人任之，但临时股东会之主席得由出席股东公推股东一人任之。

第十九条　股东表决权每股一权，但一股东之股份超过十股者其超过数均以九折计算，零数不满一权者不计。

第二十条　股东会除公司法有特别规定者外，以股份总数过半数之股东出席，出席股东表决权过半数之同意行之可否，同数时取决于主席。

第四章　董事监察人及职员

第二十一条　本公司设董事十五人，监察人三人，有本公司股份卅股之股东得被选任为董事，有股份十股之股东得被选任为监察人，均由股东会用双记名投票选举之，被选权数相同者由主席用抽签法定之。

第二十二条　董事任期三年，监察人任期一年，连选均得连任，遇有缺额由次多数被选人代行职务，以补足任期为止，如缺额达三分之一时，应即召集临时股东会补选之。

第二十三条　董事会设董事长一人，由董事中互选之，开会时以董事长任主席，如因事缺席时，另推董事一人任之。

第二十四条　董事会须有过半数董事之出席，以出席董事之过半数之同意决议之，董事因事不能出席会议时得委托出席董事为代表，但每人以代表一人为限。

第二十五条　本公司设经理一人，副经理一人，均由董事会聘任之，其他职员由经理任免之。

第二十六条　经理执行本公司对内对外一切业务，副经理辅佐之，但遇重要事项须经董事会议决。

第五章　会计

第二十七条　本公司以每年一月一日起至十二月底止为一会计年度，每届年终办理总决算一次，董事会应将营业报告书、资产负债表、财产目标、损益计算书及分配盈余议案送交监察人查核，署名盖章后提出于股东常会报告各股东。

第二十八条　每年度总决议算时，如有盈余，先提法定公积金十分之一及应缴之税款，次提付股息、周息一分，如再有盈余，按下列各项由董事会决议分配，于每届股东会时提出请求承认之。

一、特别公积金

二、股东红利

三、董事监察人酬金

四、经副理及职员酬金

第六章　附则

第二十九条　本章程如有未尽事宜，悉照公司法股份有限公司之规定办理之。

第三十条　本章程经股东会通过后呈请主管官署核准施行修改时亦同。

本公司发起人姓名住址列复

金宗城　上海宁波路五十号上海银行

林笙甫　上海愚园路一三八五号天星糖果饼干厂

徐世雄　上海南京路慈淑大楼三一一号鸿兴织造厂

王宽诚　上海江西路汉弥米登大厦二五九号中国钟表制造厂

郑于荣　上海海西路一二四号五洲银行

叶谋豪　上海麦特赫斯脱路七十二弄十四号

吴涵秋　上海慕尔鸣路昇平街芝瑞里十一号

胡光宓　上海吕班路二六八弄十八号

李康年　上海南京路慈淑大楼中国国货公司

张紫金　上海天津路二四七弄七号建昌钱庄

毛式唐　上海江西路汉弥登大厦二五九号中国钟表制造厂

章峨庵　上海七浦路恒吉里北四弄后门二十号

袁欣和　上海九江路证券大楼三四四号中信银公司

梁樵青　上海北京路中国垦业银行

王炳炜　上海斜桥街天乐坊三号

盛企勋　上海宁波路兴仁里赓裕钱庄

叶子渐　上海南京路慈淑大楼中国国货公司

徐世春　上海新加坡路星口 A 字八号

关于鸿记股票股份有限公司登记问题与该公司、伪实业部的来往文书(1942～1944)

鸿记股票股份有限公司章程(1942 年)

第一章　总则

第一条　本公司依照公司法股份有限公司之规定组织之，定名为鸿记股票股份有限公司

（简称鸿记股票公司）。

第二条　本公司以自营或代客买卖华商股票及其他各种有价证券为营业。

第三条　本公司设于上海市，必要时经全体股东过半及股份总数过半数之同意，得设分公司于他埠。

第四条　本公司以登载总公司所在地之通行日报一份或二份为公告方法，但亦得以通函代之。

第五条　本公司股东以中华民国人民为限。

第二章　股份

第六条　本公司资本总额定为中储券二百万元，分为二万股，每股中储券一百元，一次收足，股息周年一分，自缴付股款之次日起算，但无盈余时不得提本作息。

第七条　本公司股票为记名式，依照公司法第一百十五条办理，由董事五人具名盖章发行之。

第八条　法人或团体为本公司股东者，应指定代表，以书面通知本公司。

第九条　股东应将其印鉴交存本公司，股东行使权利或股份转让过户时，应以本公司所存之印鉴为凭。

第十条　股票如有遗失或毁灭情事，股东应即以书面通知本公司，并登载通告于本公司所指定之日报，经过三十天后如无纠葛发生，再行邀保填具保证书，向本公司补领新股票，并缴纳手续费、印花税费。

第十一条　本公司于每届股东常会前一个月内，股东临时会前十五日内，停止股票过户。

第三章　股东会

第十二条　本公司股东会分常会、临时会两种。

一、常会于每年决算后三个月内，由董事会于开会一个月前通告召集之。

二、临时会遇公司重要事项，由董事会或监察人认为必要时，或有股份总额二十分之一以上之股东以书面提出理由请求时，由董事会于开会十五日前通告召集之。

第十三条　股东会议时，须有本公司股份总额过半数以上股东出席始得开会，其决议事项，除公司法另有规定者外，以出席股东表决权过半数之同意行之可否，同数时取决于主席。

第十四条　股东会开会时，以董事长为主席，董事长缺席时，由董事中公推一人为主席。

第十五条　本公司股东每一股有一表决权，一股东而有十一股以上者，自十一股起，其表决权照九折计算，零数未满一权者不计。

第十六条　股东因事不能出席股东会时，得用原存印鉴填具委托书，委托本公司其他股东代表出席。

第十七条　股东会决议录由主席签名盖章，连同出席股东签名簿及代表出席委托书一并保存于本公司。

第四章　董事及监察人

第十八条　本公司设董事九人监察二人。

第十九条　凡占有本公司股份二百股以上之股东，得被选为董事，一百股以上之股东得被选为监察人。

第二十条　董事任期一年、监察人任期一年，均得连选连任。

第廿一条　董事及监察人之选任，由各股东于股东常会开会时，用记名投票法选举之，均以得票权多数者当选。

第廿二条　董事组织董事会，由董事中公推三人为常务董事，并由常务董事中互选一人为董事长。

第廿三条　董事会议由董事长为主席，董事长缺席时，由常务董事中互推一人为主席。

第廿四条　董事会议每二月开会一次，由董事长召集之，遇有重要事项或自董事三分之一以上联名请求时，均得召集临时会议。

第廿五条　董事会议须有全体董事过半数之同意，方得决议。

第廿六条　董事会议监察人亦得列席，但无表决权。

第五章　职员

第廿七条　本公司设总经理一人，由董事会任免之，其他经理一人，副经理二人，由总经理提请董事会任免之，其他职员由总经理任免之。

第六章　会计

第廿八条　本公司账目每年结算二次，以六月底为半年结算期，十二月底为全年决算期，每届终决算由董事会造具左列各项书表于股东会开会前三十日送交监察人查核副署，俟股东会开会时提请承认之。

一、营业报告书

二、资产负债表

三、财产目录

四、损益计算书

五、公积金及红利分派之议案

第廿九条　　本公司每届总决算期所有收益，除去一切开支外，倘有盈余时先提十分之一为法定公积金，次付应缴之国税及股息后，得酌提特别公积金外，其余作一百份分派其支配如左：

一、发起人　百分之二. 五

二、全体董事　百分之十

三、全体监察人　百分之二. 五

四、公司职员　百分之二十五

五、股东红利　百分之六十

第七章　附则

第三十条　　本公司各种规则由董事会订定之。

第卅一条　　本公司章程未尽事宜，悉依公司法股份有限公司之规定及其有关法令办理之。

第卅二条　　本章程自股东会议决呈请主管官署核准之日施行，修改时亦同。

发起人　　　　　　　　陈树棠
程　联
陈衍成
黄兆新
蒋文藻
邝鸿藻
陈桂沾
中华民国三十一年　　月　日
办事处　江西路二七八号美伦大厦二楼

鸿记股票股份有限公司致伪实业部函(1943年11月18日)

呈请备案

具呈人鸿记股票股份有限公司，呈为呈请备案事，窃商等集资，遵章组设鸿记股票股份有限公司，经营代客买卖股票事宜，刻已组织就绪，开始营业，除已另呈实业部核发营业执照外，理合具文连同公司组织章程一份，呈祈钧局鉴核备案，仍候批示只遵只实为德便。

谨呈

上海特别市经济局

鸿记股票股份有限公司
发起人　陈树棠
程　联
陈衍成
黄兆新
蒋文藻
邝鸿藻
陈桂沾
地点：江西路二七八号二楼
中华民国三十二年十一月十七日

鸿记股票股份有限公司营业计划大纲

本公司为确定营业方针及业务发展步骤，俾得公司同人有所遵循暂定计划如左：

一、本公司营业主旨，为代客买卖华商证券交易所审定之各种股票，及有价证券。

二、本公司如遇资金多余时，得酌量自营上项股票及证券之买卖。

三、本公司如获相当利润，经董事会之许可，得划出资金若干，经营上项股票及证券之按揭，以利市面资金之流通。

四、本公司遇利润盈余，经董事会之许可，得自行或与金融界合作共同投资于各种生产之工业及实业。

五、本公司之营业计划，关于业务发展步骤，部门当以适应环境为主，经董事会之决议，得随时酌予修正。

六、本公司预算每年收入二百万，每年开支约一百二十万，净利约八十万元。

鸿记股票股份有限公司发起人履历表

陈树棠　南洋商业银行董事

陈衍成　前上海信托公司总经理现任南洋商业银行副总经理

程　联　南洋商业银行常务董事

黄兆新　前保和洋行华经理义和公司副经理

蒋文藻　百佳公司董事，亨茂蓬行东主

邝鸿藻　南洋商业银行南京分行经理

陈桂沾　前香港人和行经理，外股经纪人

鸿记股票股份有限公司呈上海特别市经济局(1943年12月2日)

为开创立会呈请派员莅临监督由

呈为呈请派员监督开创立会事，窃自同人等筹备鸿记股票股份有限公司迄今，业经就绪，曾呈钧局备案在案。兹订于十二月五日下午三时，在江西路二七八号美伦大厦二楼敝公司筹备处，召开创立会，报告筹备经过，并选举董事。理合备文呈报钧局，伏乞钧局届时派员莅场监督，以利进行，实为德便。

谨呈上海特别市政府经济局局长徐

鸿记股票股份有限公司发起人　陈树棠

陈衍成

程　联

黄兆新

邝鸿藻

陈桂沾

上海特别市经济局批

具呈人陈树棠等，呈一件呈筹设鸿记股票股份有限公司请予备案由呈悉，准予备案，仰即知照，此批件存。

民国三十二年十二月四日

上海特别市经济局出席监督公司创立会报告

一、公司名称　鸿记股票股份有限公司　地址　江西路二七八号美伦大厦二楼

二、创立会日期　卅二年十二月五日四时

三、地点　江西路二七八号美伦大厦二楼

四、主席　程联

五、股权总数　一八〇一〇　到会股数　一二〇六七　是否已足法定　足

六、报告事项　筹备经过及业务情形

七、讨论事项　修改章程

八、检查事项　检查资本　检查人姓名　吴开祥　林苍松

九、选举结果　董事　陈树棠、黄兆新、程联、陈衍成、蒋文藻、王益森、邝鸿藻、莫如我、陈桂沾　监察　朱汝翔、张仲博

十、出席报告人　职别　视察员　姓名　甘觉

鸿记股票股份有限公司呈上海特别市经济局(1944年3月6日)

呈为筹设鸿记股票股份有限公司照章申请登记，恳请代为转呈实业部，请准予登记事：窃自树棠等筹备鸿记股票股份有限公司之始，业经呈请，钧局备案，荷蒙批准，感激莫名。又敝公司召开创立会时，并承指派专员莅临监督，指导一切。所有经过，谅蒙钧詧。兹者一切筹备，业经告竣，除南洋商业银行代收资金实额证明书业经缴呈外，理合检备所有有关文书，各缮具二份，附呈钧核，并附呈登记费三千元，印花费四元，统乞钧座代为转呈实业部，请准予登记，实为德便。

谨呈上海特别市经济局局长徐

鸿记股票股份有限公司董事：陈树棠、程联、陈衍成、黄兆新、蒋文藻、邝鸿藻、王益森、莫如我、陈桂沾、监察人：朱汝翔、张仲博

一、附呈文件九种，各两份，共十八件

计开：

登记事项表	二份
敝公司备案批示影本	二份
交易所经纪人执照影本	二份
股东名簿	二份
敝公司创立会决议录	二份
敝公司章程	二份
股东代表检查实收资额报告书	二份
董事及监察人名单	二份
营业概算书	二份

二、附呈登记费三千元，印花费四元，共三千零四元。

中华民国三十三年一月

关于中山股票公司登记问题的来往函件(1943年4月)

中山股票公司盛允中呈上海特别市经济局局长(1943年4月21日)

呈为请求颁赐华股登记表全份,以便登记后领取营业执照,恢复营业事,窃商人经营华商股票专以代客买卖为业务,于二月十八日奉令暂停营业,迄今已有二月有余,损失不赀,顷阅报载藉悉可向,钧局登记核准领取执照后方可恢复营业等因。兹特具呈请求,钧长鉴核,俯念商艰,恩准颁赐登记表全份,俾可依法登记领取营业执照,恢复营业,实为德便,谨呈上海特别市政府经济局局长

中山股票公司盛允中谨呈
中山股票公司:三马路石路绸业大楼五一六号
中华民国三十二年四月二十一日

关于长城股票股份有限公司申请登记的来往文书(1943年4月)

长城股票股份有限公司设立登记申请书(1943年4月9日)

公司所在地　上海宁波路四十七号三楼二〇二号

为呈请登记事窃长城股票股份有限公司业经先后呈奉　上海特别市社会局据核准备案及查验给证,并依照取缔上海股票业商买卖华商股票暂行规则之规定呈准注册。在案兹特遵照公司法第一〇九条之规定,将应行声请登记各事项另表开呈,并依照公司登记规则第十条第一项乙款及第二十九条第一项甲款规定照缴执照费税加具各项文件备文呈请。

钧局鉴核迅赐转呈

实业部核准登记颁给执照实为公便谨呈

上海特别市经济局

附呈　文件及费税

(一) 登记事项表二份
(二) 公司章程二份
(三) 股东名簿二份
(四) 选任董事监察人名单二份
(五) 主管官署检查证书抄本二份
(六) 营业概算书二份
(七) 呈准备案证明文件抄本二份
(八) 呈准注册原批抄本二份
(九) 执照费三二五元
(十) 贴照印花税四元

具呈人长城股票股份有限公司

董事　胡国栋　周菊忱

梁荣春　侯安华

梅冠春　梁朝启

马存彝　宋以信

李泽民

监察人　凌静山　郭浩波

中华民国三十二年四月九日

登记事项表

（一）公司名称　长城股票股份有限公司

（二）所营事业以自行或代客买卖华商股票及其他各种有价证券，限以现货交易为营业。

（三）资本总额国币五十万元

（四）股份总数及每股金额　分为一万股，每股五十元。

（五）每股已缴金额　缴足

（六）本店所在地　上海宁波路四十七号三楼

（七）公告方法　登报

（八）董事姓名住所

周菊忱	上海福煦路一二五二号
侯安华	上海宁波路五十二号
梅冠春	上海宁波路五十九号
梁朝启	上海宁波路四十九号
梁荣春	上海江西路四〇六号
宋以信	上海霞飞路二〇〇二号
马存彝	上海贝禘鏖路霞飞巷七号
李泽民	上海江西路汉弥登大厦

（九）监察人姓名住所　郭浩波　上海南京路六三五号

凌静山　　上海圆明园路一六九号

（十）解散事由　　不预定

中华民国三十二年四月九日

长城股票股份有限公司章程

第一章　总则

第一条　本公司依照公司法股份有限公司之规定组织之，定名为长城股票股份有限公司（简称长城股票公司）依法呈请登记。

第二条　本公司以自行或代客买卖华商股票及其他各种有价证券限以现货交易为营业。

第三条　本公司设于上海市，必要时经董事会议决得设分公司于他埠，但须另案呈请登记。

第四条　本公司之公告登载于上海通行之日报。

第二章　股份

第五条　本公司资本总额定为国币五十万元，分为一万股每股国币五十元，一次收足。

第六条　本公司股东以中华民国人民为限。

第七条　本公司股票由董事五人署名盖印加盖本公司图记发行之。

第八条　本公司股票为记名式股东，应报明姓名籍贯住所及印鉴，其有变更时亦同。

第九条　股份转让应由授受双方填写过户声请书，连同股票向本公司声请过户，在过户手续未办竣前，本公司仍认股票所载之股东为股东。

第十条　股票如遇遗失或毁灭应向本公司报告经过并登报声明，经二个月后并无声请异议者得邀同妥保请求补给新股票。

第十一条　股份过户每张征手续费国币一元，如欲换给或补领新股票，每张应缴股票印纸费国币五元及其应贴之印花税费。

第十二条　本公司股东常会前一个月，股东临时会前十五日停止股份过户。

第三章　股东会

第十三条　股东会分常会及临时会两种　　常会于每年决算后三个月内举行之，并应于开会一个月前分函通知各股东临时会，经董事会议决或监察人认为必要，或有股份总额二十分之一以上之股东声请时，皆得随时召集之并应于开会十五日前分函通知各股东。

第十四条　股东表决权每股一权，但一股东股份超过十股者其超过数概按八折计权，零数不满一权者不计。

第十五条　股东因事不能到会时，得填就委托书加盖印鉴委托他股东为代表，但代表连其本人所有之表决权至多不得超过全体股东表决权五分之一。

第十六条　股东会之决议除公司法有特别规定者外，须有股份总额半数以上之股东出席，出席股东表决权过半数之同意方得决议可否，同数时由主席决定之。

第十七条　股东会开会以董事长为主席，董事长缺席时由其他董事推定一人任之。

第十八条　股东会决议录应载明到会股东人数股数、权数及所议事项由主席签印连同股东签名簿及代表出席委托书一并保存于公司。

第四章　职员

第十九条　本公司设董事九人，监察人二人，均由股东会选任之，董事应有股份三十股，监察人应有股份十股方得被选。

第二十条　董事及监察人任期均为一年连选得连任。

第十十一条　董事或监察人遇有缺额时，得由原选次多数当选人暂代其职务，俟股东会开会时应即补选。

第二十二条　董事组织董事会，并互选董事长一人。

第二十三条　董事会议由董事长主席，董事长缺席时由董事中互推一人为主席。

第二十四条　董事会议每月一次由董事长召集之，遇有重要事项或有董事二人以上联名要求时，均得召集临时会议。

第二十五条　董事会议须有全体董事过半数出席，出席董事过半数之同意方得决议。

第二十六条　董事会议监察人得列席陈述意见，但无表决权。

第二十七条　本公司设经理一人，副经理二人，均由董事会议决聘任之，其他办事人员由经副理任免之。

第五章　会计

第二十八条　本公司以国历年底为决算期，由董事会造具各项决算表册，送交监察人查核后提出股东会请求承认。

第二十九条　本公司每届决算期所有收益除去一切开支外，如有盈余应先提十分之一为法定公积金，次提依法应纳之所得税，其余由董事会作成盈余分配案，提交股东会议决之。

第六章　附则

第三十条　本章程如有未尽事宜，悉照公司法股份有限公司之规定办理之。

本公司发起人之姓名住所如左

胡国樑	上海江西路四〇六号
周菊忱	上海福煦路一二五二号
梁荣春	上海江西路四〇六号
马存彝	上海贝褅鏖路霞飞巷七号
侯安华	上海宁波路五十二号
凌静山	上海圆明园路一六九号
梅冠春	上海宁波路五十九号
余□敬	上海康悌路仁德坊五号
梁朝启	上海宁波路四十九号
金蓉屏	上海宁波路四十七号
宋以信	上海霞飞路二〇〇二号
梁芸青	上海宁波路四十七号
李泽民	上海江西路汉弥登大厦
郑家驹	上海宁波路四十七号
郭照	上海南京路六三五号
黄育珊	上海宁波路四十七号
郭浩波	上海南京路六三五号
陈元凯	上海宁波路四十七号
李道生	上海南京路七二〇号
陈宏亮	上海黄埔滩路一号
长城企业公司代表人　郑家驹	上海宁波路四十七号

股东名簿

号数	姓名	住所	股数	已缴股款数(元)	缴纳股款日期
1	胡国樑	上海江西路四〇六号	一八〇〇	九〇〇〇〇	均系民国三十一年九月十二日以前缴足
2	梁荣春	同上	四〇〇	二〇〇〇〇	
3	侯安华	上海宁波路五十二号	四〇〇	二〇〇〇〇	
4	梅冠春	上海宁波路五十九号	四〇〇	二〇〇〇〇	
5	梁朝启	上海宁波路四十九号	四〇〇	二〇〇〇〇	
6	宋以信	上海霞飞路二〇〇二号	四〇〇	二〇〇〇〇	
7	李泽民	上海江西路汉弥登大厦	四〇〇	二〇〇〇〇	
8	郭照	上海南京路六三五号	四〇〇	二〇〇〇〇	
9	郭浩波	同上	四〇〇	二〇〇〇〇	
10	李道山	上海南京路七二〇号	四〇〇	二〇〇〇〇	
11	周菊忱	上海福煦路一二五二号	四〇〇	二〇〇〇〇	
12	马存彝	上海贝禘鏖路霞飞巷七号	四〇〇	二〇〇〇〇	
13	凌静山	上海圆明园路一六九号	四〇〇	二〇〇〇〇	
14	余□敬	上海康悌路仁德坊五号	四〇〇	二〇〇〇〇	
15	金蓉屏	上海宁波路四十七号	四〇〇	二〇〇〇〇	
16	梁芸青	上海宁波路四十七号	四〇〇	二〇〇〇〇	
17	郑家驹	同上	四〇〇	二〇〇〇〇	
18	黄育珊	同上	四〇〇	二〇〇〇〇	
19	陈元凯	同上	二〇〇	一〇〇〇〇	
20	长城企业公司代表人郑家驹	同上	八〇〇	四〇〇〇〇	
21	陈宏亮	上海黄埔滩路一号	四〇〇	二〇〇〇〇	

以上共21户计一万股每股五十元合计国币五十万元整

选任董事监察人名单

董事九人

姓名	当选权数
周菊忱	七〇七六
侯安华	七〇七六
梅冠春	七〇七六
梁朝启	七〇七六
梁荣春	六七五四

(续表)

姓名	当选权数
宋以信	六七五四
马存彝	六七五四
杨泽民	六七五四

监察人二人

姓名	当选权数
郭浩波	六七五四
凌静山	六七五四

以上董事监察人均系民国三十一年九月十二日发起人会议所选任

上海特别市社会局批(抄本)会字九二六号

具呈人长城股票股份有限公司胡国樑等

呈一件为呈请派员验资由

呈悉经查尚属相符仰即知照

此批

中华民国三十二年二月日

局长　凌宪文

营业概算书

甲、全年营业收入

(一) 自行买卖华商股票及其他各种有价证券利益　　国币六万五千元

(二) 代客买卖华商股票及其他各种有价证券佣金　　国币十二万元

(三) 利息收入及其他收入　　国币五千五百元

以上共计国币十九万零五百元

乙、全年营业支出

(一) 房租房捐　　国币九千六百元

(二) 薪工膳食　　国币八万四千元

(三) 邮电文具　　国币六千元

(四) 印刷广告　　国币一万二千元

(五) 舟车履费　　国币五千元

(六) 其他支出　　国币一千五百元

以上共计国币十一万八千一百元

丙、全年营业盈余收支两抵盈余数　　国币七万二千元

以上共计国币七万二千元

丁、盈余分派方法

（一）法定公积金十分之一	国币七千二百元
（二）所得税千分之三十	国币一千九百五十四元八角
（三）照章由董事会作成盈余分配案提交股东会议决之	国币六万三千二百零五元二角

以上共计国币七万二千四百元

关于大公股票公司申请登记的来往文书(1943 年 6 月)

大公股票公司呈上海市经济局文(1943 年 6 月)

呈为发起组织股份有限公司，请予核准备案事，窃商人孙斐君等，现拟集资国币二十五万元，分作五千股，每股五十元，设立大公股票股份有限公司，经营法令许可之买卖股票及各种有价证券等业务，所有股份均由孙斐君等发起人自行认足，不另招募。兹谨遵照公司施行法第二十三条之规定，加具营业计划书，发起人姓名、经历及认股数目清单备文呈请，钧局鉴核准予备案，以利进行，实为德便，谨呈上海市经济局。

具呈人　大公股票股份有限公司发起人

孙斐君　朱海初、孙景涵、孙健行、李祖熏、胡维坚、朱荣生、乐任瑄、郑学诰、叶笑山、席祥贞、孙时霖、冯肇樑、穆壮武、向宏昌、田和卿、王詠霓、田鸣皋、吴华宗、吴纪春

附呈：营业计划书一件

发起人姓名经历及认股数目清单一件

中华民国三二年六月　日

大公股票公司营业计划书

营业计划书

溯自时局转变以来，举世扰攘，万方多难，上海虽以地利人和兼擅其胜，安居乐业不减畴昔，惟以时局与经济息息相关，因道途之梗阻，以致各业停滞游资充斥，于是群赴投机居积之途，掀风作浪，此仆彼起，驯至物价腾贵，民生日困，瞻念前途，隐忧方大，近以当局统制取缔，雷厉风行投机居积之风虽告稍戢，然不将游资导入正轨善加利用，则危机潜伏仍非根本之图，同人等有鉴及此，爰发起组织大公股票股份有限公司，额定资本二十五万元，遵照现行法令，经营买卖股票及各种有价证券等业务，为各界人士辟稳妥之投资途径，从而使疲惫之工商业发荣滋长，重趋繁盛，其有裨于国计民生，当匪浅鲜，兹将营业计划书开具于后：

甲、资本　总额二十五万元

乙、资本分配

一、生财　五万元

二、装修　五万元

三、流动资本　十五万元

以上共计二十五万元

丙、收支概算

(子) 收益方面

佣金收入　十八万元

以上共计十八万元

(丑) 开支方面

一、薪工　陆万元

二、房租　三千陆百元

三、福食　三万元

四、邮电　七千八百元

五、宣传　三千元

六、交际费　二千四百元

七、营业用品　二千四百元

八、什项开支　九千六百元

九、折旧　一万元

十、舟车　一千二百元

以上共计　十三万元

收支相抵计盈余五万元

发起人姓名经历及认股数目清单

姓名	经历	认股数目	备注
孙斐君	中孚信托公司证券部副主任	60 500 元	
朱海初	上海实业银行总经理	15 000 元	
胡维坚	上海实业银行总务主任	36 500 元	
孙时霖	上海实业银行副总经理	5 000 元	
李祖薰	科发药房经理	20 000 元	
孙健行	联业保险公司常务董事	10 000 元	
孙景涵	大中华织造厂董事	13 000 元	
乐任琯	华昌化学制药厂协理	17 500 元	
叶笑山	棉布公会秘书	19 500 元	
向宏昌	伟大罐头食品厂经理	12 500 元	
席祥贞	前中央储蓄会镇江分会经理	9 000 元	
朱荣生	湧锦贸易公司经理	4 500 元	
王詠霓	中国股票公司营业主任	1 000 元	

（续表）

姓名	经历	认股数目	备注
郑学诰	中国股票公司经理	4 000 元	
田和卿	天厨味精厂董事会秘书	2 000 元	
冯肇樑	普益广告社经理	10 000 元	
田鸣皋	标准制药厂经理	3 000 元	
穆壮武	永昌股票公司副经理	1 000 元	
吴华宗	纱厂联合会职员	5 000 元	
吴纪春	中国化学厂经理	1 000 元	

关于兴大证券号股份有限公司申请登记的来往文书(1944 年)

兴大证券号股份有限公司呈上海特别市经济局(1944 年 1 月 17 日)

呈为发起组织股份有限公司，请予核准备案事，窃商人朱博泉等现拟集资国币四百万元分作四十万股，每股十元，在上海设立兴大证券号股份有限公司，专以代理有价证券买卖及相关业务为营业，所有股份均由朱博泉等发起人自行认足，不另招募。并业已呈准。实业部领有第70 号经纪人执照在案，兹谨遵公司法施行法第二十三条之规定，加具营业计划书、发起人姓名、经历、地址、认股数目清单，备文呈请鉴核，准予备案以利进行，谨呈上海特别市经济局。

具呈人　兴大证券号股份有限公司

发起人　朱博泉　杨富臣　张景吕　瞿超然　吴礼门　姚应龄　宋树玉　谢凝远　陈启楣　朱志扬　瞿约斋　李信忠、裴振镛　沈士勤　徐美馥　徐宝裕　金钟灵　徐新德　徐培德　徐新华

公司地址：上海江西路二六四号一一〇室

中华民国三十三年一月十七日

兴大证券号股份有限公司营业计划书

溯自战起之后，各地居民纷纷来沪避难，遂游资充斥，投机者相继风起囤积居奇，百物日昂，民不聊生，尽此项游资未入正轨运营之弊，经纪人之代客买卖，所以为社会金融流通之工具，导游资入正当事业之用，同人等有鉴于斯乃集资□办兴大证券号股份有限公司，专以代理有债证券买卖及相关业务，为营业本游资移入正当事业，安定社会金融为旨，是以营业之盛可计日而待，兹将营业计划资金运用之方法开列于后

甲、资本支配

资本总额国币四百万元

一、装修　　国币三十万元

二、押债　　国币三十万元

三、生财　　国币二十万元

四、流动金　国币三百二十万元

以上共计国币四百万元整

乙、收支概算

收入项下

一、全年营业收入约计国币一百五十万元整

以上共计收入国币一百五十万元整

支出项下

一、薪金　　　国币二十四万元

二、膳食　　　国币二十四万元

三、文具印刷　国币十二万元

四、水电　　　国币二万四千元

五、电话　　　国币二万四千元

六、租金捐税　国币三十万元

七、杂支　　　国币十万元

以上共计支出国币八十四万元整

收支相抵约计盈余国币六十六万元整

兴大证券号股份有限公司章程

第一章　总则

第一条　本公司依照公司法股份有限公司之规定组织之，定名为兴大证券号股份有限公司。

第二条　本公司以代理有价证券买卖及相关业务为营业范围。

第三条　本公司设总店于上海并得斟酌情形设立分店。

第四条　本公司之公告以登载总店所在地之新闻纸或以通函为之。

第二章　股份

第五条　本公司资本总额定为国币四百万元，分作四十万股，每股国币十元，一次收足

第六条　本公司股东以中华民国人民为限。

第七条　本公司股票为记名式由董事五人署名盖章发行之。

第八条　股东应将姓名住址报明公司记入股东名薄，如用堂记别号记名者，亦应将真实姓名或代表人姓名住址，报明公司。

第九条　股东应将印鉴式样填具印鉴卡送存公司股东，行使其权利时均以留存之印鉴为凭，股东须变更其印鉴时，应另具新印鉴卡，凭原存印鉴书面通知公司股东。印章如遗失时，应即登报公告，并书面向公司声明经过，六十日后，如无纠葛，邀由相当保人出具书面保证方得更换印鉴

第十条　股东转让其股份应由让受双方填具让受书连同原股票申请过户，经公司将受股

人姓名、住址登载股东名薄，并于股票上经本公司盖章证明后方为有效。

第十一条　股票如有遗失或毁灭，股东应将其事由登报公告，检同公告书面向公司挂失，经过六十日后，如无纠葛，邀由相当保人出具书面保证，方得补给新股票。

第十二条　股东因股份过户或遗失毁灭股票请领新股票时，应缴纳相当印刷费及应贴之印花税费。

第十三条　股东常会前一个月内，股东临时会前十五日内，均停止股票过户。

第三章　股东会

第十四条　本公司股东会分常会及临时会二种。常会于每年总决算后三个月内举行一次，由董事会决定日期于一个月前公告召集之。临时会依照公司法各规定召集之。

第十五条　本公司股东之表决权每一股有一权，但一股东而有十一股以上者，其十一股以上之股份以九折计权，零数不满一权者不计。

第十六条　股东因事不能出席股东会时，得出具委托书委托他股东代理出席。

第十七条　股东会之决议除公司法另有规定者外，应有股东代表股份总数过半数者之出席，以出席股东表决权之过半数行之。

第十八条　股东会以董事长为主席，董事长缺席时，由董事互推一人为主席。

第四章　董事监察人及职员

第十九条　本公司设董事七人，监察人二人，由股东会选任之。凡持有本公司股份总额千分之三以上者，得被选为董事，千分之一以上者，得被选为监察人。

第二十条　董事任期三年，监察人任期一年，连选均得连任。

第二十一条　董事组织董事会主持公司业务，并互选董事长一人，对外代表公司办事。
董事一人常川驻公司办事。

第二十二条　董事会由董事长随时召集之，会议时以董事长为主席，董事长缺席时，由董事互推一人代理之。

第二十三条　董事会之决议应有过半数董事之出席，以出席董事过半数之同意行之可否，同数时取决于主席。

第二十四条　监察人除依法执行职务外，得列席董事会陈述意见，但无表决权。

第二十五条　本公司设经理一人，由董事会聘任之，综管（绾）公司一切事务，副经理若干人，由经理提请董事会备案任用之。

第五章　会计

第二十六条　本公司每年六月底办理半年决算一次，年终办理总决算一次，由董事会造具左列各项书、表，经监察人查核后提交股东会请求承认。

一　营业报告书

二　资产负债表

三　财产目录

四　损益计算书

五　公积金及盈余分派之议案

第二十七条　本公司每次决算如有盈余，除去依法应提付之款项外，其余分作一百分，照下列成分由董事会作成分配案，提出股东会，请求承认，但董事会认为必要时得将盈余提前酌派之。

股东得百分之六十五

董事监察得百分之十

副经理及同人得百分之二十

特别公积得百分之五

第六章　附则

第二十八条　本章程如有未尽事宜，悉依公司法股份有限公司之规定办理之。

第二十九条　本章程经股东会决议通过，呈奉主管官署核准施行，修改时亦同

登记事项表

公司名称　兴大证券号股份有限公司

所营事业　专以代理有价证券买卖及相关业务为营业范围

股份总数额　国币四百万元分为四十万股

每股金额　国币十元

每股已缴金额　一次缴足

公司所在地　上海江西路二六四号一一〇号

公告方法　以登载总店所在地之新闻纸或以通函为之

董事监察人姓名住址

董事姓名　住址

朱博泉　上海香港路五十九号

瞿约齐　上海北京路国华银行

姚应龄　上海北京路国华银行

张景吕　上海北京路国华银行

宋树玉　上海三马路阜通银行

朱志扬　上海北京路三五六号八〇七室

徐宝裕　上海北京路联华银行

监察人姓名　住址

裴正镛　上海爱多亚路浦东银行

杨富臣　上海南京路新新公司

上海特别市经济局批(1944年3月21日)

上海特别市经济局批　　市经二字第一八四七号

具呈人　朱博泉等

呈一件为兴大证券号股份有限公司股款缴足请予查验由呈悉、据称、该公司股款缴足、业经派

员查验相符、仰即知照。此批

中华民国三十三年三月二十一日

局长　徐天深

关于恒益隆证券股份有限公司申请登记的来往文书(1944 年 2 月)

恒益隆证券股份有限公司呈上海特别市经济局(1944 年 2 月 23 日)

呈为发起设立股份有限公司,恳请核准备案事,窃商人周滋卿等原系上海华商证券交易所第一八四号经纪人恒益隆证券号之合伙人,兹因业务发展,原有组织不能适合,经各合伙人议决,增加资本改组为股份有限公司,所有股份均由商人周滋卿等自行认足,不另招募。兹谨遵公司法施行法第二十三条之规定,加具营业计划书、发起人姓名、经历、地址、认股数目清册,备文呈请鉴核,仰祈钧长俯督下情,准予备案,实为德变,谨呈上海特别市经济局局长徐

附呈

副呈一份

营业计划书 2 份

发起人姓名、经历、地址、认股数目清册 2 份

具呈人　恒益隆证券股份有限公司

发起人:王道平　杜若波　杜联义　车炳荣　周滋卿　洪湘东　陈卓生　陈滋堂　张丹秋　张寿康　傅隆才　傅承华　董莱荪　董昇泰　刘宝?谢文元　蔡天寿　罗立燦

公司地址:上海九江路四二九号四一八号室

恒益隆证券股份有限公司营业计划书

自民国政府返都以还,积极提倡增产建设运动。国民之有志于工商事业者,莫不闻风兴起上海为全国经济中心,新兴实业远较其它各埠为盛。比年以来,因经营有方,获利甚多,而基础极固,声誉卓著,殊足引起投资者之注意。本公司以经营证券交易为专业,其最大使命为导游资入于正轨。值兹政府提倡增产建设之际,本公司在商言商,自应格外努力本位工作,奉行政府国策,完成最大使命。庶国计民生两有裨益,而本公司以从前合伙时之信誉在此居间买卖之中,必能更上一层,前途希望殊无限量,焉谨将营业计划开列于下。

(甲) 资本支配

资本总额国币八百万元一次收足

一、开办费及生财装修	国币一百五十万元
二、保证金	国币念五万元
三、流动资金(代客暂垫资金包括在内)	国币六百念五万元
共计国币八百万元整	

(乙) 收支概算

收入项下

一、代客买卖(证券)佣金全年约计国币(壹)百四十一万元

二、利息　　全年约计国币五十七万元

共计全年收入约计国币一九八万元整

支出项下

一、薪(津)全年约计国币　三十六万元

二、膳宿　　　　国币　　三十二万四千元

三、房租　　　　国币　　一万二千元

四、电话　　　　国币　　三万六千元

五、水电　　　　国币　　九千六百元

六、文具　　　　国币　　六万元

七、保险　　　　国币　　一万二千元

八、书报　　　　国币　　一万二千元

九、什费　　　　国币　　念六万元

共计全年支出约计国币一百零八万五千六百元

收支两抵约计盈余国币八十九万四千四百元

关于中国股票股份有限公司申请登记的往来文书(1944年)

实业部训令(1944年4月3日)

案据前上海特别市社会局局长凌宪文呈,以据中国股票股份有限公司董事蔡声白等呈,为设立中国股票股份有限公司申请补行登记□案。理合检同件款,转呈鉴核等情,附呈件款到部,查该公司系经营股票业务,曾呈准本部核发经纪人执照有案,惟查该公司资本,仅有二十万元,核与经纪人应有资本一百万元以上之数目不符,应饬增补足额,又所具副呈,全体董监均未盖章,核与规不合,应加盖印章,以符规定,据呈前情,合行检发原呈附件各一份,暨费款一百四十四元,令仰该局转饬该公司遵照!

此令。

计发还副呈公司章程,股东名簿,董监名单,发起人会录各一份,费款一百四十四元。

部长　陈冬慧

中国股票股份有限公司呈上海特别市经济局(1944年4月9日)

呈为股份募足,股款收齐,定期召开创立会,依法呈请派员莅会监督事,窃具呈人等前经发起创设中国股票股份有限公司,曾经呈准钧局备案在案,现以所有股份均经认募足额,全部股款亦已收齐,定于四月十八日在江西路三一六号召开创立会,报告筹备经过情形,检查股款订立章程,并选举董事监察人,兹特依照公司法施行法第廿四条之规定备文,呈请钧局鉴核,俯准

届时派员莅会监督以利进行，实为公便，谨呈上海特别市经济局

具呈人　中国股票股份有限公司

发起人代表：蔡声白等

中华民国三十三年四月九日

登记事项表

公司名称	中国股票股份有限公司		
所营事业	专以自营或代客买卖华商股票及其他各项有价证券为营业		
资本总额	国币五百万元		
股份总数及每股金融	分为二十五万股，每股国币二十元		
每股已缴金额	一次缴足		
本店所在地	上海江西路三一六号		
公告方式	以登载于上海通行之日报或通函为之		
董监姓名住所			
董　事	蔡声白	上海天津路二〇七号	卅三年四月十八日选任
	许冠群	上海新闸路新亚药厂	同上
	郑学诰	上海江西路三一六号	同上
	项康原	上海广东路二四七号	同上
	方剑阁	上海长白街中华珐琅厂	同上
	任士刚	上海大兴路一二〇号	同上
	黄士谦	上海汉口路五〇号	同上
	戴耕莘	上海永嘉路三八〇号	同上
	潘仰尧	上海静安寺路四行储蓄会	同上
	王振芳	上海河南路如意里九号	同上
	许晓初	上海北京路八五一号	同上
	顾克民	上海正阳路二五一弄一八号	同上
	胥仰南	上海东棋盘街三〇号	同上
	王性尧	上海江西路三六七号四〇一室	
	唐瑷相	上海永嘉路一七弄六号	同上
监察人	李康年	上海南京路中国国货公司	同上
	沈士诚	上海永嘉路西爱村一二号	同上
	郑舜生	上海宁波路四七六号	同上

中国股票股份有限公司章程

第一章　总则

第一条　本公司遵照公司法股份有限公司之规定组织之，定名曰中国股票股份有限公司，简称中国股票公司，英文名称为(China Qomestic Securities Co. Ltcl.)

第二条　本公司以自行或代客买卖华商股票及其他各种有价证券为营业。

第三条　办公司设总公司于上海，如有业务上之必要时，得经董事会之决议在其他各地设立分公司

第四条　本公司之公告以登载于上海通行之日报或通函为之

第二章　股份

第五条　本公司资本总额为国币五百万元，分为二十五万股，设每股二十元，一次收足。

第六条　本公司股票概用记名式，由董事五人署名盖章并加盖本公司图记，依次编号发行之。

第七条　本公司股东以中华民国国民为限。

第八条　本公司股东取得股份时，其□人或用堂记法团名义之代表人均应将其姓名住所及印鉴报明本公司存查，遇有变更时亦同。

第九条　本公司股份因买卖赠与或其他原因而转让时，应由转让人出具过户书，报请本公司核明过户，其因继承关系请求过户者应提出相当证据，经本公司认可后方得过户。

第十条　股票遗失或毁灭时，应即以书面报告本公司挂失，并自行登载上海通行日报及失事地日报公告二天，自公告日起，经过二个月，无人声请异议，方可觅具妥保补领新股票。

第十一条　股份过户及换发或补发新股票，得酌收相当之手续费及应贴之印花税费。

第十二条　股票存留本公司印鉴之图章遗失或毁灭时，应即通知本公司声明缘由并登载上海通行日报公告二天，如无纠葛发生方得觅具妥保，填具保证书，经本公司认可后方得改换新印鉴。

第十三条　每届股东常会前一个月内，股东临时会前十五日内，停止股份过户。

第三章　股东会

第十四条　本公司股东会分常会、临时会两种，常会于每年决算后三个月内，由董事会召集之，临时会于必要时依照公司法之规定召集之。

第十五条　股东常会应于开会一个月前通知或公告各股东，股东临时会则应于十五日前通知或公告之。

第十六条　股东会主席由董事长任之，缺席时由股东就董事中公推一人代之。

第十七条　本公司股东表决权，每股一权，一股东而有十一股以上者，自十一股起，其超过股票概以九折计算，零数不足一权者不计。

第十八条　股东会议时，除公司法有特别规定者依法办理外，以股东人数过半数，代表股份股数过半数者之出席，方得开议，其决议以出席股东表决权过半数之同意行之可否，同数时取决于主席。

第十九条　股东因事不能出席股东会时，得出具委托书委托本公司其他股东代理出席，但其代表之表决权连其本人所有者，合计不得超过全体股东表决权五分之一。

第二十条　股东会决议事项应作成决议录，由主席签名盖章连同股东签到簿及代表出席之委托书一并保存于公司。

第四章　董事监察人及职员

第廿一条　本公司设董事十五人，监察人三人，凡有本公司股份总数千分之三之股东得被选举为董事，千分之一之股东得被选举为监察人，均由股东会依法选举之，权数相同者由主席用抽签法定之。

第廿二条　董事任期三年监察人任期一年，连选均得连任。

第廿三条　董事组织董事会，互推董事长一人，常务董事二人，负责执行公司一切事务。

第廿四条　董事会议之主席由董事长任之，如董事长缺席时由常务董事中互推一人代之。

第廿五条　董事会议时应有全体董事过半数之出席，方得开议，其决议以出席董事过半数之同意行之可否，同数时取决于主席。

第廿六条　监察人除依法执行职务外，得列席董事会陈述意见，但无表决权。

第廿七条　本公司设经理一人，副经理一人，由董事会聘任之，其他职员由经理任免之。

第五章　会计

第廿八条　本公司以每年国历年终为决算期，由董事会依法造具各种书表于股东常会前30日送交监察人查核副署后提出，于股东常会请求承认。

第廿九条　本公司每年度决算后所得纯益先提法定公积百分之十，次提应缴国税，再提股息常年八厘，其余按百分率依照下列各款分配之。

一、股东红利百分之六十

二、董事监察人酬劳百分之十

三、经副理酬劳百分之十五

四、职员奖励金百分之十五

第六章　附则

第三十条　　本章程未尽事宜悉照公司法股份有限公司之规定办理。

第三十一条　本章程自股东会决议呈请主管官署核准之日施行，修改时亦同。

中国股票股份有限公司营业计划书

甲、资本总额　　　　国币五百万元

乙、资本支配

一、生财装修　　　　国币五十万元

二、流动资金　　　　国币四百五十万元

以上共计国币五百万元。

丙、营业收支概算

一、营业收入毛利，年计国币三百五十万元

二、营业支出，年计

子、营业费用　　　　国币五十五万元

丑、管理费用　　　　国币一百二十万元

寅、财务费用　　　　　国币三十五万元

以上全年支出共计国币二百十万元

收支相抵净计盈余国币一百四十万元

丁、盈余分配

一、法定公积金　　　　国币十四万元

二、所得说　　　　　　国币廿万〇六千六百五十元

三、股息　　　　　　　国币四十万元

四、股东红利　　　　　国币三十九万二千〇十元

五、董事监察人酬劳　　国币六万五千三百卅五元

六、经副理酬劳　　　　国币九万八千〇〇二元五角

七、职员奖励金　　　　国币九万八千〇〇二元五角

以上共计国币一百四十万元。

中国股票股份有限公司股东名簿

户名	代表人姓名	股数	股款	住址	缴纳股款年月日
方国谨		六千二百五十股	十二万五千元	上海南京路一五三号二〇三室	卅三年四月一日
方剑阁		五千股	十万元	上海长白街中华珐琅厂	同上
方液仙		五千股	十万元	上海河南路二五七号	同上
王詠霓		五千股	十万元	上海白尔路重庆里一六号	卅三年四月二日
王梅芳		七千五百股	十五万元	上海襄阳路一五五弄六号	同上
王性尧		七百七十五股	一万五千五百元	上海江西路三六七号四〇一室	同上
王逸楼		一百五十股	三千元	上海白尔路水庆里一六号	同上
王振芳		二千五百股	五万元	上海河南路如意里九号	卅三四年四月五日
王瀛生		一千二百五十股	二万五千元	上海北兵锡路七三号	卅三四年四月二日
任士刚		五千股	十万元	上海大舆路一二〇号	卅三四年四月八日
朱德隆		一千二百五十股	二万五千元	上海北山西路四四九弄九号	同上
李文记	李文德	二千五百股	五万元	上海江西路四五二号	卅三四年四月四日
李康年		五千股	十万元	上海南京路中国国货公司	卅三四年四月六日
徐寄安		一千五百六十二股	三万一千三百四十元	上海河南路二五七号	同上
徐世雄		九百三十六股	一万八千九百六十元	上海南京路慈淑大楼三一一号	同上

（续表）

户名	代表人姓名	股数	股款	住址	缴纳股款年月日
利　源	吴柏林	一千三百五十股	二万五千元	上海南京路一六五号	同上
何秀娣		一千三百五十股	二万五千元	上海康定路三八〇号	卅三四年四月三日

中国股票股份有限公司创立会决议录(1944年4月18日)

日　　期　　民国卅三年四月十八日下午三时

地　　点　　上海江西路三一六号本公司

出席股东　　五十一人计二三八七五〇股

上海特别市经济局派代表顾振华先生莅会监督

公推蔡声白先生为主席

一、主席检查出席股东人数及股数，均已足法定数，当即宣布开会

二、主席报告设立经过情形

略谓查本公司创于民国廿九年，其时资本数额微细，对于公司登记未曾加以注意，但自上年上海华商证券交易所复业后，本公司即经呈准实业部核发经纪人登记，实交字第一五二号执照在案，旋以上市流通证券日见加多，所有资金不敷运用，爰经扩充资本总额为国币五百万元，分为二十五万股，每股二十元，一次收足，目下所有股份均经各股东如数以现金分别认缴足额，今后本公司得此项资金运用，营业前途当有厚望，特此报告。

三、订立公司章程案

由主席将公司章程草案逐条宣读，经众讨论略加修改后，一致通过。

四、检查股款案

公推任士刚、王性尧两股东为检查人，依照公司法第一〇三条之规定，检查所收股款，当场提出调查报告书，银行代收股款揭单以及证明书等宣读一遍，众无异议，一致通过。

五、选举董事监察人案

公推徐世雄、王振芳两股东为检票员，陆履安、李文德两股东为唱票员，当场开票，选举结果列后

蔡声白得二一四九一八权　　许冠群得二一四九一八权

郑学诰得二〇七八七六权　　项康原得二〇七一九〇权

方剑阁得二〇一九四七权　　任士刚得一九九五八二权

黄士谦得一九八三二六权　　戴耕莘得一九五七五一权

潘仰尧得一九一三二八权　　王振芳得一八三五〇五权

许晓初得一八〇〇四七权　　顾克民得一七七九二四权

胥仰南得一七四九〇一权　　王性尧得一七二八三八权

唐琼相得一六八六七八权

以上十五人当选为董事

蔡荫乔得八五二三二权　　方国谨得六〇七〇五权

以上二人为候补董事

李康年得二一二四二九权　沈士诚得二〇八七〇三权

郑舜生得一九七五三八权

以上三人当选为监察人

叶子潮得七四九七七权

以上一人为候补监察人

六、散会

主　　　　　　席　　　　蔡声白签印

上海特别市经济局代表　　　　顾振华签印

检查人调查报告书

具调查报告书检察人任士刚、王性尧，兹依照公司法第一〇三条之规定，业已将本公司股款竣事，所获结果报告于次：

一、本公司股份总数二十五万股，确已如数以现金认足

二、本公司资本总额国币五百万元，确已如数以现金认足

三、并无以金钱外之财产抵作股款者

以上各项均系实在并无冒滥情事，鄙人等愿负一切法律上之责任，此致中国股票股份有限公司创立会

检查人　任士刚签印

王性尧签印

中华民国卅三年四月十八日

中国股票股份有限公司发起人姓名经历住址及认股数目清册

姓名	经历	住址	认缴股数目/金额
蔡声白	美亚织绸厂董事长	上海福开南路四号	4万股80万元
徐冠群	新亚药厂董事长	上海新闸路一〇四四号	4万股80万元
郑学诰	大美公司董事	上海江西路三一六号	2万股40万元
项康原	康元制罐厂总经理	上海广东路二四七号	2万股40万元
方剑阁	中国珐琅公司总经理	上海老北门中国珐琅公司	2万股40万元
任士刚	五和织造厂经理	上海广东路三四九号	2万股40万元
黄士谦	新华银行经理	上海江西路三六一号	1万股20万元
戴耕莘	利康织造厂经理	上海康？路二五号	5千股10万元

（续表）

姓名	经历	住址	认缴股数目/金额
潘仰尧	惠工实业公司董事长	上海四川路七六号	1万股20万元
王振芳	浦东银行协理	上海爱多亚路二八四号	5千股10万元
许晓初	中法药房董事长	上海北京路八五一号	1万股20万元
顾克民	新亚药厂经理	上海新闸路一〇四四号	5千股10万元
胥仰南	德大钱庄董事	上海北山东路四五弄四号	5千股10万元
王性尧	中国纸业公司董事	上海江西路三六七号	1万股20万元
唐琼相	合丰企业公司协理	上海江西路四二一号	5千股10万元
李康年	中国国货公司经理	上海南京路三四一号	5千股10万元
沈士诚	永新织造厂副理	上海派克路二六九号	5千股10万元
郑舜生	大陆造纸厂会计主任	上海北京路八五0弄九号	5千股10万元
合计			24万股国币480万元正

中国股票股份有限公司招股简章

一、本公司依照公司法股份有限公司之规定，组织定名为中国股票股份有限公司。

二、本公司专以自行或代客买卖华商股票及其他各种有价证券为营业。

三、本公司设于上海江西路三一六号。

四、本公司资本总额定为国币五百万元分为二十五万股，每股廿元，一次收足，所有股份除已由各发起人认定二十四万股，其余一万股公开招募之。

五、本公司之股票以中华民国国民为限。

六、本公司之公告以登载于上海通行日报或通函为之。

七、本公司设董事十五人，监察人三人，凡执有本公司股份千分之三者，得被选为董事，千分之一者，得被选为监察人。

八、本公司股份认缴期限自即日起至三月十日止。

九、本公司股款委托江西路新华银行代收之，掣给股款临时收据。

十、本公司股息定为周年八厘，自股款缴到之次日起算。

十一、本简章未尽事宜，悉依公司法股份有限公司之规定办理之。

发起人：方剑阁、许晓初、沈士诚、郑学诰、潘仰尧、唐琼相、蔡声白、黄士谦、胥仰南、许冠群、戴耕莘、王性尧、项康原、王振芳、李康年、任士刚、顾克民、郑舜生

上海特别市经济局公司调查报告书(1944年4月)

一、公司名称　中国股票股份有限公司　地址　江西路三一六号

二、来文日期　卅三年四月十日

三、调查日期　卅三年四月十三日

四、调查报告

甲、公司名称地址是否相符　（符）

乙、所营之事业是否相符　（符）

丙、股份总额及每股金额是否相符　（符）

丁、发起人姓名资格是否相符　（符）

戊、申请手续是否合予公司法施行法第二十三条规定　（合）

已、调查意见　　经查大致尚符合，准备案，职顾振华（四月十四日）

五、科长签核　拟照准（四月十四日）

六、局长批示　如拟（四月十七日）

关于九成股票股份有限公司登记问题与该公司、伪实业部的来往文书(1944 年)

九成股票股份有限公司呈上海特别市经济局(1944 年 4 月 29 日)

为改组为股份有限公司仰祈核准备案由

呈为改组股份有限公司，仰祈核准备案事，窃具呈人等集资国币二百万元，分为二万股，每股一百元，一次收足，在上海宁波路四四六弄五号，组设九成股票股份有限公司。专以投资及代客买卖国内各种有价证券为业务，业经呈准实业部注册，领有实更字第柒号经纪人执照在案。兹以所有股份均经全体发起人如数认足，为特遵照公司法施行法第二十三条之规定，备具营业计划书、发起人姓名、经历及认股数目清单，连同经纪人执照影本各二份，备咨之，呈请钧局鉴核，准予备案，实深之感。

谨呈上海特别市经济局

具呈人　九成股票股份有限公司

发起人　经润石、黄立鼎、吴柏年、韩继湘、杨馥馨、吴锡林、陈伯源、王声远、钱桐甫、刘寅生、陈麟书、李奎明、万锦明、何树基、戴茂德、吴剑荣、张效良、王志卿

九成股票股份有限公司营业计划书

资金之效用在生产，生产之机构在实业，但无股票市场为之周转，则企业家无集资之途径，投资人少选择之机缘，此股票事业之所以见重于经济社会也，同仁等鉴此特征，爰有九成股票股份有限公司之组织，集资国币二百万元，专以代客买卖国内各种有价证券为业务，以服务社会为目的，兹拟就营业计划书，藉供众览

甲、资金之来源

股本　国币 2 000 000 元

乙、资金之运用

装修设备、生财家具　　国币 73 000 元

存出保证金　　国币 500 000 元

流动金　　　　　国币 1 427 000 元

共计　　　　　　国币 2 000 000 元

丙、营业收入

买卖佣金　　　　国币 3 800 000 元

交易税　　　　　国币 220 000 元

什项收益　　　　国币 1 414 000 元

全年收入共计　　国币 4 034 000 元

丁、营业支出

佣金　　　　　　国币 1 000 000 元

房租水电　　　　国币 30 000 元

薪津　　　　　　国币 600 000 元

福食　　　　　　国币 500 000 元

捐税　　　　　　国币 1 010 000 元

交易税　　　　　国币 220 000 元

利息　　　　　　国币 500 000 元

票贴　　　　　　国币 300 000 元

文具印刷　　　　国币 300 000 元

邮电　　　　　　国币 5 000 元

广告　　　　　　国币 30 000 元

什费　　　　　　国币 100 000 元

全年支出共计国币 3 695 000 元

收支两抵预计结盈国币 339 000 元

九成股票股份有限公司呈上海特别市经济局函(1944 年 5 月 8 日)

为股款业已缴足呈请派员俯予查验由

呈为呈请派员查验资本事，窃具呈人等依照公司法股份有限公司之规定，在上海宁波路四四六弄五号设立九成股份有限公司，资本总额国币二百万元，分为二万股，每股一百元，一次收足，所有股份均由发起人自行认足，并经依法呈准备案在案，兹以所有股款，共计国币二百万元，业已如数缴齐，复经召集发起人会议通过章程，选任董事、监察人、理合遵照公司法第九十一条之规定，备文呈请钧局派员查验资本，俾便依法声请设立登记，以符法定手续，实为公便，谨呈

上海特别市经济局

具呈人　九成股票股份有限公司

董事　经润石、黄立鼎、吴柏年、韩继湘、杨馥馨、吴锡林、陈伯源、王声远、钱桐甫、刘寅生、陈麟书、李奎明、万锦明、何树基、戴茂德

监察人：吴剑荣、张效良、王志卿

中华民国三年五月

九成股票股份有限公司呈上海特别市经济局函(1944年6月7日)

呈为组设股份有限公司备具文件费税，仰祈鉴核转呈实业部，准予登记给照事。窃商公司设于上海宁波路四四六弄五号，专以投资及代客买卖国内各种有价证券为业务，资本总额国币二百万元，分为二万股，每股一百元，一次收足，所有股份均由发起人认缴足额，曾呈请钧局核准备案暨查验资本各在案。兹特遵照公司法第一〇九条之规定，开具应行登记事项，并依照公司登记规则第二十九条之规定，加具各项附件，随缴登记执照费国币三千元，贴照印花税费四元，备文呈请钧局鉴核转呈实业部准予登记发给执照，实深公感，谨呈

上海特别市经济局

具呈人　九成股票股份有限公司

董事　经润石、黄立鼎、吴柏年、韩继湘、杨馥馨、吴锡林、陈伯源、王声远、钱桐甫、刘寅生、陈麟书、李奎明、万锦明、何树基、戴茂德

监察人：吴剑荣、张效良、王志卿

九成股票股份有限公司章程

第一章　总则

第一条　本公司依照公司法股份有限公司之规定组织之，定名曰“九成股票股份有限公司”，简称“九成股票公司”。

第二条　本公司专以投资及代客买卖国内各种有价证券为业务。

第三条　本公司设总公司于上海，必要时经董事会之议决呈请主管官署核准得在本外埠开设分公司或办事处。

第四条　本公司之公告方法以登载于本公司所在地之著名日报两种或以通信行之。

第二章　股份

第五条　本公司资本总额定为国币二百万元，计分二万股，每股国币一百元，一次缴足。

第六条　本公司股息定为周年一分，于股款缴到之日起算，如无盈余时不得提本作息。

第七条　本公司股东以中华民国人民为限。

第八条　本公司股票为记名式，由董事五人署名盖章加盖本公司图记编号填发。

第九条　股东应将姓名住址报明本公司记入股东名簿，如有以堂名别号或公司团体为户名者，亦应将代表人真实姓名、住址报明本公司。

第十条　股东应将印鉴式样交存本公司，凡领取股息红利或对本公司行使股东权利时，以原存之印鉴为凭。

第十一条　股票或印鉴之图章如有遗失或毁灭时，股东应即书面报告本公司，并将失灭原由自行登报公告三天声明作废，自公告最后之日起，经过二个月而无纠葛发生，得邀同保证人出具保证书送经本公司审核无讹后方得领新股票或更换新印鉴。

第十二条　股东如有转让或赠与等情事移转其股份所有权时，应由授受双方填具声请书，连同原股票送经本公司审核无讹后方得办理过户手续，凡未经过户手续者，本公司仍认原股票署名之股东为股东。

第十三条　股东因股票过户或失灭等情事请领新股票时，本公司得酌收手续费及应贴之印花税费。

第十四条　股东常会开会前一个月内，临时会开会前十五日内，均停止股票过户。

第三章　股东会

第十五条　本公司股东会分常会及临时会两种。

甲、常会　每年总决算后三个月内举行一次由董事会定期召集之。

乙、临时会　遇必要时得依公司法之规定，由董事会召集之。

第十六条　股东会之决议，除公司法另有规定外，应有股东过半数代表股份总额过半数之出席，并以出席股东表决权之过半数同意行之可否，同数时取决于主席。

第十七条　股东之表决权每一股为一权，但一股东而有十一股以上者，其十一股以上之股份以九折计算，零数不满一权者不计。

第十八条　股东因事不能出席股东会议时，得委托其他出席股东为代表，但应具委托书。

第十九条　股东会开会以董事长为主席，董事长因事缺席时，由出席股东于常务董事中推定一人代之。

第二十条　股东会议决事项应作成决议录，由主席签名盖章，连同股东签名簿代表委托书一并保存于本公司，

第四章　董事监察人及职员

第廿一条　本公司设董事十五人，于股份六十股之股东中选任之，监察人三人，于有股份二十股之股东中选任之。

第廿二条　董事组织董事会主持公司业务，设常务董事五人，由董事会互推之，董事长一人由常务董事互推之，常务监察人一人由监察人互推之。

第廿三条　董事任期三年，监察人任期一年，连选均得连任。

第年四条　董事监察人当选后如任期内有缺额时，得各以原选次多数，依次递补，但以补足原任期为限。

第廿五条　董事会每三个月举行一次，必要时由董事长临时召集之，并以董事长为主席，董事长因事缺席时，由常务董事互推一人代之。

第廿六条　董事会之决议应有全体过半数之出席，并以出席董事过半数之同意行之可否，同数时取决于主席。

第廿七条　监察人除依法执行职务外，并得列席董事会陈述意见，但无表决权。

第廿八条　董事会议决事项应作成决议录，由主席签名盖章保存于本公司。

第廿九条　本公司设经理一人，由董事会就董事中推选之，执行董事会议决事项，并综理本公司一切事务，设副经理若干人协助办理本公司事务，由经理推荐，得董事会同意后聘

任之。

第卅条　本公司其他职员由经理任免之。

第五章　决算

第卅一条　本公司营业账目每届国历十二月底决算一次，由董事会造具左列各项表册于股东会开会前三十日交监察人审核副署后，提出于股东会请求追认。

一、营业报告书

二、资产负债表

三、财产目录

四、损益计算书

五、盈余分配案

第卅二条　本公司每届决算，如有盈余先提十分之一为法定公积金，次提应纳国税，再提股息一分，其余依下列百分率分配之。

一、股东红利　百分之六十五

二、董事及监察人酬劳　百分之十

三、经副理及其他职员奖励金　百分之廿五

第六章　附则

第卅三条　本公司各项办事细则由董事会按照本章程主旨拟定之

第卅四条　本章程未尽事宜，悉依公司法股份有限公司之规定办理

第卅五条　本章程经股东会议决，呈请主管官署核准之日起施行，修改时亦同。

九成股票股份有限公司发起人名册

姓名	经历	认股数目	备注
经润石	国信染织厂董事长	1 500 股	
黄立鼎	振源钱庄总经理	1 000 股	
吴柏年	上海市布厂业同业公会理事 上海市布号业同业公会监事	5 050 股	
韩继湘	五源证券公司经理	500 股	
杨馥馨	源泰号经理	1 500 股	
吴锡林	三新实业社董事长	2 050 股	
陈伯源	中国保险公司副经理	500 股	
王声远	鸿盛源号经理	1 000 股	
钱桐甫	晋泰号经理	600 股	
刘寅生	球手雪茄烟厂经理	700 股	
陈麟书	元兴号经理	800 股	
李奎明	四川美丰银行襄理	600 股	

（续表）

姓名	经历	认股数目	备注
万锦明	庆成钱庄襄理	650 股	
何树基	纶华染织厂副经理	950 股	
戴茂德	震丰染织厂经理	700 股	
吴剑荣	丰泰染织厂经理	500 股	
张效良	华业公司经理	500 股	
王志卿	大丰棉布庄经理	500 股	
以上共计 20 000 股			

九成股票股份有限公司股东名册

户名	代表人姓名	股数	金额	已缴金额	缴款日期	取得股份日期	住址
润记	经润石	1 500	150 000 元	缴足	三二・一〇・一五	同上	上海洛阳路九五一号
鼎记	黄立鼎	1 000	100 000 元	缴足	同上	同上	上海沧州路二〇四号
柏记	吴柏年	5 050	505 000 元	缴足	同上	同上	上海宁波路四四六弄五号
湘记	韩继湘	500	50 000 元	缴足	同上	同上	上海北无锡路七十三号
馨记	杨馥馨	1 500	150 000 元	缴足	同上	同上	上海南无锡路二十六号
锡记	吴锡林	2 050	205 000 元	缴足	同上	同上	上海静安寺路静安新村六号
源记	陈伯源	500	50 000 元	缴足	同上	同上	上海北山西路福荫里十二号
钟记	王声远	1 000	100 000 元	缴足	同上	同上	上海九江路四二九号内二五四号
恭记	钱桐甫	600	60 000 元	缴足	同上	同上	上海天津路恒源里五号
祥记	刘寅生	700	70 000 元	缴足	同上	同上	上海山海关路四七〇号
书记	陈麟书	800	80 000 元	缴足	同上	同上	上海新昌路六十一弄三十四号
奎记	李奎明	600	60 000 元	缴足	同上	同上	上海河南路五二一号
锦记	万锦明	650	65 000 元	缴足	同上	同上	上海天津路福绥里十号
健记	何树基	950	95 000 元	缴足	同上	同上	上海宁波路四四六弄五号
德记	戴茂德	700	70 000 元	缴足	同上	同上	上海宁波路四四六弄三号
吴荣记	吴剑荣	500	50 000 元	缴足	同上	同上	上海泰山路泰辰里二十号
效记	张效良	900	90 000 元	缴足	同上	同上	上海宁波路四四六弄五号
志记	王志卿	500	50 000 元	缴足	同上	同上	上海福建路五二一号
以上共计 2 万股 200 万元							

九成股票股份有限公司董事监察人名单

职别	姓名	籍贯	住址
董事长	经润石	浙江上虞	上海洛阳路九五一号
常务董事	黄立鼎	浙江余姚	上海沧州路二〇四号
常务董事	吴柏年	浙江余姚	上海宁波路群益坊五号
常务董事	韩继湘	浙江吴兴	上海北无锡路七十三号
常务董事	杨馥馨	上海市	上海南无锡路二十六号
董事	吴锡林	浙江余姚	上海静安寺路静安新村三号
董事	陈伯源	浙江上虞	上海山西路福荫里
董事	王声远	山东黄县	上海九江路四二九号内二五四号
董事	钱桐甫	江苏吴县	上海天津路恒源里五号
董事	刘寅生	浙江鄞县	上海山海关路四七〇号
董事	陈麟书	浙江鄞县	上海新昌路六十一弄三十四号
董事	李奎明	浙江上虞	上海河南路五二一号
董事	万锦明	江苏吴县	上海天津路福绥里十号
董事	何树基	浙江余姚	上海宁波路四四六弄五号
董事	戴茂德	浙江台州	上海宁波路四四六弄五号
常务监察	吴剑荣	江苏句容	上海泰山路泰辰里二十号
监察人	张效良	浙江平湖	上海宁波路四四六弄五号
监察人	王志卿	江苏无锡	(上)海福建路五二一号

上海特别市经济局批市经二字第二五四一号

具呈人　经润石等，呈一件为九成股票股份有限公司呈请备案由，呈件均悉，准予备案。仰即知照。

此批件存。

局长　徐天深

中华民国三十三年五月四日

上海特别市经济局批市经二字第二七七四号

具呈人　经润石等，呈一件为九成股票股份有限公司股款缴足，请予查验由，呈悉，据称该公司股款缴齐，业经派员查验相符，仰即知照。

此批。

局长　徐天深

中华民国三十三年五月二十四日

上海特别市经济局呈实业部函(1944年8月7日)

案据九成股票股份有限公司董事暨监察人经润石等,呈请设立登记等情,附各项应备件费等,据此,查该公司业经本局核准备案,及派员查验股款各在案,兹据呈请核转登记前来,经核所附各件,尚无不合,除抽存附件备查及依照公司登记规则第十六条之规定,留交办公费五十元外,理合检同原附件各乙份,登记费二千九百五十元,留支办公费收据乙纸,印花税费四元,备文呈请鉴核,准予登记给照,实为公便。

谨呈实业部部长陈

附呈原呈副本、公司章程、股东名簿、营业概算书、登记事项表、董监名单、经纪人执照影本,核准备案批示抄本,验资批示抄本各一份,登记费二千九百五十元,印花税费四元,留支办公费收据乙纸。

全衔局长徐OO

关于大中华股票股份公司申请登记问题与该公司、伪实业部等的来往文书(1944年)

大中华股票股份公司呈上海市经济局(1944年2月28日)

呈为发起组织股份有限公司恳请备案事,窃具呈人等现拟集资国币一百万元,分二万股,每股国币五十元,在上海地方发起设立大中华股票股份有限公司,将原有大中华股票号(执有实业部颁华商证券交易所经纪人执照第一六五号)由合伙改为股份有限公司,专以买卖华商股票兼营内国公债以及其他有关业务,所有股份均由发起人等自行认足,不再向外招募。兹谨遵公司法施行法第二十三条之规定,加具营业计划书、发起人姓名、住址及认股数目清册,备文呈请鉴核,尚乞准予备案以利进行。

谨呈上海市经济局

具呈人:大中华股票股份有限公司全体发起人:李康年、林笙甫、徐志芳、周君贤、刘虎臣、柴秉坤、徐世雄、孙钧安、蒋安康、俞介堂、吴禹仁、王介卿、李鹤年、叶谋豪、盛企勳、林万里

国民政府实业部交易所经纪人执照

牌号:大中华

代表人:林万里

据右开中请人遵章呈请发给上海华商证券交易所经纪人执照到部核与上海华商证券交易所经纪人规则第二条规定资格相符合,给执照以资凭证。

部长　　陈冬慧

兼代商业司司长:陶国贤

中华民国三十二年十一月二十六日

右给大中华代表人林万里收纳

实交字第一六五号

大中华股份有限公司营业计划书

夫证券交易自政府监督以来，渐上轨道，同人等对于经营股票买卖素具心德，爰拟将原有合伙之大中华股票号（执有实业部颁经纪人第一一六五号执照），予以改组为股份有限公司，定名为大中华股票股份有限公司，实收资本国币一百万元，专以买卖华商股票兼营内国公债以及其他有关业务，深信将来业务更可发达，兹将计划开列如下：

一、实收资本国币一百万元，分配用途如下：

1. 交易所保证金　　国币五十万元
2. 房屋生财　　国币十八万元
3. 流动资金　　国币三十二万元

二、营业收入（以一年计算）

1. 代理买卖股票佣金收入　　国币九十万元
2. 理财及投资收入　　国币一〇五万元

每年预计收入　　国币一九五万元

三、营业支出（以一年计算）

1. 薪工　　国币五十六万元
2. 管理费用　　国币二十八万元
3. 财务费用　　国币三十二万元
4. 营业费用　　国币四十五万元

每年预计支出　　国币一六一万元

四、收支相抵每年预计盈余约计　　国币三十四万元

大中华股份有限公司章程

第一章　总则

第一条　本公司依照公司法股份有限公司之规定组织之，定名为大中华股票股份有限公司。

第二条　本公司股东以中华民国国民为限。

第三条　本公司专门代理买卖华商股票兼营内国公债。

第四条　本公司设立于上海。

第五条　本公司之公告以登载于上海之通行日报或通用函行之。

第二章　股份

第六条　本公司资本总额定为国币一百万元，分为二万股，每股国币五十元，一次收足。

第七条　本公司股息定为周息一分，每年于举行股东常会后发给之，但无盈余时，不得提本作息。

第八条　本公司股票概用记名式，由董事五人以上署名盖章并加盖本公司图记发行之。

第九条　本公司股东取得股份时或用堂名别号法团名义为户名者，其代表人均应将其印鉴住所报告本公司存查，遇有变更时亦同。

第十条　股份因买卖赠与或抵押而转让时，应由转让人填具过户书签名盖章，报请本公司核明过户，其因继承关系请求变更户名者，应提出相当证据，本公司认为必要时并得令其觅具妥保。

第十一条　股票污损或欲分合时，得向本公司请求掉换，但污损程度至不易辨识时，本公司得令登报公告或觅具妥保。

第十二条　股票或印鉴遗失或毁灭时，应即以书面报告本公司挂失并登载上海通行日报二种各三日以上，自登报日起。经过两个月无声明异议，经审核无讹者，方得觅具妥保，补领新股票或更换新印鉴。

第十三条　股票过户或补领股票酌收手续费及其应贴之印花税费。

第十四条　股东常会前一个月，临时股东会前十五日内停止股票过户。

第三章　股东会

第十五条　股东会分常会、临时会两种，常会于每年结账后三个月内由董事会召集之，临时会由董事会或监察人认为有必要时或有股份总额二十分之一以上股东，以书面提出理由请求时，由董事会召集之。

第十六条　股东常会应于一个月前，临时会应于十五日前通知各股东。

第十七条　股东会之召集，如股东因事不能出席时，得具委托书签名盖章委托本公司其他股东为代表，但其代表者连其本人所有之表决权至多以全体股东表决权总数五分之一为限。

第十八条　股东会主席由董事长任之，缺席时由股东就董事中公推一人任之，但临时股东会之主席得由出席股东公推股东一人任之。

第十九条　股东表决权每股一权，股东之股份超过十一股者，其超过数均以九折计算，零数不满一权者不计。

第二十条　股东会除公司法有特别规定者外，以股份总数过半数之股东出席，出席股东表决权过半数之同意行之可否，同数时取决于主席。

第四章　董事监察人及职员

第廿一条　本公司设董事十三人，监察人二人，凡本公司之股东均得被选为董事或监察人。

第廿二条　董事任期三年，监察人任期一年，连选均得连任。

第廿三条　董事会设董事长一人，常务董事四人，由董事中互选之，开会时以董事长任主席，如因事缺席时，由常务董事一人任之。

第廿四条　董事会须有过半数董事之出席，以出席董事过半数之同意决议之，董事因事不能出席会议时，得委托出席董事为代表，但没人以代表一人为限。

第廿五条　本公司设经理一人，副经理二人，均由董事会聘任之，其他职员由经理任免之。

第廿六条　经理执行本公司对内对外一切业务，副经理辅佐之，但遇重要事项须经董事会议决。

第五章　会计

第廿七条　本公司以每年一月一日起至十二月底止为一会计年度，每届年终办理总决算一次，董事会应将营业报告书、资产负债表、财产目录、损益计算书及分配盈余案送交监察人查核署名盖章后提出，于股东常会报告各股东。

第廿八条　每年度总决算时，如有盈余先提法定公积十分之一及应缴之税款，次提付股息周息一分，如有盈余按下列各项分配之

一、股东红利　　百分之六十五

二、董事监察人报酬　百分之十

三、经副理及职员酬劳　百分之二十五

第六章　附则

第廿九条　本章程未尽事宜悉照公司法股份有限公司之规定办理之

第三十条　本公司发起人姓名住所列后

李康年　　上海南京路中国国货公司

林笙甫　　上海新闸路慈孝村五号

柴秉坤　　上海虎邱路五洲保险公司

徐世雄　　上海南京路慈淑大楼鸿兴厂

刘虎臣　　上海山东路久安染厂

周君贤　　上海太康路精益皮革公司

叶谋豪　　上海虎邱路国华投资公司

俞介堂　　上海南黄陂路中裕新泰绸庄

吴禹仁　　上海天津路四五一号

王介卿　　上海永康路兴顺南里卅八号

盛企勳　　上海宁波路兴顺里赓裕庄

李鹤年　　上海正阳路森润木行

徐志芳　　上海九江路证券大楼四一五号

孙钧安　　同上

蒋安庸　　同上

林万里　　上海河南路锦兴大楼大华股票号

大中华股票股份有限公司股东名簿

户名	代表人	认缴股份	金额	缴款日期	地址
李康年	李康年	2 000 股	国币 10 万元	1944.2.15	上海南京路中国国货公司
林笙甫	林笙甫	2 000 股	国币 10 万元	1944.2.15	上海新闸路慈孝村 5 号
徐志芳	徐志芳	1 800 股	国币 9 万元	1944.2.15	上海九江路证券大楼
孙钧安	孙钧安	1 400 股	国币 7 万元	1944.2.16	上海九江路证券大楼

（续表）

户名	代表人	认缴股份	金额	缴款日期	地址
蒋安康	蒋安康	800 股	国币 4 万元	1944.2.16	上海九江路证券大楼
柴秉坤	柴秉坤	2 000 股	国币 10 万元	1944.2.16	上海虎邱路五洲公司
徐世雄	徐世雄	1 800 股	国币 9 万元	1944.2.16	上海南京路慈淑大楼
叶谋豪	叶谋豪	600 股	国币 3 万元	1944.2.16	上海虎邱路国华公司
俞介堂	俞介堂	1 000 股	国币 5 万元	1944.2.16	上海南黄陂路中裕新泰
王介卿	王介卿	600 股	国币 3 万元	1944.2.16	上海永康路兴顺南里
吴禹仁	吴禹仁	600 股	国币 3 万元	1944.2.16	上海天津路 451 号
李鹤年	李鹤年	600 股	国币 3 万元	1944.2.17	上海正阳路森润木行
盛企勳	盛企勳	600 股	国币 3 万元	1944.2.17	上海宁波路兴仁里赓裕
刘虎臣	刘虎臣	2 000 股	国币 10 万元	1944.2.17	上海山东路久安染厂
周君贤	周君贤	2 000 股	国币 10 万元	1944.2.17	上海太康路精益公司
林万里	林万里	200 股	国币 1 万元	1944.2.17	上海河南路锦兴大楼
合计		20 000 股	国币 100 万元正		

大中华股票股份有限公司发起人姓名住址经历及认股数目清册

姓名	经历	住址	认股数目
李康年	中国国货公司经理	上海南京路	2 千股计 10 万元
林笙甫	天星糖果公司经理	上海新闸路慈孝村五号	2 千股计 10 万元
徐志芳	中华股票公司经理	上海九江路证券大楼四楼	1 800 股计 9 万元
孙钧安	中华股票公司协理	同上	1 400 股计 7 万元
蒋安康	中华股份公司协理	同上	800 股计 4 万元
柴秉坤	五州保险公司董事长	博物馆路	2 千股计 10 万元
徐世雄	鸿兴织造厂副经理	上海南京路慈淑大楼	1 800 股计 9 万元
叶谋豪	国华工业投资公司协理	上海虎丘路	600 股计 3 万元
俞介堂	裕新泰绸庄经理	上海南黄坡路中	1 000 股计 5 万元
王介卿	徐德股票号经理	上海永康路兴顺南里卅八号	600 股计 3 万元
吴禹仁	宝裕棉布号经理	上海天津路四五一号	600 股计 3 万元
李鹤年	森润木行经理	上海正阳路	600 股计 3 万元
盛企勳	赓裕钱庄副经理	上海宁波路兴仁里	600 股计 3 万元
刘虎臣	久安染织厂经理	上海山东路	2 000 股计 10 万元
周君贤	精益皮革公司经理	上海泰康路	2 000 股计 10 万元
林万里	大华股票号经理	上海河南路锦兴大楼	200 股计 1 万元
共计	股份总数二万股计国币一百万元正		

大中华股票股份有限公司营业概算书

收入项下：

一、代理买卖股票收入　国币九十万元

二、理财及投资收入　（买卖华商股票）　国币一〇五万元

以上共计收入一九五万元

支出项下：

一、薪水　国币五十六万元

二、管理费用　国币二十八万元

三、营业费用　国币四十八万元

四、财务费用　国币三十二万元

以上共计支出国币一六一万元

收支相抵约计盈余国币三十四万元

盈余分配（按照本公司章程第二十八条之规定）

一、法定公积　国币三.四万元

二、所得税　国币三.五五五万元

三、股息　国币十万元

四、股东红利　国币一一.〇七九二五万元

五、董事监察人报酬　国币一.七〇四五万元

六经副理及职员酬劳　国币四.二六一二五万元

大中华股票股份有限公司发起人选任董事监察人名单

本发起人等于民国三十三年二月十八日在本公司筹备处开会，选举董事及监察人，兹将当选人名单及权数列下：

董事

李康年	一六二二五权	林笙甫	一五五二四权
徐志芳	一六三七五权	周君贤	一六二二五权
刘虎臣	一六二二五权	柴秉坤	一四四二四权
徐世雄	一六四〇四权	孙钧安	一六七六四权
蒋安康	一六〇四三权	俞介堂	一六五八四权
王介卿	一五六八四权	叶谋豪	一六七六四权
盛企勳	一六七六四权		

监察人

吴禹仁	一七四八五权	李鹤年	一七四八五权

查全体发起人之表决权依照本公司章程第十九条之规定计算，共为一八〇二六权，上列个人所得权数均过总权数之半，依法应为当选。

发起人会临时主席　李康年

大中华股票股份有限公司登记事项表

公司名称　大中华股票股份有限公司

公司地址　上海九江路证券大楼六楼

所营事业　专门代理买卖华商股票兼营内国公债

资本总额　国币一百万元　　每股金额　每股国币五十元

已缴股款　一次缴足均为现金

公告方式　以登载于上海通行之日报或用通函行之

董事监察人姓名住址及选任年月日

职务	姓名	住址	选任时间
董事	李康年	上海南京路中国国货公司	1944.2.18
	林笙甫	上海新闸路慈孝村五号	1944.2.18
	徐志芳	上海九江路证券大楼四一五号	1944.2.18
	孙钧安	上海九江路证券大楼四一五号	1944.2.18
	蒋安康	上海九江路证券大楼四一五号	1944.2.18
	柴秉坤	上海虎邱路五洲保险公司	1944.2.18
	徐世雄	上海南京路慈淑大楼鸿兴厂	1944.2.18
	叶谋豪	上海虎邱路国华投资公司	1944.2.18
	俞介堂	上海南黄坡路中裕新泰绸庄	1944.2.18
	王介卿	上海永康路兴顺南里 38 号	1944.2.18
	盛企勳	上海宁波路兴仁里赓裕庄	1944.2.18
	刘虎臣	上海山东路久安染厂	1944.2.18
	周春贤	上海太康路精益皮革公司	1944.2.18
监察人	吴禹仁	上海天津路四五一号	1944.2.18
	李鹤年	上海正阳路森润木行	1944.2.18

中华民国三十三年二月十八日

大中华股票股份公司呈上海市经济局(1944年5月)

呈为呈请派员检验股款等项仰祈鉴核事,窃具呈人等现于上海发起设立大中华股份有限公司,所有资本国币一百万元,均由发起人自行认足并经依法呈准钧局备案在卷,现以各发起人已将应缴之股款如数一次缴足,并经召集发起人会议选任具呈人等为董事监察人,理合遵照公司法第九十一条之规定备文呈请钧局派员俯予查核,俾便依法声请设立登记并符法定手续,实为公便,谨呈上海市经济局。

具呈人:大中华股票股份有限公司

董事：李康年　林笙甫、徐志芳、周君贤、刘虎臣、柴秉坤、徐世雄、孙钧安、叶谋豪、盛企勳、俞介堂、王介卿、蒋安康

监察人：吴禹仁、李鹤年

地址：上海九江路四二九号四楼

大中华股票股份公司呈上海市经济局(1944年5月10日)

呈为设立公司依法申请登记事，窃具呈人等集资国币一百万元，在上海地方发起设立大中华股票股份有限公司(执有实业部颁华商证券交易所经纪人执照第一六五号)，专以买卖华商股票为业务兼营内国公债以及其他有关业务，业经呈准钧局备案，并由钧局派员查验股款无误各在案，兹以设立公司各项程序现已完竣，特依法将应行登记各事项及各项应备文件随缴执照费国币一千八百七十五元，印花税费国币四元，备文呈请钧局鉴核转呈实业部早日核颁登记执照，实为公便，谨呈上海特别市经济局

具呈人：大中华股票股份有限公司

董事：李康年　林笙甫、徐志芳、周君贤、刘虎臣、柴秉坤、徐世雄、孙钧安、叶谋豪、盛企勋、俞介堂、王介卿、蒋安康、

监察人：吴禹仁、李鹤年

关于万利证券商行股份有限公司申请登记问题与该公司、伪实业部的来往文书(1944年)

万利证券商行股份有限公司发起人会决议录(1944年5月10日)

日期　民国三十三年五月十日下午二时

地点　本公司

出席　到股东一百二十二户

主席　公推沈西生君为主席

记录　周振翰君

甲　报告事项

一、主席报告，略称今日到会股东一百二十二户，共计三十九万四千股，核计三五四七二二权，均足法定数，可以开会，报告筹备经过从略。

乙　讨论事项

一、订立公司章程案

决议　由发起人李廷栋君宣读章程草案，计八章三十条，经股东略加修正通过。

二、选举董事七人及监察人三人

票选结果

沈西生得三三七五三〇权

梁信民得三二六七一八权

金祝君得三一六四五〇权
钱竹平得三〇四五七九权
李廷栋得二九四一二四权
王守如得二八六〇二九权
应行久得二三〇〇二〇权
当选为董事
何兆麟得二九九六一八权
徐耀梁得二七六四八二权
王德全得二九九六六九权
当选为监察人
三、依照公司法第一〇三条之规定检查股款案
决议 推股东王德全及何兆麟君为检查人，检查股款，通过。
丙 散会

主席 沈西生

万利证券商行股份有限公司营业计划书（以国币为单位）

实收资本国币四百万元支配用途如下：
房屋生财 国币伍拾万元
各项保证金 国币壹佰万元
流动资本 国币贰佰伍拾万元
共计肆佰万元
全年营业收入
各项手续费 国币贰拾肆万元
各项利息 国币伍拾万元
全年营业支出
房租水电 国币陆拾万元
薪工伙食 国币拾贰万元
各项开支 国币陆万元
全年约计盈余国币伍拾万元

万利证券商行股份有限公司发起人姓名经历住址及认股数清单

姓名	经历	住址	认股数目	
			股数	股款
沈西生	前汉口银行公会会长 汉口大陆银行经理	上海察哈尔路二三一号	陆万股	陆拾万元
钱竹平	万寿酒楼常务董事	上海巨鹿路八二〇弄二十一号	四万股	肆拾万元

(续表)

姓名	经历	住址	认股数目	
			股数	股款
王守如	双龙橡胶厂经理	上海新闸路安宜坊九号	四万股	肆拾万元
李廷栋	前天一贸易公司经理	上海薛华立路一〇三弄四十五号	四万股	肆拾万元
梁信民	生亚化妆品厂经理	上海新昌路九十七弄四十五号	五万股	伍拾万元
周和甫	公益五金号经理	上海巨鹿路三〇七弄二号	四万股	肆拾万元
金祝君	苏淮商业银行监察	上海江苏路月柳八十六号	五万股	伍拾万元
沈叔未	前复兴银行总管理处秘书	上海察哈尔路二三一号	四万股	肆拾万元
赵濂生	前新生工业社经理	上海康脑脱路六二七弄六十八号	四万股	肆拾万元

共计四十万股共计国币肆佰万元

上海特别市经济局签呈(1944年5月17日)

奉派调查万利证券商行股份有限公司备案由,经与该负责人接洽,所陈各情尚属相符,拟请准予备案。

职:许建基谨呈　五月十七日

上海特别市经济局批(1944年5月17日)

具呈人沈西生等,呈一件为万利证券商行股份有限公司请予备案由,呈件均悉,准予备案,仰即知照。

此批件存。

万利证券商行股份有限公司章程

第一章　总则

第一条　本公司遵照公司法股份有限公司之规定组织之,定名为万利证券商行股份有限公司。

第二条　本公司设总公司于上海。

第三条　本公司公告登载上海通行日报或通函为之。

第二章　营业

第四条　本公司以经营证券买卖及其他有关之事业为业务。

第三章　股份

第五条　本公司资本总额定为国币肆佰万元,分为肆拾万股,每股拾元,一次收足。

第六条　本公司股东以中华民国国民为限。

第七条　本公司股票为记名式,由董事五人署名盖章编号填发。

第八条　本公司股票如以法人堂记记名者,股东应将其代表人姓名、住址报告本公司,变更时亦同，如数人同有者应指定一人为代表。

第九条 股东应将其印鉴式样送交本公司存证，凡领取红利及与本公司有用书面事件概以此印鉴为凭，嗣后有变更时亦须函告本公司。

第十条 股票如有遗失毁灭之事，股东应即函告本公司，并与公司所在地及失事地点自在新闻纸登载通告，经过两个月如无纠葛发生，始得邀保证人出具保证书向本公司补取新股票。

第十一条 凡换取过户或补发股票，每次酌收手续费，其各项规则由董事会另定之。

第十二条 每届股东常会前三十日，临时会前十五日内股票停止过户。

第四章 股东会

第十三条 本公司股东会分常会临时会两种

一、常会于每届总决算后三个月内由董事会召集之。

二、临时会遇必要时依公司法之规定召集之。

第十四条 本公司股东每股有一表决权，一股东而有十一股以上者，自十一股起以九折计算，奇零之数不计。

第十五条 股东得委托本公司其他股东代表出席股东会议，但应出具委托书。

第十六条 股东会决议应由股份总数过半数者之出席，以出席表决权之过半数行之。

第十七条 股东开会以董事长为主席，董事长有事不能出席时，由常务董事代之。

第五章 董事及监察人

第十八条 本公司设董事七人由股东会于持有本公司股份壹仟股以上之股东中选任之，设监察人三人，于持有本公司股份五百股以上之股东中选任之。

第十九条 董事任期三年，监察人任期一年，连选均得连任。

第二十条 董事组织董事会，主持公司业务方针，并互推一人为董事长，二人为常务董事。

第二十一条 董事开会以董事长为主席，董事长有事不能出席时由常务董事代之。

第二十二条 董事开会以董事过半数出席行之，其决议以出席董事过半数行之可否，同数时取决于主席。

第二十三条 监察人除依法行使其监察职权外，得列席董事会议，并得陈述意见但无表决权。

第二十四条 董事常会每月举行一次，临时会遇必要时由董事长召集之。

第六章 职员

第二十五条 本公司设总经理一人，协理二人，经理一人，由董事会聘任之，副经理二人，由总经理推荐于董事会，任用之其他职员由总经理任免之。

第七章 会计

第二十六条 本公司账目均需日清月结，每年六月底办理半年决算，十二月底为总决算期。应由董事会造具左列各项表册经监察人查核提交股东会请求承认。

一、营业报告书

二、资产负债表

三、财产目录

四、损益计算书

五、公积金及红利分派之议案

第二十七条　本公司每届决算所得纯益先提十分之一为公积金，次提应缴之所得税，其余为红利按一百份分派股东得七十份，董事、监察人、总经理及其以下全部办事人员合得三十份由董事会分配之。

第八章　附则

第二十八条　本公司印鉴只供公司事务之使用，概不得擅自使用为担保等情。

第二十九条　本章程未尽事宜悉遵公司法及关系各法令办理。

第三十条　　本章程自经股东会议决呈请主管官署核准之日实行，修改时亦同。

国民政府实业部交易所经纪人执照

牌　号　万利证券商行

代表人　钱竹平

据右开申请人遵章呈请，发给上海华商证券交易所经纪人执照到部，核与上海华商证券交易所经纪人登记规则第二条规定资格相符合，给执照以资认证。

部长　陈冬慧

商业司司长　陶国贤

中华民国三十三年四月十七日

(二) 战时上海华商证券经纪人及其公会

商民俞明时等为拟组织上海华商股票业同业公会发起人呈伪上海特别市政府文(1942 年 7 月 25 日)

呈为呈请备案事，窃商等向系经营代客买卖华商股票现货为业务，其职责在协助工商企业之发展，引导游资入于正途，有关社会经济至巨，滋为谋业务上之统一，拟发起组织上海市华商股票业同业公会，曾经发起人同业十九家代表(发起人履历表附呈)召集讨论当推选商等七人为筹备委员，除已分别呈报上海特别市社会运动指导委员会及上海公共租界工部局备案外，谨遵“修正人民团体组织方案”之规定，特缮具发起人履历表一纸，备文呈请均府鉴核仰祈。准予备案以利进行，实为公便，谨呈上海特别市市政府

具呈人：俞明时、张孝贤、徐寄安、郑学诰、郑家驹、姚兆瑭、王瀛生

附表：发起人略历表

团体名称：上海市华商股票业同业公会　会址：九江路四二九号证券大楼六一三号

姓名	性别	年龄	籍贯	学历	经历	现在职业及其地位	住址或通讯处
俞明时	男	36	浙江			兴业股票公司经理	九江路证券大楼二十二号
郑家驹	男	37	广东			长城股票公司经理	宁波路四十七号
张孝贤	男	26	浙江			永昌股票公司副经理	九江路证券大楼二四五号
徐寄安	男	37	浙江			中华股票公司经理	九江路证券大楼三四四号
郑学诰	男	32	浙江			中国股票公司经理	江西路三一六号
王瀛生	男	37	浙江			五丰股票公司总经理	北无锡路七十三号
姚兆瑭	男	31	江苏			新丰股票公司经理	中央路二十四号
袁汉良	男	47	浙江			贸大股票公司经理	九江路证券大楼一号
王椒升	男	41	浙江			众益股票公司协理	北京路二七〇号
张实甫	男	42	浙江			永安股票公司经理	北京路二六六号二楼七五号
朱铁群	男	34	浙江			新孚股票公司经理	九江路一一三号三〇八号
臧绩人	男	28	江苏			大生股票公司经理	北京路五二二号
王雨亭	男	50	江苏			福康股票公司经理	九江路二五〇号
周伦棣	男	37	浙江			华商股票公司经理	中央路二十四号
王敦夫	男	38	浙江			上海股票公司经理	汉口路四四一号三二四号
方善枢	男	36	浙江			东方股票公司经理	中汇大楼六〇七号
孙文垦	男	26	浙江			亚洲股票公司经理	外滩汇丰大楼三〇一号
胡静秋	男	39	浙江			国华股票公司经理	中央路二十四号
胡可煃	男	30	浙江			南洋股票公司经理	江西路二四六号

团体名称：上海市华商股票业同业公会，会址：九江路四二九号证券大楼八楼六一三号

伪上海特别市社会运动委员会呈伪上海特别市政府文（1942年9月3日）

案奉钧府训令沪市三字第一〇一九八号内开：

“据商民俞明时等呈称：窃商等经营代客买卖华商股票现货为业务，其职责在协助工商企业之发展，引导游资入于正途，有关社会经济至巨，兹为谋业务上之统一，拟发起组织上海市华商股票业同业公会，曾经发起人同业十九家（发起人略利表附呈），召集讨论当推选商等七人为筹备委员，除已分别呈报上海特别市社会运动指导委员会及上海公共租界工部局备案外，谨遵《修正人民团体组织方案》之规定，特缮具发起人略历表一纸，备文呈请钧府鉴核，仰祈准予备案以利进行，实为公便等情。附发起人略历表一纸，前来，查该商民等发起组织该公会，是否合法，合行抄发原附件，令仰该局祥差具复，以凭核夺，此令。”等因；计抄发该略历表一纸，

奉此，遵即派员前往调查，据报略称：“经查各该商号均系经营政府注册之股票为业务，而以买卖现货为范围，该会发起人咸属各该商号之经理或协理，公会组织亦属需要，除面饬遵照

人民团体组织方案办理外，合将调查经过具报”等情，据此，理合据情呈复，仰祈鉴核。谨呈市长陈。

社会局局长凌宪文　中华民国三十一年八月十日

上海特别市社会运动指导委员会密函伪实业部(1942年10月5日)

华商股票业同业公会组织与暂停进行之经过

一、本年七月二十四日据俞明时、郑学浩、徐寄安、郑家驹、张孝贤、王瀛生、姚兆瑭等申请组织上海特别市华商股票业同业公会，经派叶允平调查，查得该业以代客买卖华商股票为业务，以现货为范围，组织公会，为稳定市价，防止投机，宗旨纯正，拟准组织等语。

二、八月一日又据张德钦、金诵甘、诸尚一、毛家华、俞建甫、杨志千、张益林等申请组织上海特别市证券业同业公会，经派朱祖谟查报，查得各发起人所经营之业务均以代客买卖华商股票为大宗，性质完全与俞明时等申请组织之华商股票业相同，拟令双方合并组织等语。

三、以上二案经于八月十四日与社会局等第七次联络会议决，决定合并组织，并派俞明时、张德钦、郑学浩、王瀛生、郑家驹、张孝贤、姚兆瑭、诸尚一、金诵甘等九人为筹备员，指定俞明时为第一次筹备会召集人，名称准用华商股票业同业公会，许可证书准予颁发。

四、八月二十五日据俞明时呈，为遵示于二十七日下午三时假冠生园召集筹备会，请派员出席，经派叶允平出席指导，当推定俞明时为筹备主任。

五、九月一日呈报筹备原略历表及筹备会印模，经派朱祖谟审核，尚无不合，准予备案。

六、九月十九日呈报筹备完竣，定于二十三日假新都饭店开成立大会，请派员出席，旋于二十二日晤兴亚院财务官小原、书记官花水，以日本军当局竭力取缔投机，此项组织足以燎起投机之风，当答以公会组织与市场截无关系，如金、纱布等业均组有公会，而仍遵当局意旨未组市场，是其明证，詎小原财务官仍以暂停进行为请，并谓实业部颁布之管理股票商条例，日本方面意见正由大使馆提出与实业部交涉中，以是于二十二日下午令饬暂停进行，惟迄今已达一旬，究应如何办理之处，应请鉴核只遵。

上海特别市社会运动指导委员会

汪伪国民政府实业部咨伪上海特别市政府文(1942年10月13日)

据沪市证券业同业公会呈请撤销另一同样公会，蒙请颁发之许可证暨该会另文呈请重行备案二案咨请查照并案核办见复由

拟办：查该证券业公会所呈，纯属新老组织纠纷，拟令市社运会查明，妥为处理，使其合并组织具报，再凭核后实业部，当否请示。

国民政府实业部咨商字第五二七号

案据上海特别市证券业同业公会主席委员张文焕等呈称：

“呈为声明事实，请求撤销矇请颁发之许可证事，窃敝公会成立在民国十八年，早向上海市

商会登记，手续完备，有案可稽。自民国二十六年事变后，因战事关系，会务停顿，本年上海特别市商会成立，敝公会随自八月起恢复会晤，即于同月十五日呈报该整委会奉函复准予入会，候另发登记证等由各在案，敝公会因已在静候该整委会颁发登记证，为避免分歧计，故未向钧部另案呈报，詎料此时忽有所谓上海特别市华商股票业同业公会筹备处及上海特别市证券业同业公会筹备处者先后成立，登报号召，自称已向上海特别市社会运动指导委员领到许可证云云，然依照敝公会会章，会员包括专营及兼营买卖股票、公债票及各项有价证券之公司商号，范围极广，遍询同业各会员，咸称并不知情，更无加入其他类似之组织，而工商同业公会在同一区域内，一业以一会为限，又为工商同业公会法第五条所明文规定，敝公会成立在先，该华商股票业同业公会筹备处及证券业同业公会筹备处性质与敝公会雷同，自无许其重复设立之理，矧该会等既非敝公会会员所组织，显系别有用心，意图假用名义而损碍敝公会之既得权益，况当局正在严令制止非法投机之际，岂容蒙请设立，为特据实陈明，仰请钧部转咨上海特别市社会运动指导委员会迅予撤销上海特别市华商股票业公会筹备处及上海特别市证券业同业公会筹备处所领之许可证，并制止其非法活动，至为德便。”

又据该会令案呈称：

“呈为原有同业公会申请重行备案事，溯自民国八年华商证券交易所成立以后，凡我华商证券股票同业为谋促进业务，矫正营业上敝害，并适应环境需要起见，乃于民国十八年六月依法组织上海市证券业同业公会，节经呈报前社会局备案，暨加入上海市商会为会员各在案，自我国府还都以来，对于各种人民团体各部会管理权之划分，业经订立原则(见中华日报本年八月三十一日专电)，属会理合检同章程、商会会员证书(影本)及职员名单等件具文申请钧部重行备案，仰祈赐准批示，俾资遵循，实为公便。”各等情，并附会章两份，职员名单两纸，上海市商会会员证书影印本两帧，据此，查工商同业公会法第五条规定，在同一区域内同业设立公会只以一会为限，来呈所称是否属实，除以“呈悉，候转咨上海市政府饬查核办，所请备案亦应查照工商同业公会第三条及该法施行细则第八条规定，呈由市政府核准转部，业经检同该会原呈会章及职员名单等件，咨送上海市政府并案核办，仰候市府示遵可也”等语，批示该会知照外，相应检同原附件，并案咨请查照核办，并见复为荷。

此咨上海特别市政府

部长　梅思平

上海特别市证券业同业公会重要职员名单

姓名	性别	年龄	籍贯	现任本会职务	职业及其地位	通讯处
张文焕	男	54	嘉兴	主席委员	证券交易所理事长	汉口路四二二号
姚荫鹏	男	53	吴县	常务委员	前任证券交易所理事	同上
孔颂馨	男	50	慈谿	同上	证券交易所监察人	同上
周午三	男	50	海宁	同上	证券交易所经纪人	同上
陈永青	男	51	馀姚	同上	前证券交易所理事	同上

（续表）

姓名	性别	年龄	籍贯	现任本会职务	职业及其地位	通讯处
富渭元	男	59	萧山	执行委员	证券交易所经纪人	同上
沈长赓	男	48	吴县	同上	证券交易所常务理事	同上
朱达君	男	42	硖石	同上	证券交易所经纪人公会会长	同上
鲍梅舫	男	51	鄞县	同上	证券交易所经纪人	同上
邹驾白	男	48	崇明	同上	证券交易所理事	同上
裘良圭	男	49	慈谿	同上	证券交易所经纪人	同上
张拜言	男	52	嘉定	同上	同上	同上
胡柏年	男	54	绍兴	同上	同上	同上
朱鼎彝	男	43	吴县	同上	同上	同上
王本滋	男	56	慈谿	同上	证券交易所监察人	同上
彭杏生	男	51	鄞县	监察委员	同上	同上
刘韫番	男	48	吴县	同上	证券交易所经纪人	同上
莫杏林	男	50	德清	同上	前证券交易所理事	同上

上海商会会员代表证第一七七号

会员上海市证券业同业公会依法加入本会，除照章发给商字第八十三号会员证书外，并按照发给会员证书规则第八条之规定，其代表人应另行由本会发给会员代表证以资凭证，兹将该执证人之简明履历开列于后：

姓　　名　张文焕

年　　龄　四十七岁

籍　　贯　嘉兴

职业商号　华商证券

右给会员代表张文焕君存执

中华民国二十五年七月给

上海市证券业同业公会章程

第一章　总则

第一条　本公会系上海华商经营证券业务之公司商号所组织，定名曰上海市证券业同业公会，简称上海证券业公会，设事务所于上海汉口路证券里。

第二条　本公会之宗旨如左

一、联合在会同业研究业务及经济事项

二、提倡互助，促进证券业务之发达

三、矫正营业上之弊害

四、调查国内外发行之政府公债、地方公债及公司债、公司股票，本公会依照部颁工商同业公会规则第六条之规定，不以本公会名义而为营利事业

第二章　会员

第三条　凡在上海华商证券交易所充当经纪人之公司商号皆为本公会会员。

第四条　有左列资格之一者得加入本会为会员

一、专营买卖股票、公债票及各项有价证券之公司商号

二、兼营买卖股票、公债票及各项有价证券之公司、商号而特设证券部者

三、现充或曾充证券交易所之理事、监察或经纪人，资望素孚，能为同业谋利者。

具有前项各款资格而欲入会者，须经会员二人以上之介绍，并须填具愿书送请本会审查通过，并照章缴费后方得为本公会会员。

第五条　凡入会之公司或商号应推定一人为代表，行使会员之权利，其代表人以有权代表各该公司商号之重要职员充之。

第六条　每一会员有一选举权及被选举权。

第七条　会员如有左列事项之一时，即丧失会员之资格，失去应享本公会一切权利

一、依第四条入会之会员，请求退会时

二、个人或代表之公司商号受破产之宣告时

三、受法律处分褫夺公权时

四、被本公会开除时

前项第二款、第三款之情形如系公司商号之代表，得由该公司商号撤换之

第八条　开除会员限于左列事项，并须经会员三分之二以上之决议

一、不缴入会费或常年费时

二、有不正当行为及有妨害本公会之名誉时

三、违背本公会宗旨经劝告无效时

第三章　职员

第九条　本公会设执行会员十五人，执行本公会一切事务。

第十条　本公会设常务委员五人，办理寻常会务，由执行会员互选之，再由常务委员互推主席委员一人为本公会对外代表。

第十一条　执行会员之任期定为三年，每年改选三分之一，但再被选者仍得连任，其头二次应改选之，委员以抽签定之

第十二条　执行委员均为义务职。

第十三条　本公会酌设事务员若干人，承执行委员之命办理会务，其任免由执行委员会行之。

第四章　会议

第十四条　本公会会议分为左列二种

一、常会，每年二次，于三月及九月由执行委员会召集之。

二、临时会，由执行委员认为必要时或由会员十人以上之连署，将会议目的通告执行委员会，要求开会时召集之

第十五条　会员大会，须有会员二分之一以上出席方可开会，经出席会员三分之二以上之同意方可决议。

第十六条　会议事项与会员本身有关系时，该会员无表决权，如经执行委员认为有退席之必要时，得通知该会员随时退席。

第十七条　会员大会之决议事项应载名议事录，由主席及列席会员二人签名后存于会所，各会员于办公时间内得索阅议事录各项案卷及账簿，但不得携出。

第五章　会费

第十八条　凡为本公会之会员及续经本公会承认入会之会员，均有担负本章程所定会费之义务

第十九条　会费分为二种

一、入会费，每会员五十元，于入会时一次缴纳，此款汇集为本公会基金，非经会员会议决不得动用

二、常年费，每员每月缴纳2元，为本公会经费，由执行委员编制预算决算，于大会时报告之。

第六章　附则

第二十条　　本公会办事规则由执行委员会议订之。

第二十一条　本公会内得附设证券业同人俱乐部，其细则另订之

第二十二条　本章程如有未尽事宜，悉照部颁工商同业公会章程办理之。

伪上海特别市政府令伪上海特别市社会运动指导委员会(1942年11月2日)

令本市社会运动指导委员会案查

为准实业部咨请转饬查明本市证券业同业公会新、旧组织纠纷情形，令仰妥为处理，使其合并组织，具报备核一案，迄已多时，未□呈复□来，合函令催克日办理，仰具复凭奇。

此令　市长　陈□□

伪上海特别市社会运动指导委员会呈伪上海市政府文(1942年12月14日)

案奉均府训令沪市三字第一四六七二号略开：

“为准实业部咨开：据上海特别市证券业同业公会主席张文焕等呈称：为呈报恢复会务并呈经上海市商会准予入会经过，及声请撤销本市华商股票业同业公会暨证券业同业公会，蒙请上海特别市社会运动指导委员会颁发之许可证书并停止活动。又据该张文焕等呈送会章及商会会员证书(影本)、职员名单，重行申请备案各等情，除批复外，相应检同原附件，并请查照核办见复等由，并据该同业公会主席张文焕等先后呈同前情到府，据查该同业公会所呈各节，纯属新旧组织纠纷，似可予以合并组织，俾免分歧合，亟令仰该会查明实情，妥为处理，并将办

理情形具报备核，此令。”等因；并附证券业同业公会会章、职员名单及证书影本各一件下会，奉此，遵查本案，前据本市商民朱宗培等申请组织“上海特别市证券业同业公会”，曾由本会派员查明，该业以买卖统一公债为主要业务，当经呈请，行政院社会运动指导委员会转咨征询意见，并经本会派员详查，确属需要，当批复朱宗培等准予组织，并呈复社会运动指导委员会各在案。嗣复迭据本市商民俞明时等及张德钦等先后申请组织“上海特别市华商股票业同业公会”及“上海特别市证券业同业公会”，据经分别派员查明各该发起人等所营业务，均以经营华商股票为主要业务，业务性质既同，自应合并组织，经由本会核定双方合并筹组，并确定会名为“上海特别市华商股票业同业公会”，并委派俞明时、张德钦等九人为该会筹备员，负责筹备。曾于九月三日呈报，均府鉴核在案。旋于同月二十二日，准财务当局通知，“‘股票’、‘证券’等，关系金融非细，应统筹办理”等语，因即分饬该华商“股票”、“证券”两筹备会暂缓进行去后，复据前上海市证券业同业公会主持人张文焕等呈报“恢复会务，请求撤销蒙组织本市‘华商股票业’及‘证券业’两同业公会”等情，亦经饬该张文焕等停止活动各在案。奉令前因，理合将办理本案经过，备文呈复，至应否召集合并组织之处，仰祈鉴核示遵，实为公便。谨呈上海特别市政府。

上海特别市社会运动指导委员会主任委员孙鸣岐

民国三十一年十二月十二日

汪伪国民政府行政院实业部咨上海市政府文(1943 年 1 月 12 日)

国民政府行政院实业部咨商字第二十号案准贵府沪市三字一六五五六号咨：

据本市社会运动指导委员会呈报处理“上海特别市证券业同业公会”、“上海特别市华商股票业同业公会”组设经过情形，及应否召集该两同业公会合并组织一案，咨请查照核办等由。准此，查各该同业公会关系各项股票、证券之买卖，在“恢复众业公所”一案未经解决以前，自应暂缓进行，准咨前由，相应复请查照为荷。此咨，上海特别市政府

部长：梅思平

日伪上海特别市经济局呈伪市政府文(1943 年 7 月 12 日)

案据中央信托股份有限公司许建屏等呈称：

“窃查华商股票业商自经钧局颁照营业后，尚无任何集体组织为谋齐一步骤，增进同业福利协助政府实行经济政策计，谨由全体业商自动联合，依照现行条例请求准予进行组织华商股票业同业公会，伏乞鉴核批示实为公便”等情。据此，查本局前经遵照奉颁取缔上海股票业商买卖华商公司股票暂行规定第二条规定，先后核准该中央信托股份有限公司等股票业商三十五家，并经分批造具名册报请钧府转咨实业部备查各在案。兹据呈请组织华商股票业商业公会前来，核与奉颁工商同抄录原呈：

窃查华商股票业商自经钧局颁照营业后，尚无任何集体组织为谋齐一步骤，增进同业福利，协助政府应行经济政策计，谨由全体业商自动联合，依照现行条例请求准予进行组织华商

股票业同业公会，伏乞鉴核批示实为公便，谨呈上海特别市经济局。

具呈人：中央信托股份有限公司、恒泰股票号、中华股票股份有限公司、昌明号、费筱记、久大企业公司、汇利号、华中股票商行、万兴股票号、亚洲股票号、昌兴号、环球企业公司证券部、新丰股票行、新昌股票行、大信企业公司、大华股票号、大公股票公司、新孚股票公司、五福股票公司、五丰股票公司、益丰号、承德行、长城股票股份有限公司、永昌号、国泰股票股份有限公司、宝丰华行、凯诚股票号、存德股票号、庆丰股票股份有限公司、通易信托股份有限公司、中国股票股份有限公司、三乐实业公司股票部、兆元股票号、兴业股票号、华商股票号

[经查与]同业公会暂行条例规定尚符，惟究应如何办理之处，本局未敢擅专，除分呈实业部核示，并批饬知照外，理合据情具文呈请，鉴核示遵。谨呈市长陈。

经济局局长　王志刚

中华民国三十二年七月十二日

伪上海市政府批示（1943 年 7 月 12 日）

查前收实业部咨，以上海华商证券交易所股份有限公司已饬即日筹备复业，所有取缔上海股票业商买卖华商公司股票暂行规则应明令废止等由，经令行经济局知照，嗣后本市中央信托股份有限公司许建屏等三十一家股票商号联名呈请华商证券交易所复业，股票业尽被剥削，请予救济等情，益经咨请实业、财政两部，查核见复各在案。本件既援迳定拟指令核示办理当否请示。

国民政府行政院实业部咨上海特别市政府（1943 年 9 月 15 日）

国民政府行政院实业部咨，商字九三七号

案查上海华商证券交易所行将复业，前往呈报行政院有案，所有该所经纪人领照手续，亟应规定办法，以资遵循，兹拟定上海华商证券交易所经纪人登记规则共计九条，以为办理之依据，除由部于九月十一日公布施行暨呈咨令行外，相应检附该项登记规则一份，咨请查照为荷！

此咨

上海市特别政府

部长：梅思平

计附送：上海华商证券经纪人登记规则一份

上海华商证券交易所经纪人规则（实业部令公布，1943 年 9 月 7 日）

第一条，凡欲为上海华商证券交易所经纪人者，应由交易所转呈实业部核准发给执照。

第二条，凡合于交易所法第 11 条之规定，并具有资本实收总额在国币一百万元以上者，始

得申请为经纪人。

第三条，合于前条规定资格之人民或公司商号呈请登记时，应填具申请书、登记事项表、资本证明文件及代表人商业履历书及其证明文件，并缴纳执照费国币一千元、印花税四元

第四条，经纪人经实业部审查合格者，分别发给执照，不合格者，原送件费发还。

第五条，实业部置经纪人登记簿于核发执照时，将名称、组织、资本、地址、代表人经历及执照号数等项分别登记

第六条，交易所置经纪人登记簿记载左列事项

一、前条所载事项

二、开始业务年月日

三、登录事项之变更

四、停止执行业务之原因及年限

五、曾否受惩戒

第七条，经纪人领到执照开始执行业务前，应具申请书登录事项表申请交易所登录，并缴存保证金五十万元以现金与代用证券各半缴纳，由交易所收交实业部指定之银行保管，并由保管银行给予存证。

第八条，经纪人佣金章程由交易所拟具呈请实业部核定之。

第九条，本规则自公布日施行。

中华民国三十二年九月十三日

(三) 抗战胜利后上海证券交易所经纪人及其公会

上海市证券交易市场筹备委员会规定及审查经纪人资格小组委员会第一次会议录(1946年6月11日)

上海市证券交易市场筹备委员会规定及审查经纪人资格小组委员会第一次会议讨论事项(经初度修正)

(一) 经纪人名额　　不超过三百名

(二) 经纪人营业范围　经纪人得买卖交易所市审定之债券及股票，并得就债券股票中选择其一或兼营之

(三) 经纪人资格

甲、中华民国人民具有左列资格者

一、年满二十岁以上者

二、高级中学毕业或有同等学力

三、曾经经营或管理证券投资业务

四、须有银行、钱庄、信托公司或大公司厂商二家之推荐

五、所有财产须在五千万元以上

乙、中华民国法人具有左列资格者

一、银行、钱庄、信托公司投资或企业公司曾经合法登记注册并在本区域内营业四年以上

二、投资或企业公司如属股份有限公司或有限公司其资本须在一万万元以上，如属无限公司，两合公司或股份两合公司其资本须在五千万元以上

三、法人经纪人之代表(以有中华民国籍者为限)并须有甲项第一二三四款之资格

四、合伙组织之证券字号资本须在五千万元以上，其代表人准用本项三款之规定

丙、凡证券公司或向营证券业务之外商，公司依法登记，取得中国法人资格者，得申请为经纪人，其在交易所开达以前，尚未取得法人资格者，得酌量情形准许为临时经纪人，限于六个月内，依法取得中国法人资格逾期即撤销之。

丁、凡有左列情事之一者不得为经纪人

一、无行为能力者

二、受破产之宣告者

三、褫夺公权尚未复权者

四、处一年以上之徒刑在执行完毕或赦免后免役未满五年者

五、依交易所法第四十六条至第五十三条之规定被处刑罚在执行完毕或赦免后未满五年者

六、在交易所受除名处分后未满五年者

(四) 经纪人不得兼营

经纪人不得兼营同类业务，并不得为他经纪人之董事无限责任股东或合伙人

(二) 经纪人不得转让

经纪人不得转让，如无意营业时应申请废业。

(三) 申请及审查手续

甲、凡欲为经纪人者，须填具本会定式之经纪人申请书及其商事履历书连同证明文件等送交本会审查。

乙、本会收受经纪人申请书截止后，应于两星期内审查完毕通知申请人。

丙、经纪人申请书经审查合格后应由申请人于一星期内将经纪人身份保证金如数缴清，同时由本会呈报财经两部核准注册请发营业执照。

经纪人身份保证金分债券股票二种，每种暂定为五千万元其百分之四十须缴纳现款，其余百分之六十得以有价证券或房地产代用之，但房地产不得超过百分之三十。

丁、凡申请人经审核后认为不合格者在一年内不得再申请为经纪人。

戊、经纪人申请书及其履历书可填报之事项不论何时，发现有不实情事者得随时撤销其经纪人之资格，并永远不得再申请为经纪人。

上海证券交易所经纪人公会筹备委员会致钱新之函(1946年10月17日)

敬启者，本公会自本月四日开始筹备以来，业告就绪，谨订于本月十九日(星期六)下午一

时，假座上海证券交易所举行成立大会，届时恭请贲临出席指导，昌盛企盼之至。此致

上海证券交易所

钱理事新之

上海证券交易所经纪人公会筹备委员会谨启

三十五年十月十七日

上海市证券交易市场筹备委员会规定经纪人通则

第一条，经纪人名额不得超过三百名。

第二条，经纪人得买卖交易所审定之债券及股票，并得就债券、股票两项中选择一项或兼营之。

第三条，经纪人分个人及法人两种。

第四条，甲、个人经纪人须具左列资格：

一、中华民国人民年在三十岁以上者；

二、高级中学毕业或有同等学历；

三、品行端正信誉优良；

四、曾经经营或管理证券投资业务

五、须有银行、钱庄、信托公司或大公司厂商二家之推荐

六、具有财产在五千万元以上，但个人经纪人之证券字号如系合伙组织者，其资本须在五千万元以上

乙、法人经纪人须具左列资格：

一、银行、钱庄、信托公司投资或企业公司证券公司曾经合法登记注册，并在本区域内营业五年以上

二、投资或企业公司证券公司如属股份有限公司或有限公司，其资本须在一万万元以上，如属无限公司、两合公司或股份两合公司，其资本须在五千万元以上。

三、凡法人经纪人须有一代表人，其代表人须有甲项第一、二、三、四款之资格，非中华民国国籍者不得入市场

丙、凡向营证券业务之外商曾在本区域内营业五年以上，依法登记取得中国法人资格者，得申请为经纪人，其在交易所开业以前尚未取得法人资格者，声请为经纪人，如审查合格，应认为临时经纪人，限六个月内依法取得中国法人资格，逾期即撤销之。

丁、凡有左列各款情事之一者，不得为经纪人：

一、无行为能力者

二、受破产之宣告者

三、褫夺公权尚未恢复者

四、处一年以上之徒刑在执行完毕或赦免后未满五年者

五、依交易所法第四十六条至第五十三条之规定，被处刑罚在在执行完毕或赦免后未满五年者

六、在交易所受除名处分后未满五年者

第五条，经纪人不得兼营同类业务，并不得为他经纪人之董事、无限责任公司股东或合伙人。

第六条，经纪人不得转让，如无意经营时应申请废业，法人之代表人须经交易所同意方准更换。

第七条，申请及审查手续

甲、凡欲为经纪人者须填具本会定式之经纪人申请书及其商事履历书，连同证明文件等送交本会审查

乙、本会收受经纪人申请书截止后，应于两星期内审查完毕通知申请人，但无论合格与否，申请书以及证件等概不发还。

丙、经纪人申请书经审查合格后，应由申请人于一星期内将经纪人保证金如数缴清，同时由本会呈报财经两部核准注册，请发营业执照，然后填具本会定式志愿书办理入所手续，并由交易所公告之。

经纪人保证金分债券、股票两种，暂定五千万元，其百分之四十须缴纳现款，其余百分之六十得以有价证券或房地产代用之，但房地产不得超过百分之三十，有价证券或房地产之代用价格由交易所随时决定公告之。

丁、凡申请人经审查后认为不合格者，在一年内不得再申请为经纪人

戊、经纪人申请书及其履历书所填报之事项，不论何时发现有不实情事者，得随时撤销其经纪人之资格，并永远不得再申请为经纪人。

为审核经纪人资格，上海证券交易所与财政经济部等往来函件

上海证券交易市场筹备委员会呈财政经济部函（1946 年 8 月 19 日）

呈为呈送审查合格经纪人名单附具意见检同申请书，仰祈俯赐核准发给经纪人营业执照事。

窃属会自奉令积极筹备以来，关于经纪人申请事宜，经于七月九日起登报公告，先后送会申请者，计个人经纪人三百五十七名，又法人经纪人七十一名，先由属会经纪人资格审查小组分别整理作初步之审查，再行提交全体筹备委员会迭次开会审核，对于申请者之各种资格不厌求详，严加查考，务求合乎规定，时历兼旬，甫于昨日（十六日）全部审查完竣，一致通过，计选中个人经纪人二百一十名，法人经纪人六十名，共二百七十名，核与上海证券交易所暂行营业细则第六条之规定尚属相符，理合开具名单，附具意见，检同各该经纪人原申请书二百七十份备文呈送，仰祈俯赐核准注册，迅予发给经纪人营业执照，以便分别转发实为公便，谨呈经济部财政部。

上海证券交易市场筹备委员会呈财政经济部函（1946 年 8 月 26 日）

为法人经纪人利安洋行等六家，其经历相等，信誉甚佳，呈请均部赐予审定

呈为呈请事，窃属会关于审查经纪人事宜，曾于本于二十日由顾委员善昌携同审查合格经纪人名单，暨申请等呈请鉴核在案，兹经顾委员返会报告，奉谕对于经纪人初步审查结果，所有法人经纪人十四家，个人经纪人二十八家，尚待复审等因，窃查法人经纪人利安洋行、中庸洋行、永德证券公司、好华公司、亿佳公司、海维公司等六家与其他久大证券公司等经历相等，信誉甚佳，查与属会前呈准之。上海证券交易所暂行营业细则第六条丙项临时经纪人资格之规定尚属相符，理合据情呈请钧部赐予重新审定，其余未经核定之经纪人容后示遵，再行呈复，谨呈经济部部长王，财政部部长俞。

上海市证券交易市场筹备委员会主任委员：杜镛

中华民国卅五年八月二十六日

财政经济部指令(1946 年 9 月 5 日)

为令发核准经纪人名单暨应饬补具手续之经纪人名单连同经纪人营业执照，仰遵照由

令上海市证券交易市场筹备委员会，本年八月二十日及二十六日呈二件，为呈送审查合格经纪人名单附具意见，检同申请书新准发给经纪人营业执照暨利安洋行等六家信誉甚佳，拟请核准为临时经纪人由。

两呈暨附件均悉，查所送各经纪人均未附具证件，既据该会审查合选，爰经本两部按照各该经纪人申请书填报事项，依据该会呈准之营业细则予以复查，分别核定如次：(一)法人经纪人生大信托公司等五十四名应准予给照(名单另列附设)，其中中国信托公司等六名准为临时经纪人，利安洋行等六名，除准为临时经纪人外，仍应依单列事项补报备查，(二)个人经纪人俞明时等一百八十二名应准予给照(名单另列附设)，(三)法人经纪人敦裕钱庄等六名，个人经纪人黄起予等二十八名(名单另列附设)均应饬其依照单列事项补行报明或补具再行转部合办，合行检该核准经纪人名单暨应饬补具手续，每名经纪人名单各一份连同经纪人营业执照二百三十六纸，仰即遵照，分别转饬遵照并将执照转给具领，呈后再本案应具附件尚应照补一份呈送本财政部备查，统仰遵照，此令。

附后(为文)

部长：俞鸿钧　部长：王云五

上海证券交易市场筹备委员会致有关各经纪人函(1946 年 9 月 14 日)

迳启者，案奉财政、经济部京商字第二三〇九号、第一〇一七五号指令内节开，法人经纪人敦裕钱庄等六名，个人经纪人黄起予等二十八名，均应饬其依照单列事项补行报明或补具证件后再行转部核办等因，奉此，兹特遵抄部令，关于台端应行补具手续各点列后，即希迅行遵照办理，克日函送来会以凭汇转为盼，此致。

附：审查结果

敦裕钱庄	九江路二一四号
中贸银行	广东路九十三号
南洋企业公司	江西路二四六号
国华工业投资公司	虎丘路
至中证券号	宁波路一四四号
福源钱庄	宁波路七十号
黄起予	龙门路一六〇弄一号
边定远	中正中路五四〇弄六号
樊刚庭	南京路哈同大楼一一四号
潘子熊	中央路二十四号七〇四号
庄叔豪	九江路六十九号
许道赓	九江路四十五号三〇八室
曹啸谷	博物院路十四号三楼三十二号
诸葆忠	中正东路二六〇弄二〇五号
徐子为	中正东路中汇大楼二〇八号
刘念仁	四川路三十三号七〇七室
聂光坻	汉弥登大厦四〇五一七号
陶际云	安远路金城里二十三号
孙道胜	中正东路一四七号六一七室
陆纪中	北京西路二一八弄十一号
范季美	愚园路岐山村四号
孙师方	大西路四二五号
杨诚恕	富民路古柏公寓四十六号
钟夏生	古拨新村三弄十一号
张法尧	林森中路一二〇〇弄一一九四号
诸慕真	襄阳南路三〇六弄三十八号
王绍均	永康路一七一号
汪啸崖	爱麦虞限路一七二号
陈德忠	南昌路四三二号
杜维屏	华格臬路二一六号
唐珊	愚园路七四九弄一〇一号
周嘉琛	本楼二三〇号，博物院路七十五号
邹长春	本楼隔楼六号
许自强	本楼四四八室

核饬处理情形

时间	申请书号数	姓名	补行报明或应行补具证件手续
1946.9.17	法人　六	敦裕钱庄	公司登记手续正在办理中，附奉上海市社会局批示影本
1946.9.18	法人　二十九	中贸银行	公司登记手续正在办理中
1946.9.17	法人　三十六	南洋企业公司	决定增资为国币拾亿元，并定在政府限期内完成增资手续
1946.9.28	法人　四十三	至中银行	申请书已改正为至中银行
1946.9.25	法人　五十三	国华工业投资公司	设立登记已奉部令核准发给设字第二四二九号执照在案，附执照影本
1946.9.13	法人　十三	福源钱庄	现正依法呈请注册及登记中，附徐永祚会计师办理注册登记证明书
1946.9.17	个人　一〇〇二	黄起予	三开证券号副理，胡柏记证券号会计员、营业员等职(附证件)
1946.9.16	个人　一〇一八	诸慕真	仍以"诸慕真"为经纪人姓名
1946.9.16	个人　一〇四四	邹长春	大康成证券号股东兼任经理，元一行总经理(各附证件)
1946.9.4	个人　一〇八五	汪啸崖	恒益股票号协理，证件一(吊)
1946.9.9	个人　一〇八六	周嘉琛	福大增记证券号、兴福增记号贾徐一家
1946.9.25	个人　一一三〇	许自强	中兴证券号营业主任，永丰慎记证券号职员，证件各一吊
1946.9.17	个人　一一四〇	孙师方	证券业同业公会会员，中孚银行支行主任兼办证券事宜，众业公所经纪人(附证件)
1946.9.14	个人　一一四一	唐珊	福源证券号协理，证件乙吊
1946.9.17	个人　一一五一	杜维屏	美国证券市场证明书一件
1946.9.17	个人　一一五四	孙道胜	上海证券物品交易所第八十六号经纪人慎生号代理人，德胜证券号副理
1946.9.17	个人　一一七四	诸葆忠	新丰、中庸、合盛等洋行证件各一吊，前证券公会证书一吊
	个人　一一九〇	边定远	
1946.9.26	个人　一一九九	曹啸谷	兴泰证券号股票公司经理聘书一件
1946.9.29	个人　一二〇〇	王绍均	曾任上海华商证券交易所第三十号经纪人同德号副理(附证件)
1946.9.25	个人　一二〇五	范季美	通易信托公司经理，上海华商证券交易所创办人曾任理事长(附证件)
1946.9.16	个人　一二三六	杨诚恕	四行储蓄会、四行信托部供职共十有七年，主办中外股票证券之管理及保管事宜(附证件)
1946.9.24	个人　一二四二	徐子为	曾任中国通商银行办事员，办理保管公债股票工作
	个人　一二四八	庄叔豪	
1946.9.19	个人　一二五一	潘子熊	民国廿九年组设新康证券号自任经理以迄最近(附证券业同业卢德绶证明文件)

（续表）

时间	申请书号数	姓名	补行报明或应行补具证件手续
1946.9.17	个人　一二五二	陈德宗	前任永丰证券号协理(附证件)
1946.9.17	个人　一二五三	樊刚庭	以“樊刚庭”为准(附浙江实业银行证明书一件)
1946.9.18	个人　一二七四	聂光坻	前在上海金城银行总行服务任职信托部创办共同信托投资(附证件五卷夹)
1946.9.19	个人　一三〇九	张法尧	曾任上海华商证券交易所第八十号经纪人经理，礼昌证券号经理(各附证件)
1946.9.16	个人　一三二二	陶际云	丰大证券号代理人，证券交易所经纪人，金城银行证券科等职(证件附申请书)
1946.9.19	个人　一三三九	许道赓	美盛洋行、美东银公司业务部经理，万和股票公司经理(附证件)
	个人　一三四三	刘念仁	
1946.9.26	个人　一三五四	钟夏生	曾任北平证券交易所第十七号经纪人，经纪人公会市场理事，上海信托公司业务专员(附证件)
1946,9.16	个人　一三五七	陆纪中	请以“路纪中”名为准

财政经济部指令(1946 年 11 月 11 日)

令上海市证券交易市场筹备委员会，本年十月十七日呈一件，为未奉核准各经纪人等，令补其手续，又就自愿放弃之经纪人名额内补充三人，检同原送证件及申请书新鉴核示遵道由。

呈件均悉，查补具手续之经纪人经复查结果分别核定如次(一)法人经纪人国华工业投资公司一名，个人经纪人黄起予等廿一名，应准予给照(名单另立附发)(二)法人经纪人至中银行，个人经纪人许自强等三名(名单另立附后)均仍应饬其依照单列事项补具手续后再行转部核办(三)个人经纪人曹啸谷一名所送证件显非事实，应不予照准，此外，补充之个人经纪人吕佑生等三名均未附具证件，既按该会报称学资均合规定，爰经本两部按照各该经纪人申请书填报事项及依据该会呈准之营业细则予以复查，准予给照，再前次核准给照之临时经纪人利安洋行等六名，经饬将代理人补报备查在案，该会并应催饬迅予补报，勿延合行检发复审核准经纪人名单，续请核准经纪人名单复审后，仍应饬补具手续之经纪人名单暨复审后不予照准之经纪人名单各一份，连同经纪人营业执照计廿五纸(自二百卅七号至二百六十一号止)，并发还聂光坻原送证件五夹，许道赓证件一份，□□□□分别饬遵并□□□□□所送证件应各将影本或抄本检呈本财政部备查。

此令

此令附件

部长　俞鸿钧

部长　王云五

上海证券交易所发核准为经纪人致各公司、个人二十四家函(1946 年 11 月 15 日)

迳启者,查贵公司申请为本所经纪人一案,业经呈奉财政、经济两部核准,并令复到所。兹将入所手续开列于后,希速依照所定程序,前来本所洽办为荷,此致公司、先生。所启。

应办手续,计开:

一、凭附函向财务处缴纳保证金,计股票、债券两市场每市场现金二千万元及代用品有价证券或房地产三千万元,共五千万元,有价证券以在本所试行上市股票为限,按市价七折计算,房地产代用价格,不得超过百分之三十,本所得指令银行代为估价及办理他项权利、登记手续,费用均归经纪人负担。

二、将附函及印鉴卡一式二份,填送秘书室核转。

三、将附送之志愿书、填送秘书室。上开手续须先办妥,再听候本所通知,办理左列手续。

四、接得本所第二次通知后,来所抽签,以定经纪人号数。

五、经纪人申请时如未附带申请代理人及电话生,或已附带申请而现时须更换者,向秘书室索取申请表,填报合办,并函报对账员姓名(每市场二人)备查。

六、填送场务科及交割处用鉴卡各一式三份。

七、向财务处缴纳电话及号码等保证金共三十万五千元,以便装设对讲电话。

八、向财务处缴纳执照费五万元,凭收据向秘书室洽领执照。

九、向秘书室洽领各种证章。

附注:(1)本函附送一至三项应需附件,计油印函一件、空白印鉴卡二纸、空白志愿书一纸及暂行营业细则一册

(2) 四至九项应需附件,核再行通知时随附。

附函:

迳启者,查贵公司□□申请为本所经纪人,业经呈奉核准在案,兹附上财务处用空白印鉴卡两份,请签盖后连同应缴保证金,凭本函向本所财务处缴纳为荷,此致公司、先生。

附复函一纸,印鉴卡两份。

附注:(1) 印鉴卡上图章照下式大小

(2) 图章须用硬质。

所附回函:

迳启者,接准大函附下空白印鉴卡两份,均悉,兹送上敝经纪人印鉴卡两份呈请察存,以后敝经纪人向贵所财务处领取现金及代用品,以此印鉴卡上所盖图章为凭,相应函达,即希查照为荷,此致上海证券交易所秘书室。

附印鉴卡两份

中华民国三十五年□月□日

财政部、经济部批示(1947 年 3 月 1 日)

原具呈人上海证券交易所

本年二月六日总字第八五七号呈一件为经纪人唐珊等十名未据依限办理入所手续,请予撤销注册由,呈件均悉,该经纪人唐珊等十名既未据依限办理入所手续所请撤销注册应予照准,除将原缴执照注销,外仰即知照,此批。

财政部、经济部批示(1947 年 3 月 13 日)

本年二月十九日总字第 951 号呈为经纪人许道赓自愿撤销注册,检同原执照请鉴核,应予照准,除将原照注销,并令知上海交易所监理员办公处外,仰即知照,此批。

财政部、经济部批示(1947 年 3 月 14 日)

本年二月十九日总字第 950 号呈为首批核准之好华公司等五家,迄未办理入所手续,呈请撤销,应予照准,除将原照分别注销,并令知上海交易所监理员办公处外,仰即知照,此批。

申请证券经纪人资格

上海市信托商业同业公会致钱新之函申请其会员成为证券经纪人(1946 年 6 月 12 日)

新之先生大鉴:日前晤教至深幸慰,比由政府敦请吾公筹备上海证券交易所复业,积极进行不遗余力,缅维贤劳殊深佩仰信托业向以引导游资趋于正轨为职志,欧美各国工商业募集股款或公司债等多经由信托公司之手,是信托公司为企业家与投资者之重要媒介,其有俾于资本市场之发展,此为人所熟知之事实,敝信托同业各会员现正力图刷新业务以为国家复兴建设之前,驱政府亦正草拟信托法以谋发展我国之信托业,是信托业与证券业两相联系,互为表里,将来证券交易所成立,敝信托同人极盼能附骥尾,共策进行,至于申请充任经纪人,尤盼予以特别便利,无任企感,此颂台祺。

齐致谨启

上海市证券交易市场筹备委员会公告第一号:关于经纪人申请事宜(1946 年 7 月 9 日)

案奉财政、经济两部会令,为奉行政院训令设立上海市证券交易市场,指定筹备委员会并颁发规程及应行办理事项等附件,限期办理,本会当即遵令分别积极进行,关于经纪人申请事宜,经订立章则呈部核准。兹奉财政、经济两部京钱已索第五三〇号,京商三十五第五七九八号指令给予修正备案在案(即有简章在案),凡本市银行、钱庄、信托公司投资或企业公司、证券公司曾经合法登记注册,暨个人曾经经营或管理证券投资业务,志愿承充经纪人者,可向本会领取法人或个人经纪人申请书(每份均收□张印刷费用国币一千元)依式填就,连同证明文件全部尽于七月二十日前送交本会审查,其有向营证券业务之外商,曾在本区域内营业五年以上,合于营业细则规定者,亦得依照法人经纪人办理,均俟本会审查经选定后再行呈部核准注册,发给营业执照,特此通告。

中华民国三十五年七月九日

地址:本市汉口路四二二号

上海市证券业同业公会致上海市证券交易市场筹备委员会函(1946年7月16日)

迳启者,查此次贵市场筹备开业,关于申请经纪人各项规定业经登报公告,并制发申请书分别填报在案。敝会各会员以利害关系切身,特于本月十一日召开第六次全体会理事,详加讨论,佥认对于申请办法及表式尚有可以修改之处,爰议决三点建议,贵会採择,兹将原案并其理由录陈如左:

(一)申请为经纪人时请暂免与其代理人同时申请,俟经纪人本人核准后再由该经纪人申请其代理人;

理由:按申请书补充事项栏内有拟派代理人一项,申请时势须同时填写,查经纪人申请书,原以经纪人本人为主体,代理人为附属,今主体既未核准,其所属之代理人自无同时确定之必要,申请时一时尚无确当之代理人可资任用,则无从填报,如有合格之代理人,信誉、能力均极优良,已经聘定填报甚至代理人辞去他项职务来就设经纪人,不邀核准则申请人极端为难,基此实情,故议请暂免同时申请。

(二)法人经纪人与个人经纪人之申请,其间宽严各异,应请对于法人经纪人从严审查,并限制其所占名额,藉以维护个人经纪人之地位。

理由:查法人经纪人除证券公司外,其余于证券买卖尽属副业性质,而个人经纪人则以证券为专业,在战前华商证券交易所开业时期,法人经纪人绝无仅有,所有银行钱庄以及投资企业之买卖证券,均由一般经纪人代办而成为经纪人之委托人,今于法人经纪人之申请限制太宽,势将多占经纪人名额,则以证券为专业之个人经纪人之业务,势将大受影响,且按照银行法、交易所法亦有未合之处,既经贵会公告,姑不具论,惟不得不请从严审核法人经纪人,并限制其名额。

(三)经纪人保证金每种(债券或股票)五千万元,其须缴纳现金部分,请一律以有价证券及房地产充之,并请对有价证券或房地产同等使用。

理由:保证金之征收,原求其确实价值,足以尽保证责任而已,代用品之有价证券或房地产必按市价折合计算,其实际价值较之现金实为超过,足增加保证金之确实性,况现时沪地暗息极高,将来币值如何,又难逆料,是使经纪人无形中负担利息损耗币值,风险应请在不减低保证金数额并其实在价值之原则下,免缴现金,全数以有价证券或房地产代用缴充之。

以上三点如荷采纳,即希见复并施行为荷,

专致上海证券交易市场筹备委员会

民国三十五年七月十六日

上海证券交易所致各经纪人函(1946 年 9 月 21 日)

迳启者，兹经本所理事会议决，每一经纪人得雇用营业员五名，用特专函通知，即希贵经纪人迅将拟派营业员之姓名、地址，先行函报到所，以凭登记为荷。此致

贵经纪人

《上海证券交易所经纪人雇用营业员暂行办法》(1946 年 9 月 26 日)

第一条，上海证券交易所(以下简称本所)为便于经纪人处理证券买卖业务起见，得准经纪人雇用营业员，每一经纪人暂定以五人为限，但如事实需要得向本所申请，经本所核准增加之。

第二条，营业员可设置营业所，并应有独立会计。

第三条，经纪人申请雇用营业员应填具该员商事履历，连同证明文件、二寸照片各二份送交本所审查，经核准后，发给证书加贴照片，并依法向主管机关登记。

第四条，经纪人应与营业员订立合约载明下列各项：

一、营业员之姓名

二、营业员之营业地址

三、营业员之资本

四、营业员如系合伙组织，其合伙人姓名及合伙契约副本

五、经纪人对营业员之酬劳方式

六、合约时效

经纪人并应将合约副本送本所存查。

第五条，营业员应遵守下列各规定：

一、应将“第 XX 号经纪人营业员”字样冠于自己姓名之上

二、不得用自己名义代客买卖

三、不得入本所市场交易

四、不得向其他经纪人迳自交易或兼任其他经纪人之营业员

五、会计应照本所规定办理

六、应随时接受本所及部派监理员之查询

七、营业员之账册文件应随时受本所及部派监理员之检查

八、不得违反本所营业细则各项规定及一切公告

九、营业员证书不得转让或出借

营业员不遵守上列规定及有不正当之行为时，应由该经纪人负其责任，本所并得令其撤换转报主管机关。

第六条，经纪人对于所属之营业员应负其在交易买卖上发生之一切责任。

第七条，营业员有更动时，经纪人应即向本所报告，并将原证书缴销。

第八条，营业员证书费每张国币一万元。

第九条，本办法经本所理事会通过施行，变更时亦同。

经纪人接装电话暂行办法(1946 年 9 月 26 日)

一、经纪人装置电话应依据本办法由本所统筹办理。

二、经纪人原有自动电话，准予恢复，此后添置须事先征得本所同意。

三、经纪人与核定营业员准接对讲电话，但每一营业员暂以一具为限。

四、经纪人与委托人间因事实需要亦准接对讲电话，但须先向本所登记，经核准后始得装接，本所发现有情弊时，经纪人应即遵照本所通知拆除。

五、经纪人办公室与经纪人住宅间，亦得接对讲电话，但亦须先经本所核准。

六、本所得派员随时调查经纪人电话装接情形。

上海证券交易所经纪人公会致上海证券交易所函(1946 年 10 月 30 日)

迳启者，查贵所研究营业员及经纪人地位问题一案，经本会第三次常务会议议决，推派杨锡卿、俞明岳、吴国英三位代表参加，相应函达，即希查照为荷，上海证券交易所理事长：陈静民。

上海证券交易所经纪人雇用营业员修正暂行办法草案

第一条，上海证券交易所(以下简称本所)为便于经纪人处理证券买卖业务起见，得准经纪人雇用营业员，向本所申请核准，其名额由本所视经纪人之营业状况增减之。

第二条，经纪人申请雇用营业员应填具该员商事履历，连同证明文件、二寸照片各二份送交本所审查，合格时再送核委任书，经核准后，发给证书加贴照片，并依法转报备案。

第三条，营业员之资格应为品行端正、信誉优良，并确具推广证券交易之能力者。

第四条，营业员应设置营业所，并应有独立会计。

第五条，经纪人雇用营业员应出具委任书，载明下列各项：

一、营业员之姓名

二、营业员之营业地址

三、营业员之资本

四、经纪人对营业员之酬劳方式

五、委任时效

经纪人并应将委任副本送本所核查，委任书所载事项有变更时，应随时报告本所。

第六条，营业员应遵守下列各规定：

一、应将“第 XX 号经纪人营业员”字样冠于自己姓名之上，不得另立牌号

二、不得用自己名义代客买卖

三、不得入本所市场交易

四、不得向其他经纪人迳自交易或兼任其他经纪人之营业员

五、除通市场或所属经纪人总营业所外，不得有其他对讲电话

六、会计应照本所规定办法

七、营业员应随时接受本所及部派监理员之查询，其账册文件应随时受本所及部派监理员之检查

八、不得违反本所营业细则各项规定及一切公告

九、营业员证书应悬挂于营业所显明地位，不得转让或出借

营业员不遵守上列规定及有不正当之行为或本所认为不符第三条之规定时，应由该经纪人负其责任，本所并得令其撤换转报备案。

第七条，经纪人对于所属之营业员应负其在交易买卖上发生之一切责任。

第八条，营业员有更动时，经纪人应即向本所报告，并将原证书缴销。

第九条，营业员证书费每张国币三万元。

第十条，本办法经本所理事会通过施行，变更时亦同。

上海证券交易所经纪人公会致上海证券交易所函（1947 年 4 月 18 日）

为函复自设处所会计独立之营业员无设置之必要，申述理由并建议两点，即希查复由。

迳启者，接奉贵所发总字第一二五〇号函嘱，研究经纪人雇用营业员修正暂行办法草案一节，业经敝会交付审查，讨论结果认为自设处所会计独立之营业员无设置之必要，兹将理由与建议胪列于后：

（一）理由

1. 查交易所法第十六条上段规定“无论何人不得以代办介绍或传达交易所买卖之委托为营业”，是则设置营业员似与该条文有所抵触。

2. 营业员经营之业务亦即经纪人之业务，设置营业员后，徒然于委托人与经纪人间多一分利，机构对于经纪人有损无益。

3. 查目前固有经纪人名额应付现有证券交易已觉人浮于事，无再行设置营业员之必要。

4. 营业员申请简易名额亦滥，难于管理，日久势必助长黑市，易滋流弊，基于上述各点，营业员毋需设置，惟应付目前之需要起见，特向贵所建议两项如左；

（二）建议

1. 设立经纪人分办事处，凡经纪人因业务需要请求设立分办事处，贵所应予尽速核准，则于事实上有设置营业员之利而无其弊。

2. 经纪人牌号准予转让，查已经核准之经纪人自尚未正式开始营业，或已营业而交易清淡者，每以未能转让牌号为憾事，同时有意经营证券业务而苦无经纪人位置者，亦不乏人，其为调剂起见，似以准予转让牌号为宜，此点对于整个证券市场关系颇巨，应请贵所采择施行，并将暂行营业细则第一十一条予以修改，庶贵所及经纪人之业均有莫大裨益。

综上所述，系敝会认为确系兼筹并顾，对症发药之适当措置，除经敝会第二十次常务理事会决议通过，并记录在卷外，相应函达，即希查照办理，并予惠复慰荷，此致交易所。上海证券交易所经纪人公会理事长：陈静民。

上海证券交易所经纪人公会、财经两部关于经纪人请领营业牌照纳税的往来文件(1947 年)

上海证券交易所经纪人公会致上海证券交易所函(1947 年 5 月 26 日)

迳启者，兹据敝会员苏佩玿函称项接上海财政局来函，命敝经纪人前往登记领照等情，但敝经纪人已有财经二部所发营业执照，未知是否尚需上海财政局登记领照，因事关全体经纪人行动，特函请贵会致函上海财政局及交易所详询一切，再将应行办法转告各会员，是为至盼等情到会，据此相应函达，即希查照核示或呈部请求指示，以凭转知各会员遵办为荷。

此致　上海证券交易所

理事长　陈新民

上海证券交易所致财政部、经济部函(1947 年 6 月 10 日)

为经纪人前经请准给照营业应否再依营业牌照税法，请领营业牌照呈请核示由。

据属所经纪人公会函以各会员经纪人近接上海市财政局通知，依照营业牌照税法缴纳牌照税领照开业，觉其重复，请予解释，前来查属所各经纪人均经钧部及□□部颁给营业执照，准许开业在先，是否必须再向地方政府请领营业牌照不无疑义，据报载上海金融业及航业等亦因已经领有部颁营业执照，对于向地方政府请领营业牌照问题正在请示之中，与属所经纪人公会请求解释者实属同一情形，究竟属所经纪人是否依照交易所法及其施行细则规定请准给照营业之外，尚须再依营业牌照税法请领营业牌照始准营业，事关法律疑义，属所未便擅专，除分呈外，理合具文呈请鉴核示遵，谨呈。□部部长。上海证券交易所理事长：杜镛。

财政部、经济部批示(1947 年 7 月 30 日)

原具呈人上海证券交易所本年六月十二日总字第一六八五号呈一件为经纪人前经请准给照营业，应否再依营业牌照税法请领营业牌照呈请核示由。呈悉，查该所经纪人除经本两部核发营业执照外，仍应依法请领营业牌照并纳税，仰即转知，此批。

上海所陈报财经两部关于规定经纪人分设营业所办法和该两部的批复(1947 年)

上海证券交易所呈财政部、经济部函(1947 年 6 月 3 日)

为呈送经纪人分设营业所暂行办法请核准施行由。

属所兹依暂行营业细则第十四条之规定，拟具《经纪人分设营业所暂行办法》一件，并经依照钧部上海交易所监理员办公处洽示意见修正，理合缮正该项暂行办法一份，呈请鉴核施行示遵。

上海证券交易所理事长　杜镛

附呈经纪人分设营业所暂行办法一份

附　上海证券交易所经纪人分设营业所暂行办法　13 条(1947 年 6 月 3 日)

第一条，经纪人分设营业所应叙述原因及最近一个月营业额，先向本所申请并附具本办法第二、三、四、七条等事项表，经核准登记发给证明书后方得设立，嗣后登记事项有变更时，应报本所查核。

第二条，经纪人分营业所应标明“第 XX 号经纪人 XXX 分营业所”字样，每一经纪人以分设二所为限。

第三条，经纪人分营业所不得另行招集资本或另立字号，并不得以分营业所为交易之主体。

第四条，经纪人分营业所之地址应预征本所同意。

第五条，经纪人分营业所得装置对讲电话至总营业所，但不得有其他对讲电话，凡经纪人须与客户通对讲电话者，应装置于总营业所。

第六条，经纪人设立分营业所应派定业务负责人，报所备案。

第七条，经纪人应负其分营业所对客户及本所之一切责任。

第八条，经纪人分营业所应设置照本所规定之会计账册，并遵照下列规定：

一、每日应缴本所经手费、交易税，由总营业所合并汇缴。

二、每日交易应有专账记载。

三、经纪人年终财务报告应将分段账目合并编制报告本所。

第九条，经纪人分营业所应随时接受本所及部派监理员之查询，其所掌之账册文件应随时受本所及部派监理员之检查。

第十条，经纪人分营业所之营业有不合本所规定或本所认为营业清淡无设立必要时，得撤销之，经纪人总营业所歇业或受制裁时，对分营业所亦同样办理。

第十一条，经纪人分营业所违反第一条之规定，未经本所核准发给证明书，擅自营业者，该经纪人应受停业或撤销执照之处分。

第十二条，经纪人分营业所违反第五条之规定，分营业所装置通总营业所以外之其他对讲电话者，除撤销该分营业所外，该经纪人并应受停业之处分。

第十三条，本办法经本所理事会通过，呈准施行变更时亦同。

财政部、经济部批示(1947 年 7 月 11 日)

原具呈人上海证券交易所三十六年六月四日总字第一六二五号呈一件为拟经纪人分设营

业所暂行办法请核准施行由：

呈件均悉，所请应从缓议，仰即知照，此批。

上海证券交易所致财政部、经济部函(1947 年 7 月 20 日)

为呈报属所前经同意经纪人分设营业所六家请备，案由。

查属所暂行营业细则第十四条规定："经纪人应设置营业所，其分设营业所者，须预征本所同意，并向本所登记"，属所于上年十一月起，曾先后依据该项规定同意各经纪人分设营业所六处，迨本年四月起，各经纪人以业务发达，纷请分设营业所，属所深觉有统筹办法之必要，经拟具经纪人分设营业所暂行办法呈奉钧部。批示：应从缓议，自应遵照。除本年四月份起，各经纪人申请分设营业所尚未核准者概不予以同意，并嗣后不再准许分设外，所有在本年四月份以前已经属所同意分设营业所者，计有经纪人周□□、黄崇业、胡静秋、谢锦文、诸慕真及张裕昆等 6 家，曾经属所根据规定核复同意在先，似应准其继续经营，理合列具属所经纪人已设分营业所一览表一份，具文呈报，敬祈鉴核备案，谨呈部长。上海证券交易所理事长：杜镛。

附呈：上海证券交易所经纪人已设分营业所一览表(1947 年 7 月 20 日)

经纪人号数	姓名	分营业所地址	本所同意日期
三	周	上海汉口路证券大楼四一八号室	1947 年 2 月 21 日
十五	黄崇业	上海汉口路证券大楼四四二号室	1947 年 1 月 9 日
八十四	胡静秋	上海重庆南路十号	1946 年 11 月 23 日
一二九	谢锦文	上海旧霞飞路南角圣母院路二四三号	1947 年 1 月 28 日
一六四	诸慕真	上海贵州路新新大楼北楼五〇二号室	1947 年 3 月 31 日
二三〇	张裕昆	上海　山路五十五号	1946 年 11 月 18 日

财政部、经济部上海交易所监理员办公处致上海证券交易所函(1947 年 8 月 8 日)

事由：奉令关于经纪人擅设分营业所情事应切实注意取缔函，希查照由。

案奉财政部、经济部财钱巳京商三十六字第一六六二一，五七一二四号指令节开："关于经纪人设立分营业所一节，前据上海证券交易所拟订设立分营业所暂行办法前来，当经批示暂从缓议在案，嗣后对于擅设分营业所情事，务须洽明该所切实注意取缔"等因，相应函达，即希查照为荷，此致上海证券交易所。

监理员：王鳌堂、黎澍

财政部、经济部批示（1947 年 8 月 19 日）

原具呈人：

上海证券交易所本年七月二十九日总字第一九四七号呈乙件，为呈报属所前经同意经纪人分设营业所六家，抄同清单请备案由，呈件均悉，准予备案，仰即知照，此批。

上海证券交易所为经纪人现金保证金缴送、移存、计息与财政经济部等往来函件（1946 年）

上海证券交易市场筹备委员会发法人经纪人五十二家，个人经纪人一百八十二家通函（1946 年 8 月 27 日）

迳启者，按照上海证券交易所股份有限公司暂行营业细则第六十七条规定，“经纪人保证金照第四条分债券股票两种，每种定为五千万元，其百分之四十须缴纳现金，其余百分之六十得以有价证券或房地产充之，但房地产不得超过百分之三十，有价证券或房地产之代用价格由本所拟定，呈奉核定公告之”，查尊处交来之经纪人申请书，经本会审查合格，呈经核准，兹为赶速敷设电话线起见，请于八月二十九日中午十二时前携带此函，将保证金中百分之四十现金部分开具九月二日期上海证券交易所抬头支票，向上海汉口路四二二号上海证券交易所财务处一次缴清，取具存证，倘不如期缴纳认作自动放弃，其余百分之六十代用品部分，本会正在呈部请核中，俟得批令再行通知缴纳。专此奉达，即请台洽为荷，此致　先生、公司

上海市证券交易市场筹备委员会启

中华民国三十五年八月二十七日

金城银行上海总行函上海证券交易市场筹备委员会（1946 年 8 月 30 日）

迳启者，近悉贵所筹备就绪，行将开幕，所收各经纪人缴纳之保证金为数当必甚巨，窃以敝行与浙江兴业银行、浙江实业银行、新华信托银行、中国实业银行、上海商业银行、中南银行、盐业银行、大陆银行、四明银行、中国通商银行、四行储蓄会等，昔与前华商证券交易所交往有素，自具有相当关系，且前华商证券交易所之旧股东此次加入贵所，垫付股款，亦具有相当协助，所有上述保证金专款一项，可否请贵所将该项保证金酌存商业银行，以便继续效劳，为此，奉商如何，尚祈察夺示复，无任企荷，此致上海证券交易所筹备处。

金城银行上海总行函

中华民国卅五年八月卅日

上海证券交易所致中央银行函（1946 年 9 月 26 日）

请将缴存国库之经纪人保证金移存贵行业务局，由本所另立专户洽提，并请优给利息。

迳启者，查敝所各经纪人应缴纳之保证金截至目前止，现金部分共收国币五十四亿六千万元，业经本所于本年九月十八日汇缴贵行，由贵行国库制给第〇六六四号收据一纸，系开明财政部及经济部抬头，按此项保证金于经纪人缴来时，敝所制给临时收据，并依照两部核准之暂行营业细则嘱来换取存证，遇经纪人违反本所营业细则之规定而受违约处分即须动用，其本人无意营业而撤销注册于账目结清时，亦须立即发还经纪人，现经贵行收入国库，将来如欲提拨发还，势须呈部指拨，不独手续繁复，抑且转展费时，为适应商情，妥速提取起见，拟请贵行将收存国库之上项经纪人保证金移存贵行业务局，由本所另立专户随时洽提，并请优给利息以恤商艰，相应函达，统希查照办理见复为荷，此致中央银行。启

上海证券交易所致中央银行国库局函(1946年10月1日)

查敝所各经纪人应缴纳之保证金，其现金部分计分债券市场及股票市场两种，每种每户二千万元，股票市场保证金计二百三十一户，共收四十六亿二千万元，债券市场保证金四十二户，共收八亿四千万元，业经敝所于本年九月十八日汇缴贵局入账制据在案，兹特填送经纪人债券、股票两市场保证金清单各一份，即希查收存核见复为荷，此致中央银行国库局。

附清单二份共九纸

财政部、经济部通知(1946年10月1日)

通知上海证券交易所，案准中央银行三五年九月三十日沪央库字第一八〇一号公函称，"准贵部第二二二五京商第一〇三九七号函，略以查上海证券交易所暂行营业细则，业经贵两部核准备案，依照规定，关于经纪人保证金及交易证据金，均应向本行缴纳，有关于证券之交割事项，亦经核定在本行或由本行委托之银行行之，嘱查照并与该所迳洽等由，除上项经纪人交易证据金及证券之交割事项，由本行业务局办理，另行函报外，其应缴之保证金，已由该交易所汇交国币五十四亿六千万元，于九月十八日缴存本行国库局，当经列收保管金项下，'财政经济部上海证券交易所经纪人保证金专户'之账，除制给第六六四号收据交由该交易所转奉外，相应函复即希查照"等由，除以"查前据该所来呈请将经纪人保证金由贵行国库局改存业务局，经已照准，并函达贵行有案，兹准前由所有该所已存国库局之经纪人保证金仍请贵行拨交业务局保管，如该项金额有因经纪人歇业，业经由贵行发还者，则就发还后所存之数额拨交保管，相应函请查照办理见复。"等语，函复查照办理外，特此通知。

财政部、经济部批示(1946年11月5日)

为批复(一)保证金现金部分改存业务局可准照办，但不给息。(二)保证金代用品跌价时，其差额准以代用品补缴。(三)交易证据金准可改由该所收纳后，每月汇缴中央银行。(四)所请修改营业细则一节，准如原拟修改，仰即遵照由。

拟办：一、照抄通知财务处；二、公告通函经纪人修改暂行营业细则第六十六、六十七两条。

原具承人上海证券交易所，本年十月二日总字第一二七号呈一件，为经纪人缴纳保证金及交易证据金由属所收转，保证金代用品部分跌价时令饬补缴，代用品部分由中央银行委托他行办理，并请修改营业细则第六十六及六十七条条文由，呈悉，查交易所经纪人保证金系于其不履行买卖契约时移抵赔偿之用，为适应机宜，所请将保证金现金部分改存中央银行业务局可准照办，但不给付利息，又保证金代用品跌价时，其因跌价所生之差额，准以代用品补缴，毋庸缴纳现金，再交易所证据金原请拟改由该所缴纳后，每月汇缴中央银行，另立专户存储，遇有动用情事，由该所开制支票提拨，亦准照办，至关于营业细则第六十六条准如原拟改订暨原第六十七条“经纪人接得本所通知后，每次应如限向中央银行补缴现金”应改为“经纪人接得本所通知后，每次应如限向本所补缴代用品转存中央银行”，除函达中央银行查照办理，并令知上海交易所监理员办公处外，仰即遵照，此批。

中央银行致上海证券交易所函(1946年12月17日)

贵所发总字第五六〇号函以前存本局各经纪人保证金除已发还者外，现尚存股票市场保证金计国币四十三亿元，兹遵照财政经济部第四一二〇京商第一五六四五号通知应移存本行业务局，并派员持原保字第六六四号收据到局嘱将该项保证金即日悉数予以拨转等由，查上款计国币四十三亿元，已于十二月十四日悉数拨付本行业务局，除收回原保字第六六四号收据注销外，相应函复，即请查照。

此致　上海证券交易所　中央银行国康局局长夏□熊

为经纪人保证金代用品改用书面保证，上海证券交易所与财政部、经济部等往来函件(1946～1947)

财政部、经济部指令上海市证券交易市场筹备委员会

本年八月二十四日呈一件为上海证券交易所经纪人代用品部份拟请指定本市会员银行三十家由各经纪人自行接洽，以书面保证□鉴核示遵由。

呈悉，查该所经纪人保证金及交易证据金，前经规定向中央银行缴纳在案，兹据呈前情，关于保证金代用品部分姑予酌予变通，仍由中央银行指定沪市会员银行若干家，由各该经纪人自行接洽，以书面保证充抵代用品向该行呈缴，并限令各该经纪人于该所开业之日起一个月内，将此项保证调换代用品，除函中央银行查照办理见复外，仰即遵照转知，此令。

财政部长俞鸿钧　经济部长王云五

证交开拍日期(1946年9月14日)

由本日该所理监事联席会议决定

经纪人保证金代用品缴纳办法已奉部令核定

(本报讯)证券交易所于昨日上午继续演习交易;下午演习全体对账手续。结果甚为良好;各账亦轧平无误。但为手续纯熟起见,今日将举行最后一次演习。并闻该所定于本日(十四日)午后四时,召开第二次理监事联席会议,讨论重要事宜。开拍日期,亦将由此次会议决定。

又证券交易所为便利经纪人起见,对经纪人应缴之六成保证金代用品,曾呈请经、财两部采取变通办法,暂以行庄书面保证替代。昨奉指令准予变通,由中央银行指定沪市会员银行若干家,由经纪人自行接洽,以书面保证,抵充代用,向中央银行呈缴。并限令各该经纪人,于证交开业之日起一个月内,将此项保证调换代用品。现该所已与中央银行接洽,并函各经纪人照办,以便遵照理事会所决定日期开拍。又闻交易所代收之交易税办法,尚在呈部核示中,该所当局希望能于定期开拍前,接奉指令,或不致影响开拍日期云。

中央银行业务处致上海证券交易所函(1946年9月21日)

中华民国卅五年九月廿一日

业总字第八八六九号

摘由:函为指定二十六家银行办理证券交易所经纪人代用品部分书面保证事宜,抄同名单,希查洽由。

案准财政部第二二八五号、经济部京商三十五第一〇五三〇号会公函略开,“据上海市证券交易市场筹备委员会本年八月二十四日呈,关于上海证券交易所经纪人担保金一节,经查该所经纪人保证金及交易证据金,前经规定,向贵行缴纳在案,关于保证金代用品部分,姑准酌予变通,仍请贵行指定沪市会员银行若干家,由各该经纪人自行接洽,以书面保证充抵代用,向贵行呈缴并限令各该经纪人于该所开业之日起一个月内,将此项保证调换代用品,除指复外,嘱查照办理”等由,准此,兹经本行指定本市银行同业公会各理监事银行浙江实业银行等二十六家,办理证券交易所经纪人代用品部分书面保证事宜,相应抄同指定二十六家银行名单一纸,随函附奉,即希查洽办理为荷,此致

上海证券交易所

中央银行业务局副局长王□霜

(附一)公告第　号

查本所规定经纪人保证金定为债券及股票,两市场各五千万元,除百分之四十现金部分,已于本年八月二十七日通知各经纪人缴纳外,其余百分之六十有价证券及房地产代用部分,经于本年八月二十四日呈请财政、经济两部赐予变通办理,兹奉财政、经济两部会令指复略开“关于保证金代用品部分姑予酌予变通,仍由中央银行指定沪市会员银行若干家,由各该经纪人自

行接洽，以书面保证充，转向该行呈缴，并限令各该经纪人于该所开业之日起一个月内，将此项保证调换代用品，除函中央银行查照办理见复外，仰即遵照转知，此令"节因，自当遵办，正办理间，复准中央银行业务局来函，指定本市银行业同业公会办理监事银行浙江实业银行等二十六家，办理本所经纪人代用品部分书面保证事宜，附同指定二十六家银行名单一纸，合并抄同名单一纸，公告各经纪人知照，限于本年九月二十七日前，迳向附单所列之指定银行接洽办理，取具本所□□之每市场国币三千万元之书面保证，交由本所汇缴中央银行，并听候本所通知，于开业后一个月内具备代用品向中央银行调回上项书面保证，以符部令，特此公告。

附抄中央银行业务局指定二十六家银行名单一纸

(附二)中央银行业务局指定廿六家银行名单

浙江实业银行　浙江兴业银行　中汇银行　上海绸业银行　金城银行　新华银行　中国垦业银行　上海银行　国华银行　中国农工银行　聚兴诚银行　中华银行　四明银行　中南银行　中贸银行　大陆银行　中国企业银行　中国实业银行　中国国货银行　江海银行　中国工矿银行　中国通商银行　浙江建业银行　广东银行　国信银行　盐业银行

上海证券交易所经纪人公会致上海证券交易所函(1946年11月14日)

为关于经纪人保证金之规定(营业细则第六十七条)仍请参酌予以修正并转呈部核施行以恤商艰由。

迳启者，接奉发总字第三二四号大函，承示关于敝会各会员保证金金现金部分二千万元业经贵所呈奉财政、经济两部批示各节，谨敬洽悉，惟值兹证券业务清淡，高利贷严重时期，敝会各会员深感应付为难，势不得不另筹补救之道，兹查贵所营业细则第六十七条之规定，使敝会各会员倍受桎梏，殊多窒碍，拟请参酌左列各点予以修正，俾恤商艰：

一、将现金部分二千万元改为其他代用品。

二、或保证准备与现金部分两共五千万元，全部改为银行保证。

三、提供保证之代用品除已核准之上市证券外，请暂行指定房地产、公债与尚在审议中之未上市股票或其他公司债券。

以上三项办法实为助长发展经营证券业务者之必要条件，盖现金保证代以其他代用品，则拆息不致暗耗，更能减少高利贷之威胁，再若保证金五千万元，如能全部改为银行保证，则可免除证券授受及市价涨落有逾额或不足时发还及补缴之烦，至提供保证品范围宽放之后，亦可避免刺激上市股票之波动，而可凭以往经验自由裁量，任意选择。夫担保品恐防意外而设具有保证之性质，则凡属确有价值之证券财产，自宜均可作为保证之品，似无严格限制之必要。总之，欲谋证券市场顺利推进，必需解除各经纪人之桎梏为首要，事关各会员切身利害，未便缄默，用敢再行缕陈，函请核转财政、经济两部迅予审议修正，克日施行以恤商艰，至为感幸，此致上海证券交易所。

卅五年十一月十四日

上海证券交易所经纪人公会理事长：陈静民

上海证券交易所呈财政部、经济部函(1946年11月22日)

据属所经纪人来函,以值此业务清淡,高利贷严重时期,深感应付为难,吁请将保证金现金与代用品部分两共五千万元全部改用银行书面保证,则拆息不致暗耗,且可免除证券授受及市价涨落时补缴与发还之烦,并献议修正属所暂行营业细则第六十七条条文等情,查属所暂行营业细则第六十七条规定,"经纪人保证金分债券、股票两种,每种定为五千万元,其百分之四十须缴纳现金,其余百分之六十得以有价证券或房地产充之",所有各经纪人应缴每市场现金保证金二千万元,均经照缴,由属所汇缴中央银行收入国库,至保证金代用品部分前经呈准变通,暂由中央银行指定沪市会员银行二十六家出具书面保证充抵各在案,兹据函陈各节,经属所详加审查,深觉经纪人所感严重之困难,在乎高利贷之压迫,倘保证金现金部分二千万元准予发还改用指定银行书面保证,同时将保证金代用品部分三千万元已变通缴纳之银行书面保证展延施行,其愿以有价证券或房地产缴纳者仍准照缴,事实上亦无甚窒碍,为体恤经纪人计,似可酌予采纳如荷,核准则照下列附拟办法办理:

一、将属所暂行营业细则第六十七条修正为:"经纪人保证金照第四条分债券、股票两种,每种定为五千万元,其百分之四十缴纳指定银行之书面保证,其余百分之六十以有价证券或房地产充之,并得用指定银行之书面保证抵充,但房地产不得超过百分之三十,前项有价证券或房地产之代用价格,由本所拟定呈奉核定公告之,跌价满二成时,经纪人接得本所通知后,每次应如限向本所补缴代用品,转存中央银行,其涨回原价时,由本所分别通知发还之"。

二、请转洽中央银行国库局,将属所缴存之经纪人现金保证金扫数拨由属所具领,分别转发。

是否有当,理合备文呈请鉴核施行示遵,谨呈财政、经济部部长。

上海证券交易所理事长:杜镛

上海证券交易所致交易所监理员办公处函(1946年11月20日)

迳启者,兹据本所经纪人来函,以值此业务清淡,高利贷严重时期,深感应付为难,吁请将保证金现金与代用品部分两共五千万元全部改用银行书面保证,则拆息不致暗耗,且可免除证券授受及市价涨落时补缴与发还之烦,并献议修正本所暂行营业细则第六十七条条文等情,查本所暂行营业细则第六十七条规定,"经纪人保证金分债券、股票两种,每种定为五千万元,其百分之四十须缴纳现金,其余百分之六十得以有价证券或房地产充之",所有各经纪人应缴每市场现金保证金二千万元,均经照缴,由本所汇缴中央银行收入国库,至保证金代用品部分前经呈准变通,暂由中央银行指定沪市会员银行二十六家出具书面保证金充抵各在案,兹据函陈各节,经本所详加审查,深觉经纪人所感严重之困难,在乎高利贷之压迫,倘保证金现金部分二千万元准予发还改用指定银行书面保证,同时将保证金代用品部分三千万元已变通缴纳之银行书面保证展延施行,其愿以有价证券或房地产缴纳者仍准照缴,事实上亦无甚窒碍,为体恤经纪人计，似可酌予采纳，除分呈财经两部外，相应抄附副本一份，函请察洽为荷。

此致　　财政经济部上海交易所监理员办公处启

财政部、经济部批示(1946 年 12 月 23 日)

呈悉，所请发还经纪人现金保证金碍难照准，关于保证金代用品部分，前经准予变通由中央银行指定沪市会员银行出具书面保证抵充，此项变通办法，姑准续展至明年一月底止，满期仍应依照原规定办理，又在续展书面保证期内，经纪人对于代用品如愿以有价证券或房地产缴纳者，自属可行，至该所暂行营业细则第六十七条，毋庸改订，除函达中央银行外，仰即遵照。

此批：财政部长、经济部长

上海证券交易所致经纪人公会函(1947 年 1 月 28 日)

迳启者准，贵会本年一月二十七日第二十七号大函以经纪人应缴保证金代用品部分前经变通改用银行书面保证部分现部令限期将届，请转呈准予继续沿用银行书面保证办法等由，查上项变通办法，自奉准施行以来，尚称便利，业经本所于本年一月九日具呈财政经济两部请于本年一月底限期届满后，仍予通融展延施行，现在候示之中，俟奉批示当再函达，相应复请查照为荷。

上海证券交易所经纪人公会

上海证券交易所致上海钱业公会函(1946 年 11 月 1 日)

案准贵会本年九月二十七日函，以本所办理经纪人保证金代用品部分改用书面保证一事，据会员钱庄请求拟就经纪人保证金代用品部分三千万元数额之中抽出一部由贵会所属会员钱庄中指定若干家书面保证，并嘱由本所转呈主管部核准施行等由，查本所经纪人保证金代用品部分系准中央银行业务局总字第八八六九号函知准财政、经济两部函规定由中央银行行指定沪市会员银行若干家办理经纪人代用品部分书面保证，并抄同原指定本市银行业同业公会各理监事银行，浙江实业银行等二十六家名单过所，即照办理，对于贵会会员钱庄未经列入，深为遗憾，即希查照转知为荷。此致　　上海市钱商业同业公会

上海市证券交易所启

为发还经纪人现金保证金，上海证券交易所与有关方面等来往函件(1946 年)

上海证券交易所经纪人人公会致上海证券交易所函(1946 年 10 月 30 日)

查本会各会员均陷入不敷出境况，大约每一经纪人每月至少开支约需一千万元，而目前平均

营业收入每月只有三〇〇万元左右，收支两抵约亏七〇〇万元，至于资本拆息尚属不计在内，如此情形实属赔累太巨，再言各家资本则经调查，普通约在六千万元左右，经支付保证金后，已属无可再有余资运用，是以现金保证部分，切盼能得设法收回，以轻负担，而资运用，否则长此以往，势频绝境也。

上海证券交易所经纪人公会理事长：陈静民

上海证券交易所经纪人人公会致上海证券交易所函（1946 年 11 月 14 日）

迳启者，敝会会员第一九九号经纪人上海绸业银行函称，敝经纪人前缴证券交易所公债市场部分现金保证国币二千万元，该所开幕两月有余，尚未开拍，敝经纪人颇受损失，用函特请贵会代向交易所交涉暂行发还，一俟开拍有期，再行缴付等情。到会，查贵所公债市场开拍无期，敝会会员所缴公债现金保证金似可暂予普遍发还，一俟开拍有期，再行缴付，据陈前情，相应函请查照，准予发还，以恤商艰，并希见复为荷，此致上海证券交易所。

理事长：陈静民启

卅五年十一月十四日

上海证券交易所致中央银行国库局（1946 年 11 月 18 日）

据本所第一十四号经纪人葛吉生、第一六七号经纪人孙剑风、第一九九号经纪人上海绸业银行来函，以本所债券市场开拍无期，所缴该市场现金保证金二千万元，长此搁置，利息亏耗甚巨，请求发还等情，核属实情，业经备文呈请财政、经济部予以发还再案，兹以各该经纪人亟待运用，申请提早发还，前来相应函达，敬烦，惠予通融将上开各经纪人债券市场保证金各二千万元，共六千万元即行拨交本所，具领转发为荷，此致中央银行国库局。

上海证券交易所致中央银行国库局（1946 年 11 月 25 日）

案奉财政部京财公二字第四五八七号训令内开：“案查前据该所呈请指示，开拍公债种类，并检发各该债条例及样张，以便进行开拍等情，当经本部呈请行政院核示，兹奉指令略开，暂从缓议等因，合亟令仰知照此令”等因，奉此查本所尚有经纪人债券部分现金保证金国币六八〇〇〇万元（附清单）汇存贵行国库，前徇经纪人请求以债券市场开拍有待，纷请发还前来经本所十一月二十日呈请财经两部转洽贵行，赐予拨还在案，现债券市场开拍一案，现奉令暂从缓议，则经纪人所缴债券市场现金保证金自应一律暂行发还，相应函达，即希察照请即将该项保证金国币六八〇〇〇万元拨交本所具领，以便转发经纪人为荷，此致中央银行国库局。附清单一纸

规定经纪人牌号名称问题等，上海证券交易所与有关方面的来往函件(1946～1948)

上海证券交易所致各经纪人(个人)通函(1946年9月11日)

迳启者，查本所个人经纪人应以经纪人本人为限，今阅报载个人经纪人所登广告有只以证券号具名，而不载个人经纪人姓名者，与本所暂行营业细则规定个人经纪人之旨不合，为此，特专函通知，嗣后凡本所个人经纪人向外广告，必须载明"上海证券交易所第某号经纪人某某人(姓名)"字样，相应函达，即希查照为荷，此致贵经纪人(个人)

上海证券交易所登报公告(1946年10月24日)

查本所经纪人均经呈奉经济、财政两部核准注册，各客户委托交易，应认明核准注册之负责经纪人，以便自维权益。至经纪人设立营业所者，不论其为独资或合伙，所有招牌、广告、通知、通信等，均应载明核准注册之负责经纪人号数、名称或姓名，俾明责任，以符法令，而杜流弊。特此公告。

上海证券交易所致顾问律师徐士浩、秦待时、吴麟坤函(1946年11月16日)

迳启者：查本所对个人经纪人只认个人，不认字号，并规定经纪人不得转让，但个人经纪人中不乏设有证券字号，以为营业之所，证券字号，设过变故，经纪人犹可推卸责任不予承认，颇足引起纠纷。为谋经纪人责任分明起见，本所可否令个人经纪人取消所设证券字号、名称，改称"上海证券交易所第XXX号经纪人XXX营业所"，俾名实显然责任攸归，相应函达请烦查照研究示复为荷，此致徐顾问律师士浩，秦顾问律师待时，吴顾问律师麟坤。

上海证券交易所致上海市社会局、财政局、直接税局函(1948年4月21日)

查本所经纪人均经呈报财政、经济两部核准注册，发给营业执照，并规定经纪人不得转让有案，所有各经纪人名称，自应以本所给予抽定完之号数及部颁执照所载之名称为名称，其以证券字号为名称或且随时变更者，殊与规定不合，除分函重申规定外，关于各经纪人向贵局申请为□□登记时，应附具部颁执照影本，以"上海证券交易所第某某号经纪人某某某"为名称，不得改用其他任何名义，以符身份，相应函达，即希查照为荷。此致

稽核科四月十九日函：为签呈经纪人向本地主管机关登记时，应以部颁执照所载名称以防转让由。经纪人牌号不得出租转让，两部曾有训令，密查经签呈意见四点，凡个人经纪人应以个人为主体，不得合伙组织设立字号，以防转让在卷，查现时个人经纪人均已有字号之设立，依法应向社会局为商业登记，财政局为牌照登记，直接税局为纳税登记，倘登记时以其现行之合伙字号为名义，则将来尚须再加更改，否则与本所规定似有抵触，本所似宜事先行文各有关机关，凡本所经纪人申请登记时应根据部颁营业执照所载名称即"上海证券交易所第XX号经纪人XXX"，不得用任何其他名称，以符合其身份，是否有当，敬请鉴核。谨呈杨协理。

稽核科：汪治　四月十九日

上海市社会局致上海证券交易所函(1948年6月8日)

接准贵所发总字第四四三三号来函以经纪人于请准商业登记后,如因自动申请歇业,或因案奉令撤销注册或经纪人退伙暨死亡等情事,致丧失其经纪人资格时,应将领营业执照呈缴注销商业登记,亦应予以撤销等情,经查经纪人如有上项情事,则其营业特权即已丧失,自应声请撤销商业登记,相应函复,即希查照为荷。此致　　上海证券交易所　上海市社会局启

中华民国三十七年六月八日

上海证券交易所经纪人公会的成立、公会章程和理监事名单(1946年～1948)

上海证券交易所经纪人公会致上海证券交易所函(1946年10月23日)

迳陈者,查本会于本年十月十九日召开成立大会,通过章程,并选举理监事,揭晓结果,计当选陈静民、俞明时、吴礼门、杨元恺、裘良圭、史久栽、林宗靖、胡静秋、朱鼎彝、俞明岳、沈光衍、苏佩昭、董莱荪、袁虬初、曹懋德、徐振清、郑学诰、吴国英、朱传汉、杨锡卿、龚礼逵、金诵甘、卢德绶、周汉卿、穆壮武等二十五人为理事,吴文会、吴士森、朱达君、王乃徐、朱开颐、龚懋德、洪赉成、邱钰麟、胡铭绅、刘梧斋、刘柏森等十一人为候补理事,杨长和、吴志廉、阮公纯、俞子毅、韩继湘、王仕丹、汪一鹗等七人为监事,王馨迪、张丹秋、王叔升等三人为候补监事,旋于本月二十一日第一次理监事联席会议互选陈静民、俞明时、林宗靖、吴礼门、史久栽、裘良圭、沈光衍、胡静秋、杨锡卿等九人为常务理事,阮公纯为常驻监事,复经同日第一次常务理事会议互推陈静民为理事长,除章程俟印就另陈外,相应报请查照为荷,此致上海证券交易所。

上海证券交易所经纪人公会理事长:陈静民

中华民国三十五年十月二十三日

上海证券交易所呈财政部、经济部函(1947年10月20日)

为呈送经纪人公会章程转请备案由

查属所经纪人依照属所暂行营业细则第三十一条之规定,组织经纪人公会,业于三十五年十月十九日成立,旋据该会通过章程录送属所认可,经核尚应斟酌修正,爰与该会迭次商酌删改补充,以期尽善。兹据该会三六年十月十四日函,送缮正章程一式六份,请察转备案前来。业经属所复核认可,除分报外理合检同该会章程一份,具文呈报。敬祈鉴核备案,谨呈部长。

上海证券交易所理事长杜镛

附呈经纪人公会章程一份

(附)上海证券交易所经纪人公会章程

第一章　总则

第一条,本会根据上海证券交易所暂行营业细则第三章之规定组织之,定名为上海证券交

易所经纪人公会。

第二条，本会以增进会员营业上之共同利益及矫正一切弊害为宗旨。

第三条，本会会所设于上海证券交易所内。

第四条，本会之公告应揭示于本会会所或登载于上海通行之日报。

第二章　会务

第五条，本会办理之会务如左：

一、会员间或会员与非会员间争议之调解事项。

二、上海证券交易所暂行营业细则规定之公断及评议事项。

三、有关证券交易所法规及办法之研究改善与建议事项。

四、会员对委托人收取佣金标准之拟定事项。

五、有关本业之各项研究与调查统计及刊物编辑出版事项。

六、会员业务规约之厘订事项。

七、会员纪律之维持事项。

八、会员权利之维护事项。

九、会员福利事业之举办事项。

十、其他有关事项。

第六条，本会办理会务情形每年应编制工作报告分发各会员。

第三章　会员

第七条，凡上海证券交易所之经纪人均为本会会员，法人经纪人以上海证券交易所转奉核准之代表为会员代表。

第八条，凡本会会员均应填具入会志愿书，会员对于入会志愿书内所填各项如有变更时，应于五日内书面报告本会更正之。

第九条，会员设置之代理人及营业员之任免均应报明本会以资备查。

第十条，本会会员应享之权利如左：

一、选举权及被选举权。

二、提出议案及表决权。

三、请求为本身合法利益之维护。

四、依法令及本会规章所载各项应享有之一切权益。

第十一条，本会会员应尽之义务如左：

一、遵守一切有关法令及上海证券交易所各项有关章则公告，与本会一切章则及决议之规定事项。

二、担任本会推举或选派之职务。

三、应本会之咨询及调查。

四、按期缴纳会费。

五、准时出席本会各项会议。

第十二条，本会会员有违反有关法令及上海证券交易所各项有关章则公告与一切章则决议之行为者，得经本会会员大会或理监事联席会议之决议，轻者予以警告，重则停止其应享权利。

第十三条，本会会员丧失其经纪人资格时应即退会。

第十四条，本会会员退会时，其已缴各费概不退还。

第十五条，本会会员为维持业务纪律及同业信誉起见，应切实遵守一切法令章则及本会业务规约。

第四章　理事监事及职员

第十六条，本会设理事二十五人，候补理事十一人，监事七人，候补监事三人，均由会员大会用记名投票选任。

候补理事及候补监事以次多数任之。

第十七条，理事、候补理事、监事、候补监事任期均为一年，连选得连任。

第十八条，理事或监事如遇缺额时，以候补理事或候补监事依次递补，以补足前任之任期为限。

第十九条，理监事因左列情形之一应予解职：

一、因不尽职责，经会员大会决议将其解职者。

二、因不得已之事故自请解职者。

第二十条，理事组织理事会互推九人为常务理事，由常务理事中互推一人为理事长、常务理事轮流常务办公，其细则另订之。

第二十一条，监事组织监事会互推一人为常务监事。

第二十二条，监事及候补理事均得列席理事会，理事及候补监事均得列席监事会，分别陈述意见，但无表决权。

第二十三条，理事会议每月举行一次，常务理事会议每两星期举行一次，遇有必要时均得召开临时会议，均由理事长召集之。

第二十四条，监事会议每三月举行一次，必要时得举行临时会议，均由常务监事召集之。

第二十五条，理事会议、常务理事会议、监事会议开会时，须有理事、常务理事、监事过半数之出席，其决议均应依出席人数过半数之同意行之可否，同数时取决于主席。

第二十六条，理事会议、常务理事会议之主席均由理事长任之，理事长缺席时，互推常务理事一人代之，监事会议之主席由常务监事任之，常务监事缺席时，互推到会监事一人代之。

第二十七条，理事会议、常务理事会议、监事会议遇有事实上之需要时，本会重要职员亦得被邀列席以备咨询。

第二十八条，本会对外以理事长为法定代表人。

第二十九条，理事会议、常务理事会议、监事会议决议事项，均应记入决议录，由主席签名盖章，保存于本会。

常务理事会议决议事项相应报告于理事会议。

第三十条，本会理事、常务理事、监事遇有开会不能出席时，得委托其他理事、常务理事、监事付与全权代表到会，如既不出席亦未委托代表者，则对于决议事项事后不得主张异议。

第三十一条，本会理事会议、常务理事会议、监事会议之职权如左：

甲、理事会议：

一、执行会员大会议决事项

二、会务之规划与确定事项

三、预算之核定事项

四、决算之核定及决算书表之编制事项

五、会员大会之召集及议案之审定事项

六、秘书主任之任免事项

七、各项重要章则之制定事项

八、每年工作报告之编制核定事项

乙、常务理事会议：

一、本会日常会务之处理事项

二、理事会议议案之提议事项

三、应经理事会议核定事宜之审查事项

四、应经理事会议提出于会员大会讨论事宜之草拟事项

五、理事会议授权办理之事项

六、理事会通常事务之处理事项

七、秘书主任待遇之规定事项

八、核定及计划本会重要事项

九、各项重要报告之审核事项

十、重要契约之签订事项

十一、其他重要事项

丙、监事会议

一、监察理事或职员之职守事项

二、财产情形之检查事项

三、款项出入之稽核事项

四、理事会提出会员大会请求承认之决算书表之审核事项

五、文件簿据之查阅事项

六、其他监察事项

第三十二条，监事对于监察事项得各自行使职务及报告意见，但属于监事会之事务，应以过半数之同意行之。

第三十三条，本会经理事会议之决议得随时设置特种委员会办理指定事项。

第三十四条，本会设秘书主任一人，秉承理事长、常务理事处理日常会务，由理事长提请理事会议任免之。

第三十五条，本会得视事实需要分组办事，并设办事人员若干人分办各项事务，均由理事长任免之。

第三十六条，本会组织规程另定之。

第五章　会员大会

第三十七条，会员大会每年于二月底以前召开一次，由理事会定期召集之，必要时或经会员十分之一以上请求时，理事会得随时召集临时会员大会。

第三十八条，会员大会开会时，除有特别规定者外，须有会员过半数之出席，其决议以出席会员过半数之同意行之可否，同数时，取决于主席。

第三十九条，会员大会之主席由理事长任之，理事长缺席时，互推到会常务理事一人代之，临时会员大会之主席由到会会员公推之。

第四十条，会员大会决议事项应记入决议录，由主席签名盖章保存于本会。

第四十一条，会员不能出席会员大会时，得出具委托书委托他会员付与全权代表到会，但每一会员至多以代表会员二人为限，如既未出席亦未委托代表者，对于决议事项事后不得主张异议。

第四十二条，理事会应将左列书表及监事会查核报告书提交会员大会请求承认之：

一、工作报告书

二、资产负债表

三、财产目录

四、前届收支决算书

五、本届收支预算书

第四十三条，会员大会对于左列各款事项之决议须以全体会员三分之二以上之出席，出席会员三分之二以上之同意行之，如遇出席会员过半数而不满三分之二时，得以出席会员三分之二以上之同意为假决议，将其结果通告各会员，定期重行召集会员达会议决行之：

一、变更章程

二、第十九条规定理监事之解职

第四十四条，会员大会对于不尽职守之职员得决议罢免其职务。

第六章　经费及会计

第四十五条，本会经费分左列三种

一、入会费

二、月费

三、特别费

第四十六条，本会经费之数额及征收方式由理事会决定之。

第四十七条，本会每届年终办理决算一次，其应行编制之各项决算书表，依照第四十二条之规定办理之。

第四十八条，本章程未尽事宜得随时修改之。

第四十九条，本章程经会员大会通过后，送经上海证券交易所认可，代呈经济、财政部备案后施行，修正时亦同。

经纪人公会致上海证券交易所函(1948 年 3 月 1 日)

迳启者,查敝会于本年二月二十八日召开第二届会员大会,改选理监事,经揭晓结果,计当选穆壮武、杨长和、沈光衍,林宗靖,杨锡卿,龚懋德,龚礼逵,吴礼门,裘良圭,周汉卿,史久裁,曹懋德,胡静秋,王? 徐,董莱荪,施子敏,朱开顺,郑正伟,朱玉龙,黄国栋,徐懋棠,罗殿臣,胡铭伸,俞明时,陈永霖等二十五人为理事,陈国华、苏佩昭、俞明岳,朱传汉,韩继湘,刘柏森,吴国英,邹长春,表虬杨等 9 人为候补理事,陈静民、吴仕森葛庆祺,张裕昆,朱鼎彝,周卜忍,尹东升等七人为监事,吴志廉马燮元,陈万里等三人为候补监事,除理事长、常务理事、常驻监事容候推定,再行函陈外,先此报请查照为荷,此致上海证券交易所。

上海证券交易所经纪人公会

经纪人公会致上海证券交易所函(1948 年 3 月 6 日)

迳启者,敝会于本年三月五日召开第二届第一次理监事联席会议,即席推选王乃徐、杨长和、裘良圭、林宗靖、龚懋德、周汉卿、朱玉龙、朱开颐、施子敏等九人为常务理事,朱鼎彝为常驻监事,并于同日举行第二届第一次常务理事会议,公推王乃徐为理事长,用特函报即希查照为荷,此致上海证券交易所。

上海证券交易所经纪人公会

上海证券交易所经纪人公会通函(总字第 77 号)(1948 年 3 月 6 日)

为该会改选理监事业经揭晓希查照由

迳启者,查本会于本年二月二十八日召开第二届会员大会改选理监事,经揭晓结果计当选穆壮武、杨长和、沈光衍、林宗靖、杨锡卿、龚懋德、龚礼逵、吴礼门、裘良圭、周汉卿、史久裁、曹懋德、胡静秋、王乃徐、董莱荪,施子敏,朱开顺,郑正伟,朱玉龙,黄国栋,徐懋棠,罗殿臣,胡铭坤,陈永霖、俞明时等二十五人为理事,陈国华、苏佩昭、俞明岳、朱传汉、韩继湘,刘柏森,吴国英,邹长春,表虬杨等九人为候补理事,陈静民、吴仕森,葛庆祺,张裕昆,朱鼎彝,周卜忍,尹东升等七人为监事,吴志廉,马燮元,陈万里等三人为候补监事,于三月五日召开第二届第一次监事联席会议,即席票选王乃徐、杨长和、裘良圭、林宗靖、龚懋德、周汉卿、朱玉龙,朱开颐、施子敏等九人为常务理事,朱鼎彝为常驻监事,并于同日举行第二届第一次常务理事会,公推王乃徐为理事长。

除记录在案外,相应函达即希照为荷,此致,众会员,

中华民国卅七年三月六日

经纪人公会对上海证券交易所有关业务等方面的建议和联系事项(1946年)

经纪人公会致上海证券交易所函(1946年10月30日)

为缕陈证券市场市面不振各会员营业清淡之症结所在及其挽救办法希采纳由

溯自贵所开业以来,迄逾匝月,市面不振,本会各会员业务清淡,入不敷出,赔累至钜,不谋挽救,势频绝境,其影响政府倡导资本市场,圆滑经济振兴实业之宏旨,实非浅鲜,心所谓危不容缄默,爰将症结所在敢为缕陈于左:

(一)本会各会员为财政、经济两部核准之经纪人,其经营证券乃为合法业务,在政府立场,自应对于各经纪人能有明确保障,非经纪人而为证券之买卖者应予严厉取缔,如此则目前之场外黑市交易亦可消灭于无形,而本会各会员之业务自可得有保障,能有复苏之望。

(二)目前经营场外黑市之所以盛行者,其主要原因为开做期货(每日贴息方法而不为实货之收解,多方每日贴出日息一角四—五分,空方每日贴进日息一角左右,买卖双方只收佣金千分之一,且可免税)及现货交割手续之简捷,(当日银货两讫),其吸引力之伟大不可言喻,本会各会员咸认欲谋业务之发展,其夫转变目前市面之生气,厥惟从速试行六天,遞延交割之办法,使外埠有志投资者便于买卖调拨头寸,亦可从容应付交易或可赖以繁荣。

(三)自设营业所之营业员流弊殊多,助长黑市,除妨害本会各会员之业务甚巨外,其对于交易所法似亦有所抵触,且目前交易清淡,原有各经纪人似已嫌过多,实无再行设置营业员之必要,为维护本会各会员之权益起见,应请贵所暂缓办理营业员之登记。

(四)本会各会员之交易全赖电话传递,而其中对讲电话尤占重要,以其运用灵便为效,迅速实为不可或缺之工具,在贵所筹办之时,为杜弊起见,将以前各经纪人之对讲电话及自动电话线概予截断,并规定申请装置办法,以致迄至目前大部分经纪人之电话,尤未能尽量恢复影响业务至深且巨,切盼贵所能尽速将以前截断之各经纪人对讲与自动电话予以恢复,而对于各经纪人申请新装电话勿论对讲或自动者,均予迅速照装,以便应用而利市况之圆滑。

(五)目前本会各会员之业务清淡,不容讳言,虽尚有其他因素,惟上列各点尤为重要,而其最关各经纪人切肤之痛者,莫如现金保证二千万元之呆滞不能运用,当此高利贷时会之下,为减轻负担起见,一致要求将此项现金保证亦予改用银行保证办法,良以各会员资金周转在在需要,而此巨款现金每月坐耗拆息三〇〇—四〇〇万元之巨,良深痛苦。

(六)查证券市场之欲求发展,必须设法导游资于证券一途,所谓利导之法,似宜对于投资于证券者,政府予以种种便利,如由国家银行订定办法,可以低利押款与证券持有人,务使人民乐于投资证券而改变囤积之风,是则物价涨风可戢而产业资本得以正当寻求证券市场,其可繁荣当能预卜也。

窃查本会各会员与贵所唇齿相依,关系紧密,休戚相共,其兴替盛衰互为联系,瞻念前途良深,焦虑本同舟共济之旨,深望贵所对于上陈各节迅赐采纳,从速实施,是所企幸,临诸不胜迫切待命之至。

上海证券交易所经纪人公会理事长:陈静民

上海证券交易所经纪人公会致上海证券交易所函(1946年11月9日)

为函陈各点应请查照办理并希赐复由

迳启者,兹有左列各点应请查照办理,并希赐复为荷:

(一)查本会为发展业务挽救危机起见,曾拟具改进办法六点,缮成节略一份面陈贵所王总经理,携京向有关当局商洽要求实行,兹悉贵总经理业已返沪,对于前项办法迄尚未奉正式答复,良用焦虑,为特专函奉达,即请查照见复。

(二)查贵所市场内所装电话及号码电灯系贵所营业上必要之设备及装置,所有费用自应由贵所负担,兹据各会员纷来报称,接奉贵所通知派缴押柜,群情惶惶,殊难承担,应请贵所收回成议,以减轻各会员之额外负担而示体恤。

(三)为便于在营业时间内与在场各会员联络起见,拟请贵所发给入场证章两枚,以资应用。

(四)递延交割闻将实行,各会员已缴之保证金五千万元拟请贵所准予移抵用作递延交易之证金,并规定其递延交易额在一万五千万元以内,不再加缴保证金。

(五)停业经纪人已缴之现金保证金应请贵所尽速发还,以免赔累。

(六)前贵所筹备委员会出给本会各会员现金保证金之临时收据,请从速换给正式收据以清手续而昭郑重。

(七)各会员缴付银行保证者,迄未领到营业执照,请贵所从速发给以利业务。

以上各点除经本会第四次常务理事会议议决记录在卷外,相应函请贵所迅予核办,无任公感,此致上海证券交易所。

上海证券交易所经纪人公会理事长:陈静民启

十一月九日

上海证券交易所致函未上市交易各经纪人,限期上市交易及补收经手费案(1946~1947)

上海证券交易所致未上市各经纪人函(1946年11月8日)

迳启者,查本所开市以来,贵经纪人从未入场交易,依照本所暂行营业细则第八十九条规定,经纪人于取得资格后两个月,仍不在本所交易者,应加处分,相应函达,请于本年十一月十六日前入场交易,否则得受上项规定之裁制,至希发照为荷,如有特殊情形,不能入场交易者,望即声述前来,以凭核办,此致,第一二八号经纪人吴正、第一〇三号经纪人上海东南信托公司、第一五三号经纪人刘亮畴、第一二〇号经纪人和成银行、第二〇八号经纪人符荣贵、第一二四号经纪人利安洋行、第二二七号经纪人陶寿炤、第一四七号经纪人中国实业银行、第六号经纪人新丰公司、第一八二号经纪人永德证券公司、第九十三号经纪人川盐银行上海分行、第一九五号经纪人中央信托局

上海证券交易所致各经纪人函(1947年3月19日)

迳启者,本所暂行营业细则第八十九条暨同条十项规定经纪人每六个月所付本所经手费,平均每月不满三十万元者,得呈请停止其营业或撤销其注册,兹查贵经纪人自本所开业以来六个月内,(自三五年九月十六日至三六年三月十五日止)所缴本所经手费共□□元,平均每月不满三十万元,自应照章办理,但如有特殊理由应请详函声叙,并将六个月最低限额之经手一百八十万元,予以补缴足数,经本所认可者当可例外,相应函达,即希查照见复为荷。此致 第××号经纪人

中华民国三十六年三月十九日

上海证券交易所关于通知各洋商经纪人依限完成法人经纪人登记程序、缴销临时营业执照、换发新照的来往文件(1947年)

上海证券交易所发各洋商法人经纪人(1947年3月3日)

迳启者,查本所法人经纪人其属外商公司者,应经合法注册取得中华民国法人之资格,贵公司申请为本所法人经纪人,并经转奉核颁临时经纪人执照,并奉批准"依规定应自三五年九月九日起六个月内完成法人登记程序,再行换照,逾期此照作废"等字样。据照上项注语,至三六年三月八日适为六个月,如贵公司法人登记已经完成,请将原发临时执照及核准登记文件摄影本送所,以便转呈换照,否则应将临时执照缴还本所,转呈撤销,相应函达,即希查照办理并见复为荷,此致,第六号经纪人新丰公司、第五十四号经纪人新中庸洋行、第七十九号经纪人久大证券公司、第八十一号经纪人久和公司、第一二四号经济人利安洋行、第一二六号经纪人合盛公司。

上海证券交易所呈财政经济部函(1947年4月20日)

为呈复各临时经纪人办理法人登记情形请鉴核由。

奉钧部通知,以中国信托公司等十二家前经姑准为临时经纪人,核发营业执照并限于六个月内完成法人登记程序,现已逾期,饬酌定期限,责令迅请登记,并将办理情形具报等因,查列示临时经纪人十二家内中康登股票公司、永德证券公司、好华公司、亿佳公司及海维公司等五家,业经撤销注册,并将各该临时经纪人执照先后以总字第四一四、七七九及九五〇号文呈送注销在案,其余七家曾经分别通知办理,据分报办理情形如左:

一、中国信托公司前已领得财政部三十五年八月外银字第六号执照,同年九月复向经济部呈请登记,迄今未奉批示,是否可以根据财政部所颁外银字第六号执照呈请换照。

二、合盛公司已呈奉上海市社会局批复仰依法声请设立登记,正在续向经济部申请登记中。

三、利安洋行已委托汤笙会计师代办申请登记手续。

四、久大证券公司已委托中信会计师事务所代办申请登记手续。

五、新中庸洋行已向上海市社会局申请登记中。

六、久和公司已委托大同法律会计事务所呈请上海市社会局转呈经济部申请登记。

尚有新丰公司一家，其办理情形尚未据报，除再催询并俟各该临时经纪人将法人登记完成后，即行呈报换照外，理合呈复鉴核谨呈。

上海证券交易所理事长 杜镛

上海证券交易所呈财部、政经济部函(1947年7月3日)

为呈复临时经纪人办理公司登记情形请换发久大证券公司及新中庸洋行新照祈核示由。

查属所临时经纪人办理法人登记一案，前经呈奉钧部批示，限文到一个月内完成公司登记程序，否则即予撤销临时经纪人资格，仰遵照办理具报等由，当经转知各临时经纪人遵照，其中中国信托公司一家业经呈奉批复换发注字第二六三号执照，合盛公司、利安洋行及久和公司三家，已据函报告完成公司登记程序，并于本年六月十二日检同临时经纪人执照暨换照费等以总字第一六八三号文呈请换照在案，兹将其余三家办理情形分报如左：

（一）久大证券公司已经□□部颁给有限公司设字第三四八号执照，兹附呈设字第三四八号执照摄影本一纸，註字第二十七号临时经纪人执照一件，换照费国币五万元，请予换发新照。

（二）新中庸洋行函报已奉□□部京商三十六字第五三〇三一号批示，准予设立并颁发设字第四二八号执照，惟该项执照系令由上海市社会局转给，尚未奉到。兹附呈注字第二十八号临时经纪人执照一件，换照费国币五万元，拟请换发新照，公司登记执照摄影本如须补呈，俟该经纪人奉到摄就送所另行呈送。

（三）新丰公司公司登记据函报已于去年十二月初呈请上海市社会局转呈核办，曾奉该局本年一月八日批示开"呈件均悉，费款照收，所请设立登记已转呈经济部核办矣，仰即知照，费照存转"等由，并附送批示影本，请求转呈，勿予撤销临时经纪人执照，并准予换照前来，该公司登记手续是否即可核准，无从臆测，应如何办理，请核示，理合检同(一)、(二)两项附件具文呈复，敬祈鉴核示遵，谨呈□□部部长。上海证券交易所理事长：杜镛。

附呈注字第二十七、二十八号临时经纪人执照各一件，换照费国币十万元中国银行汇票一纸。

上海证券交易所通知各经纪人关于在股票市场设置巨额交易柜台并配给对讲电话案(1947年)

上海证券交易所致配给巨额柜台电话各经纪人函(1947年2月6日)

迳启者，本所兹拟在股票市场中央设置巨额交易柜台，暂做永纱、信和及新光等三种股票，成交单位暂定为五万股，限做递交，并在该柜台上装置对讲电话二十五架，配给最近两期交易较旺之经纪人，以后每月根据交易额调整配给一次，藉示公允，查贵经纪人最近两期交易数额合于上项配给标准，希于本年二月十日下午一时前具函本所登记并缴纳拆装电话工费国币十八万五千元，逾期不来登记作放弃论，即以交易额次多数者递补，相应函达，即希查照为荷。

此致

第××号经纪人

中华民国三十六年二月六日

上海证券交易所致第一三七号经纪人管润身函(1947年2月13日)

贵经纪人本年二月十一日大函只悉，查本所此次试设巨额柜台，因限于地位所装对讲电话系采配给法，配给标准有二：(一)以经纪人所交经手费总额之多□排定名次配给，(二)以经手费除内转账部分之金额排定名次，除按第一标准已选配者外，其余依次补上，共得三十九名，均已交纳拆装电话工费，并抽定电话位次，贵经纪人以不合上列两项标准，故未配给，深为遗憾，惟上项办法规定每月按实际成交额调整一次，以示公允，今后只须增加经手费或遇增加配给额时，自有列入配给之机会，相应函复，即希亮查为荷，此致第一三七号经纪人管润身先生。

上海证券交易所经纪人公会致上海证券交易所函(1947年2月27日)

迳启者，前为贵所设置巨额交易柜台并配给电话事，迭据敝会会员声称其办法似欠公允，请予设法改善，藉谋机会均等，经于本月十日交字第二十八号函达，查照洽办在案，兹距今半月有余，仍未见复，敝会各会员纷纷来会就询，用再函达，即希查照见复，以凭转知为荷。此致

上海证券交易所

六、政府的证券监管

(一) 抗战爆发前的政府证券监管

上海市钱业公会不参加总商会组织关税公库促成会(1926年)

上海总商会致函上海钱业公会(1926年2月19日)

组织关税公库促成会。

迳启者,兹为保管关税公库及合伙商业股东责任问题,定于本月二十日下午三时在本会召开各业代表会议,为特专函通告,事关重要,务希贵业代表准时与会,共抒伟议,万勿却延,是为至□□□请

公安

上海总商会

中华民国十五年二月十九日

上海总商会致函上海钱业公会

敬启者:我国关税之款受客卿操持由来已久,存诸外国银行独享孑金余利,按历来国库空虚,商贾逊色,一究病源皆基于此,本会等杞忧已久,幸有贵会洞明内容,力促政府收回关税特权,京津汉遂群起响应,内外公债从此可望清理,而吾国金融界群享流通利益矣,近悉安格联总税务司到沪征询意见,对于贵会主张设立保管关税公库已至成熟时期,敝会等一再联席会议,不揣冒昧,为此公请贵会将收回管理各条必须郑重主持,以免事逾境迁,外人藉口,用特函陈,务希鉴察谨陈。

钱业公会公鉴

上海中央九路商界市民联合会

中华民国十五年二月二十一日

上海总商会致上海钱业公会函(1926年2月23日)

迳启者,关税公库事,上星期六各业代表联席会议议决公推两商会,银钱两公会四团体组织关税公库促成会,由四团体各推举委员,最多七人为函,函达务祈贵会推定委员姓名函报敝会,以便从速成立。至希查照办理,是为至祷,此致

上海钱业公会

上海总商会

中华民国十五年二月廿三日

上海总商会致上海钱业公会函(1926年3月9日)

迳启者,前经各业议决组织关税公库促成会,推南北商会,银钱两公会各举代表七人,曾经录案奉达,请为推举在案,兹县商会方面早已推定人员报告到会,务希贵会迅将推定人员姓名开示等任感盼。此致

钱业公会

上海总商会启

中华民国十五年三月十日

上海钱业公会复上海总商会函(1926年3月11日)

迳复者,两奉大函,以各业议决组织关税公库促成会,嘱敝公会推举代表开送姓名等因,敝公会曾于前日交会员会议,佥以此事关系重要,尚应考虑周详,现时不派代表各等语,相应函复,即请察照如荷,此复

上海总商会

上海钱业公会启

中华民国十五年三月十一日

上海总商会致上海钱业公会函(1926年3月13日)

迳启者,昨准大函以关库促成会委员尚待考虑,现时暂不派代表等因,查是项委员、县商会、银行公会与敝会均已推定,只待贵会方面举出,即可成立,乃读尊示暂不推派,以致不能进行,曷胜焦灼,此事系由各业代表共同议决,推举四团体办理,当时贵会代表亦经列席,一致赞同,无论如何应请勉循众意,共襄厥成,虽来示系经贵会会员议决,然只云暂不派代表,不过时间迟速问题,似尚非完全否决,现在他团体既已推定。事实势难延缓,贵会根据原议,经考虑后提早推定出席人员亦无与原议案根本相违之处,为特掬诚函达务恳查照,迅予推定,函复过会,以便从速成立,共策进行,无任公感,此致

上海钱业公会

上海总商会

副会长□□□

中华民国十五年三月十三日

上海总商会致上海钱业公会函(1926年4月29日)

迳启者,今日下午开关税公库委员会,到倪远甫、顾子槃、王晓籁、黄明道、李馥荪、徐新六、朱吟江、沈燮臣、虞洽卿、方椒佰、孙景西(倪远甫代表)、陈光甫、顾馨一诸君,讨论结果,公推陈

光甫、王晓籁两君担任起草委员会简章，以便下星期三再开会议时提出讨论，查是项委员会经各业代表联席会议议决，公推两商会及银钱两公会四团体组织，现县商会、银行公会及敝会均已推定代表，务请贵会根据原议迅推代表从速示知，以便下次开会时出席与议共策进行，是为只盼，此致钱业公会

上海总商会

中华民国十五年四月廿九日

上海钱业公会致上海总商会函(1926年5月1日)

迳复者，接准四月二十八日大函，以关税公库委员会业已起草委员会简章，下星期三再开会议，是项委员会经各业代表联席会议公推两商会及银钱两公会四团体组织，现两商会及银行公会均已推定代表，嘱敝会根据原纸，迅推代表等语，均已奉悉，查前次各业代表会议时，敝会长秦润卿君当场答称，兹事体大，须俟会议后再行奉开，嗣经致函声明敝业缓派代表莅临荷察照，伏思关税公库极为切要，诸公硕画宏谟，仝深钦仰，唯敝业于本届年会时，议决本公会嗣后非关本业之事，概不与开，公库委员会关系重大，非敝业所能担任，依照议决案，对于公库委员会未便推派代表参与，为此函复，即祈鉴核，并乞转达委员会为荷，此致

上海总商会

上海钱业公会

中华民国十五年五月一日

上海市钱业公会参加外商组织研究证券交易所交割方法委员会(1926～1927)

外国银行公会致上海钱业公会函译文(1926年12月30日)

迳启者，本月十七日，敝会召集委员会会议，因证券交易所之交割方法欠妥当，经议决拟组一委员会对于此事详细研究，筹拟妥善计划，俾该项交割得臻完美，此委员会拟由贵会、上海证券交易所、中国银行公会、汇丰银行及花旗银行会同组织，并由劳勃思君(译者)充该委员会秘书为荷，贵会同意即希公推代表一人加入，并盼示复为荷。

此致　　钱业公会会长先生

外国银行公会秘书劳伯恩启

上海钱业公会复函外国银行公会(1927年1月1日)

迳复者，按奉去年十一月三十日来函内开，贵会因另订交易所交割方法事，拟组一委员会请敝会委派代表列席等情均已聆悉，敝人并已将尊函于上次敝会会董会议时提出讨论，当经议决，委派卿润卿君为出席代表，惟秦君不谙西语，届时拟加派敝会顾问冯炳南君会同出席是否可行，即希示复开会日期，并盼见示为荷此上。

财政部公函(1931 年 12 月 15 日)

财政部公函　部字第三十三号

迳启者，查本部前以债市狂跌，鉴于金融前途深堪顾虑，特规定以上月二十四日收盘价格为最低价格以维债市，当经令饬监理员，转令华商证券交易所及证券物品交易所遵照在案，旋据华商证券交易所迭次呈请前来，以为长此限制买卖，失其平衡，且交割时期恐多纠纷，并历陈困难情形，请予取消最低价格，查此事关系金融至巨，拟请。

贵会召集各会员银行会同两证券交易所，妥拟办法，以期无负本部维护金融之本意，相应函达即希。

查照办理为荷，此致!

银行同业公会

财政部长　宋子文

中华民国二十年十二月十五日

上海华商证券交易所、上海华商证券交易所经纪人公会致上海银行公会函(1935 年 2 月 23 日)

上海华商证券交易所(上海汉口路)

敬启者，自财政部提议征收交易税以来，上海各交易税经纪人纷纷请求政府体恤商隐，分别缓免，旋由立法院审核修改，惟于国债一项并未特别提出豁免，敝所经纪人等迭次开会讨论以公债交易政府，若与普通公司股票同一征税，非特涉及苛细，开东西各国未有之创例，而于今日经济奇绌之际，复于国债推行之途加之束缚，瞻念国计，其危害实有不忍言者，为此不揣檮昧历陈种种，谨乞。

贵会据情呼篇，另附详稿尚希卓裁，并望即日赐予，代递实为公便，敬致

上海市银行业同业公会

上海华商证券交易所签

上海华商证券交易所经纪人公会启

中华民国廿四年二月廿三日

上海华商证券交易所致上海市银行业同业公会函(1937 年 9 月 22 日)

上海华商证券交易所(上海汉口路)

迳复者，接准

贵会九月十一日函开叠，据各会员银行面称，会员等向上海华商证券交易所所做八月份公债交易，照该所定章应于八月三十日交割，乃届时该所并不实行交割，至今时阅两星期，于八月

份交易如何办法亦无只字通知，查会员等此项交易多系买进七月份卖出八月份，原为套利营业，并非投机买空卖空，当七月份交割时，时局业已紧张，以素信交易所对于交易有确实保障，均如期备现收货。今该所于八月份交易既未责令买方收货，又未别筹办法，坐令失契约之时效，丧商场之信用，该所似不能不负其责，应请公会函催该所即日实行交割等语。查核所称系属实情，相应函请贵所迅予查明办理，并盼见复等情，查敝所八月份公债交易掉期至九月份系奉　财政部令，准办理节经录令公告市场周知在案，准函前因除据情呈请，财政部核办外，特先奉复即希。

查照为荷，此致！

上海市银行业同业公会

上海华商证券交易所签

中华民国廿六年九月廿二日

上海各会员银行关于华商证券交割事宜致函上海银行公会(1937年9月)

迳启者，前因八月份公债交易华商证券交易所延不交割，业由公会函催该所迅予交割，据闻该所尚未答复，日来突见报载上海华商证券交易所经纪人公会启事，略称八月期交易经本所公告，奉财政部令，准照八月十三日记账，价格掉至九月期，并由该会拟定办法：(一)按月息一分掉期一个月，照收佣金，更换成单；(二)自愿了结，得向所划账；(三)一律照收本、特证据金等语。殊深诧异，查此次沪战发生八月份，公债交易交割困难，日前由财政部召集关系方面讨论办法，经决定由交易所具文呈部请求延期交割，待时局稍定再行办理收交等语。当讨论时，会员等应有在座，以该所不能履行契约情有可原，延期交割应属无可如何讵料，报载该所公告延期交割已一变而为掉期，既大背讨论时原议，且查所定办法尤属只顾片面利益，不符事实法理，兹列举如下：一、际此长期抗战不能预期何日终了，每月次办此无谓而且繁重之手续，有何必要；二、交易所收取佣金原为业务应得，今谨此一笔交易而收取买卖双方无数次之佣金，该所仅须每月掉换成单计算利息，不负其他一切责任，每月即有优厚佣金收入，实为不当利得，在该所自计诚为得矣，其如无此情理何；三、八月交易数额甚巨，该所平时所收本、特证未知如何处理。今在此国难，金融极严重时期，再向买卖双方收取巨数本特证在未能顾全契约信用之，该所在此悠久之长时期中，有何保障管理之办法。

试阅略举上述三点掉期办法，已属绝对不能照办，会员等为仰体。

财政部当时讨论原议意旨及昭示公允起见，应由公会函请。

财政部迅赐将该所原定处理八月期交易办法予以纠正，一面另筹妥允办法，令该所遵办，至会员等之意一并略陈于下，藉供采择。一、所有八月期公债交易，照财政部讨论时原议一律延期至认为可行交割时，再行交割，卖方应得价款自八月份交割日起至实行交割前一日止，按月息一分计算，在交割时一并算给，原成单继续有效不必另办手续；二、照第一条办理后，有买卖双方自愿轧账了结者，即照报载经纪人公会所定第二条办法办理。

以上不过为补偏救弊起见，虽属公允而一时不获解决，倘为免于拖延，必须求一公允解决起见，应请大会另行议定。

以上所陈是否有当，此事于同业关系颇大，且为交易所买卖双方多数人之重要问题于金融甚有关系，本会职责所在，应请迅予召集会员大会，会商决定，无限企盼，此致！

上海银行业同业公会

提议行：中国、交通、农民、大陆、国货、盐业、金城、浙江兴业、浙江实业、四行储蓄会

26年9月21日

上海华商证券交易所呈财政部文(1937年9月25日)

呈财政部文

呈为呈请事，窃查上海华商证券交易所对于八月份公债买卖交易未能依照契约履行交割，前经该所呈准。

钧部援照一·二八沪战事变办法延期交割，原属事非得已，但一·二八沪战事变为时甚暂，今则我政府决定长期抗战，为时未可预期，当此国难，金融极度严重之时，该所倘能按照成例将买卖交易一律结价了结，俾各方直接可弗因长期抗战而使此项交易无期迁延，间接使各方资金长久呆搁，不能活动转于市面，金融多所影响。本埠其他各交易所处理期货买卖交易不乏先例，乃阅九月十七日各报载有该所经纪人公会启事，略称八月期交易经本所公告，奉 财政部令准照八月十三日记账价格，掉至九月期，并由该会拟定办法：一、按月息一分掉期一个月，照收佣金，更换成单；二、自愿了结，得向所划账；三、一律照收本、特证据金等语。依其所定办法只图片面利益，绝未顾及事实法理，试举其理由：一、际此长期抗战不能预期何日终了，转瞬九月将终，自必再请变更该所买卖交易，既未能顾全契约信用，每月反须办此繁重之手续似属无谓；二、交易所收取佣金原为业务应得，今谨恃此一笔交易而收取买卖双方无数次数之佣金，该所只须每月掉换成单计算利息，不负其他一切责任，每月即有优厚之佣金收入，实为不当利得；三、八月期交易数额甚巨，该所平时所收本特证据金未知如何处理。今再向买卖双方收取巨数本特证据金，在此悠久之长时期中，有何保障管理之办法。基于上述各节，该所虽有公告闻买卖双方，仍多未照实行，属会会员亦深以此事与同业关系颇多，且为交易所买卖双方多数人之重要问题，关涉金融更巨，纷请召集会议，当经属会于本月廿一日召开全体银行业会议，详为讨论，佥以该所公告办法，显有因缘为利之嫌，似非有以纠正不足以昭公允。同时，并认此事解决之方，不外结价了结与延期交割两途，如结价了结，则按八月十二日记账价格并加算自八月三十日至结价日之利息，一切即不成问题，否则八月期交易即应遵照当初。

钧部召集各关系方面讨论时原议一律延期至认为可以交割时，再行交割。所有买方应贴于卖方按月一分之利息，自八月份交割日起至实行交割前一日止，在交割日一并算给，原成单继续有效，不必另办手续，如买卖双方有自愿轧账了结者，即照报载该所经纪人公会所定第二条办法办理。总之，延期交割办法仍系暂时性质，究应如何统筹解决之方以免长此拖延，素仰。

钧部高瞻远瞩定必早谋及此区区一得之愚，无非聊供。

采择是否，有当理合，呈请。

斟酌施行实为公便，呈财政部

具呈人：上海银行业公会主席　吴□国代。

财政部批复：

批令该所将掉期至九月份全部交易如期办理交割。

财政部批　沪钱字第三十四号

批上海市银行业同业公会

呈一件为上海华商证券交易所对于八月份公债买卖交易未能依照契约履行交割，究竟应如何统筹解决之方，呈请察核施行由。

呈悉查此案业据华商证券交易所呈请核示到部，经部查核为履行契约免除纠纷，批令该所将掉期至九月份全部交易如期办理交割在案，仰即知照。

此批

中华民国二十六年九月廿六日　　部长：孔祥熙　　政务次长：□琳代拆代行

上海华商证券交易所致财政部函（1937年10月）

呈为沥陈经纪人交割困难情形恳请延期，仰祈鉴核示遵事案奉，钧部沪钱字第卅二号批令内开，呈悉并拨上海市银行业同业公会及该所经纪人公会请示到部云云，照录原文以资结束，除分别批示外，仰即遵照办理，具报此批等因，本所遵即函知经纪人公会并公告市场，定于九月二十九日办理交割，去后各经纪人以抗战时期，金融停滞，战区及外埠委托人或流离失所或通讯为难，几经会商困难，实多无法遵办，遂致停顿，旋经银行公会提议，由官商银行各推代表三人与本所及经纪人代表各三人会商办法，本所派理事尹韵笙、沈长赓、邹驾白，经纪人推朱达君、吴礼门、杨叔鼎为代表。兹据报告声称本月十三日十五日，由银行公会秘书长林康侯先生邀集，在银行公会集议。韵笙等代表本所及经纪人参加会议，先由经纪人代表就交割困难各点详细陈述，银行代表深为谅解，元将各银行应交之额约九千万元左右，照部定限价收回，而其余四五千万元，尚无着落，乃就其他变通办法尽量交换意见，念认一部交割改属不宜，全部交割实无善法，惟有全部结价，可以解除各方责任，不过，交易所法无此规定，本所亦无先例可援，关系金融机构之前途信用，尚有待于更进一步之讨论。其次，为延期交割，将现存交易延期至廿七年二月一日交割，一月卅一日应收之息票归卖方收取，抵充五个月之延期利息（八月底至一月底约合月息八厘）。如在二月一日以前局势好转，则随时提前办理，其利息照月息一分计算，即以此两项办法留待经纪人公会与本所商决后，于十月十七日召集经纪人全体会议，将两次会商经过情形向众报告，并以交割问题，经纪人首当其冲，无论如何困难，总宜商决办法，不应议论纷纭，再事延宕，嗣经各经纪人发表意见，一致表决延期至二月一日交割，会后报告林康侯先生，请其转商各银行代表之谅解，并约期会议具体办法。昨得面复，已经分别转达，不必再行会商，嘱转请本所根据经过情形呈请财政部核夺，此韵笙等代表本所出席会议及商决延期交割之经过情形也。惟本所对于经纪人之八月份交易已经照八月十三日之记账价格以月息一分掉期至九月份，而经纪人对于委托人之掉期手续尚未完全照办，价格参差，月期不一，如果统称以第四期公债息票抵充，延期利息不但计算不便，后恐易滋纠纷，似应规定适当利息，以便共同遵守等情，据此查九月份现存交易自应遵令办理交割，属所多方设法努力进行，困难多端。迄未就绪。而经纪人所处环境困难亦像实情，勉强办理所有纠纷，既经银行界及各方之谅解，酌量展延似尚合理，并与钧部体恤商银，免除纠纷之函意，亦不违背，谨将交割困难及商决延期经过备文转呈。鉴核所有延期利息计算方法，另至附陈统祈。批示，请祈谨呈。

财政部

上海华商证券交易所理事长　张○○

中华民国廿六年十月廿九日

财政部致上海证券交易所函（1938年2月21日）

上海银行业同业公会览据上海华商证券交易所理事长张文焕呈称，据经纪人公会函，以展期至本年2月交割之该所期货交易，现仍以沪市环境办理困难，请准照上年八月十三日记账价格连同九六公债结价了结，转呈准如所请等情，经部查核所请，既经该所经纪人公会申请，并经该所复核转呈，为结束悬案，免除纠纷起见，姑准如所请办理。除批示并分行外合函电仰该公会转行各银行知照财政部艳汉钱叩。本□议决□转各银行。

上海银行业同业公会执行委员会决议案（1938年3月7日）

关于上年八月份展期至本年二月交割之公债期货交易

上海市银行业同业公会执行委员会决议案，廿七（年）、三（月）、七（日）、下午二时

吴常委蕴齐主席

主席报告，查关于上年八月份展期至本年二月交割之公债期货交易，现本部令准照上年八月十三日记账价格结价了结，刻正由经纪人公会办理结价手续，查该会会议有办法数项，兹择其与我银行业有关系者三点（照录检项）提出讨论，请公决一致办法：

一、佣金　八月份交易照了结计算两面收佣；

二、垫付证金利息　经纪人代客户所垫付每万票面特证六百元按月五厘计息算收；

三、领回套利中签红票，应仍请代表会尽力向各银行设法掉回。

议决：

一、八月份交易佣金，本会各银行准照中之交、农已令办法一律以一二五算给；

二、垫付证金计息及领回套利中签红票两项，本会各银行未梗□难承认照办。

附带议决一项

查此次八月份公债期货交易，现既遵照部令结价了结，仅经纪人中对于本会各银行经手交易有未能为期了结者，应由各该银行迅予诉追。

经纪人公会议案(1938年3月)

本次大会通过结价了结办法如下：

本日大会议决通过结价了结办法如下：

佣金，八月份交易照了结、计算两面收佣；

垫付证金利息，经纪人代客户所垫付每万票面特证六百元按月五厘计息算收；

垫款手续及盖章，由经纪人具函请公会收付，归还垫款并复函证明；

垫款商垫，经纪人因在非常时期金融紧缩，对于垫款得向委托人商垫；

未来抽还事宜，向交易所商办每经纪人过户时加用经纪人公会入会志愿书一份，过户介绍人须负责解释垫款义务；

套利垫款，垫款不敷再由套息交易之经纪人加垫之数，请大会追认加入前垫之款合并计算偿还；

计算办法，九六自八月至一月照五月计算，按月贴息角统一照八月十三日记账价格结价，所前八月至九月交易所向经纪人收付差金，照数找回；

关于套利中签红票领回一事，应仍请代表会尽力向各银行设法掉回，并将各号中签数额抄示公会，以便汇集。

(二) 汪伪政府对上海证券市场的监管

汪伪政府行政院实业部咨伪上海特别市政府(1943年9月16日)

为会衔再修正交易所监理员暂行规程一案咨请查照由

国民政府行政院实业部咨，商字第九三九号

查交易所监理员暂行规程，前经本部会同财政部于民国三十年十一月七日修正公布，并呈请行政院备案各在案，兹以前项暂行规程第一条，尚有未臻完善之处，实有再行修正之必要，当经本部会同财政部拟定，于该条条文后，增添一项，文曰："上项设有交易所地方，于必要时得设置交易所监理委员会，其组织规则另定之"等语，以便实施，除会衔公布暨呈咨函令外，相应检同再修正交易所监理员暂行规程一份，咨请查照，为荷！

此咨

上海特别市政府

部长：梅思平

计附送：再修正交易所监理员暂行规程一份

中华民国三十二年九月

附　交易所监理员暂行规程

第一条　凡设有交易所地方设置交易所监理员若干人，由实业、财政两部派充之。

上项设有交易所地方于必要时得设置交易所监理委员会，其组织规则另定之。

第二条　监理员承实业、财政两部部长之命，依照交易所法，交易所交易税条例及本规程之规定执行交易所之监督检查事项。

第三条　监理员得随时检查交易所及经纪人关于营业一切簿据文件。

第四条　监理员得随时监察交易所及经纪人关于营业一切行为。

第五条　监理员认为必要时得令交易所及经纪人编制营业概况及各种表册。

第六条　监理员如发觉交易所及经纪人关于营业之簿据文件及关于营业一切行为有虚伪及违法等情事，应即据实呈报实业、财政两部核办。

第七条　监理员对于交易所一切事项认为有应行纠正或取缔之必要时，应随时呈请实业、财政两部核情。

第八条　监理员每月须将交易所之营业情形、市场概况及各种关系表册书类于九月十日以前呈报实业、财政两部查核。

第九条　监理员须将每月工作情形编成报告于九月十日以前呈报实业、财政两部查核。

第十条　监理员不得参加交易所买卖，违者以渎职论。

第十一条　监理员得酌用办员若干人，其名额薪给呈由实业、财政两部核定。

第十二条　本规程自公布日施行。

汪伪政府行政院实业部咨伪上海特别市政府(1943年9月16日)

国民政府行政院实业部咨，商字第九四三号

案查上海华商证券交易所复业一案，前经本部会同财政部令饬该所遵照去后，本部据该所呈复略称："本年七月二十四日下午二时，假座香港路银行公会俱乐部开会，出席股东共计三六三人，股数合计四九七七八股，权数并计四四三七二权，曾蒙钧部驻沪办事处章处长莅会指导，仰见钧长重视证券流通暨扶持工商企业之至意，当日开会决议事项计分三点如下：(一)本所原有资本总额为旧法币一百二十万元，分为六万股，每股二十元，一次收足，自币制变更后，折为国币六十万元，核与原有资本总额已不相符，又本所资产比因经济变动，价值激增，估计约值六七千万元，此次复业，为适应战时经济及强化业务机构起见，自非增加资本不足资运用，理事会拟定增资办法，本所资本升为国币二千万元，分为一百万股，每股二十元，原股份每一股赠与新股份十一股，照此办法增资，以后各股东名下总计股份七十二万股，即国币一千四百四十万元，其余国币五百六十万元折作股份二十八万股，分配与本所职员及所员，作为酬报及酬劳，到会各股东对于上述增资数额均无异议，惟对于分配与本所职员及所员之部分，有少数股东未表同意，嗣经投票表决，理事会所拟办法全部通过。(二)本所章程，自民国二十二年七月二日以后迄未修订，经济情形今昔迥异，倘仍率由旧章，遇势必多柄凿，且此次复业资本增加，章程内容显有变动，不如全部修订较合时宜，爰由理事会预先拟具章程修正案，提经股东临时会讨论通过。(三)本所原有理事尹韻笙、杨介眉、叶均病故，理事俞寰澄函请辞职，依照交易所法暨本所章程各规定，应补选理事三人，并附选候补理事二人以符定额，当经股东临时会，依法补选,结果李思浩得三三〇六六权,邵树华得二二三七四权,陈子培得三〇三七八权,当选为理事,朱如堂得二一九四六权,张长春得二〇三三七权,当选为候补理事,所有以上议决各点均记明股东临时会决议录,除当选理事及候补理事之履历书另行添具,呈请核准注册外,理合先将此次召集股东临时会决议经过撮要陈明检同决议录、原有章程及修正章程各一份,一并备文呈报,仰起鉴核示遵,实为公便"等情,并缮具股东临时会议决议录一份,请予备案前来,经即以准予备案,仍仰速将筹备计划具报核夺等语批复各在案。惟查证券交易所营业,关系金融至巨,监督稍有未周,易兹流弊,兹依据修正交易所监理员暂行规程第一条第二项之规定,会同财政部于上海设置交易所监理委员会,负责专司其事,并拟具交易所监理委员会组织规则十七条,以利推行,除会衔公布暨呈咨函令外,相应检同前项组织规则一份,咨请查照,为荷,此咨上海特别市政府。

计附送:交易所监理委员会组织规则一份

部长:梅思平

中华民国三十二年九月十六日

附 交易所监理委员会组织规则

一、实业部、财政部依据交易所监理员暂行规程第一条第二款之规定,于上海设置交易所监理委员会(以下简称监委会)。

二、监委会承实业、财政两部之命,依法执行交易所一切监督检查事宜。

三、凡各种有价证券,非经监委会之核准,不得登场。

四、监委会得随时监察交易所及经纪人关于营业一切,有无违反法令之行为,并得随时检查关于营业之一切簿据文件。

五、监委会认为必要时得令交易所及经纪人编制营业概况及各种表册。

六、交易所职员或经纪人对于监委会之命令或查询事项,有不服从或故意延宕者,监委会得依法严予处分,呈报实业、财政两部备案。

七、监委会如发觉交易所及经纪人关于营业之簿据文件及关于营业之一切行为有虚伪及违法等情事,应即据实呈报实业、财政两部核办。

八、监委会对于交易所一切事项认为有应行纠正或取缔之必要时,得随时为适当之措置,遇有重要事项,应拟具意见呈报实业、财政两部核办。

九、监委会每月须编造工作报告并将交易所之营业情形、市场概况及各种关系表册分类于次月 10 日以前呈报实业、财政两部查核。

十、监委会职员不得参与交易所买卖,违者以渎职论。

十一、监委会设主任委员一人,委员四人—六人,均由实业、财政两部会同指派之。

十二、监委会设秘书一人—二人,承主任委员之命,处理日常会务。

十三、监委会设总务与稽核两组

甲、总务组,办理文书、会计、庶务等事宜

乙、稽核组,办理交易所应造之表册,检查经纪人之业务簿据、财产等及检讨市场价格变

动之原因

各组设组长一人，组员若干人

十四、监委会所属职员，由主任委员呈请实业、财政两部分别委派之。

十五、监委会因缮写文件及其他事务得酌用雇员。

十六、监委会办事细则另定之

十七、本规则自公布日施行

上海交易所监理委员会训令永安纺织厂(1944年1月7日)

为令本会核准上市股票之各公司造送三十二年度资产负债表，损益计算书，财产目录，营业报告书及会计师检查报告由

上海交易所监理委员会：

别文：训令，　　字　第　　号　　中华民国　三十三年一月七日

令永安纺织厂

查本会核准上市股票之各公司其内容是否充实，有关各投资人投资之安全，本会职责所在，自应随时监督稽查现在三十二年份业已终了合行令仰，该公司将上年度资产负债表，损益计算书，财产目录，营业报告书及会计师检查报告一并造送来会，以凭稽核此令。

主任委员：陈□□

(三) 战后的政府证券监管

上海证券交易所为取缔黑市交易拆除私装电话等事项致市警察局等的函件(1946～1948)

上海证券交易所致上海交易所监理员办公处函(1946年10月24日)

查《交易所法》第四十条规定"无论何人不得在交易所以外，以差金买卖为目的设立类似交易所之市场而行买卖"，又同法第五十三条规定"在交易所以外照交易所之市价专计赢亏空盘买卖者处一年以下之徒刑或三千元以下之罚金"，依据上列各条规定则在沪市捨本所合法市场外，无论何人不得在场外私自买卖证券，至为明显。兹查沪市有不良证券字号以在本所试行上市之证券，从事场外对敲交易颇为猖獗，即本所经纪人所设之营业所亦恐难免弁髦法令，情节严重，逃避国家税收及本所经手费事小，构成集团操纵市面，助长投机事大，亟应严予取缔，除电请财政、经济部呈院，转令上海市政府暨淞沪警备司令部对上项证券黑市严加取缔外，相应函请贵处惠予依法查办，以敬不法而抑投机，仍希见复为荷。

上海证券交易所致财政、经济部电(1946年10月25日)

南京财政、经济部部长俞、王钧鉴，查《交易所法》第四十条规定"无论何人不得在交易所以

外，以差金买卖为目的设立类似交易所之市场而行买卖”，又同法第五十三条规定“在交易所以外照交易所之市价专计赢亏空盘买卖者处一年以下之徒刑或三千元以下之罚金”，依据上列各条规定则在沪市捨属所合法市场外，无论何人不得在场外私自买卖证券，至为明显。兹查沪市有不良证券字号以在属所试行上市之证券从事场外对敲交易颇为猖獗，即属所经纪人所设之营业所难免效尤弁髦法令，情节严重，逃避国家税收及属所经手费事小，构成集团操纵市面，助长投机事大，亟应严予取缔。敬恳钧部迅令大部上海交易所监理员办公处，并呈院转令上海市政府暨淞沪警备司令部对于上项证券黑市会同属所协力取缔，以安社会经济而益国家税收，仍候批示只遵。

上海证券交易所理事长　杜镛

上海市警察局训令上海证券交易所(1946年10月31日)

据报本市有少数并非证券交易所经纪人而经营股票买卖作场外黑市交易，经员警察觉则自称系某某号经纪人之业务员等情，查此种业务员是否经经济部核准，并取得法律地位，能否自由买卖，本局有明了之必要，合行令仰查明具报以凭核办，此令。

上海证券交易所致吴国桢市长函(1946年11月1日)

函呈取缔证券黑市紧急处置办法，仰祈鉴核施行由

国桢市长勋鉴，敬启者，本所开业以来，场外证券黑市交易依然猖獗，并有变本加厉之势，查该项场外交易多属不良证券，号间利用私装对讲电话买卖本所核准上市交易较繁之证券，经营不需交割，而买卖数额极巨之所谓对敲交易，不啻为变相之赌博，揆诸交易所法规定“买卖有价证券之市场均认为交易所，非依法不得设立”(该法第四条)及“买卖有价证券之交易所每一区域以设立一所为限”(该法第二条)，则该项私营场外交易实属违法矣，本月三日报载怡昌证券号因经营对敲亏折八万万元，宣告倒闭，除客户外，金融业亦有受累者，其为害之烈，可见一斑，此类违法交易，设不予以严厉取缔，势足扰乱金融，妨碍治安，影响税收，而本所营业受其牵制尤其余事，是以社会舆论沸然，亟盼依法取缔予以根绝，兹经与有关方面商定紧急处置办法五项，(一)由本所负责调查上海市违法经营黑市证券交易字号，(二)由上海市警察局协同财经两部，上海交易所监理员办公处，并由本所陪同查封上开经营证券黑市交易之字号，警察局即行搜检账册交监理员办公处带走查阅，其情节严重者，送请法院依《交易所法》惩处，(三)由上海市公用局、警察局将上开经营黑市各字号所用之私装对讲电话一律拆除，将电话机，电话线带局保管，(四)由警察局传讯上开经营黑市各字号之负责人，并令取保、停止营业、限期清理，结束以后不得再营黑市交易，(五)由上海市政府及警察局公告严禁证券黑市交易，惟兹事体大，谨此函陈，仰祈鉴核，如属可行，即恳转饬警察局、公用局协同办理，以杜黑市流弊，不胜公感。专函敬颂勋祺

上海证券交易所复上海市警察局函(1946年11月5日)

案奉贵局市警行三十五字第一八一三七号训令以有少数商号经营股票买卖作场外黑市交

易，经查觉后则称系某号经纪人之业务员将此项业务员是否合法具复等因，查本所呈奉财政、经济两部核准之暂行营业细则第二十七条规定：“经纪人所雇用承接业务之营业员应填具商事履历书及其证明文件各二份送交本所存转备案”，依照手续，经纪人雇用之营业员应由本所核准后，发给营业员证书，并呈报财政、经济两部备案方为合法，惟本所自开市后即照上项规定通知经纪人填报营业员商事履历书及证明文件，并规定每一经纪人雇用营业员以五人为限，因填报者不多，尚待汇核，故迄至目前止，本所并未核准任何经纪人之营业员，更未报部备案，相应函复，敬希查照为荷，此致上海市警察局。

吴市长致警察局宣铁吾、俞书平函(1946 年 11 月 13 日)

铁吾、书平吾兄勋鉴，证券黑市极多，奉宋院长面谕，应协助证券交易所予以取缔，兹嘱该所及财经两部交易所监理处派员前来晋见吾兄，即请饬属严厉执行，至布告一层，可由警局代办，府稿即予公布，事后补判，又拆卸电话一事，已商得交易所方面同意另行办理(由交易所开具清单送府转饬公用局拆除)，不必同时举行，特此奉达，即问勋祺。弟：吴国桢手上。

上海证券交易所致淞沪警备司令部函(1947 年 3 月 5 日)

详陈证券黑市流弊，仰祈取缔。

迳启者，查经济紧急措施方案颁行以前，本市金钞狂腾，激起物价波动，证券市价亦受其刺激，幸本所严格执行价格升降限度之规定，故金钞市价虽如脱羁之马，证券变动幅度不失正常，自方案颁行以后，贤明当局作有效措施，金钞投机买卖悉经制止，物资囤积操纵亦干禁例，社会游资势必大量集中于证券市场，为其正当之出路，游资流入证券市场愈多，则对物价之压力愈减，故应积极鼓励本所责职，即为引资社会游资，促进经济事业，自应把握时机，因势利导，加紧管制以副政府特准设立本所之至意，惟查本市向有证券黑市，其交易方式以对敲为主，性质实为赌博，不良字号利用私装电话从事客户与字号及字号与字号间之直接买卖，成交数额虽无统计，据约计数倍于本所成交之数，每次成交，动辄数十万股，此项对敲交易，永无实物货款之交割，买方按日贴息，卖方按日贴进，与《交易所法》第五十三条之规定适相剌谬，且进出利率及进出价格相差悬殊，悉由经营黑市者根据本身利益决定从中中饱，上下其手，成交以后，按当日最后价格计算盈亏，于次日收付清讫，至交易了结为止，此种黑市对敲与合法交易使游资流入证券市场为截然两事，如不加消灭则为害至烈，兹举其流弊荦荦大者：

一、市价剧烈波动时，经营黑市者多空无法轧平，自作输盈倒账之事不一而足，客户行庄受累者不在少数，于社会治安金融稳定均有影响。

二、经营黑市者运用贴息之升降以压迫多空，从而兴波作浪，妨碍正当投资人之利益。

三、政府特准设立本所之宗旨在引导社会游资，发展工商企业，因对敲黑市之存在阻碍本所合法证券市场之健全发展。

四、证券交易税为国家税源之一，法律规定证券交易须由本所代征交易税，今场外黑市均不纳税，投资人为逃避税负，不趋本所而入黑市，影响国税收入。

五、对敲为非法交易，且私装电话有违警章，足资造谣生事妨碍治安，而经营之者弁髦法令，处之泰然，积欠养成社会作奸犯科之习，尚隐忧堪虞，此项非法营业，每经取缔稍稍敛迹，但日久玩生，且变本加厉，除未经政府核准此项登记之证券字号专作黑市营业之外，即注册经纪人中亦有利令智昏与黑市暗通声气，未能洁身自爱者，当今经济紧急措施下，社会视听一新，金钞投机既被遏阻，游资转向证券势所必至，证券非法黑市自应及时肃清，本所庶能仰体国策，发挥证券市场之管制作用，惟取缔之道，端赖断然处置，首须剪尽对敲字号私装之电话线，没收其电话机，并逮捕主犯，依法论处，始能奏效，此则必须仰赖行政力量以执行之。

钧座受中枢重任，稳定经济取缔投机卓著成效，然上述证券非法黑市一日不除，则如为山九仞，功亏一篑，今后游资流入证券市场者益多，如黑市对敲不先肃清，则危险綦大，本所不敢缄默，用特缕陈前情，仰祈鉴核，俯赐采纳，不胜迫切待命之至，谨上淞沪警备司令部司令宣。

上海证券交易所致交易所监理员办公处函(1947年3月18日)

本所为配合当局取缔场外对敲交易，对于私装对讲电话自须查明依法处理，经于本年三月五～七日及十日～十一日会同贵处派员先行分组在证券大楼各层调查，查得非法私装之对讲电话二四六具，包括电话公司对讲、小对讲及自称业已损坏或拆除之电话在内。兹将各电话、通话地点，根据调查纪录，分别经纪人与非经纪人汇列两表，相应检同经纪人对讲电话表及非经纪人私转对讲电话表各一份，函请查照办理为荷。此致财政、经济部上海交易所监理员办公处

上海市警察局行政警察处致上海证券交易所函(1948年2月14日)

查本市各证券字号所装私装电话，迭经派员会同有关机关拆除在案，乃因所装电话种类较多，取缔困难，而场外非法交易逃避国税，亦应予以取缔，兹定于本月十六日(星期一)下午三时在本局北部六楼六一一号本处召开会议，相应函达，即希查照，届时指派代表出席与议为荷，此致上海证券交易所。

上海市警察局召集拆除对讲电话会议纪录(1948年2月16日)

日期：民国三十七年二月十六日下午三时

地点：行政处

出席人员：上海证券交易所汪治，财政经济部上海交易所监理员办公处程雅康，上海金融管理局张芳谔，社会局庄叔贤，公用局乔汉祥，警察局阮光铭、曹茂良。

主席：阮光铭

讨论事项：

(一) 私装对讲电话应如何处置案？决议：私装对讲电话概应予以拆除，并对违犯者加重处罚(加重处罚办法拟呈市府公布施行)，另请证券交易所将已核准之对讲电话列单通知警察局，俾据以取缔。

(二) 电话公司装置未经交易所核准之对讲电话应如何处置案？决议：由警察局派员查明各经纪人由电话公司装置未经交易所核准之电话列单通知证券交易所，限令申请登记，逾限不申请登记或未经核准者，再由证券交易所通知警察局派员会同公用局勒拆。

（三）证券场外非法交易应如何取缔案？决议：1. 由证券交易所将全部经纪人姓名、号址抄送警察局备查，凡非经纪人而经营证券者，由警察局依法严予取缔。2. 证券场外交易，多赖对讲电话，关于一般对讲电话之限制及取缔由金融管理局会同公用局拟定办法提经济会报决定施行。3. 经纪人倘有场外交易情事，由财经两部派驻上海证券交易所监理员办公处查明处分。

上海市警察局召开处置对讲电话及证券场外交易会议纪录(1948 年 5 月 11 日)

地点：上海市警察局行政处

时间：卅七年五月十一日下午三时

出席人：上海证券交易所汪治，财政经济部上海交易所监理员办公处程雅康，上海社会局周味辛，公用局第二处用户科卢立英，上海金融管理局张芳谔，上海市警察局曹茂良、林希美、阮光铭。

主席：阮光铭

报告记录事项：

一、凡经证券交易所核准之对讲电话应如何处置案决议：(1)如有核准证而地址不符者，应由警察局先行查封，将核准证吊销送还证券交易所。(2)有核准证而有代客买卖行为实据者，即将电话拆除，并将核准证吊销，送还证券交易所，一面将负责人送法院惩办(指脚而言)。

二、电话公司装置之对讲电话如何处置案决议：(1)凡在二月十六日以前装置之对讲电话，无证券交易所核准证者，由警察局会同公用局一律拆除。(2)在二月十六日以后已向证券交易所申请者先予查封，限十日内提出核准证，证明后方得使用，无核准证者，由警察局会同公用局拆除。

三、私装对讲电话经拆除后发现有复装者应如何处置案决议：仍照经监会报决议案办理(罚锾拘禁)

四、证券场外交易应如何处理案决议：(1)由财政经济两部派驻上海证券交易所监理员办公处会同警察局经常派员至各证券字号记录交易额以备查考。(2)凡非经纪人而经营证券交易者，由警察局依法严予取缔。

为取缔非经纪人证券字号、公司，上海证券交易所与经济部财政部等的来往函件(1946～1947)

上海证券交易所致徐顾问律师永祚函(1946 年 10 月 23 日)

上海市证券交易市场筹备委员会前奉经济部京商字第八三五八号训令内开“查上海专以证券买卖业务之字号公司为数颇多，现在大率尚未呈准登记，是项证券字号公司，其不为证券交易所之经纪人者，在交易所复业后，是否应任其存在或应予取缔，本部亟待核定，合行令仰核议具复”等因，兹由本所拟具呈复文稿，暨“管理代客买卖证券为业务之商号公司暂行办法”各一件，备文拨奉请烦惠予研究示复为荷，此致徐顾问律师永祚。

附件:《管理代客买卖证券为业务之商号公司暂行办法》

一、凡不论经营或兼营代客买卖有价证券为业务之商号公司均依本办法管理之。

二、凡经营代客买卖有价证券之商号公司均应向当地主管官署呈请核准登记后方得营业。

三、凡在已设证券交易所之区域内经营代客买卖有价证券之商号公司以交易所之经纪人及其营业员为限。

四、凡经呈请核准之经纪人均应遵守交易所法及交易所之营业细则。

五、凡经纪人所雇用之营业员均应遵守下列规定:

(一)证券交易所为便于经纪人处理证券买卖业务起见,得准经纪人雇用营业员,每一经纪人暂定以五人为限,但如事实需要得向交易所申请经交易所核准增加之。

(二)经纪人申请雇用营业员时,应由经纪人填具该营业员之商事履历书,连同证明文件、二寸半身照片各三份送交交易所,经审查核准呈转备案后发给证书。

(三)经纪人应与营业员订立合约,载明下列各项:

1. 营业员之姓名
2. 营业员之营业地址
3. 营业员之资本
4. 营业员如系合伙组织,其合伙人姓名及合伙契约副本
5. 经纪人对营业员之酬劳方式
6. 合约时效

经纪人并应将合约副本送交交易所存查。

(四)营业员可设置营业所,并应有独立之会计

(五)营业员应遵守下列各项:

1. 应将"第XX号经纪人营业员"字样冠于自己姓名之上
2. 不得用自己名义代客买卖
3. 不得入交易所市场交易
4. 不得向其他经纪人迳自交易或兼任其他经纪人之营业员
5. 会计制度应照交易所规定办理
6. 应随时接受交易所及部派监理员之查询
7. 营业员之账册文件应随时受交易所及部派监理员之检查
8. 不得违反交易所营业细则各项规定及一切公告。
9. 营业员不遵守上列规定及有不正当之行为时,应由该经纪人负其责任,交易所并得令其撤换转报备案。

(六)经纪人对于所属之营业员应负其在交易买卖上发生之一切责任。

(七)营业员有更动时,经纪人应即向交易所报告,由交易所呈转备案,并将原证书缴销。

六、凡在未设证券交易所区域内之经营证券买卖之商号公司,均应遵守下列规定:

（一）经营代客买卖有价证券之商号公司，除法律另有规定外，应具左列资格：

1. 个人以中华民国国籍为限，法人以呈准登记注册者为限

2. 具有殷实资产者

（二）证券商号公司应备具账册，当地主管官署得随时查核之。

（三）不得买卖非经政府认可发行之证券

（四）不得经营以差金买卖为目的之交易。

（五）不得收受存款

（六）不得有任何操纵行为

（七）不得经营买空卖空之交易

（八）应纳应缴之各税

七、凡不合上列规定之证券商号公司一律不准营业。

八、本办法自公布日施行。

上海证券交易所致上海交易所监理员办公处函(1946年11月21日)

案准贵处本年十一月五日监字第五十八号函开"案奉经济部本年十一月一日京商三十五字第一五三四六号训令开：'查上海现有证券公司若干家，声请登记到部，其营业以代理买卖有价证券为主，此种证券字号多系在沦陷期间内所设立，本部迄未有准予登记者，现在上海证券交易所业准开业，其他证券公司字号应否准其设立，如准设立，对于场外黑市证券交易应如何防止，倘概不准予设立，对于此种已成立及久已营业之证券公司字号，应如何执行取缔，应仰由该员迅即商取证券交易所意见，妥为核议具复为要'等因，相应转达，至希查照，拟具意见送核，以便呈复为荷"等因，准此，查凡在设有证券交易所之区域内以经营或兼营代客买卖证券为业者，应限于呈部核准之经纪人，凡非经纪人不得申请登记，其已设立备有营业处所者，根据交易所法第十六条第四十条之规定，应由当地主管官署严格取缔，以符法令而利税收，附具说明，至希察照，详复并请转陈为荷，此致经济部上海交易所监理员吴。

附《取缔非经纪人经营或兼营代客买卖证券说明》

一、证券交易所为政府特许营业之一种，在已设证券交易所之区域内代客买卖证券为营业者，自当以该所之经纪人或会员为限，非经纪人一律不准代客买卖证券，凡银行业依据银行法令得兼营买卖证券业务者，在设有证券交易所之区域内，应向交易所为经纪人之申请，使特别法规间不相抵触。

二、未在交易所上市之证券，大都由买方卖方直接授受成交或由不设营业处所之掮客居间成交，除外国公司证券外，交易极少，现有"证券公司或字号"，大都系代客买卖上市证券，间有经营未上市证券者亦为数极少，盖在现状下欲恃未上市证券买卖，维持一公司或字号之开支，恐为事实所不易办到，倘准许以经营未上市证券开设公司或字号，则必致假借名义，造成上市证券之黑市，既难于稽核，复影响税收。

现今上海证券交易所二百余经纪人均愿兼营未上市证券，课纳交易税，将来未上市证券买

卖不致感到困难。

该所正谋陆续增加上市证券之种类，规模较大之公司及外国公司之证券，均在接洽之中，将来不上市之证券益见减少。

三、目前上海证券交易所公债市场尚未开拍，而所谓“证券公司或字号”甚多经营公债，希望对该所开拍公债事提早核准，以杜黑市而增税收。

四、上海证券交易所经纪人除法人应用其原有名称外，个人均应以“XX交易所第XX号经纪人XXX”名义为一切对外行为，其营业处所亦称为“XX交易所第XX号经纪人XXX营业所”，自可与“证券公司或字号”有显著之差别，使执行取缔者易于辨别。

五、上海证券交易所暂行营业细则规定经纪人得雇用承接业务之营业员，现有“证券公司或字号”确具优良成绩者，自可向该所申请为经纪人，其个人能接洽客户者，亦可向经纪人洽议受雇为营业员，不必自行设置营业处所。

六、非经纪人而设有“公司字号”等营业处所代客买卖证券者，以违反交易所法论，由当地主管官署禁止其营业，拆除其报道行市之设备，检查其账册簿据，限令定期清理，于必要时并按交易所法第四十七条及第五十三条控诉其负责人。

上海证券交易所致财政经济部函(1947年7月15日)

为报载上海市证券商业同业公会通告办理声请登记阐明属所态度与立场，呈请鉴核由。

本年七月十日上海新闻报、金融日报等报载有上海市证券商业同业公会证字第一号通告一件，为社会部电查该会所属会员商号已否呈准登记一案，奉上海市社会局令饬，将所属会员商号已否登记情形造册呈报，凭转通告各会员办理登记等语，查沪市以证券买卖为业务之字号公司为数颇多，其中一部分前经请准为本所经纪人，并经本所规定其营业地址应标明经纪人号码及姓名或名称，俾资识别，此外则均非经纪人，此种非经纪人之证券字号公司在属所开业后，应否任其存在或予取缔，前上海证券市场筹备委员会曾奉三十五年八月八日京商字第八三五八号训令饬核议具复，同年十一月五日属所准上海交易所监理员办公处监字第五十八号公函以奉京商三十五字第一五三四六号训令，对于未准登记之证券字号公司应否准其设立一案，转商拟具意见送核等由，当以“凡在设有证券交易所之区域内以经营或兼营代客买卖证券为业者，应限于呈部核准之经纪人，凡非经纪人不得申请登记，其已设立备有营业处所者，根据交易所法第十六条及第四十条之规定，应由当地主管官署严格取缔，以符法令”，并附具“取缔非经纪人经营或兼营代客买卖证券说明”一件，于三十五年十一月二十一日备函复送请察照转呈各在案，迄今多时未奉复示，谅在深思熟虑之中，兹据报载通告事关将来上海证券市场之体系与管理，现在黑市非法交易又见猖獗，此事出入至为重大，属所为阐明态度与立场，理合抄同报载通告全文暨前具之“取缔非经纪人经营或兼营代客买卖证券说明”一份呈请鉴核，仍候批示只遵，谨呈。

上海证券交易所理事长：杜镛

附呈抄录报载通告及说明各一份

三十六年七月十日《新闻报》

上海市证券商业同业公会通告(证字第一号)

迳启者,案奉六月二十六日社会局三十六字第一九二四二号训令内开"社会部五月京组三字第三一九七六号世代电略以上海市证券商业同业公会所属会员商号,已查呈准经济部登记,饬查明具报以凭核办为要等因,奉此合行令仰该会将所属会员公司商号名称、组织性质、已否登记造册呈报,以凭转呈,其尚未登记者,并应依照组织性质按照公司法或商业登记法之规定来局申请登记,再该业系特种营业,凡声请登记时,须附呈主管官署核准证件影本并仰遵照"等因,奉此,当经本会第十二次常务理事会议举行商讨,佥认为与吾会员有切身利害关系,自应依法申请登记,除分函外,特此登报公告,至希各会员即日来会洽办声请登记手续为要。此致各会员商号(应缴常年费一年每月币四万元,会员证书五万元),会址:九江路四二九号一二一室。

上海证券交易所为防止股票市场投机操纵采取遏制办法与有关方面来往文书(1947年)

上海证券交易所市场公告第一五六号(1947年3月13日)

自本日(十三日)后市起,各经纪人所做递延交割买方之交易依照成交价银征收特别证据金百分之十,概征现金,特此通告。

上海证券交易所致上海交易所监理员办公处函(1947年3月13日)

迳启者,自政府颁行经济紧急措施方案后,金钞停止买卖,游资转向证券,因上市股票流通额有限,益以公司估值增资频传及证券得充行局法定准备等等利多消息,致股价逐日上涨,虽经本所严格执行价格升降限度,使其不失正常而走势仍极坚挺,颇为各界关切,本所认为股价上升如系自然现象,似不宜轻加干涉,以激起剧烈波动,对于股市过渡激涨现象,本所自当随时密切注意,并审慎考虑遏制办法,时论有主张缩小价格升降限度者,自不失为方法之一,足以缩小每日价格涨跌之幅度,但并无影响股价涨势之作用,且升降限度缩小后,涨势易达限度,反足刺激人心,并易为多方拉停或空方拟停,使正常交易难于圆滑进行,停板后场外成交,事实上难免黑市势将益盛浸假,而场外市价涨落影响场内价格,是以本所熟虑后,认为为缩小价格升降限度一法必出之以极端审慎,遏制股票涨势之更较有效办法,约有四种,一为增加上市股票流通筹码,二为征收买方特别证据金,三为征收交割准备金,四为限制经纪人过夜存账额。增加流通筹码一点,正在筹划接洽中,征收买方特别证据金办法已自十三日后市起实行,暂定百分之十,可随时增减,其余办法本所亦可视为事实之需要,随时斟酌采用,深信股市如有不正常之激涨现象,不难遏制,本所为正社会观感起见,曾发表遏制股票投机办法之书面谈话一件,刊登十三日沪市各报,相应检同原稿一份函请察查为荷,此致财政经济部上海交易所监理员办公室。

上海证券交易所经纪人公会致上海证券交易所函

迳启者，查贵所于本日下午所出第一五六号公告“自本日后市起递延交割，买方之交易依照成交之价银征收特别证据金百分之十，概收现金”一节，似有偏利空方激动行市之可能，当由敝会紧急常务理事会议决三项办法(一)紧急措置应买卖双方同样处理，(二)紧急措置不应在临开市前公布，以后应在事前至少一天以上公告之，(三)征收特别证据金应采取累进制，除记录在卷并由出席各常务理事面谒贵所，请求改善外，相应函请查照办理并希见复为荷，此致上海证券交易所。

上海证券交易所经纪人公会，陈静民启

三十六年三月十三日

上海证券交易所致上海交易所监理员办公处函(1947年3月18日)

迳启者，查本所于本年三月十三日后市起暂征递延交割交易买方特别证据金一成，事前曾由本所杨协理荫溥与贵处吴监理员面洽同意，并以总字第一一〇三号函达在案，本案兹经本月十七日本所第十一次常务理事会讨论议决：“特别证据金办法暂维原状，俟市面稳定时取消，如遇市面剧变，应再征收特别证据金时，可向买卖双方征收之”纪录在卷，相应函达，即希查照为荷。

此致　　财政经济部上海交易所监理员办公处

上海证券交易所市场公告第162号(1947年3月19日)

自三月二十日后市起各经纪人所做递延交割卖方之交易，依照成交价银征收特别证据金百分之十，概缴现金，特此通告。

上海证券交易所经纪人公会致上海证券交易所函(1947年3月19日)

迳启者，本月十八日敝会召开第十七次常务理事会议，将决议各点胪陈如左：

一、关于解释征收买方特别证据金问题

查贵所于本月十三日下午所出第一五六号公告，自本日后市起递延交割买方之交易依照成交价银征收特别证据金百分之十，概收现金一案，并未声叙理由，致使各方疑窦丛生，且当时股市尚称平稳，并无暴涨暴落情事，而所颁紧急措置只征买方亦有偏利空方之嫌，造成股市惨跌之风波，事失平衡，致招物议，报章喧腾，有口莫辨，而首当其冲者乃为敝会各会员对于一般客户之责难无法应答，业务频受影响，其有无形之损失不可言宣，窃思此项措置在事前或应保守机密，无庸详释，在施行之后，既遭一致之反响，自无再事守口如瓶之必要，所以要求。

贵所将此项实施紧急措置之重要缘由及何以不采平衡制止之情形，详为公布说明用释群疑而维我从事证券业者之信誉。

二、关于取消征收特别证据金问题

自贵所颁布征收特别证据金以来，各经纪人之业务顿形清淡，事实俱在，无庸讳言，复按贵所送来之成交单，益证此语之不灵，日来市面已趋平稳，为维护各经纪人之正常业务计，贵所所颁前项办法似可撤销，俾能适应环境，趋入自然状态，惟在宣布撤销与实行撤销之间，应予相当时间，免蹈覆辙。

三、关于证据金之存储问题

查各经纪人所缴证据金为数极巨，该项证据金有自客户缴来者，有由各经纪人代垫者，客户之款各经纪人应负保障偿还之责，自垫之款亦系血汗之资金，是以对于此项证金如何存储，自属关切，更以从前证交措置失当，致有所收证据金迄未理楚，各经纪人之赔累殊多，有鉴前辙，爰拟由敝会推派代表会同贵所组织保管委员会，共筹妥策，如此则贵所之责任可以减轻，而事经公开，各经纪人亦可无虑，在该会未成立以前，为昭大信计，应请贵所将所收证据金之存储情形按日通知敝会，俾明真相，并要求按存拆计息（扣所得税），贴还各经纪人，藉保权益。

以上三项均经决议通过，并记录在卷，相应函达，即希查照办理，惠予赐复为荷，此致

批示：收文第一〇二八号：一、查此函经先送阅，抄件关于所陈一二两点，因特别证据金原属临时措施，且昨已取消，似可不必置答。二、第三点证据金所拟问题，本所既负有保管专责，如何存储自有权衡，似未便由外人干涉，存拆计息就章则所规定，似亦未便照办，应否函复，祈核夺。三月廿一日。

上海证券交易所，上海证券交易所经纪人公会理事长：陈静明。

上海证券交易所市场公告第一六四号

第一五六号公告征收递交买方特别证据金现金一成，又第一六二号公告拟征递交卖方特别证据金现金一成之办法，自三十六年三月二十日后市起暂行取消，特此公告。

上海交易所监理员办公处致上海证券交易所函（1947年3月21日）

奉部令为安定股票市场，防止投机，规定办法七项，函达查照，见复。

案奉财政部京钱已字第八七三三号，经济部京商证字第三七一〇六号训令，“查为安定沪市股票市场，前经本两部令行该处会同上海证券交易所洽商，缩小股票升降限度，并拟具办法呈核在案，兹查近日市场股票价格变动仍剧，为防止投机操纵起见，特规定如左：一、递延交割应缩短期间，至多不得超过五天，二、升降限度在未依前令拟具缩小办法呈核以前，暂照原规定缩小三分之一，三、该所巨额交易柜是否足以助长投机，应由监理员核议具复，倘认有暂行停止之必要，可由监理员先令停设，仍报部备核，四、所有场外交易应由监理员会同当地军警及由权机关切实执行取缔，并将取缔情形随时具报，五、从速增加多种股票上市，俾市场筹码加多，买卖不致集中于某一种或某数种股票，而致引起涨风，六、以书面担保之二成本证据金，应自文到之日起一律改用现金缴纳，七、为防止经纪人过度交易，应由交易所开征特别证据金，并限定以现金缴纳，其缴纳成数由监理员会同交易所决定办理，仍呈部备案，右列七项，除分行外，仰即遵照，此令。”等因查原令除第四项由本处随时办理具报外，第一项应请贵所遵照办理。第二项缩小升降限度，已由本处会商贵所拟具办法呈部，在未奉核定前，应暂照原令规定缩小三分之一，第三项巨额交易柜尚未开办，将来贵所如拟增设巨额交易柜时，应请先行报由本处转部核定，第五、六、

七各项应请贵所迅速遵办，相应函请查照办理，即予见复为荷，此致上海证券交易所，监理员：王鳌堂、吴宗焘。

上海证券交易所致财政部、经济部函(1947 年 3 月 23 日)

为沥陈钧部通知，施行之防止投机操纵办法，七项中除三、四、五各项已切实遵行，并继续办理外，其余各项应请暂缓施行，仰祈示遵由。

案奉一九四七年三月二十日钧部京钱巳第八二四二号，京商三六三七一〇六号通知，奉悉，查上海股市前曾亢进直线上涨，属所深恐激涨之下继以暴跌，影响市面，为预防计，爰于三月十三日，商准上海交易所监理员办公处公告自当日后市起，加征递交买方特别证据金现金一成以限制过分投机，实施后，投机气氛锐减，一周间价格约跌百分之三十，旋又商准上海交易所监理员办公处，于三月十九日下午公告自三月二十日后市起，征递交卖方特证现金一成，二十日前市价又回小，属所认为征收特别证据金已无继续实施之必要，遂于三月二十日午商准上海交易所监理员办公处公告，自当日后市起取消特别证据金，此项公告发表以后，市价微有起落，幅度尚为平稳，属所管理证券市场之原则，厥为求其稳定，目前市面已趋正常，钧部通知施行之防止投机操纵办法七项中，第一、二、六、七各项，本钧部安定市面之意旨，拟请暂缓施行，兹分陈管见，仰祈鉴核。

一、钧部通知办法第一项关于缩短递延交割期间至多不得超过五天

查递延交割交易实际交易至多仅合五天，若将交割期间再行缩短，势将加剧市价之变动，且目前交易套利居多，尤以散户渐见踊跃，为吸住一部(分)游资计，期间实不宜缩短。

二、办法第二项关于价格升降限度照原规定缩小三分之一

查缩小升降限度，除限制当日涨落幅度外，并不能影响其趋势，反之如升降现度过狭，极易涨停或跌停，适足刺激人心，助长涨跌之走势，况场内涨跌停板交易无法再做，倘交易私移场外，将更不易控制，故升降限度于必要时，当再根据实际情形斟酌调整。

三、办法第六项关于以书面担保之二，成本证据金改用现金缴纳

查属所递交存账卖方多以现品提交，约占总额七、八成，如将本证据金之二成书面保证改缴现金，在平时买方负担过重，而卖方所受影响甚少，势必引起剧烈变动，激涨故非所宜，暴跌为患尤烈，故似应暂维现状，不予更张。

四、办法第七项关于开征特别证据金

查属所开征特别证据金之经过情形，已详前文，此纯为临时措施，藉以遏制过度波动，嗣后如有需要，自当随时商准监理员办理。

综上所陈，钧部防制投机操纵办法七项中，除三、四、五各项已切实遵行，并继续办理外，其余各项办法考衡目前情形，似无施行需要，以免刺激市价，应请暂缓施行。属所认为股市变动如能不失正常，无直线暴涨暴落现象，则当妥加维护培植其发挥资本市场之机能，俾得尽量吸收游资投入生产途径，非特有利产业，且亦有助于稳定物价，奉令前因理合据实呈复，是否有当，仰祈示遵，谨呈部长。上海证券交易所理事长：杜镛。

财政部、经济部上海交易所监理员办公处致上海证券交易所函(1946 年 9 月 24 日)

案准财政部上海直接税局本年九月二十四日秘字第二二〇六号函开：

“查证券交易税条例业经国府于本月二十日明令公布，依据该条例第八条规定，应自公布之日起施行，是凡属证券买卖即应于公布日起依法纳税，惟该项条例仅据报纸刊载，部令尚未正式奉颁，若俟令到实施，则追溯补缴，坐致手续纷繁必有签格难行之憾，兹为谋稽征事宜，补苴缺漏计，拟请贵处迅予通知上海证券交易所转饬各经纪人，自该条例公布施行之日起，应即依法将应纳税款扣存，并俟部令奉到后再行公告，将扣存税款报解国库藉符功令”等由，相应函达贵所查照见复为荷，此致上海证券交易所。

财政部经济部上证交所复监理员办公处启卅五年九月廿四日

为修正证券交易税条例上海证券交易所与财政部等的往来函件(1946～1948)

证券交易税条例(1946 年 9 月 21 日公布施行)

第一条，凡在交易所买卖有价证券依本条例征收交易税。

第二条，交易税按买卖约定价格征收之，其税率如左：

一、各种有价证券在万元以下数目按万元计算，现货交易按万分之五征收，交易期限七日以内者，按万分之十五征收，逾七日者按万分之二十征收。

二、政府发行之公债除现货交易应免征交易税外，凡履行交易期限在七日以内者，按万分之五征收，逾七日者按万分之十征收。

第三条，在交易所买卖成交时，应向卖方行为当事人依前条规定税率征收交易税，并由原经纪人负责代扣交由交易所汇缴，经纪人不依规定代扣或代扣不足额时，交易所应负责代缴。

第四条，交易所应将逐日成交数量、价格及应纳税额于次日填具清单，报告于主管征收机关，并将税款迳解国库。

第五条，各地主管征收机关得随时检查交易所或经纪人之成交暨其成交数量及价格。

第六条，交易所未依期限报告或怠缴税款者，得科以一万元以下之罚锾，隐匿不报或为虚伪之报告者，除照补税额外，并科以所漏税额十倍以上三十倍一下之罚锾。

第七条，前条罚锾由法院以裁定行之。

对于前项裁定得于五日内向该管上级法院抗告，但不得再抗告，交易所因经纪人违反规则致受处分，所得专责于经纪人。

第八条，本条例自公布日施行。

上海证券交易所致财政部函(1946 年 10 月 1 日)

(修正证券交易税条例)

窃查证券交易税条例业经国民政府于本年九月二十日明令公布施行，属所业于九月二十五日遵照开征，已呈报在案，兹细绎该条例原文，似尚有应请考虑之处，仅就管见所及胪陈如次：

（一）原条例第一条开“凡在交易所买卖有价证券依本条例征收交易税”，查有价证券现时在场外交易黑市买卖者颇多，兹规定在交易所买卖者征税，则场外之交易买卖转可逃避征缴，不啻奖励非法交易，不但妨碍属所业务且将影响政府库收，似宜规定凡买卖有价证券概依本条例征收交易税，则黑市买卖政府得依法取缔，在场外不上市证券之交易亦可有稽考管理。

（二）原条例第二条一项开“各种有价证券在万元以下数目按万元计算，现货交易按万分之五征收，交易期限在七日以内者按万分之十五征收，逾七日者按万分之二十征收”，查属所所征之经手费，仅收货值万分之七.五，兹期货交易税率七日以内者较现货高出二倍，逾七日者高出三倍，似嫌过重，可否酌减。

（三）原条例第二条二项开“政府发行之公债除现货交易税外，凡履行交易期限在七日以内者，按万分之五征收，逾七日者按万分之十征收”，内有“除现货交易税外”一句，意义尚未明了，现货税率既无规定，似为免税，不知是否系“除现货交易免税外”句内误脱“免”字，又按公债条例，人民均得自由买卖及抵押之规定，吾国幅员广大，持债人分布各地，尤以战时公债一种，海外侨胞认购甚多，寄递费时，政府为奖励人民储蓄及流通公债起见，公债买卖无论现货、期货可否明定，概予免税。

以上各节是否有当，理合呈报钧部恳祈俯赐采纳，转呈核夺施行，并请批示只遵，实为公便，谨呈财政部部长俞。

上海证券交易所理事长：杜镛

财政部批令(1946年10月25日)

为(一)所请修正交易税条例一节核无必要(二)取缔场外交易现正由部统筹办理中(三)报载交易税条例有脱落之处并仰知照由。

令上海证券交易所，十月二日总字第一二九号呈一件为证券交易税条例尚有应请考虑之点，拟请修改第一、二两条条文，祈采纳施行由。

呈悉，查证券交易税条例，甫经公布施行，所请修正一节，核无必要，至取缔场外证券交易现正由部统筹办理中，又证券交易税条例第二条第二项原文第二句系“除现货交易应免征交易税外”报载系由脱落，并仰知照。此令。

部长：俞鸿钧

交易所税条例(1948年3月23日公布)

第一条，本条例依据特种营业税法第三条之规定制定之。

第二条，凡依法以股份有限公司组织设立之交易所，均按本条例课征交易所税。

第三条，交易所税应就其总收益额按百分之六计征。

前项总收益系指经手费及上市费等，总额不得减除任何开支，前项上市费包括初期上市费、常年上市费、变更上市登记费。

第四条，交易所应将每日交易种类、数量、价值及其收益等造具清单，于次日呈报当地主管征收机关查核。

第五条，交易所税按月报缴，交易所应于每月初五日内将上月之交易实况及总收益汇造清单，报请当地主管征收机关核定税额，并于接到缴款通知书后三日内将税款迳缴当地国库。

第六条，主管征收机关遇有必要时，得会同交易所监理员随时抽查交易所各项有关账册。

第七条，交易所不依第四条第五条规定申报缴税者，得科以一千万元至三千万元之罚锾，如隐匿不报或为虚伪之报告者，除照补应纳税额外，并得科以漏税额十倍以上三十倍以下之罚锾。

前项罚锾不适用罚金不适用罚金、罚锾提高标准条例之规定。

第八条，前条罚锾由法院裁定行之。

对于前项裁定得于五日内向该主管上级法院抗告，不得再抗告。

第九条，本条例自公布日施行。

财政部金融管理局与上海金融管理局

财政部、经济部等关于派任上海证券交易所监理员的函件(1946 年 9 月～1949 年 3 月)

修正交易所监理员暂行规程(1946 年 8 月 17 日)

第一条，凡设有交易所地方，设置交易所监理员二人，由财政、经济部派充之。

第二条，监理员承财政、经济部部长之命，依照交易所法及本规程之规定执行交易所之监督检查事项。

第三条，监理员得随时检查交易所及经纪人关于营业一切簿据文件。

第四条，监理员得随时监察交易所及经纪人关于营业一切行为。

第五条，监理员认为必要时得令交易所及经纪人编制营业概况及各种表册。

第六条，监理员如发觉交易所及经纪人关于营业之簿据文件及关于营业一切行为有虚伪及违法等情事，应即据实呈报财政、经济部核办。

第七条，监理员对于交易所一切事项认为有应行纠正或取缔之必要，应随时呈报财政、经济部核办。

第八条，监理员每月须将各交易所之营业情形、市场概况及各种关系表册书类，于次月十日以前呈报财政、经济部查核。

第九条，监理员须将每月工作情形编成报告，于次月十日以前呈报财政、经济部查核。

第十条，监理员及所属办事人员不得参加交易所买卖，违者以渎职论。

第十一条，监理员办公处设秘书二人，稽核四人至六人，办事员六人至八人，雇员八人至十二人。

第十二条，本规程自修正公布日施行。

财政部训令上海证券交易所筹备处(1946年9月4日)

兹派王鳌堂为上海证券交易所监理员,除公布外,合行令仰执照,此令。

部长:俞鸿钧

经济部训令上海市证券交易市场筹备委员会(1946年9月7日)

令知本部派吴宗焘为上海交易所监理员由兹依修正交易所监理员暂行规程之规定,经派吴宗焘为上海交易所监理员,除函财政部外,合行令仰知照,此令。

部长:王云五

上海交易所监理员办公处函上海证券交易所(1947年8月8日)

案奉经济部本年七月二十六日京人三十六字第六六四七号令开,兹派黎澍为上海交易所监理员此令等因,遵于,八月一日到处就职,除分呈备案外,相应函达即希查照为荷。此致上海证券交易所。经济部派监理员黎澍。

上海交易所监理员办公处函上海证券交易所(1948年7月22日)

奉令饬将本处名称上原本经济部字样改为工商部,已于七月十三日遵照改称函达。案奉工商部本年七月十二日京总三十七字第七〇二八〇号训令开:查本部依法改组成立,本部长已于本月六日到部视事,业经令知在案,所有接管前经济部各直辖机关,其名称上原有经济部字样应该为工商部三字,以明职责,除呈报行政院备案外,合行令仰该处于文到三日改称具报等因,奉此遵于七月十三日将本处原名依照改称为:"财政、工商部上海交易所监理员办公处。"除呈报并分行外,相应函达,即希查照为荷。此致上海证券交易所。

监理员:王鳌堂、黎澍

上海交易所监理员办公处函上海证券交易所(1948年7月23日)

工商部本年七月五日京人三十七字第〇〇〇九号令开,兹派沈云龙为上海交易所监理员此令。等因奉此遵于,七月二十一日到处就职除呈报。

财政,工商部备案外相应函达即希查照为荷,

此致

上海证券交易所

工商部派监理员:沈云龙

上海交易所监理员办公处函上海证券交易所(1948年10月23日)

奉令本处财政部派监理员王鳌堂呈准辞职遗缺由秘书王传福暂行兼代函希查照由

案奉财政部本年十月十八日财人、字第五七五一号训令内开:查该处监理员王鳌堂呈请辞职,业予照准,所遗职务着派该处秘书王传福暂行兼代,除分令外合行令仰知照等因。奉此

遵于本年十月二十二日到差视事除呈报外相应函达，即希查照为荷，此致，上海证券交易所。监理员王传福兼代。

上海交易所监理员办公处函上海证券交易所(1948年12月11日)

函达就职日期希查照由，案奉

工商部三十七年十一月十七日京人三十九字第二五三号令开，兹派杜俊东为上海交易所监理员此令。等因，奉此遵于十二月六日到处就职。除呈报工商财政部备案外相应函达即希查照为荷，此致，上海证券交易所。工商部派监理员，杜俊东。

财政部训令上海证券交易所(1949年3月4日)

兹派本部上海金融管理局局长毕德林兼任该交易所本部监理员，除分行外，合行令仰知照！此令，部长：徐堪。

上海交易所监理员办公处函上海证券交易所(1949年3月11日)

工商部三十八年二月五日沪临字第二十五号令开：兹派杨庆簪为本部上海交易所监理员此令，等因奉此遵于三月九日，到处就职。除呈报工商，财政部备案外相应函达即希。查照为荷。此致上海证券交易所工商部派监理员　杨庆簪

中华民国三十八年三月

上海证券交易所监理员办公处调查上海证券交易所情形来往函件(1946～1949)

监理员办公处致上海证券交易所函(1946年10月9日)

为派稽核徐关熙等前来，贵所调查场务计算稽核各科之工作情形，希惠予接洽由。查本处成立伊始，对于贵所场务计算稽核各科工作情形，亟应明了，兹派稽核徐美熙、朱其旭、许威百、徐人华、程炳骥、李道明等前来调查，至希惠予接洽为荷。

此致　　上海证券交易所，监理员　王鳌堂　吴宗焘

监理员办公处致上海证券交易所函

为函请将所有各经纪人姓名等项列单汇送备查由

查本处对于各经纪人营业情形亟须明了，相应函请贵所将所有各经纪人姓名、字号、地址、电话等项系列单函复以备查考，即希查照为荷，此致上海证券交易所，监理员：王鳌堂、吴宗焘。

监理员办公处致上海证券交易所函(1946年11月9日)

函请将各号经纪人开立之证券字号牌名列表送处以便稽考由

兹查本市新康永记证券号亏损倒闭情形，各报均已刊载该号为证券交易所第一六四号经纪人，惟贵所遣送经纪人名单内所列之一四六号经纪人为沈锡荣，并未注明新康永记字号，该新康永记证券号是否系由一六四号经纪人所设，报经贵所有案，本处无法稽考，兹为便于考察起见，各经纪人如经设有合法字号，应请贵所查明列表送处以凭查核，用特函达至希查照办理，并见复为荷。此致上海证券交易所监理员：王鳌堂、吴宗焘。

上海证券交易所致监理员办公处函(1946年11月30日)

贵处于本年十一月九日监字第六十六号大函嘱将各经纪人开设之证券字号牌名列表送备查核等由。查本所经纪人分法人与个人两种，除法人经纪人应具有合法之组织外，个人经纪人只认个人不认字号，本所亦不强制陈报，是以恕难列送，相应函复，敬希亮察为荷。

此致　　财政经济部上海交易所监理员办公处

监理员办公处致上海证券交易所函(1947年3月4日)

为函请将业经核准之各经纪人营业员及分办事处等详细列单送处以凭查考由

案查贵所各经纪人前有请设营业员及分设办事处所者，兹为使便于查考起见，拟请贵所将业经核准各经纪人之营业员及分办事处详细列单送处以利查核，嗣后如有此项新核准事项，并希随时转告相应函请查照办理见复为荷。监理员：王鳌堂、吴宗焘。

监理员办公处致上海证券交易所函(1947年3月20日)

函请将各上市股票申请上市时所填报各表件抄缮副本送附处备核，嗣后新股票上市时应将所填表件分送本处由

查本处现以需要明了各上市股票之公司内部情形起见，应请贵所将现行各上市股票申请上市时所填报各项表件抄缮副本一份送处，嗣后新股票申请上市时，并应将所填表件分送本处以备查考。用特函达即希查照办理见复为荷，此致上海证券交易所，监理员：王鳌堂、吴宗焘。

上海证券交易所致监理员办公处函(1947年5月21日)

一九一号经纪人姚昌德

准贵处本年五月七日监字第三〇九号公函以第一九一号经纪人姚昌德设置第一营业分所于林森路六九六号，是否报经本所同意，嘱为查复等由，查该经纪人在上开地址设立分营业所，聘沈庆成为经理，曾据函报到所，当以经纪人设置分营业所办法，本所正在重加考虑，应尚未核准此一问题，与贵处监字第五十八号函转示经济部饬议处置证券公司字号一案颇有关连，容俟本所详加研究决定后，再行核办，相应函复即希查照为荷，此致财政、经济部上海交易所监理员办公处。

监理员办公处稽核科调查函(1947年5月24日)

一五二号经纪人之买卖日记账

查一五二号经纪人曾于三十五年十月三日申请于华山路一号以营业员关系装置对讲电话一只，经本所核准在案，旋以营业员办法尚须修正，故对该处之营业员身份迄未正式核准备案，至该经纪人之账册所载，自称西号，本所无案可稽，既未经本所核准备案，其营业员及分营业所之身份似均未能成立，该处如无代客买卖行为，似可视为客户。谨呈杨协理。稽核科呈。

财政部、经济部上海交易所监理员办公处致上海证券交易所函(1947年5月24日)

为据查报第一五二号经纪人之买卖日记账内间有“西号”之户名，该西号究为第一五二号经纪人之营业员，抑为客户相应函请查明见复由。

查第一五二号经纪人吴国英营业状况，经派员□□□□□“该经纪人买卖账目中有西号字样一户，颇疑为该号之场外交易机构，当于三月十八日驰往检查，该西号设于华山路一号容康酒家之二楼门口，有招牌润康证券号分办事处字样，装有对讲电话一具，通一五二号经纪人处，房间中有男女客户六七人，当即将该西号之账簿携回，并当场查询该西号负责人阙季连，据阙称本人系152号经纪人润亨号之客户，对讲电话系在战前装置营业处，系向一五二经纪人租赁，所有交易进出甚少，系亲友交易，略取佣金等语”。复据附呈该经纪人申辩书称：“谨呈者，敝经纪人溯自开业以还，对于交易所法及上海证券交易所营业细则及一切有关法规无不恪力遵循，惟恐陨越，关于此次钧处所垂询之华山路一号二楼润康号为敝经纪人之分办事处一节，查与事实不符，用将经过详情申述如下，敝经纪人在前华商证券交易所时代，即以润亨证券号为营业牌号，当时为扩展营业起见，曾在华山路一号二楼设有西区办事处，通有对讲电话，经营代客买卖证券业务，迄胜利后即宣告停业，当时因停业解散之伙友阙季连、黄鑫芳等生计关系，情商转借该办事处原址经营另星证券业务，更改营业牌号为润康号，所有资本均由彼等自行筹集，敝经纪人并无参加，去年九月，上海证券交易所开业后，该号阙季莲君曾请求敝经纪人代向证交申请登记为营业员，但迄尚未奉批回，故该号素未经营代客业务，只由自身投资买卖证券，以博微利聊资糊口，而敝经纪人对于该号所委托买卖交易亦完全按照普通客户看待，并无优异之处，盖敝经纪人对于该号始终未有股本参加，该号所委托一切交易应付佣金税款亦无不全部照收，况该处所用牌号并无一五二号经纪人分办事处字样注明，显与敝经纪人毫无连系关系，事实昭然，自钧处派员彻查以后，敝经纪人为慎重计，已将该号一切委托买卖交易自三月十八日起全部停止代办，且该号亦已于是日自动解散，用将经过始末详陈如上，尚祈垂鉴是祷”各等情，据此查该润康号经营上市股票与第一五二号经纪人之关系，虽该经纪人账册列有西号记载，究竟该润康号曾否由第一五二号经纪人声请为营业员或分营业所，贵所是否核准有案，如未经贵所批复，则该润康号究应认为第一五二号经纪人之分营业所或营业员，抑为客户相应函请查核见复，以便核办为荷，此致上海证券交易所

监理员　王鳌堂　吴宗涛

上海证券交易所致监理员办公处函(1947年12月11日)

迳启者，本年十二月十一日上午十时许，淞沪警备司令部经济组派员十余人前来本所，当有数人进场巡视，至十二时退去，下午二时正当后市开盘，该部警员又临市场监视干预交易，以

致市场停顿，相应函达即希查照为荷，此致财政经济部上海交易所监理员办公处。

监理员办公处致上海证券交易所函(1948 年 2 月 7 日)

奉令据报经纪人有转租牌号坐收巨利情事函希查明见复由

奉财政、经济部本年元月三十一日财钱巳字第二二一四五号，京商三十七字第〇三一一一号训令开："据报上海证券交易所经纪人迭有将其牌号转租他人经营情形，数达百分之四十，所订契约虽为合作方式，不过藉以逃避政府耳目，事实上则坐收巨利，不负盈亏责任等语，所报如属实在，显违该所营业细则之规定，合行令仰该处密洽该所迅即查明具报以凭核办，再该所除现有经纪人及以前业经申请尚待补正手续者外，目前尚无增加经纪人名额必要，仰即转行知照"等因，相应函达，即希查照密复以凭核转为荷，此致上海证券交易所，监理员：王鳌堂、黎澍。

上海证券交易所致监理员办公处函(1948 年 7 月 13 日)

准贵处监三十七字第一一四六号公函，以准上海市警察局函，以经纪人使用两种账单，有便利场外交易之嫌，转嘱将经纪人记录交易之账单式样及其记载方式予以规定等由，查本所前经规定经纪人在市场内交易均须填制场账四份，其中一分为经纪人留底，至其代客买卖记录，亦经本所于开业前，召集各经纪人讲解会计制度中列有买卖日记账格式一种，迄今大多数经纪人均已采用，当再转饬注意依式办理，惟关于查核经纪人有无场外交易情事，似仍以设法查获其一切交易记录，送由本所与场账核对为妥，倘仅从账单格式上判断，则即使经纪人将场外交易记录于规定格式之账页上，于收盘后仍可将其销毁或予隐匿，并不记入正式账册似仍未能收便利检查场外交易之效，相应检同原规定买卖日记账格式两份，随函奉复，即希查照为荷，此致财政、经济部上海交易所监理员办公处。

对证券套利的监管

套利交易暂行办法(10 条)1946 年 12 月 9 日

迳启者，兹为套利交易成交便利起见，规定套利交易暂行办法如左，并定于本月十二日(星期四)前市起试办

(一) 股票种类，暂定永纱、信和两种

(二) 交易地位，双方均为套利交易时在指定交易柜前集中交易(如对方为普通交易时仍在各交易柜前依原有买卖方式照旧交易)

(三) 成交单位，暂定五万股

(四) 叫价单位，暂定一角

(五) 叫价方法，祇叫现货价格与递交价格相比之差额，例如八元一角九元三角等等。

(六) 成交价格，以当时现交买进价格为根据，例如套利叫价八元成交而当时现交买进为四五〇元，即现交价为四五〇元，递交价为四五八元。

（七）升降限度，以现货价格为标准（限于双方均为套利之交易）

（八）买卖手势，以递交之进出为准，例如买进现货卖出递交者手心向外，卖出现货买进递交者手心向内。

（九）填制场账，即用现在所用之场账，分别现交递交仍由卖方依式填制经买方签章后投入交易柜内。

（十）其他各项，本证据金现品提交追加证据金经手费、交易税及交割手续交割期限均依照原有现交及递交办法办理，对账表单亦一并计算，毋分别填制。

上列办法除公告市场外用再函达，即希查照为荷此致贵经纪人

中华民国三十五年十二月九日

上海证券交易所致各经纪人函

迳启者，查本所开做套利交易旨在诱导游资纳入正轨，经纪人代客套利，应恪守代客买卖之原则，不得用为调度资金之方法，近查本所个人经纪人中有登载集团套利广告揭橥保息及红利办法者迹近吸收存款，显属违反本所暂行营业细则第二十一条之规定，再套利交易，必须在场作成，如用内转账方式成交则足滋生流弊，兹为防微杜渐，增进经纪人信誉起见，规定管理套利交易办法，自即日起施行相应抄附办法一份，即希查照办理为荷，此致贵经纪人。附办法一份：

中华民国三十六年二月二十二日

上海证券交易所管理证券套利办法

一、本所个人经纪人接受客户委托之交易应于场内成交，不得以内转账方式成交，并应于交易成立后持成交单或清单向本所业务处稽核科请求盖章证明。

二、本所个人经纪人之账册对于代客套利有关之科目应独立表示，并注明代客套利字样，不得与其他科目混杂。

三、本所个人经纪人代客集团套利时，应将每期账目公告于各委托人。

四、本所个人经纪人代客套利对委托人交付之本金除套利实得利息外，不得有保息或红利之支付。

上海市证券交易所告第一五〇号修正管理证券套利办法（四条）（1947年3月4日）

一、本所经纪人接受客户委托套利之交易应于场内成交，不得以内转账方式成交，并应于交易成立后持成交单或清单向本所业务处稽核科请求盖章证明。

二、本所经纪人之账册对于代客套利有关之科目应独立表示，并注明代客套利字样，不得与其他科目混杂。

三、本所经纪人代客集团套利时，应将每期账目公告于各委托人。

四、本所经纪人代客套利对委托人交付之本金除套利实得差额外，不得有保息或红利之支付，但银行钱庄信托公司之法人经纪人不以经纪人名义受托套利者除外。

上海证券交易所致财政、经济部上海交易所监理员办公处函(1946年11月11日)

迳启者,本所前曾拟定递延交割暂行办法呈请核示施行,兹奉财政、经济部第四三九四号京商三十五字第一六〇〇七号批示内开"呈件均悉,当以所请一节为使该所交易盛旺,市场融通,尚不无必要,经拟定暂予试办三个月,俟有成效再准正式赓续办理,呈奉行政院本年十一月五日?京与字第8240号指令,准予照办等因,函达中央银行外,仰即遵照并就已核准上市股票中择其行情较为稳定者,先行办理,至期货交易,该所亦应着手筹备,妥拟办法报请核夺,同仰遵照,此批"等因,奉此遵即决定于十一月十四日后市起办理,除拟定《暂行试办递延交割办法》于本日公告市场及通函各经纪人周知外,相应检附该办法两份,即希察洽为荷。

此致　　财政部上海交易所监理员办公处

上海证券交易所第五十五号公告

顷奉财政、经济部令准暂行试办递延交割三个月,兹定于本月十四日(星期四)后市起试行开做,其试行办法暂定如下,特此通告。

一、股票种类,永纱、信和、美亚、景福、新光、永公,暂以以上六种先行试做递延交割之交易,其成交单位与交易方式与现期交易同至,现期交易仍照常开做,惟场账应分别使用不得混杂。

二、交割期限,暂定每星期五为交割期,每期递延交割之交易于星期四后市起开做至次星期三前市止,星期三后市及星期四前市只做现期交易与同期递延交割之交易,同日交割如遇放假日依次提前行之,所有交割办法与现期交割现行办法同。

三、本证据金,按照成交价银百分之三十征收之,其中百分之十应以现金缴纳,其余百分之二十得以上市证券代用之,代用价格以市价七折为标准,在交割清楚后,全部发还之,如遇买卖数量轧平时,亦得于翌日发还之。

四、追加证据金,如因市价涨跌发生损额时,按照损额征收之,如某种交易发生损额而他种交易有盈余时,得依抵充后之净损额缴纳之,在交割清楚后或损额回复时发还之。前项所称"损额"及"盈额"系依据当日记账价格计算之价银与原成交总价银之差额。

五、现品提交,卖方以供交割之证券提前交与本所者,得免缴各项证据金,如遇买卖数量轧平时,得于翌日发还之,惟中途不得换缴证据金。前项现品提交之收据如作为其他交易之证据金代用品时,该证券作现货论。

六、经手费,与现期交易同。

七、交易税,暂按现货交易税率征收。

八、对账办法:与现货交易现行办法同,惟续另制"买卖报告单",每种证券一份送交本所,其余"收付清单"、"买卖清单"、"差额报告单"毋庸填制。

上海证券交易所致各经纪人函(1947年2月7日)

迳启者,本所递延交割之交易试办以来,咸称便利,兹定于本月十日(星期一)前市起除原有递交照常办理外,同时加做递交一期,其办法暂定如左:

一、交易起讫,每星期一前市开始,星期六前市为止,下星期二交割。

二、场账区别,在特制场账未印就前,同时所做两期递交,凡星期五交割者,应在每页场账右上角标明“五”字,星期二交割者,在同样地位标明“二”字,以资识别,事关重要切勿遗忘。

三、对账用之相互对账表及买卖报告单亦应同样分别表明“五”或“二”字样。

四、其他各项办法一概与现行递交办法同。

上项暂定办法除公告市场外,相应函请查照为荷,此致贵经纪人。中华民国三十六年二月七日

上海证券交易所致经纪人公会函(1947年2月18日)

迳启者,查本所开做递延交割交易,关于经纪人应缴之本证据金代用品部分,前经呈准酌予变通,由承办经纪人保证金代用品书面保证案内指定之沪市会员银行二十六家以书面保证抵充,并由本所商准沪市钱商业同业公会,指定殷实钱庄十家,参加承办此项办法,部领限期至36年一月底为止,旋以限期将届拟请继续展延施行,经呈奉财政、经济部京钱己字第一七四〇号京商三十六字三三九八四号批示,“来呈请将递交交易关于经纪人本证据金代用品书面保证办法,准予展延施行等情,核尚可行该项书面保证抵充办法准续展至本年四月底止,期满仍须依照原规定以有价证券缴纳,仰即知照”等因,除分函通知外,相应函达,即希查照为荷。

财政、经济部批示(1947年2月22日)

(一) 复准所请递交交易期满继续办理,期限仍暂定三个月,(二)递交交易税率候由本财政部另案核示,(三)关于暂缓办理期货一节,姑准存案,统仰遵照。

上海证券交易所递延交割本证据金代用品书面保证暂行办法(1947年3月5日)

迳启者,查本所开做套利交易以来,发现个人经纪人中有登载集团套利广告揭橥保息及红利办法,迹近吸收存款,显与本所暂行营业细则第二十一条之规定相抵触,而套利交易用内转账方式成交尤足滋生流弊,为防微杜渐起见,规定管利套利交易办法,分知施行,惟该项办法仅属个人经纪人范围,兹为适应事实需要,经加修正,即日施行,相应抄附《修正管理证券套利办法》一份随函送达。即希查照办理为荷。此致,贵经纪人

上海证券交易所　启

中华民国三十六年三月五日

附　上海证券交易所修正管理证券套利办法

一、本所经纪人接受客户委托套利之交易应于场内成交,不得以内转账方式成交,并应于交易成立后持成交单或清单向本所业务处稽核科请求盖章证明。

二、本所经纪人之账册对于代客套利有关之科目应独立表示,并注明代客套利字样,不得与其他科目混杂。

三、本所经纪人代客集团套利时,应将每期账目公告于各委托人。

四、本所经纪人代客套利对委托人交付之本金，除套利实得差额外，不得有保息或红利之支付，但银行钱庄信托公司之法人经纪人不以经纪人名义受托套利者除外。

上海证券交易所呈财政、经济部文(1947年11月11日)

臚陈试办递交业务暨各方面情形再请予以正式办理，呈请核示

查属所递延交割交易业务，于本年九月底试办期满，请予正式办理一案，经呈奉钧部财钱己字第一四一〇二号，京商三十六字第六六四五八号通知，已呈奉行政院核准，仍依上次规定办法，自本年十月一日起再予继续试办三个月，饬知到所，兹再将属所试办递交业务实际情形暨有关各问题，详细卢陈如次，以说明递交有正式办理之需要：

一、实际交易情形：属所于三十五年十一月十四日起，开始试办递交交易，选定永安纺织、信和纱厂、美亚织绸厂、景福衫袜厂、新光内衣厂及上海永安等公司六种股票，兼做递交交易，旋于同月二十一日续增华丰搪瓷及勤兴衫袜两公司股票，加入兼做递交。试办以来，为时已有一年，对于吸住游资及增益税收，尚有贡献，用将一年来逐月成交股数、金额及交易税数额，列表附呈。

二、递交与市场影响：上海为全国性之市场，故上海游资数字，亦可视为全国游资之代表，今春以前，大量游资之出路，以黄金美钞为对象，自本年二月间，政府严格取缔金钞交易后，社会游资即转趋证券市场，根据属所本年五月份之各项统计，分列如次：

甲、平均每日成交金额一七四〇余亿元。

乙、递交存账每日平均金额(代表套利交易)一二六〇余亿元。

丙、属所收存本证据金每日平均额为六百五十余亿元。

丁、递交实际交割每周平均金额四百九十余亿元。

按五月份上海商业行庄之存款总额为六五〇〇余亿元，票据交换所平均交换额为九三一〇亿元，根据上列数字，其与证券市场之关系，分析如次：

甲、属所每日成交额占行庄存款总额百分之二十六.六，票据交换所交换总额百分之十八.七。

乙、每期递交交割日，交换所增加票据数字约增加百分之三十。

丙、递交存账金额约占行庄存款总额百分之二十。

丁、本证据金约占行庄存款总额百分之十。

戊、递交实际交割金额约占行庄存款百分之八。

根据以上分析，足征在此时期，上海行庄存款百分之二十六，票据交换所交换总额百分之三十，均与证券交易发生联系，而被吸住。

三、吸住游资之效用：上海既具有庞大数额之游资，日以追逐利润是务，按目前市场利息，常近月息二角，票据交换所每日交换之金额，不问其任务用途，均须负担此项黑市利息，是游资不归证券，即入物资或非法金钞交易，苟游资一经侵入物资市场，则物价即起剧烈之波动，其予吾国经济上之严重影响，自不容忽视，欲平物价并取缔金钞黑市，自宜加强游资之疏导，而繁荣证券市场，使股市之圆滑活泼，尤为疏导游资之有效办法，庶可树立人民正当投资之对象，

以转移囤积居奇之恶风，而游资之流入生产途径，自可水到渠成也。

四、递交与物价之关系：证券市场吸住游资之作用，略如上述，其唯一之效果，即系减轻游资对物价之压力，不论新公司发行股票，或旧公司增资募债，以出售新证券方式，获取资金，以扩张生产时，游资即通过证券市场，流入生产者之手，如成交旺盛，物资市场投机囤积之购买力，自可因以压低，物价自趋平稳矣。按属所开办递交以来，成交金额最巨之日，达四六〇〇余亿元，设当时此巨额之游资，不流入股市，而入米市或纱市，则米价纱价之腾涨，自必惊人。论者有谓股价足以领导物价，按诸事实，殊不尽然，兹将本年六月份与十一月上旬物价与股价分列如次：

	六月份平均	11月上旬平均	
20支特双马	9 372千元	25 030千元	增167%
龙头细布	292千元	944千元	增223%
米	426千元	670千元	增57%
生油	579千元	1 741千元	增200%
白煤	1 691千元	7 900千元	增367%
股价指数	100%	128%	增28%

足证物价猛涨，股价落后，股价领导物价之说，不攻自破。

五、递交之利弊得失：递交之利，在使证券市场交易灵活，吸住大量游资，便利投资，其对市场影响，已大略见前，说者有谓股市过度活泼后，吸住游资过多，足以掠夺长期生产资金。实则目前行庄资金游离性极大，加以市场利息之高昂，此项资金，徘徊出入于证券、物资或非法金钞之买卖，决不从事于长期生产之投资，故股市所吸住之游资，并不掠夺生产资金，而股市繁荣后，厂商反可乘机募股增资，于经济上贡献更多。或谓递交足以助长投机，实则市场内合法递交业务，可配之以证金管制，如能管制得法，以引导证券交易悉纳于合法市场内，正为消减场外黑市投机之有效对策，助长投机之说，实为片面看法，与事实不符。

六、欧美证券市场之递交办法：揆之伦敦证券交易所营业细则之规定，该所全年有二十四个交割日（第九十六条），会员所作交易，不得递延交割超过成交后第七各交割日（第九十四条），此项办法，战时曾经停止，今则早已恢复。纽约证券交易所除通常之隔日交割外，亦有约定递延一星期或两星期交割之例，其办法较属所递交每周五交割一次者，为期更长，欧美国家成法如此，推行并无窒碍。属所递交办法，亦属有例可援。

查属所试办递交业务以来，其间于试办期满奉继续准试办者，已先后四次，每届期满之时，往往引起市场上之揣测，因之谣逐繁兴，影响于股市者，实非浅解，自非安定市面之道，递交既有举办之必要，试办以来，续办已达四次，为时非暂，成效已彰，实应准予正式办理，以安人心，而免周折。若以今后环境变异为虑，则将来政府对递交办法认为有修正必要时，自可指令属所遵行，□不因未经正式办理而有所拘束也。奉知前因，理合将试办递交各方面情形暨应予正式办理各缘由，具文呈请鉴核示遵。

谨呈财政部部长俞、经济部部长陈。

全衔理事长　杜

上海证券交易所所关于递延交易税按现货率课征与财政部来往文件(1947年)

财政部上海直接税局通知上海证券交易所(1947年1月10日)

为奉部令转知关于递延交易税暂按现货税率征收一节,未便照准,应依照交易税条例按规定期货税率自开做日起,按实际交易额计算代扣缴库。

财政部训令上海证券交易所(1947年4月24日)

查递延交割证券交易课税一案,前据直接税署呈转该所本年三月二日业总字第八二二号函,为诱导场外交易纳入正轨,请准暂照现货税率课征等情,经已转呈核示在案,兹奉行政院本年四月十一日从五字一三四三五号指令准予照办,并以半年为期,即自三十五年十一月十四日起至三十六年五月十三日止,除分令上海直接税局外,合行令仰知照,此令。

部长:俞鸿钧

财政部、经济两部核定保证金代用品种类及价格和递延交割本证据金代用品改用书面保证的批示(1946年)

原具呈人:上海证券交易所三十五年九月二十八日总字第一〇四号呈件为拟制订

财政部、经济部批示(1946年10月)

呈悉,查经纪人保证金代用品有价证券部分,其半数应为该所试行上市之证券,半数应为政府发行之公债,其价格概按市价七折计算,未上市之公债照面额七折计算。除函达中央银行,并令知上海交易所监理员外,仰即知照,此批。

上海证券交易所查报监理员办公处关于新亚药厂、丽安百货公司财务情形来往文书(1946～1947)

为请查明新亚药厂及丽安百货公司内部资产负债情形见复由

监理员办公处致上海证券交易所函(1946年12月6日)

查近日证券交易市面平疲,外界传说纷纭,顷据本日报载传有新亚药厂及利安百货公司两家,将陷于不稳等情,按新亚药厂及利安百货公司两股票均系贵所上市证券,其内部最近资产负债实际情形如何,应请贵所核明,详为见示以备查考,相应函达,即希查照办理见复为荷,此

致上海证券交易所

监理员：王鳌堂　吴宗焘

上海证券交易所致新亚化学制药厂、丽安百货公司函(1946年12月10日)

迳启者，敝所顷接财政经济两部上海交易所监理员办公处监字第一〇一号函嘱，调查贵公司情形见复，兹将原函抄附，即希将贵公司最近资产负债实际情形详予见告，以便转复该处为荷，此致。

新亚化学制药股份有限公司丽安百货有限公司

丽安百货公司致上海证券交易所函(1946年12月16日)

迳复者，按奉总字五三四号大函略以接奉财政经济两部驻上海交易所监理员办公处函嘱调查敝公司情形，希开示最近资产负债情形以便转复等由

……奉此，兹特录奉敝公司本年九月三十日止试算表一份，至希查核，最近敝公司资产负债之实际情形确实良好，惟十月至十一月份试算表因外埠分店账略一时未能齐集，难以求得准确数字，当待年终总结算后一并详告。敝公司平时业务向抱稳健，对外亦无甚负债，至本月十三日止，行庄欠款总额仅一三三〇万元，外间所传纯属无稽，专此奉复，并祈据情转复为荷，此致。上海证券交易所

附九月份试算表一份

丽安百货股份有限公司

上海证券交易所致经济部商业司、上海工商督导处(1947年1月15日)

查本所试行上市证券中有新亚化学制药股份有限公司股票一种，该公司于上年十二月上旬起陷于周转不灵状态，一经报纸登载，市上则有烦言，本所曾准大部上海交易所监理员办公处上年十二月六日来函查询，即行转嘱该公司陈报资产负债实况，迄今时历月余，未据照办，按该公司股票既在本所试行上市，本所对一般投资者负有翔实报告之责任，用特函请将该公司最近业务情况及资产负债实况迅赐抄示，俾资参酌办理为荷，此致。经济部商业司

经济部上海工商督导处

上海证券交易所致新亚化学制药厂(1947年1月24日)

迳启者，前准财政、经济两部上海交易所监理员办公处函嘱调查贵公司实际情形，曾于去年十二月十日抄附原件函请查照见复在卷，兹时逾月余，未见示复，现各方纷纷来所探询贵公司实际状况，本所无从置答，用再函达即希于七日内将贵公司最近资产负债翔实情形列具表报见告，以便答复各方查询，否则本所当依据暂行营业细则第四十二条之规定办理，幸勿延误未合，此致。新亚化学制药股份有限公司

经济部商业司致上海证券交易所函(1947年2月1日)

贵所三十六年一月十五日总字第七三三号函以试行上市股票中有新亚化学制药股份有限

公司一家，于上年十二月上旬起陷于周转不灵状态，嘱抄示该公司最近业务情况及资产负债实况俾资参酌办理等由到司，查该公司三十五年度营业报告书表尚未据呈报来部，关于该公司最近业务经营及资产负债情形无可稽考，应请迳向该公司洽询，准函前由，相应复请查照，此致。上海证券交易所经济部商业司启

经济部上海工商辅导处致上海证券交易所函(1947年2月3日)

贵所三十六年元月十五日发总字第七三三号公函嘱收新亚化学制药股份有限公司最近业务情形及资产负债实况查复等由……查生产事业临时贷款审核委员会对于该厂整理已有适当办法，现在进行中，该厂困难当有解决之望，相应复请查照为荷，此致。兼处长：欧阳仑。

新亚药厂致上海证券交易所函(1947年4月19日)

迳启者，前准发总字第八六七号，大函略以现三十五年度业经终了，请依照规定将编具之表册送所备查等由准此。因敝公司分支机构太多，故关于决算手续办理需时愆期多日，至为抱歉，兹先送上三十五年度决算表暨财产目录各乙份即请查收，至本年三个月营业表报正在编制，稍缓时日再行送奉，相应函复，务希谅照，至纫公谊，此致。上海证券交易所，附件二本。

新亚药厂总经理：顾克民

上海证券交易所致新亚化学制药厂(1947年6月5日)

迳启者，贵公司本年四月十八日丁字第四八二号大函附送三十五年度决算表暨财产目录各一份照收，只悉经报准，财政经济部上海交易所监理员办公处三十六年六月五日公函，以贵公司资负状况欠佳，未知最近有否改善，嘱转知抄送最近资产负债表或月终试决算表送处查核等由，相应函达，即希查照。抄送一式二份以便存转为荷，此致。新亚化学制药股份有限公司

上海证券交易所所关于经纪人公会请将证券申请作低利押款或贴现担保品请四联总处考虑试行的来往文书(1946～1947)

上海证券交易所经纪人公会致上海证券交易所函(1946年11月13日)

迳启者，本月十一日各报披露宋院长为解救经济危机促进经济复兴起见，特召集金融领袖商讨具体办法，组织四联总处生产事业贷款临时审核委员会主持其事，是则政府对于生产事业之协助与发展至为关切，证券业务虽非生产机构，而间接影响整个社会经济至深且巨，盖经营证券之经纪人或证券持有人倘能将各种证券向四联总处申请低利押款或充作贴现之担保品，非独筹码可以加多，周转得以灵活，且可使证券本身之信誉藉以增进人民自愿乐于投资，企业

赖以繁荣，高利贷逐渐消灭，证券市场助长复兴产业之使命应可完成，故证券市场与产业机构休戚相共，唇齿相依，挽救之道不容偏废也，用布区区，陈请转函四联总处鉴核采择施行，是所企荷，此致。

上海证券交易所经纪人公会理事长：陈静民

三十五年十二月十三日

上海证券交易所、中央银行关于经纪人证据金送存中央银行案（1946～1947）

上海证券交易所致中央银行业务局函（1946年11月31日）

迳启者，兹解奉敝所经纪人证据金四亿零八八八万三六五〇元正，即希查收，请开上海证券交易所经纪人证据金户，以后如须签领此项存款，即凭敝所协理兼财务处经理顾善昌或财务处代理副经理吕濬单签之印鉴领取，特将顾兼经理及吕代副理会签之印鉴一份随函附送，并请查收存验为荷。此致　　中央银行业务局

上海证券交易所致中央银行业务局函（1947年1月6日）

迳启者，查敝所经纪人交易证据金存支办法，前经呈奉财政经济部去年十一月五日京钱巳字第四一三二号京商字第一五六四四号批节开："交易证据金原请拟改由该所收纳后，每月汇缴中央银行另立专户存储，遇有动用情事，由该所开制支票提拨，亦准照办"等因，业经遵办在案，兹准贵局电话通知，嘱将关于本案部令节抄送达，以资存卷备查，自应照办，相应函达，即希查照为荷。此致　　中央银行业务局

上海证券交易所通知上市公司洽办事项（1946～1949）

上海证券交易所致上市各公司函（1946年10月3日）

迳启者，本所现拟编制试行上市股票各公司概况手册一种，以备各界参考之用，兹将有关贵公司部分送请察阅，其中材料容有遗漏错误之处，希补充修正后于三日内送下，以便汇编复印为荷。

此致

中华民国三五年十月三日

上海证券交易所致上市各公司函（1947年2月7日）

迳启者，查本所暂行营业细则第四十条甲项第三条规定，申请公司将每届营业年度终所造具公司法第二二六条规定之各表册送交本所。

现三五年度业经终了，相应函请贵公司依照上项规定，将编具之营业报告书、资产负债表、

财产目录、损益表及盈余分派之议案等表册迅即送所备查为荷。

此致

股份有限公司

中华民国三六年二月七日

上海证券交易所致上市各公司函(1949年3月10日)

迳启者，本所兹为明了上市厂商，自本所成立以后，历次增资后资本之运用及其生产技术之改进等情形，特印制“上市厂商现金增加资本及其运用情形调查表”一种，以便查核统计供对外发表各厂商业务，发展改进状况，实有裨益于贵公司之营业信誉，相应检同调查表一份，尚希惠予合作，详细填列寄下为荷。

此致　　附表一纸

中华民国三十八年三月十日

外界建议改善上海证券交易所经营管理函件(1946～1947)

监理员办公处致上海证券交易所函(1946年10月19日)

为奉两部令转据施不瑜呈请变更上海证券交易所办法以利人民投资一案，抄同原呈转请拟办见复由。

案奉财政、经济部本年十月十五日京商三十五字第三三一一号、第一三七六〇号训令内开，案准行政院秘书处本年九月十八日□□□□训令，施不瑜呈请变更上海证券交易所办法，以利人民投资一案，奉谕“交财政经济两部”等因通知到部，查上海证券交易所在开业时，经以新光内衣公司等二十家股票呈由本两部核准试行上市在案，目前该所股票交易并不盛旺，成交数额颇为低微，当无以发挥吸收游资之力量，应由该处督促该所对于业务进行务须妥为筹划，期于短期内可获开展而于沪市规模较大之公司，其所发行之股票或公司债，有合于上市之条件者，该所尤应设法劝导参加，以期引诱投资，消减场外交易，藉裕税收，奉交前因，合行抄发原呈，令仰遵照，并将遵办情形具报，此令。等因，抄发原呈一件，奉此相应抄同原呈函请查照，筹拟办法见复为荷，此致上海证券交易所。

监理员：王鳌堂　吴宗焘

抄原呈：

呈为呈请事，查上海证券交易所筹备委员会接受申请上市开拍之股票，迄今只六十余份，而其中十分之九多属敌伪时期上海投机家新创利用交易所吸收资金之工具，其范围极小，专以操纵股票为目的，故此次筹备会开办股票上市申请，此项小型公司即争先申请以求一逞，至于战前设立历史悠久之公司，既耻与为伍，复鉴于申请手续之麻烦，多望而却步，因此，证券交易所如贸然开业，而以此等小公司股票作为买卖筹码，则社会资金既为此等投机家吸收，复将转用于屯货物，购金汇，徒为国家财政增压力，盖此等公司设立之目的，即在于此也。窃意交易所筹委会应将全国大公司厂商之股票自动悬牌开拍，而免除申请之烦琐手续，以促进人民投资之兴趣，至于小型公司，应严格选择俾免人民误投资金蒙受损失，并仿照纽约证券交易所例先在Card　Exchange开拍，满三年后经过审查，再得升入交易所正式开拍，以保障人民之资金。交易所筹备委员会如贸然将小型投机股票作为开拍筹码，而不能将殷实股票自动开拍，结果必然引起投机狂潮，影响财政金融必非浅鲜，届时政府再拟发行中纺公司、石油公司等股份，必有困难，因市面资金早因投机狂潮而消耗殆尽矣，钧座如查阅申请上市之股票，即可明了，十分之九以上为社会上默默无闻者也，其内容不堪设想，有地位之老公司多未办理申请，即淮南路矿公司亦未见申请上市开拍也。故证券交易所开业应以开拍大公司厂商之殷实股票为限，惟此种股票始能引导人民之投资而不致使资本市场崩溃也，今闻筹委会诸公并未采取此项见解，敌伪时期创立之一般小公司股票仍得上市开拍，而殷实之公司及因未申请而不能开拍，结果所(届)投机操纵必较敌伪时期变本加厉，而资本市场终必毁于一旦也，谨呈。

上海证券交易所致监理员办公处函(1946年10月22日)

接准贵处本年十月十八日监字第三十九号公函，以转奉财政、经济部训令抄发施不瑜呈请变更证券交易办法以利人民投资一案，原文饬本所就沪市规模较大之大公司，择其所发行之股票或公司债有合于上市条件者，设法劝导参加以期引诱投资，消减场外交易，藉裕税收，抄同原附件嘱查照筹拟办法见复等由，查本所办理沪市各公司申请证券上市，须经严格审查后转呈财政、经济部核办，目前除初次呈奉核准试行上市之二十家外，已续有七家审峻呈核，以后当可逐渐增加，至沪市组织规模较大之公司亦当相机设法劝诱，将其所发证券来所申请上市，惟公司规模之大小殊乏具体标准，内容是否充实，证券流通性如何，尤须逐一详探，因之劝诱目标抉择綦难，如能转请经济部依据各公司注册成案，择其规模较大而内容充实者酌示名称，则尤便分头劝导而利进行，相应函复，即希查照为荷，此致财政、经济部上海交易所监理员办公处。

上海证券交易所致财政部、经济部函(1947年3月24日)

为奉通知改善营业管理三点呈复鉴核由

奉钧部□□号通知以准奉交属所对敲内幕密报抄发原报告，饬将营业管理部分三点尽量设法改善报核等因，查证券交易在昔年初创时期，以筹码有限，交易不多，经营者只有自己与顾客对做，往往同时报出买卖两个行市，其中差额即为证券商之利润，当时证券商之买卖无法律之限制，不受政府之监督，亦无共同遵守之同业规约，几为毫无拘束之营业，嗣后交易增加，业务盛旺之时，得有机会从中作买空卖空，吃敲操纵及垄断欺诈等行为，而投机之名亦有由来，迨后政府立法管制，但一般病态依然存在，初未泯灭，上年九月，属所奉准成立，秉承政府国策，实施规定章则，买卖有一定之手续，授受有明白之责任，处处以保障社会公众利益为前提，对于操纵欺诈等行为，自当严加制裁，而经纪人间往往因买空卖空有厚利可图，狃于吃敦陋习，不愿受绳墨之束缚，暗中经营黑市交易，推波助澜，扰乱市面，此为目前证券市场之症结所在，亟须对症发药，作有效之断然处置，以冀市场之益臻健全，至属所营业管理方法无时不按实际情形随时改进，逐步实施，奉抄件所列三点，自当注意，但所报未尽详实，敬分陈如次：

（一）原报告称："场内买卖不便，使客户久候时日，于市价涨落快速时，更易失望"暨"大量交易不易成交"两点，查属所开业以来，经纪人交易技术之纯熟与时俱进，初以黑市猖獗交易不集中，属所市场，属所交易清淡，成交自不能如理想之迅捷，最近黑市经严格取缔，较前敛迹，迩来属所每日交易额有时达八九千万股，（金额达二千一百余亿元），创吾国交易所成交额之最高纪录，交易技术运用灵活，经纪人及客户均称便捷，而场内大量交易亦能圆滑进行。属所为更谋改进，拟设置巨额交易柜台，成交单位较普通交易柜之成交单位为巨，将来开做以后，大量交易之成交自更容易。

（二）原报告称："买户交款后，须隔日始克领到股票，投机者无法周转抵押，以致蒙受损失"，查属所交割事宜，由中央银行指定中国、交通两银行办理，收款均属银行票据，例于当日下午四时转解轧现，收到后，方敢发货，故有隔日发出证券之规定，并非故意迟缓，现已由属所特定保管收据一种，于收款时制给，俾经纪人得以作抵押或交割之用，不久即可实施。

（三）原报告末节所称内转账云云，亦与事实不符，属所认可之内转账交易有明白之规定，须同一经纪人同时接受两个以上客户之委托，其所做交易之种类及买卖价格均属相同者，始得以内转账报所，不合上述情形者，概不得以内转账朦报，曾经公告市场有案，原报告所称殊非事实，奉知前因，除分呈外，理合具文呈复，敬祈鉴核谨呈。

上海证券交易所理事长：杜镛

李资霖致上海证券交易所函(1947年11月8日)

为检讨一年以来，证券市场发展趋势，建议改善方策，冒昧函陈，希鉴谅由。

迳启者，自去岁贵所开业以来，国人无不深切期待其日趋繁荣，奠定我国民族产业资本市场之基础，开业以后，遭逢我国经济危机之秋，格于环境发展，固未如理想，对于吸收游资减轻物价之压力，确有不可抹杀之事实，至于业务上之一切措施，贵所执事诸公处处为适应需要，锐意改进之苦心，确已作最大努力，不能不表深切敬意，证交前途发展如何，关系我国民日后经济百年大计至深且巨，对其发展之归趋，令人感到异常之关切。

回顾过去一年之中，虽曾有极度繁荣，吾人冷静看来，不能视为正常，其主要因素在于通货膨胀，币值下跌，游资泛滥，投机狂热，造成暂时之畸形发展，观于近来经济局势略呈稳定，而证券市场则每况愈下，将来果如美贷成功，经济长期稳定，国营股票上场，债券开拍，尔时局势实属不堪象想，近据报载贵所以业务清淡，正谋研讨对策，传闻对于现货交易，拟仿照场外开息办法等等，鄙人以爱护贵所之资格对此略有所感，谨以管见所及拟具后列刍议，敬希指正。

检讨一年以来发展趋势令人关切者，有如下数端：

一、对于上场之各种股票较开业之初发展极不均衡，例于热门股中永安纱厂、美亚绸厂、新光内衣、景福衫袜等，无论其上涨倍数及成交数额，俱有显著之距离，其他冷门股更无待言矣。

二、对于场外交易，始终无主动控制或抗衡方策，虽曾有数度严厉取缔场外交易，结果依然如故，无庸讳言，迄至现在，场内永安纱厂现货每日收盘价格往往不能表示为真实价格，吾人追溯场外历久不能消灭者，因场外有场外之优，除证金问题外，既有多空贴息之便利，更对于每日调度资金灵活，可随意交割，与在场内交易所受拘束及呆板情形不可同日语也。

三、场外多空贴息方法在利率高昂之下，实有助长抛空猖獗，使投资者裹足不前，阻碍股票正常发展实非浅鲜。

四、现在大部交易完全集中永安纱厂一种，对于其他股票兴趣渐淡，而完全放弃之倾向日日深刻化。

依上述数种情形观察，其原因在于一般买卖股者，其基本目的与概念莫不以追求利润为前提，演成必然之结果。此与证券市场当初创设之本旨，大相径庭，长此以往，如不设法改善，惟有使热门股愈热，冷门股愈冷。现在偶有新上场股票时，并不引人如何注意，况现在上场股票仅三十余种，而如此现象将来如再增加，实属不堪设想，目前当前急务为应付前述弊端，对于现行之递延交易制度变更办法实为必要。

改善方策：

一、递延交易改为每日交割无限期递延制：原则上自成交之翌日即可履行交割，递延期间规定三十日内为犹豫期间，期内随意交割或了结届期亦无庸寻觅对方，由买卖之一方将余额转掉下月之同期日(缴纳半额手续费)

二、所方代收股票：将来依事实需要另行设立交割公司专门办理，此项业务临时由所方暂兼办理本日交易，每日于特定时间内依各经纪人之需要申请收交数额，所方综核计算，如交货之数额多于收货数额时(例如交货股数二千万，收货者股数一千八百万股，其余二百万股为所方代收数额)，余额由所方代收，价款暂为垫付，其代收股数每日于市场公布之，如收货者数额多于交货数额，此谓超过不足，其不足数额每日于市场公布之。

三、递延费之计算：依前项收交情形，所方为调节股票流通圆滑起见，逐日决定递延费：(甲)所方代收股票时，依其代金核算利息(此谓正息或称顺息)，舍去零尾，决定每股若干，按照存账额由买方支付，卖方收入；(乙)如所方计算交割数额不足时，为促进交货计，则制定相反之递延费，每股若干按日累加，假定第一日每股五角，第二日仍无交货时，增加为一元，第三日为一元五角，依此累加至十日最高额为止十天，以概按每日五元计算(此谓反息或称逆息)，由卖方支付，买方收入；(丙)如收交全无，双方俱无递延费。

如此措置，场外交易自必向场内集中，且增加者之兴趣且基于递延费之作用，对于持有股票者有一层保障，对于制止抛空亦不无裨益，同时一般逐角决不能集中于某一种股票，藉推进其他股票普遍发展。

最后，希望证交当局对于达成证券交易所重要使命，为讲求根本繁荣，树立远大计划，督促政府对全国主要都市迅速设立交易所，使全国之股票流通区域扩大，便利各经纪人与各地相互间之套利交易，增加业务之收入，研讨如何使全国人民证券思想之普及，(彻)澈底推行人民资金投资于生产事业，以及协助经纪人业务之革新等等，俱为繁荣证交必要施策。鄙人才疏学浅，以上所述各项，一切辞不达意或措辞失当在所难免，谨以热诚爱护中国证券之□□，仓卒之中冒昧陈词，尚祈鉴谅，此致上海证券交易所台鉴，鄙人：李资霖，十一月六日。

批示：改善方策第二项“所方代收股票”于法无据，且事实上亦不可能，因之第一项随意交割，一方掉期，均无法办理，第三项“递延费”亦失却依据矣。十一月十日

稽核科调查报告(1947年11月13日)

李资霖君建议改善递交方策之研究(收文第二六四〇号)调查员：陆善煃

李资霖君鉴于现时证券市场集中永纱一门,冷热各胶(股)无均衡发展,对于场外交易无法消灭,从而场外抛空猖獗,影响市价正常发展,建议改善之方策,将递交交割期限名义上仍订有定期,但届期可自由掉入次期,且期内任何一日皆可交割,故实际上为永远可以递延而又可随时收解之制度,因随时收解之故,进出二方数额并不相等,其不平衡部分由交易所代垫股票或代付价银,复由交易所视察收解情形,每日决定递延费,解货超过收货时,由存账之多方贴出,空方贴进,反之,则发生反息。收解平衡时无递延费。

建议办法之持点厥为针对场外交易,使贴息无从进行,有时空头反而贴出,有时多空皆无利息,则经营场外者,主要之利息差额收入大受打击,有自然淘汰之可能,但该办法其他方面缺点尚多,似未能付诸实施也。

一、建议办法所谓能使冷热各股均衡发展,实无把握,因交易仍可能仅集中于永纱一种。

二、交易所代垫股票或代付价款于法无据,于事理亦不可能,盖筹码太大,纵使专组交割公司办理,手续费所入难与庞大资本相配,抑且代垫之后,万一发生风潮倒账,危险殊大。

三、递延费之决定无一定计算法则可据,则不免为任意的挂牌,使外界误会交易所藉挂牌高低正反而操纵市面,此外,计算工作太繁,人事支出增加而经手费收入并不比例增加(掉期交易必减少)

四、因递延费或有或无或正或反,使银钱界套利交易无从着手,复因递交与现交无异(可随时收货),则现递间之掉期交易亦大见减少。

五、递交可以随时交割,实不成其为递交,而属现交之每天掉期,故“递延费”之贴进贴出,亦无法律根据,盖现交何得递延也。谨呈杨协理,稽核科。

戴仁法致上海证券交易所函(1948年4月10日)

窃查迩来股市趋势深临夭危,平民资产有被若干公司厂商有投机行为之主持人垄断剥削之虞,间接损及生产界之信誉,其影响及于生产前途与社会安全殊非浅鲜,其不为非常时期所取昭然若揭,用敢涤陈愚见,尚祈政府有关当局速谋对策,亟予控制,不啻惠及小民,亦即挽救民族于危赂,否则其他之公司厂商继起傚尤,整个生产前途趋于断送之末路矣。查平民为保持其少数辛劳所得之币值,作小额投资储蓄,为便于换取现币起见,对股票之争购已成为唯一之对象,间接扶植工商,原乃一良好之现象,但市上股票之持有人,因其本身勤于谋利,怠于劳作及为买卖过渡之便利起见,多感股票过户手续之多余与冗繁,有于增资换取新股票时,仍领或改领各该公司厂商现备之记名股票藉省手续,近查各该公司复经数度增资,所有散户之股权渐被集中于其主持人所指定之数个股户,此后,股东会之取决事项均被此数个有权而无等值资本之股户所操纵,其不应有之重要议决事项均得顺利通过,日久玩生,甚至董监事之重选提名皆为主持人圈内之有关人物相互推选,其后苟串流弊之大概可想见,是为民生之大敌,社会之蠹贼,毋庸置疑矣,昔政府制订之公司法无形中已为若辈摧残无余,失却原有之控制力,民有见于此，用敢沥陈较为显著之意见数条，藉为政府及有关当局之参考作控制，似合法而不合法者肇始未臻善处恕所难免，尚乞鉴原是幸：

一、各公司厂商举行股东会或临时股东会，应于各大报端登载公告，日后仍留有若干日之充分时间以为未过户之各股东自由过户之机会，不应于公告之日起立即停止过户。

二、股东为公司之主人，于主人要求过户时不应纳取任何费用，使持票而非本人记名之散户不致贪图小利而裹足，不使持票认可有之股权集中于各该主持人之指定各户，以遂主持人之私欲。

三、股票者即持有各公司厂商之资产分配权，但在股东大会时，其取决权得应依下述规定办理，以免大户股权过重损及大多数散户利益，亦即不应有大鱼鲸吞小鱼之弊，使小民亦有生存于投资之机会，及至普及众生使物即民有相得益彰，古谚曰“不患寡而患不均”，是故应规定每单位股有一权，十单位股以上二分之一，百单位股以上四分之一，依此权衡类推之(其原有部分仍得保留之，例如十八单位股即十加四计十四股权也)。

四、各公司厂商于增资时如求手续简捷，持票各户有厌烦过户手续愿领现备股票者，其所发股票应为不记名式，否则其书列之若干虚户不应在股东大会时占有选决权，并应公告其不占股权额于股东大会，股东会之股权分配情形亦应于会前一日油印分发各股东备查。

五、商办之公司与工厂虽属民营，但其股份非为少数拥资者所有，尤其今日平民争购股票之时，亦即为大多数平民所有，其与国营者已相去不远，其间之区别不外一为地方性一为全国性而已，在斯币值日易之日，其流动资产现金一项，应与国营事业机关同等办理，统该存入国家银行内支用，使币制贬值之利益归属政府无形之收入，以使政府不失发行之原旨，不应使少数公司厂商主持人乘机渔利、投机取巧，不惟损及股东权益，间接助长若辈扰乱国计民生使生灵涂炭之行为。

六、股本升值不得超过法定之生活指数，此乃指送赠股份而言，至现金认股部分最高不得超过股东会议日之开盘市价五分之一，其有特殊需要仍可于再次大会通过后增认。

七、其他控制办法，皆应参酌国营事业办法办理，例如有关各部会及审计部有权随时派员抽查其财政状况及生产进度，同时政府亦应负责扶植其中如生产货款供给、外汇代营、国外贸易、部分性之统购统销等等。

八、民有公司与工厂可先由政府发起公告，集股举办之，其不足部分亦由政府暂垫，由第一次股东创立会中公推董事及负责人，自后政府垫付部分逐渐收回，使其纯属民营，似此循环进行，国内公司与工厂林立，在政府所费有限，于国计民生之收入实大，再董监事之名额、政府及股东会均应视其范围之大小决定之，名额固越多越佳也。

九、景福衫袜厂于去秋增资后不及半载，以迅雷不及掩耳之办法又欲股东巨额认股而增资，其手段更较上次为毒辣，在法律上似难厚责其非，但在事实上，应由政府及证券交易所派员调查真相，并作下列之处置：(甲)重开股东会，应于事前实行民之建议各项，(乙)将已收认股款暂存国家银行或分别发还，(丙)重选董监事并应加倍名额，(丁)停止购买港厂或重新估价决定，(戊)调查执事人有否吃黑情事，再行决定撤换与控诉，(己)政府核准由反对景福巨额增资代表团组设小组监事会，协助监事监视认股款用途。

上述办法应由政府及有关当局超越各该股东会之议决权，如公司法之硬性规定切实控制之，并由有关当局随时勘察流弊，制法纠正之，苟若公司组织稳固，大众群向投资，金钞贬值，再则投资增加，生产发展，产品增多，囤积敛迹，物价渐趋稳定，工商发展，失业减少，人民生活安定，人民购买力加强，产品销路流畅循环互利，国家渐臻富强康乐之境地，平民之储蓄投资犹有保障，人民皆愿为股东，再若政府规定各公司与工厂全体执行人及伙友应得之年功红利，亦应以股票作价权充，果则主人即伙友，伙友即主人，相互监视，相互为用，协力同心，成功有望，工厂化新中国之产生，有此为稿矢，民生主义不期实现于微妙间，此正其时国家兴衰实利赖矣，再国是同例，合并声明，理合备文建议，伏乞钧酌施行，不胜企祷之至，此呈上海证券交易所理事会，具呈人：戴仁法，地址：上海龙华机场中国航空公司。

上海证券交易所答呈对戴仁法君向本所建议各点之意见(4月21日)

签呈对戴仁法君向本所建议各点之意见

戴仁法君鉴于生产事业发展之不正常，来函本所建议九点(收文第三九二九号)所述，时下购入股票者，往往怠于过户致股权仍属于已出售者，易致公司主持人或大股东之操纵，所言切中时弊，惟建议各点或属修正公司法之意见，或属管制工商办法之提议，兹就建议内容分别检讨如下：

一、建议召开股东会公告后隔若干日方停止过户。为防止公司当局操纵股东会，该项建议不无理由，尤以上市公司其股票买卖频繁者为甚，查公司法一六一条规定，在召开股东常会前一个月内或召开股东临时会前十五天内，股票不得转让，即应停止过户，而公司法第一八〇条规定股东常会之召集应于一个月前，临时股东会之召集应于十五天前通知各股东，如公司能于停止过户前数日宣布召开股东会，则股票持有人得向公司申请过户以便出席股东会。

二、建议公司不应向股东收过户费用。按过户费大都为印刷成本，为数极微，不致为小股东所不能负担，再则此种因股东个人股权移转而发生之费用，似不应由公司负担而转嫁于全体股东。

三、建议限制大股东之股权。按公司法一七四条订定每股一权，但得以章程限制之，股东原得于股东会上议决，于章程中限制之，或修改章程以限制之。

四、建议公司增资时，往往由董事会先垫缴股款，则应给不记名式股据或将垫缴之增资股份取销股权，以免操纵股权。查不记名式股票本系法所许可(第一六二条)，至垫缴股份既缴股款，何得取消股权，但公司为避免有操纵之嫌，应制给原户名之股据，股东于办理增资时，亦得拒收董事会户名之股据，而要求本人姓名之股据。

五、建议商营公司援国营事业之例，将现金存入国家银行，以免投机渔利，查国家银行与商业银行任务各异，况现今工商业通常为举债营业，现金存数极为有限，即使存入国家银行，亦少收缩通货之效。

六、建议股本升值不超过生活指数。现金增资不超过市价五分之一，查升值限度“工矿运输事业重估固定资产价值调整资本办法”已有规定，较生活指数为低，现金增资，实无限制之理由。

七、建议对商营公司援国营事业之例，有关各部会及审计部得抽查其财政状况，政府并应加扶植，查工商业之主辖机关为工商部，不宜受制于多数机关，反致妨碍其正常发展，致政府扶植方面，如生产贷款、外汇结汇办法、输出入管制，均已有具体办法。

八、商营公司得由政府发起投资之，按官商合营，在若干重工业自属相宜，但无普遍规定之必要。

九、景福衫袜厂增资事件，若干股东反对，应由政府及交易所主张重开股东会，并将增资股款监督发还。查股东反对增资，得依法召开临时股东会重行决议，政府只能依法核准其变更登记与否，交易所只能依登记准否而恢复其上市，不能越俎代股东反对也。

以上意见是否有当，谨请鉴核，谨呈杨协理。

稽核科：汪治

上海证券交易所为免征证券交易利得税陈财政部文和该部的批复(1947年)

上海证券交易所致财政部直接税署函(1947年3月8日)

迳启者，据报载政府为增裕国库，拟举办一时利得税，证券交易利得似亦在范围以内，窃以吾国经长期之抗战，破坏惨重，建设事项百端待举，增加税收自有必要，顾证券交易之一时利得性质，颇有特殊，如予征税，则征收技术之困难姑置不论，而合法之证券市场，恐将遭严重之打击，管见以为不如仿行欧美良法，将证券交易利得归入综合所得税项下，则税收可裕，苛扰可免，与政府扶植资本市场之至意亦相吻合，请申其说。胜利以还，政府鉴于游资充斥刺激物价，而企业长期资金则筹措为难，爰于三十五年九月核准设立本所时，时值草创业务尚未达理想之发展，然自开征证券交易税以来，代征税款已达国币十余亿元之巨，如加征一时利得税，获利者课税损失者不予津贴，则投资人价格上有利可获者，因顾虑税负而致不愿出售，交易次数势必顿减，市场灵活性及供求调整之作用势必受其限制，此其一。

按证券交易税条例第一条规定“凡在交易所买卖有价证券征收交易税”，对不上市证券之场外交易不在课税范围以内，无异优待场外交易，放弃正当税源，立法流弊不可忽视，且发行证券之公司以场外交易可以免税，亦将使以证券上市之愿望为之减弱，以沪地而论，证券黑市交易向甚猖獗，上市证券在黑市成交者为数甚巨，此类交易既逃交易所应收之经手费，复逃避政府应课之交易税，于社会秩序之影响甚为严重，若加征证券交易一时利得税，对于合法市场之交易益见不利，对场外及黑市交易，不啻为丛驱雀，益使其助长猖獗，影响所及必致税收日减，而合法证券市场亦必有不能存在之一日，届时市上游资不入证券，黑市即用作囤积居奇激动物价，凡此种种，胥与政府政策背道而驰，此其二。

自政府颁行经济紧急措施方案后，国营事业以发行股票方式移归民营，已由理论进入实行阶段，将来其他大规模之工商业，亦势必以其股票或公司债通过交易所机构以吸收资金，目前本所上市证券仅有二十六种，本国公司股票其他重要工商业之证券，今后必将陆续上市，使本所得尽其沟通工商业与投资者之媒介作用，届时证券业务之发达，不仅直接增加交易税收，间接因工商业之兴盛，亦可增加各类有关税收，故奖励证券交易，乃为国家培植重要税源之良策，此其三。

由上所述，可见证券交易一时利得税如果征收，将使合法证券市场之交易锐减，市场机构失去活力，非特本税收入难期旺盛，即现行之证券交易税亦必遭不良之影响，而重要税源将受摧残，如仿美国现行办法，证券交易损益常年扯算益者并入综合所得税课征，损者并入下期扯算，不必分笔交易计算，而盈者课税，损者不予补贴，以致限制交易予合法证券市场以不须有之打击，在税收方面亦属得不偿失也。

管蠡之见不知是否有当，敬祈察酌参考示复为荷，此上财政部直接税署。

财政部代电上海证券交易所(1947年4月24日)

上海证券交易所览据直接税署案呈该所，本年三月八日总字第一〇六八号代电，请免征证券交易利得税一案转请核示，前奉

查证券买卖所得系属一时所得性质，依法应课征一时所得税、特种过分利得税应在免征之列，惟证券交易经纪人及证券交易所本身之业务系属代理业及金融信托业之范围，除应课征营利事业所得税外，其获有利得者应依法征收特种过分利得税，至综合所得税系就个人所得，除课征分类所得税外，其所得总额超过六十万元者，为课税对象，个人证券买卖之所得，除课征分类所得税外，其全年所得总额超过六十万元者，自应依法课征综合所得税，仰即知照。

上海证券交易所致秦顾问律师函(1947年4月30日)

迳启者，本所前以报载政府拟举办一时利得税，曾拟具不宜开征意见，函请财政部直接税署参酌，兹奉财政部代电，对于本所函陈意见未荷采纳，惟一旦开征，于本所业务影响至巨，该代电并提及对本所应课营利事业所得税，获有利得时，应征特种过分利得税等语，相应抄同本所函陈意见原稿及现奉财部代电，函请查照研究示复为荷，此致秦顾问律师待时。

上海证券交易所规定成交单证明暂行办法案(1947年)

上海证券交易所市场公告第一四一号(1947年2月22日)

兹规定成交单证明办法如左特此公告：

一、客户要求经纪人取得经本所证明之成交单，经纪人不得拒绝。经纪人拒绝为证明时，客户得迳请本所证明，未邀本所证明之成交单，倘发生纠葛，客户不得向本所为对该经纪人缴所证金主张优先权之请求。

二、经纪人有答复本所每一成交单相当之场账号码及如何扯价之义务。

三、凡确有相当场账之成交单，本所盖具证明图章及经办人私章(印鉴式样可来所索取)

四、成交单证明事务由本所稽核科办理(证券大楼一二〇室)

五、证明时间于成交日(包括上一日之后市)之次日上午九时开始。

上海证券交易所致上海交易所监理员办公处函(1947年3月8日)

案准贵处监字第一九五号公函,以本所第一四一号公告规定成交单证明办法,关于客户对经纪人之保证金主张优先权问题及证明无截止之期两点,嘱重加考虑见复等由,查经纪人代客所为之合法买卖,如遇发生纠葛,客户自得向本所提出对该经纪人之保证金主张优先权,本所第一四一号公告(一)项所称:“未邀本所证明之成交单,倘发生纠葛,客户不得向本所为对该经纪人缴所证金主张优先权之请求。”一语系指未能获得本所证明而言意,即并无场账根据,由非法买卖所产生之成交凭单,不得主张优先权,换言之,即客户对合法交易主张优先权时,应先经本所证明其交易确为合法,并确有场账之根据,方得有所主张,兹为使文义显达起见,将“未邀本所证明之成交单”一语修正为“未能获得本所证明之成交单”,俾易了解,至证明仅列开始之时而无截止之期,盖此项证明系属要求优先权之初步手续,《交易所法》第三十七条对优先权之主张亦未有期限之规定,本所似未便擅加限制,相应函复,即希查照为荷,此致财政经济部上海交易所监理员办公处。

上海证券交易所规定代经纪人保管股票出给收据办法案(1947年)

上海证券交易所致吴顾问律师麟坤、徐顾问律师士浩函(1947年3月13日)

迳启者,本所近以交易骤增,各经纪人成交股额日渐加多,股票授受手续益见繁重,且有已经上市公司因变更登记尚未经合法之确认,而股票预约转让买卖办法施行期限亦将届满,本所为保障经纪人权责及便利交割手续起见,拟厘订保管股票出给收据办法,以免发生股票挂失或印鉴不符,致滋纠纷情事,相应抄附办法及收据式样各一份,即希查照研究示复为荷,此致。附办法及收据式样。

(附)上海证券交易所保管股票出给收据暂行办法

一、所有现递交割项下之股票及现品提交或充证据金及保证金代用品之股票,概由本所办理过户手续,过入本所户名。

二、过户手续办妥后,由本所交银行或钱庄保管

三、本所按交割上之需要,依据成交单位分别出给股票保管收据,嗣后经纪人即可凭据办理交割。

四、如成交单位变更或经纪人须分割时,随时可向本所洽办分割手续,不另收手续费用。

五、买入经纪人如须调换股票,须于先一日通知本所。

六、经纪人以收据掉换股票时,须付本所垫付之过户费。

七、所有保管费用悉由本所负担,至保管收据纸张及印刷成本暂由本所负担。

八、保管收据之挂失其办法与股票挂失同。

九、股票发行公司如遇发给股息或增予权利以及增减资本情事,持据者得随时来所洽办。

十、股票收据背面之买卖记录表，经纪人须逐栏填注，并各留印鉴存所备查。

十一、自本办法施行之日起，凡现递交割均于交割日当日下午取货，如遇收货，经纪人交来票据发生退票情事时，该收据应由各该经纪人立即交还本所。

上海证券交易所通知上市公司指派专人负责洽商股票事宜(1947年)

上海证券交易所致各上市公司函(1947年3月22日)

迳启者，查敝所还与上市股票各公司接洽频繁，为谋密切联系起见，拟请贵公司指定负责人一位，以便敝所随时迳行接洽，以资迅捷，相应函达即希查照，并将指定人员姓名职位及电话号码函示为荷，此致。□□股份有限公司

中华民国三十六年三月二十二日

财政部、经济部关于上海证券交易所缴纳营业保证金的来往文书(1947年)

财政部、经济部通知上海证券交易所(1947年4月21日)

查股份有限公司组织之交易所依照现行交易所法第三十四条应缴存营业保证金于国库，又其数额依照同法施行细则第五条应为资本总额三分之一，以通用货币缴纳，该所系属股份有限公司组织，资本金额为国币十亿元，应缴营业保证金计三亿三千四百万元，仰迅依法迳向国库缴纳，并呈报备查，特此通知。

财政部、经济部批示(1947年5月19日)

原具呈人上海证券交易所本年四月二十四日总字第一三七一号呈一件，为奉饬缴营业保证金拟用美金债券折抵缴库请核示由，呈悉，该所应缴营业保证金应依法以国币缴存，仰即遵照，此批。

上海证券交易所经纪人公会、各经纪人、财政经济两部关于经纪人保证金、证据金代用品改用美金公债券缴纳并废止书面保证办法的来往文书(1947～1948)

上海证券交易所致上海交易所监理员办公处函(1947年5月17日)

迳启者，查本所经纪人保证金代用品部分及递延交割交易本证据金代用品部分改用指定行庄书面保证办法限期届满，呈请展延施行一案曾准□贵金交字第四十七号大函请即办理，兹经，呈奉财政经济部第九八一八京商三十六字第四二九五〇号批复“所有该所经纪人保证金代用品部分及递交交易本证据金代用品部分，均应改用美金债券缴纳，并按票面金额以七折计

算，至原订书面保证办法应即于文到之日废止，除令知上海交易所监理员办公处并函达中央银行外，仰即遵办并转行遵照”等因，自应遵照办理除通函各经纪人将原缴保证金代用品部分及递交交易本证据金代用品易部份之代用品及书面保证均即改缴美金债券外相应函复，即希查照为荷。此致上海证券交易所经纪人公会

上海证券交易所致淞沪警备司令部函(1947年5月19日)

迳启者，查本所经纪人应缴保证金代用品部分及递延交割交易本证据金代用品部分，奉财政经济两部批示改用美金公债缴纳一案，经通知经纪人遵照去后，各经纪人以实行困难，曾请变通办理，当经于本月十七日转请财政经济部上海交易所监理员办公处转呈两部核办，在未奉批示前暂照旧办法办理各在案，是日(星期六)前市因人众意杂，虽经开市未能开做交易，十九日自应照常开市，相应函请贵部于是日上午开市时派员莅所指导，无任公感。

此上，淞沪警备司令部

上海证券交易所致上海交易所监理员办公处函(1947年5月19日)

本年五月十七日上午本所市场因代用品改缴美金债券案发生后，群情惶恐，虽按时开市并延长集会时间至下午十二时三十分，但各经纪人均未做成交易，五月十九日前市照常开市，初时市价下沉，各股多数跌至限度，旋即回升，市况尚称稳定，相应函达即希查照为荷。

此致　　财政经济部上海交易所监理员办公处

上海证券交易所致财政经济部函(1947年5月23日)

为经纪人公会函陈递交本证据金代用品部分请以上市股票与美金债券并行缴纳抵充转呈核示由

查属所经纪人保证金代用品部分及递延交割交易本证据金代用品部分改用指定行庄书面保证办法期限届满，呈请展延施行一案，呈奉钧部批示，所有该所经纪人保证金代用品部分及递交交易本证据金代用品部分均应改用美金债券缴纳，并按票面金额以七折计算，至原订书面保证办法应即于文到之日废止，饬遵办并转行遵照等因，自应遵照办理，当即转行经纪人公会转知各经纪人，将原缴保证金代用品部份及递交交易本证据金代用品部分之代用品及书面保证均即改缴美金债券，各经纪人闻讯后，佥以保证金代用品部分及递交交易本证据金代用品部分全部改缴美金债券深感为难，经集议后，于五月十六日深夜向所请愿，旋准经纪人公会三十六年五月十七日来函略称“各经纪人为拥护政府推行经济施策，愿将保证金代用品部分之三千万元认购美金债券，至于递交本证据金代用品部分，请依照现行贵所营业细则之规定仍将有价证券(即目前上市之二十六种股票)与美金债券(按照票面金额)并行缴纳抵充”等语，查属所递延交割暂行办法第三项末段规定“此项证据金三分之一应以现金缴纳，其余三分之二得以有价证券代用”前经呈奉钧部批示核准在案，现经纪人公会函陈缴纳本证据金代用品办法，经核尚无不合，且此项证据金代用品照章须由客户缴纳，数额随交易额增减，随时变动，在目前美金债券尚无公开买卖之时，事实确有困难，令与上市股票并行缴纳似尚合理，除保证金代用品部分

改缴美金债券手续拟嘱经纪人于五月底前办竣，并先行函达监理员办公处转呈核办，在未奉批示前仍照旧办法办理外，理合具文呈请鉴核示遵，谨呈。

上海证券交易所理事长：杜镛

上海证券交易所致上海证券交易所经纪人公会函(1947年5月31日)

迳启者，查经纪人保证金代用品部分及递延交割交易本证据金代用品部分奉令改用美金债券缴纳一案，准贵会交字第四十九号大函表示，保证金代用品部分三千万元经纪人愿认购美金债券，递交本证据金代用品部分请仍将目前上市之二十六种股票与美金债券并行缴纳抵充等由，当经据情转呈，兹奉财政部钱已字第一〇三五一号经济部京商三十六字第五〇一五一号通知开"案据上海交易所监理员办公处本年五月十七日监字第三三八号辰篠代电，为经纪人应缴保证金代用品等奉令改用美金债券按七折计缴一案，准该所发总字第一五一一号函知经纪人为难情形，电请核示等情到部，当经以'查关于上海证券交易所经纪人保证金代用品部分及递交交易本证据金代用品部分，前以原订书面保证办法业已满期，经由本两部参酌该所现实情形及市场状况将原订办法予以废止，责令改以美金债券缴纳，要为加强营业保障而防杜投机买卖，安定证券市场亦均有裨益，案经饬行遵办，乃据报章所载，该所经纪人竟有妄加推测，藉罢市以为要挟者，殊有未合，应由该处会同交易所切实传谕诰诫，嗣后市场营业务须遵守政府法令，不得擅自罢市，藉端要挟引起不良影响，如有故犯准由该处查明为首，鼓动及滋事之经纪人据实呈报，定予严惩不贷，至各该代用品改用美金债券缴纳一节，仍应遵照前令办理，惟举办之初，经纪人在手续方面或尚有准备不及情事，兹特规定关于保证金代用品改用美金债券部分，准如该交易所所拟限于本年五月底前一律办理完竣，仍按票面金额七折计算，至递交交易本证据金代用品亦应以美金债券按照票面金额七折计算缴纳，在美金债券尚待洽购以前，得暂以现金缴纳抵充，仍限于六月十五日以前洽购完妥，于十六日起即须概以美金债券缴纳，绝不再事通融，各经纪人应知承销国家债券系属国民应有之义务，而交易所为特种营业，所有市场上一切事项，亦应遵守政府命令，毋得稍有违延，致干法办上开规定应由该处督饬该交易所于文到之日公告遵行，关于递交交易本证据金，其未购得美金债券者，准暂以现金抵充一节，并限于公告之次日起实行'等语，指饬遵办在案，除函达中央银行外，仰即遵照特此通知"等因，关于保证金代用品部分五月底认购期限经纪人或不及办理，准财政经济部上海交易所监理员办公处监字第三六九号公函展限至本年六月四日办竣，至递交本证据金代用品部分仍限于六月十五日前购缴完妥，其尚待洽购者，六月一日起应以现金抵充，除公告市场并通函各经纪人外，相应函达，即希查照为荷，此致上海证券交易所经纪人公会。

上海证券交易所经纪人公会致上海证券交易所函(1947年6月2日)

迳启者，接奉发总字第一六〇五号大函。转颁财政经济部钱已字第一〇三五一号京商字第五〇一五一号通知内开各节均经洽悉，敝会于本日召集常务理事会议，佥认既奉部令自当遵转，除已分函各会员知照在卷外，对于□□部令各节将来实施，吾同业均感切身困难，不得不缕晰陈明，尚祈察照

一、身份保证金代用品三千万元改缴美金债券，限以本月四日为止，实觉为期过促，良以敝会各会员原缴贵所至代用品既未蒙说明，可以暂先发还，俾资调剂，势必另筹款项以购缴此项美金债券，而二百余家经纪人规模互异，景况各殊，恐在此短短三日之内，诚难全部办齐，为免逾限而顾事实困难起见，恳准展限至本月十五日为止，以恤商艰。

二、目前上市之股票不能充为递交证据金之代用品，揆之实情，难称吻合，盖贵所既准上市之有价证券均经详密审查，始准上市交易，若谓变更向来办法，一概不得在贵所之内抵缴证金，核与法律事实同感矛盾，且贵所奉令设立，为提倡企业投资，促进经济复员调剂金融，使工商企业资金易于集措，执有证券者便于运用，是以目前上市之各种股票似应通融，准与美金债券同样可以提供抵缴为证据金，至于代用品原系代替现金，如以现金缴付证据金者，究无不可。

三、美金债券为政府最近所发行，敝会会员等亦当以十足价额认购，故为维护国信，减轻各经纪人额外负担起见，务祈准予十足抵缴身份保证金及证据金。

敝会会员经营证券业务，与贵所唇齿相依，同舟共济，同负发展资本市场之使命，以期仰副政府之宏旨，窃以政令欲其推行尽利，当以顾及事实为首要，我证券经纪人均为代客买卖，当兹美金债券尚未普遍认购时期，倘必规定每一客户缴付证据金以美金债券为限，则各经纪人之营业势必十分清淡，影响贵所业务以及政府税收，在此生活高涨，营业开支激增之时，我全体同业深感前途之危急，难安缄默，统祈鉴察暂准参照原有办法及事实困难情形，酌予变通，并迅赐复以安群情，再上月十七日以事起仓促，各客户以并无美金债券，无法交易，群相观望，以致各经纪人虽全体入场营业，终以不获客户委托买卖，形成有行无市之现象，外界不明讹传罢市，良深遗憾，乃奉部令于此亦有训示，不能不特附为陈明以正视听，并希洞鉴未荷，此致上海证券交易所。

上海证券交易所理事长：陈静民

卅六年六月二日

上海证券交易所致财政部、经济部函(1947年6月5日)

为呈复经纪人保证金及递交本证据金代用品改缴美金债券一案办理情形，经纪人希望递交本证据金代用品仍准以美金债券、上市股票或现金并行缴纳，并陈明递交办理情形并祈核示由

奉钧部通知，以经纪人保证金代用品部分及递延交割交易本证据金代用品部分改用美金债券七折计算一案，报载经纪人有妄加推测，罢市要挟情事，饬切实传谕诰诫，嗣后务须遵守政府法令，不得擅自藉端要挟，并指示经纪人保证金代用品部分照原案，如拟限本年五月底一律办竣递交本证据金代用品部分，亦仍用美金债券照票面金额七折计算，限六月十五日以前购缴完妥，在尚待洽购前，准暂以现金抵充，饬于文到之日公告遵行等因，自应遵照，正办理间，准上海交易所监理员办公处监字第三六九号公函略以本案经纪人保证金代用品部分改缴美金债券，原定五月底限期，经纪人或不及办理，应予展限至本年六月四日一律办竣，照录钧令，嘱查照遵办等由，属所即于当日(五月三十一日)公告市场并分别通函各经纪人及经纪人公会，传达钧谕，各经纪人接得属所传谕后，表示对于政府命令自当凛遵，除保证金代用品部分改缴美金

债券已在遵办外，并发起集体认募美金债券，以为拥护政府政令之事实表现，惟递交本证据金代用品原应由客户备缴，如必须全部以美金债券缴纳，限制过严，客户因而裹足，反足以造成场外黑市之猖獗，因此递交本证据金代用品部分仍请准以美金债券(按面十足计算)，属所试行上市之股票或现金并行缴纳，以安市面，所陈尚系实情，又关于续办递延交割交易一案，前经呈奉钧部。批示，准自文到之日起，续办一个月，俟届满后再行报核等因，上项批令属所于五月三十日奉到，即经遵行，现计为期无多，转瞬即届，根据属所经验观察，深觉每届递交满期之时，不免谣□繁兴，引起市场骚动，现递交本证据金代用品部分缴纳办法改变后，风险更见减少，拟请展长续办期限，并盼早日核示，理合合并呈请鉴核示遵，谨呈部长。

上海证券交易所理事长：杜镛

上海证券交易所致财政经济部戴司长、邓司长函(1947 年 6 月 11 日)

迳启者，兹介绍敝所经纪人代表陈静民、林宗靖、俞明时等三人诣前晋谒，请赐见指示为祷。

上海证券交易所致上海交易所监理员办公处函(1947 年 6 月 16 日)

贵处监字第三九七号公函以递交证据金以美金债券缴纳一案，准经济部商业司已元电在两部未规定新办法前，六月十六日起之证据金仍照现时办法准以现金缴纳，嘱为见复等由，查本案于六月十三日接得贵处通知后，即经公告遵办在案，相应函复，即希查照为荷。此致，财政经济部上海交易所监理员办公处。

上海证券交易所致财政经济部函(1947 年 6 月 27 日)

为呈报经纪人保证金代用品部分改缴美金债券情形请备案由

查属所经纪人应缴保证金代用品部分前奉钧部批示改用美金债券缴纳，并按票面金额七折计算，当经转据各经纪人分别遵照办理，兹查全体经纪人中除第五十一号经纪人庄崇周尚未照办，已予暂停入场交易处分并公告外，其余各经济人均已遵照改缴美金公债券，并按票面金额七折计算，理合具文呈报，敬祈鉴核备案。

部部长　上海证券交易所理事长：杜镛

上海证券交易所防止挂失股票流通办法

一九四七年七月十一日常务理事会通过

一、发行公司与股票持有人申请核对印鉴及查询有无纠纷挂失情形时，应立即受理，并在股票上加盖证明图章注名日期。

二、发行公司对股票挂失应慎重办理，股票一经挂失应立即通知本所，以便据以公告市场，所有因挂失而生之任何责任，皆由该公司完全负责。

三、经纪人代理卖出股票，须查明及保证该股票并未挂失，如在交割中之股票发现挂失情事，均须依《民法》第三百五十条及本所营业细则第七十四条之规定负完全赔偿理楚之责，倘屡次有类似情形发生时，本所得按照营业细则第八十九条处分之。

四、代办交割之中交两行驻证交联合办事处收入股票，须详加核对，如发现挂失股票，应立即通知本所业务处及向卖出经纪人催换之，本项手续暂由本所财务处办理。

五、财务处收入现品提交之股票须全部核对，如发现挂失股票应立即报告业务处，并向交入经纪人催换之。